AF568197

Friedrich Wilhelm II. König von Preußen

Brigitte Meier

Friedrich Wilhelm II.
König von Preußen
(1744–1797)

Ein Leben zwischen Rokoko und Revolution

Verlag Friedrich Pustet
Regensburg

Bibliografische Information der Deutschen Nationalbibliothek

Die Deutsche Nationalbibliothek verzeichnet diese Publikation in der Deutschen Nationalbibliografie; detaillierte bibliografische Angaben sind im Internet über http://dnb.d-nb.de abrufbar.

www.pustet.de

ISBN 978-3-7917-2083-8

Gesamtherstellung: Friedrich Pustet, Regensburg
Printed in Germany 2007

Inhalt

Einleitung

Schon die Zeitgenossen Friedrich Wilhelms II. verbreiteten über jenen preußischen König wenig Realistisches. Sie stützten mit ihren Aussagen die Vorurteile, die Friedrich II. (1712–1786) seinem Neffen gegenüber pflegte. Der „Philosoph auf dem Thron" hatte bekanntlich keine gute Meinung von seinem Nachfolger und prophezeite sogar den Untergang des Staates, wenn dieser an der Macht sein würde. Der Bewunderer der französischen Aufklärung schrieb am 9. Mai 1782 in seinen „Betrachtungen über den politischen Zustands Europas": „Wenn aber nach meinem Tod mein Herr Neffe in seiner Schlaffheit einschlummert, sorglos in den Tag hineinlebt, wenn er verschwenderisch, wie er ist, das Staatsvermögen verschleudert und nicht alle Fähigkeiten seiner Seele neu aufleben lässt, so wird Herr Joseph – ich sehe es voraus – ihn über den Löffel balbieren und binnen dreißig Jahren wird weder von Preußen noch vom Haus Brandenburg mehr die Rede sein …"[1] Diese düstere Prognose wurde nach dem Tod Friedrichs II. von fragwürdigen Zeitgenossen und Historikern weiter ausgeschmückt. Jenen, die zur Feder griffen, schien es unausweichlich, nach der glorreichen Ära Friedrichs des Großen konnte nur ein „Versager" auf den Thron kommen und der war natürlich auch für die schmachvolle Niederlage Preußens 1806 verantwortlich.

Der französische Graf Honoré Gabriel de Riqueti Mirabeau (1749–1791), den Friedrich II. einen „läppischen Satiriker nannte" und der nach Berlin kam, um am Hof zu spionieren, gehörte zu jenen Zeitgenossen, die zur Verbreitung dieses Klischees wesentlich beitrugen. Er berichtete am 13. Januar 1787 aus der Residenzstadt Berlin Folgendes nach Paris: „Der Niedergang Preußens ist mit Sicherheit vorauszusehen; von allen Seiten wird der Staat untergraben. Die Einnahmequellen werden verringert, die Ausgaben vermehrt, den bisher bestandenen Grundsätzen wendet man den Rücken. Die Armee wird geschwächt, die wenigen verwendbaren Leute verlieren den Mut; alle Fremden werden entfernt, darunter auch Leute von Verdienst; der König umringt sich mit Lumpen, nur damit es den Anschein habe, er wäre der alleinige Gebieter; diese verhängnisvolle Marotte ist der Quell allen Uebels, was schon geschieht und was noch geschehen wird."[2] Seine spärlichen Informationen über das Geschehen am Hofe verdankte dieser französische Adlige dem Klatsch und Tratsch, wie er zu allen Zeiten an den königlichen Höfen kursierte. An solide Informationen gelangte er nicht, weil Friedrich Wilhelm um seine Spionagedienste wusste und den Umgang mit ihm mied. Mirabeau wiederum hatte dem König Vorschläge zur Reform des Staates unterbreitet, die dieser nicht so behandelte, wie es der Autor gern gesehen hätte.[3] Seine Eitelkeit war verletzt worden, was ihn sicherlich beflügelte, boshafte „Wahrheiten“ nach Paris zu berichten. 1789 veröffentlichte er seine Sichtweise in den Briefen „Korrespondenzen eines französischen Reisenden über die geheime Geschichte des Berliner Hofes“, in der er auch andere Mitglieder des preußischen Hofes diffamierte.

Ein weiterer Zeitzeuge, der oft und gern zitiert wird, ist der Kriegsrat Friedrich von Cölln (1766–1820), der in preußischen Diensten als Kriegs- und Domänerat häufig für Konfliktstoff sorgte und der seinen Unmut später in „Vertraute Briefe über die inneren Verhältnisse am Preußischen Hof seit dem Tode Friedrichs II.“ in Worte kleidete,[4] die bis in die Gegenwart hinein Wirkung zeigen. Cölln arbeitete seit 1805 als Redakteur des Preußischen Staatsanzeigers und landete, weil seine Kritik offiziell Missfallen erregte, in der Festung Glatz.

Gerade die preußische Katastrophe von 1806, die vernichtende Niederlage des preußischen Heeres bei Jena und Auerstedt, beflügelte die Phantasie derjenigen Zeitgenossen, die nur in dem 1797 verstorbenen König Friedrich Wilhelm II. den Schuldigen sehen wollten. Er habe es versäumt, die preußische Armee zu reformieren und zu modernisieren. Eine Fülle von Schriften wurde gedruckt, deren Inhalt mehr als fragwürdig war, ebenso wie die Motive ihrer Verfasser. Selbst der Philosoph und spätere Staatsmann Friedrich von Gentz (1764–1832) äußerte sich „mit Abscheu von der ungeheuren Menge verruchter Schriften, die aus dem Kadaver der preußischen Monarchie wie ekelhafte Würmer aus der Fäulnis hervorgegangen“ sind.[5] Dank dieses „Außenseiters auf dem preußischen Thron“, auch der „dicke Wilhelm“ oder der „Vielgeliebte“ genannt, konnte man sich eine kritische Reflexion der Zeitereignisse ersparen. Der Schuldige an dem militärischen Desaster stand fest – Friedrich Wilhelm II. hatte dieses zu verantworten. In der borussischen Geschichtsschreibung wurde dieses einseitige Urteil kaum revidiert.

Theodor Fontane (1819–1898) betonte in seinen „Wanderungen durch die Mark Brandenburg“ im dritten Teil dort, wo er Marquardt beschreibt, Folgendes: „Man gefiel sich darin, den König, seinen Günstling, den ganzen Hof als absolut unliterarisch, als tot gegen alles Geistige darzustellen. Sehr mit Unrecht.“[6] Der Günstling war natürlich Hans Rudolph von Bischoffwerder (1741–1803). Der zeitkritische Schriftsteller versuchte nicht nur Bischoffwerder Gerechtigkeit widerfahren zu lassen, indem er Legende und vermeintliche Wirklichkeit gegenüberstellte, sondern er nahm die ganze Epoche ins Visier und bemühte sich um ein differenziertes Urteil. „Der damalige Hof, König und Umgebung, hatte seine weltkundigen Gebrechen; aber das Schlimmste nach dieser Seite hin lag weit zurück; das ‚Marmorpalais‘ repräsentierte *nicht* jene elende Verschmelzung von

Lust und Trägheit, von Geistlosigkeit und Aberglauben, als welche man nicht müde geworden ist es darzustellen; man hatte *auch* Prinzipien, und ein wie starkes Residuum von Erregtheit und Erschlaffung, von großem Wollen und kleinem Können auch verbleiben mag, niemals ist eine ganze Epoche so weit über Recht und Gebühr hinaus gebrandmarkt worden wie die Tage Friedrich Wilhelms II. und seines *Ministers*."[7] Auch Johannes Schultze (1881–1976) ist mit seinen mahnenden Worten 1929, dass das Zerrbild „eines trägen, skrupellosen Genussmenschen als unwahr berichtigt werden muß", nicht wirklich wahrgenommen worden.[8]

Bis in die Gegenwart hinein wird das negative Bild dieses Königs gezeichnet, weil es sich von Geschichtsepoche zu Geschichtsepoche tradierte, ohne medienwirksam hinterfragt zu werden, und weil es selbst kritischen Historikern schlüssig zu sein schien. So beschrieb beispielsweise Henri Brunschwig Friedrich Wilhelm II. als „groß, beleibt, lächelnd und dumm ..."[9] Nur vereinzelt wurden Zweifel an dieser Sichtweise laut geäußert und ein vielschichtigeres Bild von diesem König gezeichnet. Wilhelm Bissing, Gustav Sichelschmidt oder Wilhelm Bringmann bemühten sich redlich, diesem vierten preußischen König Gerechtigkeit widerfahren zu lassen. Doch seine Kindheit und Jugend, die ja für seine spätere Entwicklung die Grundlagen legten, wurden bei ihnen nur marginal berücksichtigt. Daher sollen in dieser Biografie die kindlichen Entwicklungsbedingungen Friedrich Wilhelms und die gesellschaftlichen Verhältnisse stärkere Beachtung finden, weil nur sie die Verhaltens- und Denkweisen dieses Königs erklären können. Wobei der immer noch unbefriedigende Forschungsstand zu den Lebensverhältnissen des preußischen Hochadels in der zweiten Hälfte des 18. Jahrhunderts dem Anliegen dieser Biografie Grenzen setzte.

Der Zeitgenosse Friedrich Wilhelms, der Dichter Johann Wolfgang von Goethe, bemerkte im Vorwort zum ersten Teil seiner „Dichtung und Wahrheit": „Denn dieses scheint die Hauptaufgabe der Biographie zu sein, den Menschen in seinen Zeitverhältnissen darzustellen, und zu zeigen, inwiefern ihm das Ganze widerstrebt, inwiefern es ihn begünstigt, wie er sich eine Welt – und Menschenansicht daraus gebildet und wie er sie, ... wieder nach außen abgespiegelt."[10] Natürlich betonte Goethe wenige Zeilen später, dass er hier „Unerreichbares" forderte, denn wer – und er hatte ja die Künstler und Schriftsteller im Blick – kennt schon sein Jahrhundert. In der Rückschau von 210 Jahren und angesichts einer Vielzahl von neueren Forschungsergebnissen könnte es vielleicht gelingen, Friedrich Wilhelm II. und die ihn prägende Kultur zu beschreiben.

Der französische Soziologe Pierre Bourdieu (1930–2002) entwickelte eine Kapital-Theorie, die es ermöglicht, die Entwicklungsbedingungen eines Menschen im Kontext der gesellschaftlichen, institutionellen und kommunikativen Strukturen zu untersuchen. Der Mensch wird bekanntlich hineingeboren in eine Zeit und eine Gesellschaft, die ihn prägt, und mit der er sich bewusst und unbewusst auseinandersetzt. Wie er das tut, das hängt von vielen Faktoren ab. Die materiellen Voraussetzungen oder, um mit Bourdieu zu sprechen, das materielle Kapital sind dabei gar nicht so bestimmend, wie gemeinhin angenommen wurde. Kapital definiert Bourdieu als „akkumulierte Arbeit, entweder in Form von Material oder in verinnerlichter, ‚inkorporierter' Form."[11] Wichtiger als das materielle sind das soziale, das symbolische und das kulturelle Kapital, deren Aneignung und Habitualisierung.

Mit der Geburt Friedrich Wilhelms 1744 als Sohn des Bruders des kinderlosen preußischen Königs Friedrich II. verfügte der spätere Thronfolger über ein bemerkenswertes soziales Kapital, das durch die Denk- und Verhaltensweisen Friedrichs II. und anderer Mitglieder der Hofgesellschaft ebenso wenig in seiner möglichen Wirkungsmächtigkeit für die Entwicklung des Knaben zum Tragen kommen konnte, wie es beim symbolischen und kulturellen Kapital der Fall war. Bildung, Wissen, Geschmack und ästhetische Urteile wurden von der höfischen Gesellschaft nachhaltig geprägt. Dem Erziehungsplan lagen die Ideen der Aufklärung zugrunde. Die natürlichen Anlagen des Thronfolgers sollten systematisch entwickelt und ihm das Wissen der Zeit altersgerecht vermittelt werden. Trotz dieser modernen Erziehungsprämissen gelang es Friedrich II. nicht, diesen Thronfolger „nach seinem Bilde zu formen." Welche Prozesse und Interaktionen standen dem entgegen?

Mit Hilfe der Bourdieuschen Kapitaltheorie[12] soll wenigstens versucht werden, die Interaktionen und die Determinanten, die die Entwicklung Friedrich Wilhelms II. beeinflussten, zu erhellen und so Verhaltens- und Denkmuster sowohl des Königs als auch seines gesellschaftlichen Umfeldes im Zeitkolorit zu verankern. Die Biografie stellt also nicht nur die historischen Fakten im Kontext der Zeit dar, sondern sie verortet diese in der Kultur der zweiten Hälfte des 18. Jahrhunderts. So erscheint Friedrich Wilhelm nicht mehr als unwürdiger Nachfolger des philosophierenden, musizierenden, komponierenden, disputierenden und fast autokratisch regierenden Friedrich II., sondern als ein hoch motivierter König, der in den nur elf Regierungsjahren gemäß seinem sozialen und kulturellen Kapital sein Möglichstes tat, um seinem Land im europäischen Staatensystem einen ansehnlichen Platz zu sichern. Erschwert wurde ihm dieses Bemühen insbesondere durch die massive Einschränkung seines symbolischen Kapitals durch Friedrich II., der die Ehre und die soziale Reputation seines Neffen öffentlich diffamierte. Sein schlechter Ruf als fauler und unfähiger Weiberheld überschattete seine ersten Regierungsjahre und verengte seinen Handlungsspielraum. Dabei ordnete auch der vierte preußische König der „Staatsräson" alles andere unter. Ein „guter König" zu sein und seinen Untertanen – jedem in seinem Stand – ein gutes Leben zu ermöglichen, das war seine Intention. Beseelt vom „Gottesgnadentum“ hielt er es für seine Pflicht, seine Untertanen vor inneren und äußeren Feinden zu beschützen, was Reformen ebenso einschloss wie die Überwachung der lutherischen Pfarrer, die Verschärfung der Zensur oder die Tolerierung der verschiedenen Konfessionen.

Wenn Friedrich Wilhelm II. auf kulturellem Gebiet am erfolgreichsten wirkte, so lag das auch daran, dass er hier die solideste Bildung besaß und „neuständisch“ agieren konnte. Das Brandenburger Tor, der Neue Garten, die Tierarzneischule oder die Innenausstattung der Königskammern im Berliner Schloss zeugen von den neuen klassizistischen Werten in der Architektur. Es war dieser König, der den Hauptstadtcharakter Berlins fundierte und dort eine zeitgemäße über die Region hinaus erstrahlende Kulturszene etablierte. Das deutsche Nationaltheater, die deutsche Oper, die Reform der Akademie der Künste und mechanischen Wissenschaften als Kommunikationszentrale für Künstler, Architekten und Kunsthandwerker, die Singakademie, die Neuorientierung der Akademie der Wissenschaften bezeugen unter anderem, dass dieser Monarch Innovationen gegenüber aufgeschlossen war, solange sie der „Staatsräson“ nicht zum Nachteil gereichten. Die „Staatsräson“ und sein humanistisches Grundverständnis bestimmten auch seine außerpolitischen Aktivitäten, die Preußen immerhin seine größte territoriale Ausdehnung ermöglichten. Wenn man also bedenkt, was dieser König unter schwierigen Umständen leistete und diese Leistungen vorurteilsfrei analysiert, kann man ihn nicht als das „schwächste Glied“ der preußischen Könige (Neumann) oder als König ohne historische Größe (Barclay) oder als einen „widerwärtigen König“ (Epstein) bezeichnen, sondern kommt ähnlich wie Wolf Jobst Siedler zu der Erkenntnis, „daß er das Neue eher gefördert als gehindert hat“ und das, obwohl der für die französische Aufklärung schwärmende Friedrich II. alles tat, um die Regierungsübernahme Friedrich Wilhelms zu erschweren.

An dieser Stelle sei noch ein Hinweis auf die für den heutigen Leser ungewohnte Rechtschreibung Friedrich Wilhelms II. gestattet. Am Ende des 18. Jahrhunderts beherrschte der preußische Hochadel die Schreibweise der deutschen Sprache nur mangelhaft. Im alltäglichen Umgang und in der Korrespondenz dominierte noch die französische Sprache. Friedrich Wilhelm II. schrieb jedoch an seine langjährige Lebensgefährtin Wilhelmine in Deutsch und auch viele Kommentare, mit denen er einzelne Schreiben der Beamten versah, verfasste er in dieser Sprache. Um dem Leser einen Eindruck von dieser besonderen Korrespondenz zu vermitteln, wurde die Rechtschreibung in einigen Zitaten aus dem Originaltext wörtlich übernommen und nicht wie in der Mehrzahl der Quellentexte unserer heutigen Schreibweise angepasst.

Die preussische Monarchie in der 2. Hälfte des 18. Jahrhunderts

Friedrich II. hatte in seinen 46 Regierungsjahren (1740–1786) die von seinem Vater hinterlassenen guten wirtschaftlichen und militärischen Ressourcen des Landes genutzt, um Preußen im Reigen der europäischen Großmächte einen ansehnlichen Platz zu erobern. Das Staatsgebiet vergrößerte sich von 118 926 Quadratkilometern (1740) auf 194 891 Quadratkilometer. Es waren das Herzogtum Schlesien (1742), das Fürstentum Ostfriesland (1744) und Westpreußen mit dem Netzedistrikt hinzugekommen. Die Bevölkerung wuchs von 2 240 000 auf 5 430 000 Einwohner.[1] Der Prestigegewinn als europäische Großmacht, der sich insbesondere bei der ersten Teilung Polens 1772 manifestierte, ging jedoch zu Lasten der innenpolitischen Entwicklung. Obwohl sich Friedrich II. mit seinem „Retablissement" rege bemühte, die Folgen seiner Kriege zu beseitigen und der Wirtschaft neue Entwicklungspotenziale zu geben, gelang ihm das nur punktuell. Sein Festhalten an merkantilistischen Grundsätzen verhinderte notwendige Wirtschaftsreformen und seine fast autokratische Herrschaftsweise ließ einen kontroversen Diskurs darüber kaum zu.

Friedrich II. gehörte zu den vehementen Verfechtern der frankophilen Aufklärung, die eine radikale Ablehnung der Religion einschloss[2] und zunehmend den inneren Widerspruch der Gläubigen hervorrief. Gerade in unsicheren Zeiten suchten die Menschen Halt und Trost im Glauben. Das verheerende Erdbeben von Lissabon im Jahr 1755, die Schlesischen Kriege, die Naturkatastrophen der 1770er-Jahre und die zunehmenden Ernährungsprobleme der schnell wachsenden Bevölkerung ließen die Menschen nach Erklärungen suchen für vermeintliche Schicksalsschläge. In der zweiten Hälfte des 18. Jahrhunderts nahmen Wunderglaube und Aberglaube zu.[3] Die Aufklärung mit ihrem theologischen Rationalismus überzeugte viele Menschen nicht. Kritik an der Aufklärung wurde laut und führte zu erbitterten Auseinandersetzungen zwischen den radikalen Aufklärern auf der einen Seite und jenen Menschen, die sich wieder stärker dem tätigen Glauben zuwandten, auf der anderen Seite.

Häufig wird in der Literatur von einer „Modernisierungskrise" gesprochen, in der sich Preußen seit den 1780er-Jahren befand, weil längst überfällige wirtschaftliche, soziale, verwaltungsmäßige und kulturelle Reformen nicht angepackt wurden.[4] In der Öffentlichkeit debattierten die Gebildeten sehr intensiv und durchaus kontrovers „Probleme der gesellschaftlichen Ordnung und der politischen Entwicklung. Zwischen Politik und Publizistik, Administration und öffentlicher Meinung entstand ein Verhältnis, das für beide Seiten neue Erfahrungen brachte und große Erwartungen weckte."[5] Ob Landmann, Handwerker, Kaufmann, Beamter, Intellektueller oder Adliger – ein jeder in seinem Stand spürte, dass sich etwas verändern musste. Doch was und wie? Der Geschichtsschreiber und Staatsmann Johannes Müller fasste seine Wahrnehmung der Zeit 1781 in folgende Worte: „Wo ist ein Teil der Welt, oder ein großer Staat, oder ein Zweig der Geschäfte, der nicht reif werde zu großen bevorstehenden Veränderungen?"[6] Müller reflektierte hier ein Zeitgefühl, das aus dem Erosionsprozess der altständischen Gesellschaft resultierte und in die Ungewissheit, was stattdessen kommen würde, mündete. Viele Historiker bemühten sich, diesen Übergang von der altständischen zur bürgerlichen bzw. zur „fabrik-industriellen" Gesellschaft typologisch zu fassen. Während die einen den Übergangscharakter betonten und von Übergangsgesellschaft sprachen, gab es auch Stimmen (Rudolf Vierhaus, Lothar Gall), die die Eigenständigkeit dieser Epoche hervorhoben. Diese Anregungen aufnehmend, plädiert Reinhard Blänkner dafür, die politisch-sozialen Prozesse zwischen 1770 und 1840 historisch-gesellschaftstheoretisch als „neuständische Gesellschaft" zu fassen.[7] Welchen Platz Friedrich Wilhelm in dieser „neuständischen Gesellschaft" einnahm, kann in dieser Biografie nur angedeutet werden, da der Forschungsstand und die Quellenlage hier fundierte Aussagen noch nicht zulassen.

Den Herrschenden entging diese Aufbruchsstimmung in der Gesellschaft nicht. Friedrich II. hatte daher begonnen, im Rahmen der bestehenden Gesellschaft Reformen durchzuführen. Zu radikalen Veränderungen fehlten ihm nach dem Siebenjährigen Krieg jedoch die Kraft und der Wille. So stand sein Nachfolger 1786 vor großen Herausforderungen. Rein theoretisch hätte ihn sein soziales Kapital, das sich aus der königlichen Geburt, dem hohenzollernschen Erbe und deren sozialen Netzwerken rekrutierte, prädestiniert für diese Aufgabe. Denn in der königlichen Familie wurde der Erziehung und Bildung der Thronfolger, also dem kulturellen Kapital, stets große Beachtung geschenkt. So hätte Friedrich Wilhelm doch bestens gerüstet sein können, als er im Jahr 1786 den Thron bestieg. Schließlich wurde er von einem der Aufklärung zugeneigten Monarchen erzogen. Doch diese Erziehung und der dominierende Einfluss der höfischen Gesellschaft auf die Entwicklung des Thronfolgers waren alles andere als eine gute Voraussetzung für die Ausbildung eines Königs der „neuständischen Gesellschaft".

Familienbande – Die preußischen Könige und die Erziehung der Thronfolger

Friedrich II. und sein Bruder August Wilhelm

„Prinzen von Geblüt“ (les princes du sang) zu sein – das bedeutete auch im Zeitalter der Aufklärung, dass von Geburt an die kindliche Entwicklung von besonderen Erziehungskonzepten geprägt wurde, die der gerade regierende König für seine Kinder festlegte. König Friedrich Wilhelm I. (1688–1740), der seit 1713 als zweiter König in Preußen regierte und der Großvater Friedrich Wilhelms II. war, wurde selbst frühzeitig mit zu vielen und wenig kindgerechten Bildungsgütern konfrontiert.[8] Seine eigenen Erfahrungen und seine tiefe Religiosität bewogen ihn daher, für seine 14 Kinder, von denen nur vier frühzeitig verstarben, andere Erziehungsschwerpunkte zu setzen.

In dieser jungen Monarchie Brandenburg-Preußen, die erst 1701 vom Kurfürstentum zum Königreich aufstieg, änderte sich während der Regierungszeit Friedrich Wilhelms I. ohnehin Vieles, was an anderen barocken königlichen Höfen zum normalen Alltag gehörte. Die prunkvolle Hofhaltung seines Vaters Friedrich I. (1657–1713) – des ersten Königs in Preußen – und die damit einhergehende aufwendige Repräsentation der königlichen Pracht und Herrlichkeit lehnte er schon zu dessen Lebzeiten ab. Ein höfisches Leben mit ausschweifenden Festen, Bällen, Theater oder Konzerten, wo sich der Monarch selbst inszenierte und feiern ließ, gab es an seinem Hof nur dann, wenn es die diplomatischen Gepflogenheiten unbedingt erforderten. Die Doppelfunktion des königlichen Hofes, die nach der Auffassung des Soziologen Norbert Elias in der Versorgung und Bändigung des Adels bestand und die er für den französischen Hof Ludwigs XIV. (1638–1715) anschaulich beschrieb, hatte sich am preußischen Hof ohnehin in der kurzen Zeit seiner Existenz nicht ausgebildet.[9] Daher konnte Friedrich Wilhelm I. ohne auf massiven Widerstand des Adels zu stoßen, den Hofstaat radikal reduzieren und am 21. April 1713 ein neues Rangreglement einführen, das das Militär zum Maß aller Dinge machte.[10]

Wolfgang Neugebauer betonte jedoch zu Recht, dass die ersten Regierungsmaßnahmen Friedrich Wilhelms I. nicht nur der Einsparung von überflüssigen Ausgaben dienten, sondern auch eine bewusste Herrschaftstechnik darstellten, um die Machtfrage eindeutig zu klären, „die Abhängigkeit allein vom Monarchen, nicht von Ministern und ‚favoriten‘ zu erzwingen, also tradierte Klientelbeziehungen zu zerstören, zumindest aber zu stören.“[11] Die Zahlen des Hofstaats-Etats belegen dann für die folgenden Jahre wieder einen leichten

Anstieg der Ausgaben, so dass „eine gewisse höfische (Minimal-) Ausstattung auch in den Jahrzehnten nach 1713 stets zur Verfügung stand."[12]

Neuartig und anders im Vergleich zu den anderen europäischen Höfen war die militärische Ausrichtung des höfischen Lebens und die „Entpolitisierung des preußischen Hofes",[13] der lediglich der Repräsentation und der Unterhaltung diente, während die politischen Entscheidungen vom Monarchen und seinem Arbeitsstab außerhalb des Hoflebens getroffen wurden.[14] Das Offizierskorps wurde das eigentliche Betätigungsfeld des preußischen Adels, wie Johannes Kunisch betonte.

Der König trug seit 1725 ständig eine Uniform. Das Militär dominierte sein Denken und Handeln. Diese Militarisierung des Landes blieb nicht ohne Auswirkungen auf die Entwicklung seiner Kinder. Das Hauptziel der Erziehung der Prinzen bestand allgemein darin, den jeweils Erstgeborenen möglichst gut auf die Thronfolge vorzubereiten, und den anderen Kindern eine geschlechtertypische und ihrem Rang entsprechende Bildung zukommen zu lassen. Die Ausbildung der Thronfolger diente neben der Vermittlung von Wissen und Können natürlich auch der Erziehung von Werten. Gerade im militärischen Erfolg sahen die Thronanwärter lange Zeit ihre eigentliche Bestimmung.

Friedrich, der Erstgeborene und Thronfolger, war schon fast zehn Jahre alt, als sein Bruder August Wilhelm am 9. August 1722 zur Welt kam. Der Alltag der königlichen Kinder – neben den beiden Prinzen zählten zu jener Zeit bereits fünf Prinzessinnen zur Familie, zwei Brüder und eine Schwester wurden in den folgenden Jahren noch geboren – ist in der historischen Literatur sehr anschaulich geschildert worden. Das Bild vom kulturlosen, geizigen und prügelnden Vater dominiert in den meisten Überlieferungen. Die fortschrittlichen Erziehungskonzepte, die seinen Kindern neben einer sehr bewusst ausgewählten modernen Bildung auch einen freien Nachmittag zum Spielen und Erholen im Freien zubilligten, wurden in der Literatur weniger beachtet. Der preußische König Friedrich Wilhelm I. ließ seine Kinder im barocken Zeitalter ohne Korsett und Perücke aufwachsen und er reformierte die Prinzenerziehung auch inhaltlich.[15]

Seine Gemahlin Sophie Dorothea (1687–1757), eine gebildete und an Kultur interessierte Prinzessin aus dem Haus Braunschweig-Lüneburg-Hannover, teilte anfänglich viele Auffassungen ihres Gemahls, obwohl sich beide Ehepartner hinsichtlich der Lebensansprüche und der Werte sehr unterschieden. Die Ehe der beiden war aus dynastischen Interessen am 28. November 1706 geschlossen worden. Friedrich Wilhelm (I.) hatte damals nur dem väterlichen Wunsch entsprochen. Aber auch Sophie Dorothea folgte lediglich den Familienbeschlüssen. Anfänglich gestaltete sich die Beziehung der Eheleute sehr problematisch. Nach der Regierungsübernahme 1713 widmete sich Friedrich Wilhelm mit großer Vehemenz und einem fast übermäßigen Arbeitseifer der Konsolidierung des Staates, dem Ausbau der Armee und der wirtschaftlichen Entwicklung in Stadt und Land. Seine asketische Lebensweise und seine Vorliebe für die Armee brachten ihm den Beinamen „Soldatenkönig“ ein. Für Gustav Schmoller hingegen war dieser Monarch Preußens größter „innerer König“,[16] da er mit seinen Wirtschaftsmaßnahmen, seinen Verwaltungsreformen und seinem Ausbau der Armee den Wohlstand des Landes mehrte und den Staat konsolidierte.

Sein großes Pflichtgefühl und seine spartanische Lebensweise hinderten ihn jedoch nicht daran, sich für Malerei und Musik zu interessieren und seiner Gemahlin eine zeittypische barocke Hofhaltung zu gestatten. Sophie Dorothea residierte mit ihrem barocken Hofstaat im kleinen Lustschloss Monbijou,[17] das ihr der Schwiegervater Friedrich I. geschenkt hatte. Sie interessierte sich für Kunst, Kultur, Musik und für das Glücksspiel. Zu ihrer mit auserlesenen Köstlichkeiten gedeckten Tafel lud sie Gelehrte und Künstler ein. Kammermusikabende und die zeittypischen Bälle sorgten für Abwechslung. Die dafür nötigen finanziellen Mittel stellte der König zur Verfügung. Da er die Rechnungen bekanntlich selbst prüfte, wusste er auch, wofür das Geld ausgegeben wurde. Zu Sophie Dorotheas Anschaffungen zählten zahlreiche Bücher. Die Bibliothek der Königin wuchs beständig, und auch für den Thronfolger richtete sie eine eigene Bibliothek ein. Natürlich ging der König davon aus, dass seine Kinder diese Bücher ebenfalls nutzen würden, wenn sie am Hof ihrer Mutter weilten. Die Anordnung, bestimmte Bücher nicht zu lesen, und die oft beschriebenen drastischen Strafen, die Friedrich und seine Geschwister über sich ergehen lassen mussten, gehören zum größten Teil in das Reich der Legenden.

Die Selbstzeugnisse Friedrichs und seiner Schwester Wilhelmine (1709–1758) sorgten unter anderem dafür, dass die gewaltsamen Erziehungsmethoden Friedrich Wilhelms I. in Verruf gerieten und über die Bildungsinhalte kaum etwas bekannt wurde. Die am 13. August 1718 erteilte „Instruction und Bestallung für den Generalleutnant Grafen Albert Konrad Fink von Finkenstein[18] und den Obersten von Kalckstein als Oberhofmeister und als Sous-Gouverneur des Kronprinzen Friedrich“ zeugt jedoch von modernen Erziehungsgrundsätzen.[19] Statt der lateinischen Sprache sollte der Kronprinz die deutsche und französische Sprache richtig beherrschen und „colant schreiben“ lernen. „… die alte Historie kann Ihn nur überhin, diejenige aber von unseren Zeiten, und von 150 Jahr her, muß Ihm auffs genaueste beygebracht werden, wie auch die Geographie und was in jedem Land remarquable.“[20] Weiterhin sollte er sich die Geschichte des Hauses Hohenzollern aneignen und dafür das Hausarchiv und die Bibliothek benutzen. Neben der Religion, die natürlich in der Erziehung das Wichtigste war, stand das Militärische ganz oben auf der Ausbildungsliste. Schließlich wurden in den Lehrplan noch Mathematik, Ökonomie, Geografie und Staatskunde aufgenommen. Diese Fächer, auch Realien genannt, spielten in der Reform des allgemeinen Erziehungswesens erst viel später eine wichtige Rolle. Bei der Vermittlung der Geschichte anderer Fürstengeschlechter selektierte Friedrich Wilhelm I. nach persönlicher Sympathie. So wurde die Geschichte Englands, Braunschweigs und Hessens gelehrt, während die der Österreicher oder die Reichsgeschichte ausgespart blieben.[21] Erst 1721 gab er Order, europäische Geschichte und Staatskunde zu lehren, die neben den politischen auch wirtschaftliche und soziale Probleme der einzelnen Länder behandeln sollte. Der Soldatenkönig befahl ferner, dafür zu sorgen, „daß Er anständige Sitten und Gebrechen, wir auf einen guten und manierlichen, nicht aber Pedantischen Umgang habe."[22] Schließlich galt es, einen zukünftigen König zu erziehen und keinen Pedanten.

Als Friedrich Wilhelm I. bemerkte, dass die von ihm verordneten freien Nachmittage von seinen Kindern nicht zur Erholung und Bewegung genutzt wurden, sondern Friedrich bei seiner Mutter in Monbijou heimlich Latein lernte, reagierte der Monarch erzürnt. Denn die Gesundheit des Kronprinzen hatte unter dieser zusätzlichen Belastung gelitten. Da seine wohlüberlegten Instruktionen immer häufiger nicht beachtet wurden, legte er neue detaillierte Anweisungen zur Erziehung der Kinder fest, die die Freizeit der Prinzen weiter minimierte.[23] Für Theodor Schieder zielte die „totale Reglementierung des täglichen Lebens" und die Vermittlung von gesellschaftlichen Leitbildern wie „Amtmann Gottes", „guter Wirt" oder „honnête homme" darauf hin, „den Prinzen zum Selbstherrscher zu bilden, aber nicht zum Selbstherrscher in Luxus und Majestät, sondern in Arbeit und Unterwerfung unter die ‚Majestät Gottes'."[24]

Wenn Friedrich auch später die Erziehungsziele seines Vaters durchaus würdigte, so vermochte er es als Kind nicht, sich in dieses für ihn viel zu enge und zu pragmatische Erziehungskonzept pressen lassen. Zu unterschiedlich schienen die Auffassungen, Interessen und Neigungen von Vater und Sohn, als dass es zu einem harmonischen Zusammenleben beider hätte führen können. Der Vater erwartete strikten Gehorsam, eine spartanische Lebensweise und ein starkes militärisches Interesse von Friedrich. Doch dieser wollte seine Jugend genießen und sich mit Kunst, Kultur und den Bildungsgütern seiner Zeit beschäftigen. Der Konflikt zwischen Vater und Sohn, der dann mit dem Fluchtversuch Friedrichs 1730 eskalierte, entwickelte sich über einen langen Zeitraum und hatte sehr komplexe Ursachen.

August Wilhelm, der 1722 geborene jüngere Bruder, erlebte mit acht Jahren, wie es Friedrich, dem Thronfolger, nach der missglückten Flucht erging. Friedrich Wilhelm I. reagierte darauf staatsmännisch autoritär. Für das In- und Ausland sichtbar demonstrierte er seine Auffassungen von königlicher Macht und Pflichtgefühl. Die Hinrichtung des Hans Hermann von Katte (1704–1730), des Freundes Friedrichs, die Verhaftung weiterer vermeintlicher Mitwisser und die Bestrafung der sechzehnjährigen, völlig unschuldigen Potsdamer Rektorentochter Doris Ritter, die öffentlich ausgepeitscht und danach in das Spandauer Spinnhaus eingewiesen wurde,[25] sollten einmal das durch den Fluchtversuch des Thronfolgers beschädigte Ansehen der preußischen Monarchie wieder ins rechte Licht rücken, also Macht und Stabilität demonstrieren, und zum anderen sollten diese Maßnahmen auf alle anderen königlichen Familienmitglieder abschreckend wirken. Kein weiteres Kind sollte sich zukünftig der väterlichen Autorität widersetzen. Die persönlichen Befindlichkeiten hatten alle Mitglieder der königlichen Familie der „Staatsräson", allein dem Staatswohl, unterzuordnen.

Auch für August Wilhelm wurde diese leidvolle Erfahrung seines Bruders gezwungenermaßen zu einem Schlüsselerlebnis. Der Vater ließ keinen Zweifel daran, dass August Wilhelm sein Lieblingskind war, mit dem er ungezwungen und liebevoll umging. Dem Nachfolger des pietistischen Hallenser Reformers August Hermann Franckes, dem Pastor Johann Anastasius Freylinghausen, berichtete der König bei einem Treffen im Oktober 1727 in Wusterhausen über seinen gerade erst fünfjährigen Sohn August Wilhelm, „... daß er so ein gut Gemüth hätte, und ihm so gern folgete; daß er garantieren wollte, er werde ein honnête homme werden, ein honnête homme aber sei kein anderer, als der ein guter Christ sei ... Vor manche unter seinen Kindern wollte er nicht viel verwetten, aber dem traue er viel zu."[26] Der kleine August Wilhelm erfreute seinen Vater also durch seine Gottgefälligkeit und durch seine Folgsamkeit. Diese beiden Eigenschaften garantierten aus der Sicht des Vaters eine kindliche Entwicklung, die den Prinzen auf seine zukünftige Stellung im preußischen Staat verlässlich vorbereitete. Die „Staatsräson" würde dieser Prinz sicherlich nicht missachten. In diesen Worten Friedrich Wilhelms I. spiegeln sich die politischen Herrschaftsauffassungen jener Zeit wieder, die betonten, dass nicht nur ein guter König ein König sei, sondern die auch davon ausgingen, dass ein König nur vor Gott sich zu verantworten habe. Schließlich musste, konnte und durfte ein guter König gehorchen. August Wilhelm schien diese Voraussetzungen für einen guten König mitzubringen.

Voller Neid und Missgunst sah Friedrich, dass alle Geschwister besser behandelt wurden, als er. Lediglich zu seiner älteren Schwester Wilhelmine entwickelte er eine vertrauliche und innige Beziehung, die aber nach deren Verheiratung 1731 mit Friedrich Markgraf von Brandenburg-Bayreuth (1711–1763) an Intensität verlor. August Wilhelm verstand sich besonders gut mit seinem vier Jahre jüngeren Bruder Heinrich (1726–1802). Die beiden Geschwister waren teilweise zusammen unterrichtet worden und sie teilten ein gemeinsames Schicksal – sie waren nach dem Thronfolger geboren worden und mussten nun seine Stellung in der dynastischen Hierarchie akzeptieren. Von den neun anderen noch lebenden Geschwistern spielte im persönlichen Umgang August Wilhelms die nur zwei Jahre ältere Luise Ulrike (1720–1782) eine wichtige vertrauensvolle Rolle. Als seine Lieblingsschwester dann 1744 den schwedischen Thronfolger Adolf Friedrich heiratete, litt er unter der räumlichen Trennung sehr. Die Briefe Ulrikes an ihren Bruder belegen jedoch, dass sie ihr gutes Verhältnis zueinander auch in Zukunft bewahren konnten,[27] was angesichts der politischen Verhältnisse jener Zeit nicht immer selbstverständlich war.

Als August Wilhelm im Sommer 1752 seine Schwester in Schweden besuchen wollte, untersagte Friedrich II., der 1740 die Nachfolge seines Vaters angetreten hatte, diese Reise mit den Worten: „Mein lieber Bruder, Sie sehen, man kann nicht alles tun, was man will. Unsichtbare Fesseln, die man Rücksichtnahme, Klugheit oder Vorsicht nennt, halten uns in jedem Augenblicke fest. Da ich annehme, daß Sie gänzlich von Ihrem Reisefieber geheilt sind, so nehme ich mir die Freiheit, Ihnen einige von meinen guten Kirschen zu übersenden. Sie fanden im vorigen Jahre Ihren Beifall."[28] Die europäische Politik verzeichnete 1752 keine Turbulenzen und insofern hätte die Reise des Prinzen von Preußen zu seiner Schwester auch der politischen Atmosphäre jener friedlichen Jahre – selbst wenn ihr eine politische Bedeutung unterstellt worden wäre – kaum geschadet. Friedrich II. gefielen die Reisepläne seines Bruders einfach nicht und so verbot er dem 30-jährigen Prinzen mit dem lapidaren Hinweis auf die „Staatsräson" das geplante Wiedersehen mit seiner Schwester in Schweden. Der hier zitierte Brief bezeugt die oberflächliche Anteilnahme des Königs an der Enttäuschung des Bruders. Allein die Wortwahl und das Trostgeschenk sprechen für sich und für die hier sehr bewusst ausgespielte Überlegenheit des Königs gegenüber dem kleinen, noch immer zu belehrenden Bruder. Doch kehren wir noch einmal in die Kindertage der Prinzen zurück.

Friedrich Wilhelm I. nahm seit 1735 seinen Sohn August Wilhelm und nicht ihn, Friedrich, auf seinen Inspektionsreisen und Revuen mit. So lernte August Wilhelm Land und Leute durch eigene Anschauung kennen, da er zum ständigen Begleiter seines Vaters auf dessen zahlreichen Reisen wurde. Angesichts der Hierarchie innerhalb der königlichen Familie dürfte Friedrich diese Art der Bevorzugung schon sehr gekränkt haben. 1736 fragte er in einem Brief an seinen Bruder August Wilhelm an, der an den Pocken erkrankt war und dem er zur Genesung Glückwünsche sandte, ob der König von ihm gesprochen habe.[29] Der große Bruder wollte von August Wilhelm erfahren, was der Vater über ihn dachte und was er so vorhatte.

Friedrich wusste, dass der Vater diesen zweiten Sohn gern zum Thronfolger ernannt hätte und nur das Gesetz der Primogenitur ihn daran hinderte. Seit 1473 galt die Mark Brandenburg mit der Dispositio Archillea als unteilbar und mit dem Geraischen Hausvertrag von 1603 wurde dann auch die endgültige Trennung von der fränkischen Linie bestätigt.[30] Die legitime Nachfolge wurde jeweils an den erstgeborenen ehelichen männlichen Erben weitergegeben. An dieser Erblegitimität rüttelten die hohenzollernschen Könige nicht.

Die Lehren, die Friedrich aus seinen schmerzhaften Fluchterfahrungen und der abweisenden Behandlung durch seinen Vater gezogen hatte, beeinflussten dessen Herrschaftsauffassungen und sein Verhalten zu den Mitgliedern der königlichen Familie nachhaltig. Er traute seinen Brüdern keine Loyalität gegenüber seiner Person zu und fürchtete überall Verrat und Missgunst. Er, der schon als Kronprinz Intrigen am Hofe zu spinnen wusste, sorgte auch als König für keinen offenen und vertrauensvollen Umgangston. In seinem Politischen Testament von 1752 vertrat er nach 12-jähriger Regentschaft die Ansicht, dass die Prinzen von Geblüt möglichst differenziert zu behandeln sind. Alle müssen sich dem König unterwerfen und nur wer sich unterwürfig verhält, sollte mit Ehren und militärischen Kommandos belohnt werden. Von den Staatsgeschäften sind sie jedoch alle fernzuhalten.[31]

Seine Brüder August Wilhelm und Heinrich betraute er dann auch mit militärischen Kommandos und später übertrug er ihnen vereinzelt politische Aufgaben. Doch nicht immer erfüllten diese die Brüder zur Zufriedenheit des Monarchen. Während des Siebenjährigen Krieges versagte August Wilhelm als Oberbefehlshaber der sich im Herbst 1757 aus Böhmen zurückziehenden preußischen Armee und wurde in Unehren aus der Armee entlassen. Friedrich II. schrieb am 30. Juli 1757 an ihn: „Durch Ihre schlechten Maßregeln haben Sie meine Lage verzweifelt gemacht. Nicht meine Feinde haben mich ins Unglück gestürzt, sondern die Unvollkommenheit Ihrer Anordnungen. Ihre Ohren sind nur an die Stimme von Schmeichlern gewöhnt, Daun (Leopold Graf v., Feldherr – B. M.) schmeichelt Ihnen nicht, und nun sehen Sie die Folgen. Mir bleibt in dieser traurigen Lage nichts anderes übrig, als die verzweifeltsten Entschlüsse zu fassen. Ich muß mich Schlagen[32], wir lassen uns alle niedermachen, wenn wir nicht siegen können. Ich klage nicht Ihr Herz an, sondern Ihre Ungeschicklichkeit und den Mangel an Urteil, der Sie verhindert hat, das Rechte zu sehen. Ich spreche aufrichtig mit Ihnen. Wer nur noch einen Augenblick zu leben hat, braucht nichts zu verheimlichen. Ich wünsche Ihnen mehr Glück, als ich gehabt habe. Mögen Sie nach all dem schweren Unglück, das uns betroffen hat, in der Folge lernen, wichtige Dinge mit mehr Gründlichkeit, Urteil und Entschlossenheit zu behandeln. Das Unglück, das ich kommen sehe, ist zum Teile durch Ihre Schuld herbeigeführt worden. Sie und Ihre Kinder werden schwerer darunter leiden als ich. Halten Sie sich trotzdem davon überzeugt, daß ich Sie stets geliebt habe und in dieser Gesinnung sterben werde.“[33]

Der König, der durch seine Expansionspläne und somit durch seine Machtpolitik Brandenburg-Preußen erst in diese gefährliche militärische Lage gebracht hatte, wies seinem jüngeren Bruder hier gnadenlos und selbstherrlich eine

Schuld zu, die dieser allein nicht verursacht hatte. Er trug an dem militärischen Dilemma lediglich eine Mitschuld. Der Brief und das Verhalten Friedrichs II. belasteten August Wilhelm moralisch zutiefst. Wer will schon am Untergang des eigenen Landes und dem vermeintlichen Tod des regierenden Königs schuld sein? Der designierte Nachfolger starb kurz vor seinem 36-jährigen Geburtstag am 12. Juni 1758, ohne sich mit dem König persönlich versöhnen zu können. Den tiefen Sturz vom hofierten Thronfolger zur „Unperson" verkraftete der junge Prinz nicht.

Dabei hatte Friedrich II. gleich nach seinem Regierungsantritt all seine Hoffnungen zur Sicherung der Dynastie auf jenen Bruder gesetzt. Da der 28-jährige König offenbar keine eigenen Kinder „plante" bzw. wusste oder glaubte, dass er aus gesundheitlichen Gründen keinen Nachwuchs zeugen konnte,[34] sorgte er für die Verheiratung des potenziellen Thronfolgers. Schon im Juli 1740 wurde in Berlin die Ehe zwischen August Wilhelm und Luise Amalie (1722–1780) gestiftet und dann am 6. Januar 1742 – also noch während des Ersten Schlesischen Krieges – geschlossen. Dabei realisierte Friedrich lediglich Heiratspläne, die schon sein Vater für diesen Sohn geschmiedet hatte. Überhaupt übernahm Friedrich als König viele Denk- und Verhaltensweisen seines Vaters, obwohl er als Prinz selbst eben unter der Bevormundung und der verlangten „Staatsräson" gelitten hatte.

„Der Prinz von Preußen"

Dynastische Überlegungen bewogen Friedrich II. dann vor dem Beginn des Zweiten Schlesischen Krieges August Wilhelm offiziell zum Thronfolger zu ernennen. Ab dem 30. Juni 1744 führte dieser den Titel „Der Prinz von Preußen" und das In- und Ausland wurde von dieser Thronfolge in Kenntnis gesetzt.[35] Wobei der Artikel – „der" – das eigentlich Bedeutende an diesem Titel war, denn ein Prinz von Preußen war August ja seit seiner Geburt. Der König wollte zu diesem Zeitpunkt, dass sich sein Bruder August ganz bewusst und zielstrebig auf die Thronfolge vorbereitete. Wörtlich heißt es in einem Brief an ihn: „Ich bin kinderlos, kann sterben und betrachte Dich als meinen Erben. … zwar glaube ich, Du liebst mich zu sehr, um meinen Tod zu wünschen, aber trotzdem hast Du die Pflicht, Dir die nötigen Kenntnisse zu erwerben, die Dich im Falle meines Todes zur Regierung und zur selbständigen Leitung aller Staatsgeschäfte befähigen. Unser Staat braucht einen Herrscher, der mit eigenen Augen sieht und selbst regiert. Wollte es das Unglück, daß es anders würde, so ginge alles zu Grunde. Nur durch emsigste Arbeit, ständige Aufmerksamkeit und viele kleine Einzelheiten wird bei uns Großes vollbracht. Mithin muß man sich beizeiten damit abgeben, und wenn Du nicht anfängst Dich jetzt daran zu gewöhnen, wird dies

Leben Dir unerträglich sein, sobald Dein Stand Dich zwingt, seine schweren Pflichten zu erfüllen. Aus diesen Gründen, lieber Bruder, wünsche ich, daß Du Dich über alles unterrichtest. Wie Du siehst, spreche ich nicht aus persönlichem Interesse, sondern ich meine es gut mit Dir und habe nichts anderes im Auge als die künftige Wohlfahrt des Staates und den dauernden Ruhm des Hauses, der völlig davon abhängig ist, wer die Staatsmaschine in Gang hält."[36]

Das Vertrauen, das Friedrich hier August Wilhelm entgegenbrachte, erfreute den 22-Jährigen ganz besonders. Denn viele Jahre schien ja gerade dieser Bruder eine ernst zu nehmende Konkurrenz für Friedrich gewesen zu sein, und das musste der auch gespürt haben. August Wilhelm bemühte sich also, dieses Vertrauen zu rechtfertigen und stürzte sich in die Arbeit. Die häufigen Reisen mit seinem Vater und der frühe militärische Dienst hatten einen kontinuierlichen und umfassenden Unterricht kaum zugelassen, so dass der junge Prinz erhebliche Bildungslücken aufwies. Ein Zeitgenosse, Baron Jakob Friedrich Bielfeld, berichtet Folgendes über jenen Prinzen: „Der Prinz Wilhelm ist der schönste Mann, den ich je sah, er ist groß und vollkommen regelmäßig gebaut. Er hat braunes Haar, blaue Augen und sehr angenehme Züge. Aber er drückt sich nicht gut aus, seine Erziehung scheint vernachlässigt worden zu sein, dabei hat er etwas Schüchternes und nimmt auf den ersten Blick durchaus nicht ein; doch ist seine Unterhaltung nicht ohne Geist."[37] In diesem Urteil waren sich die Zeitgenossen offenbar einig. Da auch August Wilhelm um seine mangelhafte Bildung wusste, begann er auf den Gebieten der Geschichte, der Philosophie, der Literatur und des Militärwesens sich mehr oder weniger systematisch Wissen anzueignen. Auch den Musen und schönen Künsten widmete er sich. Bei dem berühmten Hofmaler Antoine Pesne verweilte er oft in der Werkstatt und lernte relativ gut zeichnen und malen. Zu einer zeitgemäßen Ausbildung eines königlichen Prinzen gehörte auch die musikalische Unterweisung. August lernte Kniegeige und später Violoncello spielen.

War Friedrich II. mit diesem Bildungseifer seines Nachfolgers zufrieden? Natürlich sah er mit Genugtuung, dass August Wilhelm seine Pflichten so ernst nahm. Hingegen sorgte er sich um die dynastische Erbfolge, denn die zu kleine Nachkommenschaft des Thronfolgers, der erst einen Sohn vorweisen konnte, garantierte noch nicht den Fortbestand der Dynastie. Doch diese Stabilität der Herrschaftsfolge sollte ja gerade für das Ausland demonstriert werden. So schrieb er seinem Bruder im April 1746 in Vorbereitung einer Hochzeit am Hof: „Man muß jedoch gestehen, daß die Ehe die nützlichste Torheit der Menschen ist. Ich wünschte, man merkte davon mehr in Deinem Hause. Geschieht das nicht bald, so müßte man Dir den kleinen Prinzen fortnehmen und Dich wie die Legehennen behandeln, denen man die Eier wegnimmt, damit sie neue legen."[38] Friedrich formulierte hier sehr deutlich seinen Wunsch nach weiteren Kindern aus dem Hause des Bruders. Schließlich wollte der König, der um die hohe Kindersterblichkeit zu jener Zeit wusste und auch selbst erlebt hatte, wie Geschwister verstarben, sichergehen, dass die Dynastie durch männliche Erben gesichert war.

Glaubt man den Worten des Kammerdieners der Königin Elisabeth Christine (1715–1797), Graf Ernst Ahasverus Heinrich von Lehndorff, so führten August Wilhelm und die mit ihm verheiratete Luise Amalie von Braunschweig-Wolfenbüttel alles andere als eine gute Ehe. Der Prinz schwärmte unter anderem für die junge Kraut, der er heimlich Briefe schickte.[39] Lehndorff meinte, dass die Prinzessin angesichts des Todes ihres Mannes eigentlich keinen Grund hatte, traurig zu sein. „Er war sehr jung, als er sie heiratete, und sie, eine schüchterne Natur, verstand es nicht, sich eine Stellung zu erringen. Die Prinzessinnen Luise Ulrike, die spätere Königin von Schweden, und Amalie behandelten sie schlecht und machten sie lächerlich. Der Prinz stand ihr nicht bei und vernachlässigte sie; zuletzt speisten sie nicht zusammen, trafen sich aber öfter abends am Hofe der Königin-Mutter. So kam es, daß die Gatten sich manchmal in zwei bis drei Monaten nicht sprachen. Nichtsdestoweniger vernachlässigte der Prinz nicht ganz seine Gattenpflichten, aber die Schilderung, die er von diesen Zusammenkünften machte, war immer zum Todlachen.“[40]

August Wilhelm wollte diese für beide Seiten unerträgliche und unglückliche Beziehung beenden. Er hegte 1746 – nach nur vier Jahren Ehe – den Wunsch, sich scheiden zu lassen, um die Hofdame Sophie Marie von Pannwitz, die spätere Gräfin Voß und Oberhofmeisterin der Königin Luise (1776–1810), zu heiraten.[41] Die dynastischen Pflichten, die sein Bruder so klar zum Ausdruck gebracht hatte, ließen den Prinzen jedoch von seinem Vorhaben Abstand nehmen. Ob er mit einer Scheidung als Thronfolger wirklich untragbar geworden wäre? Immerhin bezeugen die Geburten der Kinder, Friedrich Heinrich Karl (1747–1767), Friederike Sophie Wilhelmine (1751–1820) und Georg Karl Emil (1758–1759), dass er seine persönlichen Wünsche den „Staatsinteressen“ zur Freude Friedrichs unterordnete. Aus Liebe zu dieser Hofdame wollte er wohl nicht die Thronfolge gefährden und kam daher den Wünschen seines Bruders nach. Jahre später, am 13. November 1754, schrieb der König an August Wilhelm folgenden Brief: „Lieber Bruder, Sie haben gewiß schon von der Neuigkeit des Tages gehört: der Erbprinz von Hessen ist katholisch geworden. Er soll diese Albernheit aus Liebe zu einer Gräfin Hatzfeld begangen haben. Daran kann man sehen, zu was für Torheiten die Leidenschaft junge Leute treibt, die sich ihr hingeben. … Sie, lieber Bruder, werden niemals in diesen Fall geraten. Ihr Ruf wird Ihnen zu hoch stehen, als daß Sie ihn jemals durch ein Knechtsverhältnis zu einem Weibe beflecken. Sie wissen, wieviel Schaden die Weiber Heinrich IV. zugefügt haben, Sie sehen die Zerrüttung Frankreichs, die die Mätresse Ludwigs XV. herbeigeführt hat, in deren Laden die Staatsämter des Königreichs verhandelt werden, und werden sich sicherlich keinem ähnlichen Tadel aussetzen wollen. So ist also alles, was ich Ihnen hierüber sagen könnte, nur überflüssig …"[42]

Diese Zeilen könnten als Lob für August Wilhelm, der damals eben aus der Sicht des Königs die einzig richtige Entscheidung getroffen hatte und sich nicht scheiden ließ, gesehen werden. Denkbar wäre aber auch, dass der Hofklatsch eine neue potenzielle Geliebte des Bruders ins Gespräch brachte, und der König nun mit diesen eindeutigen und warnenden Worten den Bruder an seine Pflichten und sein Verantwortungsbewusstsein als Thronfolger erinnerte. Friedrich schmeichelte seinem Bruder und bekundete sein Vertrauen zu dessen richtigem Verhalten. So war August Wilhelm praktisch gezwungen, diesen königlichen Erwartungen auch zu entsprechen.

Die Briefwechsel Friedrichs mit seinen Geschwistern zeigen sehr deutlich, dass er die einzelnen Charaktere genau studiert hatte und wusste, wie er mit ihnen umgehen musste, um seine Ziele zu erreichen. Friedrich schilderte beispielsweise seiner Schwester Wilhelmine 1739 diesen nunmehr 17-jährigen Bruder August Wilhelm wie folgt: „Mein Bruder hat den besten Charakter der Welt. Er besitzt ein vortreffliches Herz, scharfen Verstand, Ehrgefühl und einen sehr stark entwickelten Menschlichkeitssinn, er hat den festen Willen, Gutes zu tun, was mich viel von ihm erhoffen läßt. Seine Manieren sind mehr naiv als geschliffen, und in seinem ganzen Benehmen verrät sich eine gewisse Unbeholfenheit, die nicht sehr für ihn einnimmt, die aber diejenigen nicht zu täuschen vermag, die eine verdienstvolle Gediegenheit einem glänzenden äußeren Scheine vorziehen. Ich liebe ihn sehr und habe allen Grund, mich zu der freundschaftlichen und anhänglichen Gesinnung zu beglückwünschen, die er für mich hegt. Er erweist mir alle kleinen Dienste, die er zu leisten vermag, und bezeugt mir bei jeder Gelegenheit Empfindungen, die man nur bei nahen Freunden antrifft."[43]

In welchem Zusammenhang Friedrich hier seinen Bruder charakterisierte und ob er wollte, dass über Wilhelmine diese positive Beschreibung auch jenem Bruder zur Kenntnis kam, ist nicht mit Sicherheit zu sagen. Bemerkenswert ist, dass Friedrich sehr wohl erkannt hatte, dass August Wilhelm eben ein guter Mensch war, der sich für Intrigen nicht eignete und eigentlich stets nur das Beste wollte. Friedrich bestätigte damit die Entwicklung seines Bruders, die schon der Vater vorausgesagt hatte. Nach der Machtübernahme durch Friedrich 1740 ließ August Wilhelm keinen Zweifel daran, dass er dem neuen König nicht nur loyal dienen, sondern auch stets dessen Pläne und die ihm von diesem zugedachten Aufgaben realisieren werde. Für sich selber forderte er nichts. Lediglich auf militärischem Gebiet unterbreitete er seinem Bruder eigene Vorstellungen. Der militärische Ruhm bedeutete den Söhnen des Soldatenkönigs stets sehr viel. Außerdem war es auch die eigentliche Berufung der Prinzen von Geblüt.

Schon mit 11 Jahren war August Wilhelm zum Leutnant ernannt worden und ab 1733 musste er regulär Dienst tun.[44] Schließlich sollte er das militärische Handwerk von der Pike auf erlernen. Ein Jahr später wurde er zum Rittmeister der Leibschwadron seines eigenen „Kürassierregiments Nr. 2 Prinz Wilhelm zu Pferde“ befördert. Nach dem Regierungswechsel 1740 wurde August Wilhelm Chef des Infanterie-Regiments Derschau in Spandau. Im Ersten Schlesischen Krieg stieg er zum Generalmajor der Kavallerie auf. Allerdings erhielt er noch kein eigenes Kommando, weil er dafür zu jung war. 1745 wurde er Generalleutnant und er flehte Friedrich an, ihm nun endlich eine eigenständige militärische Aufgabe im Zweiten Schlesischen Krieg zu geben. In diesem Krieg konnte er sein militärisches Können erfolgreich beweisen und nach der siegreichen Schlacht von Hohenfriedberg, die am 4. Juni 1745 gefochten wurde, kehrten der König und seine beiden Brüder – August Wilhelm und Heinrich – dann glücklich und zufrieden in das winterliche Berlin zurück. Der Friedensschluss zu Dresden beendete diesen Zweiten Schlesischen Krieg.

Während der Prinz August Wilhelm sich nun wieder seiner Bildung widmete, die höfischen Feste und die Besuche bei Familienmitglieder genoss, sich, wie oben schon beschrieben, verliebte, tat er sich mit der alltägliche Arbeit eines Regimentkommandeurs sehr schwer. Immer wieder ermahnte ihn Friedrich, sich mehr und konsequenter um die Angelegenheit seines Regiments zu kümmern und die sittlich-moralischen Vergehen seiner Offiziere entsprechend dem geltenden Recht zu bestrafen. Doch den Vorgesetzten zu „geben“, dass entsprach nicht seinem Naturell. Kurz vor dem Beginn des verhängnisvollen Siebenjährigen Krieges ernannte Friedrich seinen Bruder im Alter von 34 Jahren zum General der Infanterie. Nunmehr hatte er den Rang erreicht, der ihm sozusagen zustand, und es ihm ermöglichte, auch ein eigenes Kommando zu übernehmen.

Der Siebenjährige Krieg begann mit dem Einmarsch der preußischen Truppen am 29. August 1756 in Sachsen. Die elf Friedensjahre scheinen die Kriegsbegeisterung des Prinzen etwas gedämmt zu haben. In den Briefen wurden die Strapazen des Feldzuges und die körperlichen Leiden thematisiert. Euphorie und Freude an den militärischen Aufgaben dokumentierten die Briefe nicht.[45]

Im Mächtespiel am preußischen Hof und in der äußerst angespannten Lage während des Siebenjährigen Krieges genügte ein kleiner militärischer Fehler bzw. die Nichtachtung der königlichen Autorität, um in Ungnade zu fallen. August Wilhelm hatte die Aufgabe erhalten, die Lausitz und Schlesien zu sichern, um den Vormarsch des Feindes auf Berlin zu verhindern. Doch weder die Stärke seiner Truppenteile noch die vorhandene Verpflegung reichten wohl aus, diese Order zu erfüllen. Der Prinz operierte zu ängstlich und zurückhaltend, zu sehr auf das Wohlergehen der Truppe bedacht, und brachte so Friedrich in eine heikle Lage. Dieser schrieb seinem Bruder dann am 19. Juli 1757: „Sie wissen nicht, was Sie wollen noch was Sie tun. In einem Briefe verlangen Sie, daß ich Ihnen von hier Brot schicke, und dabei geben Sie feige Gabel preis, das Ihnen die Verbindung mit Zittau, Ihrem Magazin, sicherte! Sie werden stets nur ein kläglicher Heerführer sein. Kommandieren Sie einen Harem, wohlan; aber solange ich lebe, vertraue ich Ihnen keine zehn Mann mehr an."[46] Der so zurechtgewiesene Prinz verteidigte sich mit folgenden Worten: „Ich habe nie um das Kommando über eine Armee gebeten, weil ich mir etwas auf meine Talente einbildete, und wenn Sie es befehlen, werde ich diesen Ehrenposten ohne Bedauern aufgeben, in der Hoffnung, daß ein Geschickterer als ich Ihre Absichten besser erraten wird. Es ist möglich, daß ich in der kritischen Lage, in der ich mich befand, Fehler gemacht habe. Trotzdem wird keiner Ihrer Generale mich der Laune, Feigheit oder der geringsten Unordnung in den getroffenen Anordnungen zeihen. Mein gutes Gewissen ist also mein einziger Trost; es lässt mich Ihre Vorwürfe mit Ergebung tragen. Ich verbleibe, liebster Bruder, bis zum Grabe der gehorsamste Diener und Knecht und arme Wilhelm."[47]

Friedrich konnte weder seinem Bruder die militärischen Fehler verzeihen, noch verstand er wohl dessen Reaktion. Trotzig würdigte er ihn daher bei ihrem Wiedersehen am 29. Juli 1757 keines Blickes und keiner Anrede. Es war diese offensichtliche Missachtung, die den Bruder stärker als jene Kritik an seinen militärischen Fähigkeiten kränkte. Der Prinz legte nun offiziell das Kommando nieder. Da er nicht in der Armee bleiben wollte, willigte Friedrich nach vielen Briefwechseln ein und befahl, dass er nach Torgau gehen sollte. Im November 1757 durfte er nach Berlin zurückkehren. Friedrich bot das Kommando Heinrich an, der es jedoch mit der Begründung ablehnte, seinen Ruhm nicht auf dem Verderben des Bruders begründen zu wollen. Obwohl sich August Wilhelm brieflich immer wieder bemühte, die Beziehung zu Friedrich zu verbessern, gelang ihm dies nicht. Friedrich ließ die Briefe von seinem Sekretär beantworten und manifestierte so nochmals seine Verachtung.

Für die Sicherung der Dynastie war der König auf diesen Bruder auch nicht mehr angewiesen. Noch hielt der König jedoch an der üblichen Primogenitur fest und verfügte am 28. November 1757 zwischen den Schlachten bei Rossbach und Leuthen Folgendes: „In bezug auf die Geschäfte muß zunächst allen Kommandeuren befohlen werden, meinem Bruder den Eid leisten zu lassen. Auch wenn die Schlacht gewonnen ist, muß mein Bruder gleichwohl sofort jemand nach Frankreich mit einer Mitteilung schicken, der zugleich Vollmacht zur Friedensverhandlung haben muß. Man wird dann mein Testament öffnen und ich befreie meinen Bruder von allen Geldvermächtnissen, die ich gemacht habe, weil der traurige Zustand der Dinge ihn verhindert, sie zu erfüllen ..."[48] Ob dieses Vermächtnis noch in die Hände des Bruders gelangte, bleibt zweifelhaft.

Dieser plagte sich mit zermürbenden Gedanken und er hätte etwas Aufmunterung gut gebrauchen können.

Prinz August Wilhelm hatte sich auf sein Schloss Oranienburg zurückgezogen, als er bemerkte, dass es zu Ende ging. Kein Arzt sollte mehr kommen und er weigerte sich auch, die verordnete Medizin zu nehmen. In dieser Situation rief man seine resolute Schwester Amalie, die Äbtissin von Quedlinburg, zu Hilfe. Aber Amalie konnte ihm nur in den Phasen des Deliriums Medizin einflößen. Wenn der Prinz bei Bewusstsein war, verweigerte er jede Hilfe und jegliche Arznei. Am 12. Juni 1758 schrieb Amalie, die bis zuletzt an seinem Bett gewacht hatte, an Friedrich: „Es ist geschehen, mein Bruder lebt nicht mehr. Der Tod, der schreckliche Tod hat ihn uns eben genommen. Ein Stickfluß hat ihn der Welt entrissen.“[49] Die Obduktion des Verstorbenen brachte keinen eindeutigen Befund. Das hinderte aber die Nachwelt nicht daran, vermeintliche Ursachen zu erfinden. Ein so früher Tod ließ natürlich die Gerüchteküche brodeln. Die einen favorisierten einen Gehirntumor, die anderen Folgeschäden eines Sturzes vom Pferde und wieder andere meinten, das Zerwürfnis mit dem König hätte zum Tod des Prinzen geführt.

Vorbildwirkung

August Wilhelms Gemahlin wurde lange Zeit im Unklaren darüber gelassen, wie es um ihren Gatten bestellt war. Denn sie war schwanger, was darauf schließen lässt, dass sich die Eheleute nach der Rückkehr des Prinzen aus dem Krieg wieder nähergekommen waren. Luise Amalie gebar am 30. Oktober 1758 in Magdeburg ihren Sohn Emil. Der Hofstaat hatte aus Sicherheitsgründen Berlin schon am 23. Oktober 1757 verlassen und in Magdeburg Zuflucht gesucht. Die junge Witwe, die in den schwierigen Verhältnissen dieses verheerenden Krieges und den vielfältigen Hofintrigen mit ihren vier Kindern allein dastand, war nun auf die Gnade desjenigen angewiesen, der Schuld an dem Tod des Gatten haben sollte. Ob ihr diese makabre Situation bewusst war, oder ob sie allein an das Wohl ihrer Kinder dachte, erfahren wir aus den überlieferten Quellen nicht. Ihre Briefwechsel mit ihrem Sohn gehen nicht auf dieses traurige Ereignis und deren Folgen ein. Lapidar berichtete sie in jener Zeit von Abendgesellschaften oder von dem Verhalten der Österreicher und Franzosen in Magdeburg.[50] Nun wusste sicherlich jedes Familienmitglied des Königs, dass die Post vor neugierigen Augen nicht sicher war, und so schrieb man halt auch nichts, was den Unmut des Königs verursachen konnte. Ob und wie die Mutter und der 14-jährige Sohn um den toten Gatten und Vater trauerten, blieb der Öffentlichkeit verborgen.

Der König bediente sich der Dienste seiner Frau, um seine Trauer um den Bruder der Witwe kundzutun. Elisabeth Christine durfte ihrer Schwester, der

Witwe Luise Amalie, im Auftrag des Königs Folgendes übermitteln: „Ich werde versuchen, ihr durch meine Liebe ihren schweren Verlust zu erleichtern, soweit ein derartiger Verlust überhaupt erleichtert werden kann. Ich sehe ihre Kinder als meine eigenen an. Sie kann darauf rechnen, daß ich auf das eifrigste für sie sorgen und das Bild meines armen Bruders im Grunde des Herzens bewahren werde, aus dem es allein der Tod entfernen kann.“[51] Was muss wohl die ungeliebte Elisabeth Christine angesichts dieses Briefes empfunden haben. Sie, die keine Kinder hatte, sollte ihrer Schwester die ihr nie zuteilwerdende Liebe ihres Mannes versichern, der für deren Kinder wie für die eigenen sorgen wollte. Diesen Zynismus kann man auch mit den Turbulenzen des Krieges nicht entschuldigen. Die Gefühle seiner Frau waren Friedrich einfach egal. Schließlich ging es hier um dynastische Interessen. Für die junge Witwe Luise Amalie war dieser königliche Trost jedoch nicht unwichtig, denn vom Verhalten des Königs hing nicht nur ihr eigener Hofstaat finanziell ab, sondern auch ihre Stellung und die ihrer Kinder innerhalb der Hofgesellschaft.

Der Kronprinz Friedrich Wilhelm, der zu Ehren seines Großvaters diese Vornamen erhalten hatte, war 14 Jahre alt, als sein von Selbstzweifeln und Schuldgefühlen geschwächter Vater starb, und er soll – glaubt man Lehndorff – an dessen Grab heftig geweint haben.[52] Wie nachhaltig der frühe Tod seines Vaters wirklich seine Entwicklung beeinträchtigte, wird man heute nicht mehr ermessen können. Immerhin gibt es etliche Zeugnisse, die belegen, dass Vater und Sohn sich gut verstanden und August Wilhelm regen Anteil an der Erziehung seines Sohnes genommen hatte. Die Ehe seiner Eltern erlebte der Kronprinz Friedrich Wilhelm nur mittelbar, aber dennoch wird der Hofklatsch dafür gesorgt haben, dass ihm deren schlechtes Verhältnis zur Kenntnis kam. Allerdings unterschied sich diese fürstliche Ehe kaum von anderen ihrer Zeit, und da Friedrich Wilhelm das zeittypische Rollenverständnis der höfischen Gesellschaft sozusagen mit der Muttermilch eingesaugt hatte, dürfte ihn die Beziehung seiner Eltern kaum verwundert haben. Ohnehin verkehrte er ja meist nur mit einem der beiden Elternteile, wenn Besuche zu absolvieren waren.

Dennoch wird der Vater für den Sohn eine besondere Bezugsperson oder gar ein gewisses Vorbild gewesen sein. Die schmachvolle Entlassung des Vaters aus der Armee mitten im Krieg und die damit einhergehende Ehrverletzung, die durch die Ignoranz des Königs noch gesteigert wurde, musste daher die Einstellung Friedrich Wilhelms zum König verändern. Vielleicht liegt hier ein Grund für das spätere angespannte Verhältnis der beiden zueinander. Die stummen Vorwürfe Friedrich Wilhelms, der viele Eigenschaften seines Vaters geerbt hatte, und das schlechte Gewissen des Königs, der nicht unschuldig am vorzeitigen Tod des Bruders war, waren keine gute Basis für einen unbeschwerten Umgang dieser beiden miteinander.

Die Brüder Friedrichs II. verziehen ihm die schlechte Behandlung August Wilhelms nie. Die königliche Familie entwickelte unter Friedrich II. keine engen, auf gegenseitiger Achtung und Anerkennung basierenden Beziehungen, die über die individuelle Sympathie einzelner Familienangehöriger zueinander hinausgingen und die Dynastie als ganzheitlichen Familienverband betrafen. Die zerstreuten Höfe – August Wilhelm residierte seit 1746 in Oranienburg, Heinrich seit 1744 in Rheinsberg, Ferdinand in Friedrichfelde und dann in Bellevue, und die Schwestern, mit Ausnahme von Amalie, lebten standesgemäß verheiratet an anderen Höfen[53] – erleichterten die Kommunikation innerhalb der Familie nicht gerade. Zwar hatte jeder prinzliche Hofstaat so seinen mehr oder weniger großen Freiraum, aber für die Ausbildung eines dynastischen Zusammengehörigkeitsgefühls mit der Gewissheit, dass man sich im Notfall aufeinander verlassen könne, waren das nicht die besten Voraussetzungen.

Hinzu kam dann noch die besondere Lebensweise Friedrichs, der nach 1742 seine Frau mied und keine eigenen Kinder hatte. Die Art wie der König mit seiner Gemahlin Elisabeth Christine nach 1742 umging,[54] schien für die beiden Brüder August und Heinrich eine gewisse Vorbildwirkung gehabt zu haben, denn beide Prinzen behandelten ihre ungeliebten Ehefrauen ähnlich schlecht. Sicherlich gehörten die Missachtung und die Ausgrenzung von adligen Ehefrauen, die ihren Männern „verordnet wurden“, zum höfischen Alltag in ganz Europa. Dennoch spielte gerade am preußischen Hof das Vorbild des Königs keine geringe Rolle. Die höfische Gesellschaft beobachtete das Verhalten des Monarchen sehr genau, und wer sein Wohlwollen genoss, erfreute sich auch einer gewissen Anerkennung im Kreise des Hochadels.

Im Vergleich zu seinem Bruder August Wilhelm konnte sich Heinrich, der 1752 mit der schönen Wilhelmine von Hessen-Kassel (1726–1808) verheiratet wurde, 1766 von ihr räumlich trennen und jeglichen offiziellen Umgang mir ihr meiden. Die Prinzessin lebte fortan in einem Flügel des Prinz Heinrich Palais (heute Humboldt-Universität) und Heinrich im anderen Flügel. Nach der langen Trennung infolge des Siebenjährigen Krieges hatte sich das Ehepaar entfremdet. Früher hatte die Königin-Mutter Sophie Dorothea immer noch zwischen beiden vermittelt, doch nach ihrem Tod 1757 fehlte diese ausgleichende Kommunikation. Hinzu kam, dass die schöne Prinzessin natürlich auch umschwärmt wurde, und so verfestigte sich bald ein Gerücht, dass Wilhelmine ein Verhältnis mit dem Adjutanten des Prinzen, Friedrich Adolf von Kalckreuth (1737–1818), unterhielt. Daraufhin wollte sich der gekränkte Prinz scheiden lassen, doch Friedrich überzeugte ihn wohl davon, dass eine Scheidung für alle Beteiligten nachteilig wäre. So kam es zu keinem Skandal, sondern nur zu einer räumlichen Trennung. Während der Prinz 1763 von seinem Bruder für seine militärischen und politischen Leistungen reichlich belohnt wurde, erhielt die Prinzessin Heinrich, wie die schöne Fee am Hofe genannt wurde, lediglich einen kleinen und sehr bescheidenen eigenen Haushalt, der ihr nur ein zurückgezogenes, einsames und fast ärmliches Leben ermöglichte. Erst der Tod des Königs, der ihr im Testament von 1769 10 000 Taler Einkünfte und eine Dose mit Brillanten vererbte, besserte ihre finanzielle Situation etwas. Dass Friedrich die schöne Fee bedachte, mag wohl daran gelegen haben, dass er glaubte, sie sei zu Unrecht von Heinrich als untreue Gattin verstoßen worden. Auch Heinrich kamen später Zweifel, ob er nicht allzu voreilig einem Gerücht Glauben geschenkt hatte.

Als Familienoberhaupt brachte Friedrich II. in diesen königlichen Mikrokosmos nur seine eigenen mehr oder weniger schlechten Kindheitserfahrungen und die wenigen Beobachtungen, die er während seiner kurzen Aufenthalte an anderen Höfen sammeln konnte, mit ein.[55] Es mangelte ihm also nicht nur an einer positiven Vorbildwirkung, sondern seine eigenen Lebenserfahrungen (Kindheit, Flucht, Kriege) ließen kein angenehmes Klima am preußischen Hof aufkommen. Sein Zynismus, seine Selbstgerechtigkeit und sein grenzenloses Misstrauen überschatteten das Leben am Hof und determinierten die Umgangsformen und Verhaltensweisen der königlichen Familie. Lehndorff gibt in seinen Tagebüchern viele Beispiele für das patriarchische Auftreten des Königs in der königlichen Familie und in das trotz aller Distanz nach königlicher Anerkennung lechzende Verhalten der Hofgesellschaft. Anlässlich des Geburtstages der Prinzessin von Preußen am 29. Januar 1753 gab der König ein großes Mittagessen, „bei dem alles großartig und höchst langweilig ist. Es ist einzig die Wirkung, die die Anwesenheit des Königs verursacht. Die vierzig Personen, die im Vorzimmer bei schönster Laune waren, waren, sobald der König eintrat, nur noch vierzig Bildsäulen. Warum flößt die Macht mehr Furcht als Liebe ein? Kommt es daher, weil die Großen sich ihrer mehr bedienen, um sich Achtung als um sich Liebe zu verschaffen?“[56] Innerhalb der Hofgesellschaft herrschte Friedrich II. absolut und selbstherrlich. Die Denk- und Verhaltensweisen der Angehörigen des Hofes ermöglichten ihm dies auch ohne Probleme, denn die Prinzen und Prinzessinnen hatten die Hierarchie, die Etikette und die Zeremonien des Hofes von Kindesbeinen an verinnerlicht und sie wussten, nur der König als oberster Repräsentant des Staates konnte diese verändern.

Im Vergleich zu den anderen europäischen königlichen Höfen lebte man in Berlin und Potsdam nicht nur bescheidener, sondern eben auch anders. Das Militärische und der geistige Austausch mit frankophiler Dominanz waren dem König wichtiger als höfisches Zeremoniell und staatsmännische Repräsentation. In der Typologie der deutschen Höfe prägte Volker Bauer dafür die Bezeichnung des „geselligen Hofes“.[57] Dennoch gab es in Berlin höfische Feste beispielsweise zur Karnevalszeit und zu den Geburtstagen, wo auch der König erschien bzw. sich präsentierte und die nötige Achtung erwartete. Der britische Gesandte Sir

Andrew Mitchell schrieb über Friedrichs Verhaltens in dieser Hinsicht Folgendes: „Obwohl er gelegentlich über Formalitäten lacht, wacht doch niemand eifersüchtiger über sie in allen Dingen, von denen er meint, daß sie seinen Rang, seine Würde und sein Ansehen berühren."[58] Auch ohne neu fixiertem Rangreglement wusste jeder innerhalb der höfischen Gesellschaft, was sich ziemte und was nicht. Allein dem Zynismus und dem unberechenbaren Verhalten Friedrichs, der beispielsweise bei der Taufe seines Neffen August dessen siebenjährigen Bruder Louis mit dem Taufwasser übergoss, waren alle schutzlos ausgesetzt. Friedrich genoss Narrenfreiheit. Die wenigsten Familienmitglieder konnten sich gegen seinen Zynismus wehren.

Wie sich am preußischen Hof das dynastische Familienbewusstsein zur Zeit Friedrichs II. wirklich ausbildete, bleibt noch zu untersuchen. Beim jetzigen Kenntnisstand scheint ihn lediglich die dynastische Erbfolge als entscheidende Grundlage des Staatsbildungsprozesses tief bewegt und zu Aktivitäten motiviert zu haben. Allein die Sorge um die männliche Erbfolge bewog Friedrich II. dann, den Konkurrenten aus den Kindertagen – August Wilhelm – und dessen Sohn Friedrich Wilhelm auf die Thronfolge nach seinen Vorstellungen vorzubereiten.

Kindheit und Jugend Friedrich Wilhelms

Die Bildung des Kronprinzen im Zeitalter der Aufklärung

In der Kinderpsychologie ist man sich heute darin einig, dass die ersten sechs Lebensjahre für die Entwicklung eines Kindes entscheidend sind. Friedrich Wilhelm, der am 25. September 1744 geboren wurde, erblickte nur wenige Tage nach dem Beginn des Zweiten Schlesischen Krieges das Licht der Welt. Am 10. August 1744 erklärte Preußen Österreich den Krieg. Seine Mutter, Luise Amalie von Braunschweig-Bevern, weilte erst seit zwei Jahren am preußischen Hof, in dem sie sich noch keinen angemessenen Platz erkämpft hatte. Die Geburt des Sohnes sicherte ihr aus dynastischer Sicht zwar einen gewissen Respekt, aber noch nicht die Achtung des Gemahls und der Hofgesellschaft. Lediglich in der Königin, ihrer Schwester, hatte sie eine innige Freundin und Verbündete. Doch ihr Einfluss am königlichen Hof blieb marginal.

Als der Hofprediger August Friedrich Wilhelm Sack den Prinzen am 11. Oktober 1744 in der Domkirche zu Berlin taufte, hielt die Mutter des Königs,

Sophie Dorothea, das Kind über das Taufbecken und nicht die Königin. Als Taufpaten sollten der Kaiser Karl VII., die Zarin Elisabeth, Ludwig XV. von Frankreich, der schwedische Thronfolger Adolf Friedrich, Friedrich II., die Königin-Mutter und die Königin Elisabeth Christine standesgemäß den zukünftigen Weg des Jungen begleiten.[59] Gleichzeitig offenbart diese Patenwahl die außenpolitische Stellung Brandenburg-Preußens im Jahr 1744. Noch zählten Russland, Frankreich und Schweden zu den akzeptierten Partnern Friedrichs II. im Kampf um das europäische Gleichgewicht und natürlich mit Blick auf den Erzfeind Österreich.

Wenn sich auch das preußische Hofleben von anderen Königshöfen etwas unterschied, so folgte die Erziehung der Prinzen im Wesentlichen doch den geschlechtertypischen Regeln der Zeit. Eine Amme sorgte für das leibliche Wohl des Knaben und die Königin-Mutter, Sophie Dorothea, überwachte die geistige und körperliche Entwicklung des Kindes. Schon nach einem Jahr wurde er von der Amme entwöhnt und zum Laufen angehalten. Er erhielt eine Kinderfrau, Frau Hesse, die sich nun um den kindlichen Alltag kümmerte. Mit fast zwei Jahren begann der Prinz zu sprechen. Ein Jahr später gab man ihn in die Hände eines Erziehers.[60] Schon mit drei Jahren wurde der kleine Prinz aus der Obhut seiner Familie, die im Kronprinzenpalais und Schloss Oranienburg wohnte, genommen. Für den kleinen Jungen wurden auf Befehl des Königs eigene Räume im königlichen Schloss in Berlin eingerichtet.

Mit vier Jahre erhielt er den Schweizer Gelehrten Nicolas de Beguelin als Erzieher, den Pierre Louis Moreau de Maupertuis, der Präsident der Königlichen Akademie der Wissenschaften, empfohlen hatte. Beguelin hatte Jura und Mathematik studiert, dann am Reichskammergericht in Wetzlar gearbeitet und befand sich seit 1743 in preußischen Diensten. Friedrich II. hatte diesen jungen Mann am sächsischen Hof kennen und schätzen gelernt. 1746 erhielt er eine Professur am Königlichen Joachimsthalschen Gymnasium in Berlin, wo er Mathematik, Geographie und mathematische Geographie unterrichtete. Als er nun zum Prinzenerzieher ernannt wurde, erfolgte 1747 seine Aufnahme in die Königliche Akademie der Wissenschaften zu Berlin. Diese Ehrung resultierte natürlich aus seiner neuen Stellung am preußischen Hof, aber sie war auch eine Anerkennung seiner wissenschaftlichen Leistungen, die der begabte Gelehrte in Zukunft hinreichend unter Beweis stellte. Dass der Erzieher ein Mathematiker war, ist nicht dem Zufall geschuldet. Vielmehr ging man zu jener Zeit davon aus, dass logisches Denken für die Ausbildung des Verstandes fundamental ist. Über die pädagogischen Fähigkeiten des 33-jährigen Schweizers wachten dann der König, der Vater und Anteil nehmend auch die Mutter. Trotz erster Überlegungen, die ein pädagogisches Umdenken signalisieren, behandelte man die kleinen Prinzen immer noch wie Erwachsene. Der von seinen Eltern und Geschwistern getrennt lebende kleine Knabe entwickelte zu Beguelin eine intensive und vertrauensvolle Beziehung.

Der Schweizer Mathematiker Beguelin wurde bei seiner Prinzenerziehung vom Hugenotten Jean Henri Formey unterstützend beraten, der zuvor einige Jahre als Prediger der französischen Gemeinde Berlins tätig gewesen war. 1737 unterrichtete Formey dann Rhetorik am Französischen Gymnasium und von 1739 bis 1791 wirkte er als Professor für Philosophie an dieser gelehrten Schule. Auch Formey war Mitglied der Königlichen Akademie der Wissenschaften zu Berlin und erwarb sich als Wissenschaftler großen Ruhm.[61] Beide Gelehrten verständigten sich darüber, wie und was dem vierjährigen Prinzen, dem ein beachtliches geistliches Potenzial auf der einen Seite und eine gewisse Schüchternheit im Umgang mit Fremden auf der anderen Seite bezeugt wurden, nun am besten beizubringen sei.

Über die visuelle Wahrnehmung sollte die Auffassungsgabe des Kindes geschult werden. Daher ließ Beguelin das prinzliche Zimmer mit Kupferstichen tapezieren, auf denen Friedrich Wilhelm verschiedene Gegenstände aus der Geographie, der Geschichte, der Architektur, der Mechanik oder der Genealogie entdecken konnte. Die Königin-Mutter Sophie Dorothea schenkte diesem Enkel Kupferstichwerke und Trachtenbücher, die er sich anschauen konnte. Vom Prinzen Heinrich, seinem Onkel, erhielt er beispielsweise zwei Globen, die ihm die weite Welt ins Haus brachten. Der Reformpädagoge Johann Julius Hecker (1707–1768), der 1747 in Berlin eine ökonomisch-mathematische Realschule gründete, führte ihn mittels gepresster Pflanzen in die Anfänge der Botanik ein. Das Tierreich brachte ihm der Philosoph und Pädagoge Johann Georg Sulzer (1720–1779) näher. Schon im Alter von nur fünf Jahren erlebte Friedrich Wilhelm ein Experiment mit der Elektrisiermaschine, an dem neben Formey auch der Herzog von Braunschweig und andere Adlige teilnahmen. Der Umgang mit dem Mikroskop und die Wirkungsweise des Prismas zählten ebenfalls zu den Lehrgegenständen des Kindes.

Der Tagesablauf des vier- und fünfjährigen Prinzen sah vor, dass er am Vormittag mündlichen Sprachunterricht (Deutsch und Französisch) erhielt. Zum Mittagessen musste er dann Kavaliere des Hofes einladen. Der Prinz galt als schüchtern bzw. ängstlich. Um ihn an Fremde zu gewöhnen, beschloss der König, dass er den Umgang mit ihm unbekannten Menschen üben müsse. So setzte man dem Kind eben Adlige an den Mittagstisch, mit denen er palavern sollte. Immer wieder betonte Friedrich II. in seinen Weisungen zur Erziehung des Jungen, dass dieser „dreister" werden müsse. Bescheidenheit und Zurückhaltung gehörten nicht zu den Eigenschaften, die aus der Sicht des Königs der Thronfolger ausprägen sollte. Mit allen Mitteln versuchte man nun, aus diesem kleinen zurückhaltenden Jungen einen altklugen Miniaturerwachsenen zu formen.

In einem Bericht des Lehrers Beguelin wird das Verhalten des fünfjährigen Prinzen wie folgt beschrieben: „Nachmittags hatten der Printz sich vorgenommen, der Akademie beyzuwohnen. Sie hatten aber so lang an deren Toilette zu thun, daß Sie es versäumten. Daraufhin machten Sie der gnädigsten Grand Mama die Cour und hatten die Ehre dem Oncle König die Hand zu küssen; jedoch waren Sie ganz artig und höflich, allein noch immer sehr blöde und sprachlos.“[62] Dieser schüchterne Auftritt des Kindes brachte natürlich auch dem Lehrer eine Kritik an seinen Erziehungsmethoden ein. Nur ein munter drauflos plappernder Prinz konnte mit der Anerkennung seiner Umwelt rechnen. Umso erleichterter berichtete Beguelin später von einem Besuch des Königs und seiner Brüder, unter ihnen der Vater des Kindes, in der prinzlichen Wohnung im Schloss. „Sie (gemeint ist Friedrich Wilhelm) waren über diesen Besuch nicht sehr betretten, sondern blieben gantz munter, paukten dem Onclen König etwas vor, und sprachen gantz behertzt. Sie zeigten dem König Ihr Schlafzimmer, Toilette, Garten und kleine Comode, versicherten Ihn, dass Sie sich nun vor nichts mehr fürchteten, und erzählten Ihm, wie Sie sich überwinden könten. Sie versprachen dem Onclen König, daß Sie Ihn künftig auf französisch anreden würden und Ihm sagen: Bonjour mon cher Oncle. Se. M.t. bezeigten ihre Zufriedenheit über des Printzen Aufführung, versprachen Ihm eine schöne Tabatière. Bey dieser Gelegenheit bedankte sich der Printz auch sehr artig bey dem Onclen Heinrich wegen des überschickten Present.“[63] Eine Schnupftabakdose dürfte Friedrich Wilhelm wahrlich sehr erfreut haben. Oder hatte er schon gelernt, dass dieses besondere Präsent, denn Friedrich II. sammelte diese Tabatièren mit großer Leidenschaft, eine große Ehrerbietung seitens seines Onkels bedeutete? Übrigens wird er sich später als König bei seinem Onkel Heinrich für dessen Hilfe in schwierigen außenpolitischen Situationen auch mit wertvollen Tabakdosen bedanken. Der Bericht des Lehrers zeigt sehr deutlich, worauf es dem König ankam. Der Junge sollte klug, höflich, dankbar und zugleich „dreist“ sein. Natürlich fühlte sich das Kind in seiner gewohnten häuslichen Umgebung sicherer und verhielt sich hier anders, als wenn er zu Besuch an den Höfen der anderen Familiemitglieder weilte. Doch so nebensächliche Ursachen spielten bei der Beurteilung des Verhaltens des Prinzen keine Rolle.

Nach dem Mittagessen wurde der Sprachunterricht in schriftlicher Form fortgesetzt. Schreibübungen standen auf dem Programm. Danach konnte sich Friedrich Wilhelm beim Spielen etwas erholen. Das Spielzeug, das ihm oft von Mitgliedern der königlichen Familie geschenkt wurde, unterschied sich kaum von dem anderer wohlhabender Kinder jener Zeit. Neben Puppen, Federball, Kegelspiel, Bohnen- und Steckspielen, Kinderbillard erfreuten Waffen der verschiedensten Art den Prinzen besonders. Mit seinen Spielsachen gestaltete er dann das, was er so gelernt hatte, mehr oder weniger schöpferisch nach. So wurde aus einer

Puppe der Kriegsgott der Mexikaner oder die Prinzessin von Micomicron. Der Prinz spielte nach, was er über die Geschichte der anderen Völker erfahren hatte, oder er dachte sich selbst Spiele aus. Diese Kreativität wird von seinem Lehrer ausführlich beschrieben. Da auch der Prinz angehalten wurde, eigenständig Tagebuch zu führen, finden sich dort ebenfalls Hinweise darauf. Immerhin konnte er mit fünf Jahren schon so gut Französisch schreiben, dass er am 9. Februar 1750 mit dem Journal begann; 1751 setzte er es teilweise auch in Latein fort.[64]

Im Winter ging Friedrich Wilhelm mit dem Lehrer zum Spielen in die königliche Bibliothek. Wenn es die Zeit der Mutter zuließ, holte sie Friedrich Wilhelm am Nachmittag zu Besuchen bei der Königin-Mutter oder der Königin ab. Hin und wieder lud sie ihr eigenes Kind auch zum Mittagessen ins Prinzenpalais ein. Das geschah zum Beispiel zu den Geburtstagen seiner Geschwister. Zur Nachmittagsbeschäftigung zählten Spaziergänge mit der Mutter oder dem Lehrer im Tiergarten und im Park von Monbijou, wo die Königin-Mutter residierte.

Das Abendessen nahm er dann häufig mit Damen des Hofes ein. Wer nun glaubt, dass der Prinz danach zu Bett ging, um neue Kräfte für den nächsten Tag zu sammeln, der irrt. Schon mit vier Jahren gehörte der Prinz zu den Teilnehmern des Berliner Karnevals, *dem* gesellschaftlichen Ereignis des königlichen Hofes. Während des Karnevals erlebte er die Cour (Hofhaltung) der Königin-Mutter, der Königin, zwei Opernabende, ein französisches Schauspiel und eine standesgemäße Gesellschaft. Ohne Frage muss er eine gute Gesundheit gehabt haben, um all diese körperlichen und seelischen Belastungen ohne Schaden zu verkraften. Immerhin las man dem Kind vor dem Einschlafen oder bei anderer Gelegenheit noch aus Kinderbüchern vor. So erfuhr Friedrich Wilhelm etwas von Gullivers Reisen oder von arabischen Märchen, den Geschichten aus 1001 Nacht usw. Die Fabel des Reinecke Fuchs und die Komödien Christian Fürchtegott Gellerts erwähnt er im Journal ebenfalls.

Zum kindlichen Bildungsprogramm zählten fortan ganz selbstverständlich die abendlichen Besuche in der Oper oder im Theater. Mit sechs Jahren mutete man ihm schon Aufführungen von Molières „George Dandin" oder „Der eingebildete Kranke" zu. Beide Stücke hatte er zuvor mit seinem Lehrer gelesen. Sein Vater und dessen Geschwister führten die blutige Liebestragödie „Zaïre" von Voltaire auf und der Prinz wohnte dieser Aufführung natürlich bei. Die zeitgenössische Theater- und Opernszene ist Friedrich Wilhelm bald vertraut und so kann es nicht verwundern, dass er sich auch selbst als Stückeschreiber und Schauspieler erprobte. Doch das alles kann nicht darüber hinwegtäuschen, dass in den Logen noch ein Kind saß, das noch immer Angst vor zu großem Lärm hatte. Während er wohl die Revue (Heerschau) mit den üblichen Schießereien am 18. Mai 1750, ohne Furcht zu zeigen, über sich ergehen ließ, verließ er mitten in der Vorstellung des „Phaeton" das Theater, weil er das Krachen des Donners nicht ertragen konnte.

Die hohen Erwartungen, die tagtäglich an das Verhalten und die Leistungsbereitschaft des Kindes gestellt wurden, ließen kaum Raum für unbeschwerte Stunden und kindgerechte Beschäftigungen. Wenn Friedrich Wilhelm den an ihn gestellten Anforderungen nicht gerecht wurde, musste er sich selbstkritisch in seinem Tagebuch dazu bekennen und insbesondere seinem Vater immer wieder Besserung geloben. Die Tagebucheintragungen diskutierte er mit seinem Lehrer Beguelin. Hatte er keine Lust, bestimmte Aufgaben zu erfüllen, oder zeigte er sich trotzig, wie es Kinder in diesem Alter eben tun, wurde ihm sein Lieblingsspielzeug weggenommen oder mit Prügel gedroht.

Dem fünf- und sechsjährigen Prinzen wurde auf vielfältige Art und Weise das historische, naturwissenschaftliche und kulturelle Wissen jener Zeit vermittelt. Als Bildungspaten fungierten hier immer wieder die Mitglieder der Königlichen Akademie der Wissenschaften, jener Gelehrtengesellschaft, die unter Friedrich II. bedeutende, überwiegend französische Gelehrte in Berlin vereinte. Das Kind erhielt so eine Ahnung von griechischer, römischer, assyrischer oder jüdischer Geschichte. Die sieben Weltwunder waren ihm ebenso vertraut wie Aspekte der Architektur- oder Militärgeschichte. Unaufhaltsam trichterten sein Lehrer und der Hof ihm Bildungsgüter ein. Dabei hatte der Prinz noch Glück, denn sein Lehrer war kein Freund des sturen Auswendiglernens und Paukens. Beguelin versuchte immer wieder, den Unterricht aufzulockern und recht anschaulich zu gestalten. Daher bat er den König um die Erlaubnis, mit seinem Schüler Berliner Manufakturen, Werkstätten und Kunstateliers besuchen zu dürfen. So gewann schon das Kind einen Eindruck beispielsweise von der Berliner Geschützgießerei oder der Splittgerberschen Zuckerraffinerie.

Als ein Höhepunkt der kindlichen Entwicklung wurde Friedrich Wilhelm der Wechsel seiner Kleidung vermittelt. Nachdem er gewachsen war, sein Verstand, seine Geschicklichkeit und seine Vernunft sich entwickelt hatten, er gut Deutsch und Französisch lesen konnte, erklärte man ihn für „reif", nun die kindlichen Kleider abzulegen und die Husarenuniform ohne Stiefel anzulegen. So erschien der vierjährige Prinz am 25. Dezember 1748, also Weihnachten, zum ersten Mal offiziell in Husarenuniform. „Dabey der Printz sich verlauten ließen, Sie glaubten, daß Sie nunmehr sich immer artig aufführen würden. Als man nun den Printzen erinnerte, daß Sie Ihrem Papa vor das schöne Kleid unterthanigst dancken, und Ihm zugleich versprechen sollten, sich immer artig aufzuführen, so sagten der Printz: Ich kann wohl das nicht sagen, sonst wird der Papa sagen, bist Du denn unartig gewesen?"[65] Der wache Verstand des Kindes ist durch die Überlieferungen seines Lehrers und zahlreiche Anekdoten bezeugt. Daher kann es auch nicht verwundern, dass der kleine Friedrich Wilhelm sehr schnell realisierte, mit wem er wie und worüber reden konnte, wen er meiden sollte und wie der höfische Mikrokosmos funktionierte.

„In der Jugend fiel er eher durch seine Zartheit auf; und ein enthusiastischer Freund seines Vaters konnte ihn in seiner hübsch sitzenden kleinen Uniform ‚Schön wie einen Engel' finden. Noch nicht neunjährig, reitet er zum ersten Male aus. Der gestrenge Oheim nimmt nicht die mindeste Rücksicht auf die Zartheit des Knaben. In Sanssouci weist er ihm 1755 ein Zimmer an, in dem er ‚wie eine Orange im Treibhause' der Sonne ausgesetzt ist, ebendort lässt er ihn Mittags von 11–12 Uhr bei einer wahrhaft italienische Glut im Reiten ausbilden."[66] Friedrich II. hatte seine eigenen schlechten Kindheitserfahrungen längst erfolgreich verdrängt. Er behandelte nun seinen zehnjährigen Neffen fast genauso rücksichtslos, wie er einst von seinem Vater behandelt wurde. Schließlich galt es den Thronfolger abzuhärten, körperlich und seelisch-moralisch. Als der König 1756 ins Feld zieht, verabschiedet er sich vom elfjährigen Prinzen mit den Worten: „Geh' nach Berlin, die Hühner hüten."[67]

Friedrich II. hielt in seinem Politischen Testament von 1752 hinsichtlich der Etikette am preußischen Hof Folgendes fest: „Hier gibt es keine Rangordnung, keine Etikette, keine Botschafter. Dadurch sind wir vor Rangstreitigkeiten um den Vortritt und allen jenen Spitzfindigkeiten, die dem Ehrgeiz der Könige entspringen, bewahrt, die an deren Höfen strenge Beachtung verlangen und Zeit rauben, die man für das öffentliche Wohl nützlicher verwenden kann."[68] Was jedoch für die ausländischen Gesandten, die nach Berlin oder Potsdam kamen, mit Abstrichen zutraf, gestaltete sich innerhalb der königlichen Familie anders. Hier hatte jeder seinen festen, ihm durch den Zeitpunkt der Geburt und durch das Geschlecht zugewiesenen Platz innerhalb des Hofes. Dies konnte lediglich der regierende König ändern. Friedrich II. räumte beispielsweise seinen Schwestern den Rang vor den Frauen seiner Brüder ein, was nicht nur den Kammerherrn von Lehndorff verwunderte.[69] Außerdem gewährte er seiner Mutter und seiner Schwester Amalie den Platz der Ersten Frau an seiner Seite und beförderte so seine Gemahlin ins hierarchische Aus. Von den ausländischen Besuchern verlangte er jedoch, dass sie seiner Gemahlin den nötigen Respekt erwiesen und bei ihr ihre Aufwartung machten. So wurde der Berliner Hof der Königin fast zwangsläufig zu einem gesellschaftlichen Ereignis oder wie Koser schrieb, die Königin verlieh dem Berliner Hof Glanz trotz ihrer bescheidenen Mittel.[70]

Die kindliche Erziehung Friedrich Wilhelms berücksichtigte den ererbten sozialen Platz innerhalb der Familie und bereitete den Prinzen auf sein späteres standesgemäßes Leben vor. Verhaltensregeln, die Vermittlung von Wissen und Kultur sowie die Vorbildwirkung der höfischen Gesellschaft prägten so die ersten Lebensjahre des Prinzen. Sicherlich kann man den Hof Friedrichs II. nicht mit dem anderer europäischer Monarchen vergleichen, denn wie sein Vater Friedrich

Wilhelm I. lebte auch Friedrich eigentlich außerhalb bzw. ohne den Hofstaat, der sich aus Hofbeamten und Hofdienern zusammensetzte. Er hatte zwar nach der Thronbesteigung neun Oberhofchargen (Hofbeamte) neu eingesetzt, doch ihm persönlich genügte der Geheime Kämmerer Michael von Fredersdorf, der alles organisierte und seine Wünsche erfüllte.[71] Immerhin lud er sich zum Mittagessen Gäste – Gelehrte, Offiziere oder Künstler – ein, mit denen er Gespräche führte. Zwischen 1750 und 1756 gehörte auch Friedrich Wilhelm häufig zu seinen Gästen. Zur Abendtafel erfolgte dann wiederum eine Einladung an ausgewählte Personen. Mitunter wurde musiziert und dann konnte auch sein Neffe Friedrich Wilhelm, der sehr gut Cello spielte, mit einer Einladung rechnen. Die Mahlzeiten Friedrichs II. dienten also nicht der familiären Kommunikation und Kontaktpflege. Einladungen an Familienmitglieder wurden meist nur aus bestimmten Gründen ausgesprochen, die der Zurschaustellung der differenzierten Behandlung der Familienmitglieder durch den Monarchen dienten. Friedrich II. benutzte seine Brüder, Neffen und die anderen Angehörigen des Hofes je nach Lust und Laune in seinem Machtspiel wie Marionetten, die, da sie an Schnüren hingen, ihm nicht entkommen konnten. Obwohl die meisten wohl dieses Spiel durchschauten, bedeutete ihnen die königliche Achtung und Anerkennung sehr viel, und unter der Missachtung litten sie sehr, wie man aus den Briefwechseln zwischen den Geschwistern schließen kann.[72]

Auch der Kammerherr Lehndorff beobachtete immer wieder die gleiche Szene. Die königliche Familie versammelte sich zu diversen Festen oder einfach nur zum Souper. Man plauderte munter miteinander und kaum erschien der König, erstarrten alle Beteiligten, um dann das Verhalten Friedrichs zu beobachten. Seine Stimmung entschied über den Verlauf des Festes oder des Essens. Der Monarch setzte seine Macht über diesen Hof sehr bewusst und sehr gezielt ein. Wenige Gesten und die Mimik genügten, um zu signalisieren, wie sich die Anwesenden zu verhalten hatten. Das symbolische Kapital Friedrichs II., seine Ehre, sein Prestige, die Reputation und sein guter Ruf, blieb innerhalb der höfischen Gesellschaft öffentlich unangefochten.

Die Ausgangssituation des Prinzen Friedrich Wilhelm als Erstgeborener des Thronfolgers schien für eine optimale Entwicklung, was das soziale Kapital betraf, äußerst günstig zu sein. Doch bei näherer Betrachtung erwies sich genau dieses soziale Kapital, also die soziale Konstellation am preußischen Hof nach 1744, als eher nachteilig: Die unglückliche Ehe seiner Eltern, das angespannte Verhältnis seines Vaters zum König und die Herrschaftsauffassungen Friedrichs II. beeinträchtigten die frühkindliche Entwicklung Friedrich Wilhelms nachhaltig.

Obwohl Friedrich II. in seinem Politischen Testament von 1752 im Abschnitt der Prinzenerziehung seine eigenen Erfahrungen reflektierte und gute

Grundsätze für die Bildung der Prinzen aufstellte, sah die Realität anders aus. Wörtlich schrieb Friedrich: „Zu den ehrgeizigen Plänen der Minister und Geistlichen treten die guten Ansichten seiner Eltern, die ihn vollends verderben. Sie wollen ihren Sohn zum Musterbild machen. … Sie wollen ihn zum Gelehrten erziehen und pfropfen ihm wahllos Gelehrsamkeit in den Kopf. … Um seine Sitten zu bessern, unterdrücken sie tyrannisch seine kleinsten Wünsche. Sie verlangen, dass er mit fünfzehn Jahren die Geistesbildung und die Reife des Urteils besitze, die die Franzosen nicht vor dem vierzigsten Jahre erlangen. … Deshalb wünsche ich, daß man dem Knaben die Freiheit ließe, alles zu tun, was er will, daß sein Gouverneur ihm nicht überall nachfolge, aber seine Streiche tadele oder streng bestrafe.“[73] Diesen sehr vernünftigen Grundansichten folgte er nicht, als es um die Erziehung seines Neffen Friedrich Wilhelm ging. Theorie und Praxis klafften hier weit auseinander.

Dabei zeugt auch die Instruktion für den Major Adrian Heinrich Graf von Borcke (1715–1788), der 1751 für die militärische Ausbildung des nun siebenjährigen Friedrich Wilhelms angestellt wurde, von einer sehr vernünftigen und auch modernen pädagogischen Grundüberzeugung. Der König wollte, dass die Fähigkeiten und Fertigkeiten seines Neffen systematisch und auf seine zukünftigen Aufgaben ausgerichtet erweitert werden. Wichtige Grundkenntnisse der Geschichte, der Staatenwelt und der Philosophie sollte er kennen lernen und einordnen können. Die verschiedenen Religionen und ihre Bedeutung sollten ihm vertraut sein. Daneben sollte er Tanzen, Fechten und Reiten lernen und den Nachmittag zur körperlichen und geistigen Erholung nutzen. Friedrich lehnte jegliche Pedanterie ab. Stattdessen sollte man auf die Neigungen und Wünsche des Kindes eingehen. Wörtlich heißt es in dieser Instruktion: „Wir kommen jetzt zum bedeutendsten und wichtigsten Teil der Erziehung, nämlich zur sittlichen. Weder Sie noch irgendeine Macht der Welt wird den Charakter eines Kindes ändern können. … Er soll lernen, daß alle Menschen gleich sind und daß die Geburt nur eitel Dunst ist, wenn sie nicht vom Verdienst getragen wird. Lassen sie ihn, damit er dreist wird, mit jedermann allein sprechen. Was schadet es, wenn er Unsinn schwatzt? Man weiß, daß er ein Kind ist. Sorgen Sie nach besten Kräften bei seiner ganzen Erziehung dafür, daß er selbständig handelt und daß er sich daran gewöhnt, sich leiten zu lassen. Er soll für seine Torheiten ebenso verantwortlich sein, wie für das, was er Gutes tun wird.“[74]

Mit diesen fast schon liberalen Erziehungsmaßnahmen und den Bildungsinhalten erklärte sich auch der Vater August Wilhelm sehr einverstanden. Warum trotz so löblicher Erziehungsgrundsätze sich Friedrich II. diesen Neffen eben nicht nach seinem Bilde formen konnte, dieser Frage gehen wir im folgenden Kapitel nach.

Jugendjahre zwischen Siebenjährigem Krieg und „Retablissement“

Prinz Friedrich Wilhelm wuchs zu einem stattlichen jungen Mann heran, den der Tod des Vaters in der Zeit der Pubertät sicherlich tief bewegte. Doch wer sollte ihn mitten im Krieg und angesichts eines neugeborenen Bruders trösten? Die Aufmerksamkeit der Mutter richtete sich auf dieses letzte Zeugnis der Verbundenheit mit ihrem Gatten – den am 30. Oktober 1758 zur Welt gekommenen Emil. Die Brüder des Vaters standen im Heer und sie hatten angesichts der schwierigen militärischen Lage andere Sorgen, als den Gemütszustand ihres Neffen zu bedenken.

Zu dem Grafen von Borcke, der mit 36 Jahren und wenig pädagogischem Geschick 1751 die Stelle des Erziehers übernommen hatte, entwickelte der Prinz kaum eine emotionale Bindung. Aus den Berichten der ersten Jahre ließe sich schlussfolgern, dass der Siebenjährige Borcke ablehnte und sich durch aufsässiges Verhalten gegen die Art der Behandlung durch diesen wehrte. Borcke, der bei Christian Wolff in Halle studiert hatte und durchaus gebildet war, versuchte seine Ziele zur Not mit Schlägen durchzusetzen. Diese Art der Erziehung wird den sensiblen Jungen seelisch zutiefst verletzt haben. Als dies auch nichts half, entzog er Friedrich Wilhelm die Gesellschaft seines jüngeren Bruders Heinrich, den dieser sehr liebte. Borcke stand unter großem Erfolgsdruck, denn der König verlangte ständig Berichte, die den Fortschritt des Kindes vermelden sollten. Doch damit konnte er vorerst nicht aufwarten. Schließlich mussten sich beide – das Kind und der Gouverneur – erst einmal aneinander gewöhnen. Bemerkenswert ist in diesem Zusammenhang der Hinweis, dass Borcke dafür sorgte, dass im Schloss eine Küche für den Prinzen eingerichtet wurde. Bislang wäre das Essen für ihn nur aufgewärmt worden.[75] Über die Ernährungsgewohnheiten im königlichen Haus ist leider kaum etwas bekannt. Allein die Erbkrankheit der Hohenzollern, die Gicht, auch Podagra genannt, deutet auf ungesundes Essen und zu wenig Bewegung hin.[76]

Obwohl Friedrich in den Richtlinien für Borcke betont hatte, dass niemand den Charakter eines Kindes verändern kann, wollte er dennoch Friedrich Wilhelms zurückhaltendes Wesen umformen. Um stärkeren Einfluss auf die Erziehung nehmen zu können, mussten Friedrich Wilhelm und seine Erzieher am 19. August 1754 vom Berliner Schloss nach Potsdam umsiedeln. An seinen Bruder schrieb Friedrich damals: „Ich suche Deinen Sohn aufzuwecken, und da er etwas schüchtern ist, habe ich allen, die zu mir kommen, gesagt, sie sollten ihn necken, um ihn zum Sprechen zu bringen. Ich bin überzeugt, daß er in Bälde vor niemandem mehr verlegen sein wird.“[77] Dieser Aufforderung kamen des Königs Besucher sicherlich mit Freude nach. Schließlich galt es ja, dem Monarchen damit auch noch eine Freude zu machen. Man kann sich das Martyrium des Prinzen vorstellen, der permanent von devoten Erwachsenen „geneckt“ wurde und nicht einmal ahnte, was diese Männer eigentlich von ihm wollten. Immerhin scheint er auf den Wunsch des Königs dann doch eingegangen zu sein, so dass bei diesem der Eindruck entstand, als hätte diese Methode zum Erfolg geführt. Dem Bruder teilte er am 2. Oktober 1754 mit: „Dein Junge fängt an kecker zu werden. Er geht sehr gern auf die Dachsjagd. Das ist seine Erholung, wenn er gut gelernt hat.“[78]

Das Wohlverhalten wurde also belohnt, während Friedrich Wilhelm mit Strafen zu rechnen hatte, wenn er die Erwartungen Friedrichs nicht erfüllte. Hier begann wohl die unheilvolle „Verbildung“ des nunmehr zehnjährigen Jungen, dem nicht entging, wie sich die Angestellten, Beamten und Mitglieder des Hofes im nahen Umfeld Friedrichs verhielten, wenn dieser anwesend war und wie sich bei dessen Abwesenheit das Verhalten der gleichen Leute veränderte. Rein instinktiv erkannte er also die große Autorität des Königs auch für sein Leben an. Wie alle Mitglieder der höfischen Gesellschaft war er den Launen und dem Zynismus seines Onkels hilflos ausgeliefert. Dennoch wird auch er anfänglich versucht haben, durch Wohlverhalten wenigstens nicht Friedrichs Spott auf sich zu ziehen. Die Konversation zwischen dem erwartungsvollen Onkel und dem schüchternen Neffen verlief selten unbeschwert. Unter dem hohen Erwartungsdruck entwickelte sich Friedrich Wilhelm eben nicht zu einem glänzenden Rhetoriker, der den Onkel davon überzeugte, dass er gebildet und belesen war.

Als 12-Jähriger verfolgte er, ob freiwillig sei dahingestellt, interessiert die Kampfhandlungen des Siebenjährigen Krieges. Seinem Onkel schrieb er dann zahlreiche Briefe, in denen er diesen zu den militärischen Erfolgen beglückwünschte.[79] Allein die Tatsache, dass er diesen Briefwechsel auch nach der Demission des Vaters und dessen Tod fast unverändert und formelhaft fortsetzte, lässt die Vermutung zu, dass hier jemand im Auftrag und betreut durch seinen diensteifrigen Gouverneur Briefe verfasste, deren Inhalt nicht seine Überzeugungen und seine Gedanken zum Ausdruck brachte. Der Prinz funktionierte erwartungsgemäß und entsprach den Wünschen sowohl des Erziehers als auch des Königs. Er hatte einfach gelernt, sich so zu verhalten, wie andere das von ihm erwarteten. Intime Einblicke in die Gefühlswelt und in die Probleme eines heranwachsenden Jungen gewähren diese Briefe nicht. Diese fremdbestimmten Briefinhalte bringen wohl eher die Denkweise des Erziehers zum Ausdruck, der Friedrich gefallen wollte.

Erwartungsdruck

Der Halbwaise Friedrich Wilhelm und sein jüngerer Bruder Heinrich durften den König 1758 im Winterlager in Torgau besuchen. Die freundliche Aufnahme der Neffen durch den leidgeprüften König erfreute deren Mutter Luise Amalie sehr.[80] Doch noch wichtiger war für ihre Familie letztendlich die offizielle Erklärung des Königs, dass Friedrich Wilhelm die Nachfolge seines Vaters antreten werde. Am 13. Dezember 1758 wurde ihm der Titel „Der Prinz von Preußen" zuerkannt. Nun war er der Thronfolger und wieder wurde diese Nachricht allen europäischen Herrschern zur Kenntnis gebracht und somit offiziell signalisiert, dass die Dynastie der Hohenzollern gesichert war.[81]

Der alltägliche Unterricht des Thronfolgers veränderte sich während des Siebenjährigen Krieges. Befand sich der Hof auf der Flucht oder in der Festung Magdeburg konnten nur einige wenige Lehrer neben Beguelin und Borcke den Prinzen begleiten. Inwieweit man sich noch an die Instruktion aus dem Jahre 1751 hielt, lässt sich nicht sagen. Überliefert wurden einige Hefte und Ausarbeitungen des Prinzen, die bezeugen, dass er sich auf dem Gebiet der Geschichte weiterbildete und Schreibübungen machen musste.[82] Doch das Wichtigste war, dass er an den militärischen Übungen der Festungsbesatzung teilzunehmen hatte.

In der Zeit von 1751 bis 1762 bezeugen die Unterrichtshefte des Prinzen, dass er sich mit Geschichte im weitesten Sinne, mit französischer Philosophie, Mathematik, Staatsrecht und Militärtaktik befasste. Die großen Werke der Antike sowie der zeitgenössischen Literatur nahm der Prinz zur Kenntnis und die Bücherliste, die Klaus Dorst erstellte, beeindruckt auch wegen des Umfanges dessen, was der junge Mann sich an Kultur im weitesten Sinne aneignete. In seiner Berliner Bibliothek befanden sich Bände von Anakreon, Sappho, Apulejus, Aristophanes, Caesar, Cicero usw. usf., aber auch Werke deutscher Autoren wie Canitz, Ewald von Kleist, Hagedorn und Lessing sowie zwei Bände der berühmten Aufklärungszeitschrift „Briefe, die neueste Literatur betreffend".[83] Offenbar las der junge Friedrich Wilhelm viel, und was er nicht selbst erwerben konnte, da sein Budget nicht sehr groß war, borgte er sich auch bei den anderen Familienmitgliedern. Einige Jahrgänge der oben genannten Aufklärungszeitschrift hatte er sich von Prinz Heinrich erbeten und später wohl vergessen, sie ihm zurückzugeben.[84] Selbst erwarb er zwei Bände von Lessings Theatralischer Bibliothek in der Berliner Ausgabe und bekundete damit ein Interesse an dem Schaffen jenes deutschen Dichters, mit dem sein Onkel, der König, eben nichts anzufangen wusste. Dieses Interesse an der zeitgenössischen Literatur, wie sie in den „Briefen" besprochen wurde, und an Autoren, die bei Friedrich II. nicht hoch im Kurs standen, zeugt von einer bewussten Auswahl von Literatur, von der er annehmen konnte, dass er damit bei Friedrich nicht punkten konnte. Dennoch las er sie und nahm so Anteil am aktuellen Diskurs über die deutsche Aufklärung. In diese Welt der deutschen Aufklärung wird ihn sein Lehrer Beguelin, der mit deutschen Aufklärern befreundet war, aber auch seine Tante, die Königin Elisabeth Christine, bei der in Niederschönhausen deutsche Aufklärer verkehrten,[85] eingeführt haben.

Da Friedrich Wilhelm schon seit seinem vierten Lebensjahr an das höfische Gesellschaftsleben gewöhnt war, kann es auch nicht weiter verwundern, wenn der pubertäre Junge nun langsam Gefallen an dieser Art der Abwechslung fand. Der oft zitierte Graf Lehndorff berichtete daher auch bereitwillig von der ersten Liebe des Prinzen. „Der junge Prinz von Preußen ist in die Keyserlingk verliebt und zwar so lebhaft, wie man es nur zum ersten Mal sein kann. ... Der einfältige Graf Borck fängt die Sache so verkehrt wie möglich an, um den Lauf der Dinge zu hemmen, und schlägt Lärm, die Königin wird unruhig, die Prinzessin von Preußen zuckt mit den Achseln, die Hofdamen keifen."[86] Wieder einmal musste der heranwachsende Knabe mit seinen Problemen und Sorgen allein zurechtkommen und gleichzeitig versuchen, dem Hofklatsch zu entgehen. Die wenigen Worte Lehndorffs deuten das Dilemma des jungen Prinzen ja nur an: Der unfähige Erzieher bietet dem Jungen keinen seelisch-moralischen Halt. Er taugt auch nicht als „Vorbild". Der Vater ist tot und der König kämpft verbittert um den Erhalt des Staates. Was interessierte ihn da die Pubertät seines Neffen. Obwohl er als Philosoph das eine oder andere Problem der Adoleszenz durchdacht hatte.

Über die Liebe konnte Friedrich II. ebenfalls einfühlsam philosophieren, wie die Briefe an seine Schwestern belegen. Anlässlich der Heirat von Wilhelmine, der Schwester des Thronfolgers, mit dem Statthalter Wilhelm V. von Oranien-Nassau schrieb er an seine Schwester Ulrike 1767 Folgendes: „Meine alte Fratze wird dabei öffentlich figurieren, aber ein Onkel ist nur ein unnützer Statist bei solchen Gelegenheiten, wo die Liebe allein den Vorsitz führen sollte. Unter ihrer Obhut müßte dies Band geknüpft werden – aber was ist die Liebe in unserem Jahrhundert? Eine vorübergehende Laune, eine augenblickliche Neigung, die schon während der Einsegnung des Brautpaares altert und am Tage nach der Hochzeit achtzig Jahre alt ist. Insbesondere nehmen die Herren Fürsten den Ehebund auf die leichte Schulter und betrachten ihre Frau viel mehr wie ein Familienstück oder wie einen ersten Dienstboten, den ihre Würde zu halten erheischt, als wie eine treue Gefährtin in guten und schlimmen Tagen oder als den einzigen Gegenstand ihrer Liebe."[87] Mit nüchternem Blick schildert Friedrich hier die Realität an den Fürstenhöfen wohl wissend, dass auch er sich nicht anders verhielt. Da er jedoch seine Nichte Wilhelmine sehr mochte, äußerte er nun Bedenken, wie der Fürst sie nach der Hochzeit behandeln würde. Er betonte in diesem Brief auch, dass es in allen europäischen Fürstenhäusern ebenso zugehe und die Frau nach der Trauung nur selten mit Achtung und Partnerschaft rechnen konnte. Dabei verdrängte der 55-jährige König völlig, dass er seinen Neffen und Nichten doch eben jenes frauenfeindliche Familienleben tagtäglich vorlebte. Theorie und Praxis klafften auch hier bei Friedrich weit auseinander. Für seinen Neffen Friedrich Wilhelm dürfte die Praxis des königlichen Familienlebens zum inneren Widerspruch geführt haben. Rein theoretisch hätten sich beide wohl verständigen können.

Nun zählte zur Prinzenerziehung ja nicht nur die Vermittlung von notwendigem Wissen für die spätere Herrschaftsausübung und die militärische Ausbildung, sondern es ging, wie es in der Instruktion Friedrichs von 1751 so treffend formuliert wurde, auch um die sittliche Erziehung. Der Prinz sollte, so wollte es der König, auch alle Religionen kennen lernen. Der Theologe und Hofprediger August Friedrich Wilhelm Sack, der ihn schon getauft hatte, nahm seine Aufgabe sehr ernst und überlegte lange, wie er methodisch am besten vorgehen sollte. Schritt für Schritt informierte er den Prinzen über die Bedeutung der Religionen, deren Inhalt und deren kirchliche Handlungen.[88] So bereitete er ihn auf die Einsegnung vor, die dann offiziell auch die mehr oder weniger systematische Ausbildung des Prinzen beenden sollte. Am 28. Januar 1762 und somit kurz vor dem Ende des Siebenjährigen Krieges wurde der Prinz konfirmiert. Der Hofprediger wählte als Motto seiner Konfirmationspredigt das Wort Josuas „Ich aber und mein Haus wollen dem Herren dienen." Sack beschwor in dieser Predigt sehr bewusst das Gottesgnadentum des zukünftigen Königs, der als Stellvertreter Gottes auf Erden für ein gottgefälliges Leben aller seiner Untertanen sorgen sollte.[89] Ohne eigene religiöse Bindung konnte er diese fundamentale Aufgabe eines guten Königs nicht erfüllen.

In Friedrich Wilhelms überlieferten Übungsheften des Jahres 1758 finden sich einige Kommentare zu Bibelstellen, die er mit 14 Jahren geschrieben hatte. Unterstrichen wurden von ihm folgende Sätze: „Wir und Unsrer Häuser sollen dem Herrn dienen", der gleich mehrmals zitiert wurde, oder auch „ich und das Königl. Haus wollen dem Herrn dienen ..."[90] In einem anderen Band schrieb er: „ich glaube und bekenne hiermit daß die Religion daß einzige mittel isz, glückseelig zu werden. Durch die Religion Verstehe ich eine richtige erkanntens Gottes und seiner eigenschafften, und die ausübung der pflichten die davour fließen."[91] Dann legte er dar, worin der Nutzen der Religion besteht: „Fünftens ist die Religion die sicherste stütze eines Staats, in dem sie machet, daß so wohl der landesherr als die Unterthanen ihre pflichten treulich Erfüllen, so wie es ein jeder einmahl vor Gott zu verantworten Gedenket."[92] Diesem Grundsatz, der hier von dem 14-jährigen Kronprinzen unter Anleitung seiner Lehrer aufgeschrieben wurde, folgte er später als König.

Friedrich II. hatte sich zu dieser Zeit schon längst vom „Gottesgnadentum als Quelle und Bestandteil monarchischer Legitimität"[93] verabschiedet. Für ihn legitimierte sich der Monarch durch seine Leistungen als Staatsoberhaupt, dessen Hauptaufgabe darin bestand, für das Wohl seiner Untertanen und seines Landes tatkräftig zu sorgen. Die kirchliche Toleranz Friedrichs II., der dem Grundsatz folgte, dass in seinem Staat jeder nach seiner Fasson selig werde sollte,[94] und die unübersehbaren wirtschaftlichen Folgen dieses Krieges hatten im Verhalten der Untertanen tiefe Spuren hinterlassen, die die Kirche mit Besorgnis zur Kenntnis nahm. So kann es nicht verwundern, dass der Hofprediger dem Konfirmanden ein anderes als von Friedrich bevorzugtes Religionsverständnis vermittelte. Am 31. Januar 1762 empfing der Prinz dann das heilige Abendmahl, die Kommunion. Bei dieser heiligen Handlung legte man dem 17-Jährigen den Degen seines Vaters an und forderte ihn auf, „ihn niemals gegen Andersgläubige, sondern nur in der guten Sache des Vaterlandes und der Gewissenfreiheit, zum Schutz der Schwachen und Unterdrückten sowie zur Verteidigung der Gerechtigkeit zu zücken."[95] Dieser symbolische Ritterschlag erklärte den Prinzen sozusagen zum Erwachsenen, der nun seinen eigenen Platz am Hof finden musste.

Seine Onkel plagten sich noch mit letzten Gefechten und den ersten Friedensverhandlungen dieses Krieges. Onkel Heinrich brillierte als erfolgreicher Stratege. Friedrich Wilhelm hatte, wie wir oben schon beschrieben haben, die Kampfhandlungen verfolgt und die Erfolge der preußischen Armee angemessen gewürdigt. Er selbst erhielt seit 1749 Exerzierunterricht und im Jahr darauf musste er auch an den Revuen teilnehmen. Mit neun Jahren erhielt er den ersten Reitunterricht vom Grafen von Schaffgotsch[96] und mit zehn wurde er schon Offizier. Zu dieser Zeit hatte Friedrich II. noch ein unbeschwertes Verhältnis zu diesem Neffen und so erfolgte die Rangerhöhung spielerisch, wie Lehndorff berichtete. „Der König macht den Prinzen Friedrich zum Offizier und zwar auf eine merkwürdige Art; er ahmt nämlich Odysseus nach, wie dieser Achilles suchte. Er läßt den Prinzen in sein Zimmer treten und zeigt ihm Tabatieren, Etuis, Taschenuhren und einen Degen und läßt ihn wählen. Der junge Prinz greift nach dem Degen, worauf der König ihm erklärt, daß er jetzt Offizier sei."[97] Der zehnjährige Junge reagierte zur Freude des Königs nicht nur altersgerecht, denn welcher Knabe interessiert sich in diesem Alter nicht für Waffen, sondern auch noch erwartungsgemäß. Das heißt, er entsprach den Wünschen seines Onkels und das musste belohnt werden. Wie wichtig für sein Leben die Anerkennung seines königlichen Onkels war, hatten ihm die Eltern, der Hof und natürlich die Lehrer immer wieder vermittelt. Natürlich wollte auch der heranwachsende Junge später diese wertschätzende Beachtung durch seine Taten und sein Wohlverhalten erlangen. Doch schon bald sollte sich zeigen, dass es mit den Jahren und insbesondere nach 1758 immer schwieriger wurde, den Anforderungen Friedrichs II. gerecht zu werden.

In den folgenden Jahren befasste sich der frischgebackene Offizier theoretisch mit der Fortifikationslehre. 1758 wurde er dann in Torgau Chef des Regiments Prinz von Preußen. Seiner weiteren militärischen Schulung diente im Jahr 1760 der Aufenthalt im Winterquartier in Leipzig. Der Prinz reiste mit seinem Bruder Heinrich über Dessau nach Leipzig. Im Quartier angekommen, erlebten die beiden den harten Alltag der Soldaten und lernten bei dieser Gelegenheit auch die Offiziere kennen. Offenbar benahmen sich die Jungen erwartungsgemäß, denn Friedrich II. lobte Borcke für deren gute Ausbildung und er beschenkte auch seine Neffen reichlich.[98] Der König schickte dann beide zur Brautschau an die Höfe nach Eisenach und Gotha.[99]

Von Leipzig reisten die Prinzen dann wieder nach Magdeburg, von dort für kurze Zeit nach Berlin, um dann von 1760 bis zum Kriegsende wieder in Magdeburg zu leben. Das höfische Leben wurde zwar durch den Krieg etwas eingeschränkt, aber dennoch mangelte es nicht an Unterhaltung und Abwechslung. In dieser Zeit lernte der Prinz auch die „deutsche Sappho, Frau Karschin" kennen. Schließlich spielten das Theater und die Kunst am Hof eine große Rolle.

Friedrich muss wohl befürchtet haben, dass der nun schon fast erwachsene Thronfolger am „Weiberhof" zu sehr verweichlicht wird. Schließlich wurde der schöne Knabe von den Frauen verwöhnt, weil er so früh seinen Vater verloren hatte und weil er eben sehr sympathisch war. Daher beorderte er ihn im Jahr 1762 ins Winterquartier nach Breslau. Der Thronfolger reiste in Begleitung seines Gouverneurs Borcke. Der Kontrast zwischen dem höfischen Leben in Magdeburg und dem militärischen Alltag in einem Winterquartier konnte für den jungen Mann nicht größer sein. Zumal es für ihn im Winterquartier anfänglich keine richtigen Aufgaben zu erfüllen gab. Er wusste nicht, wie er die Zeit totschlagen sollte, denn der König verbot ihm alle Vergnügungen und so durfte er weder reiten noch Theater, Konzerte oder Gesellschaften besuchen. Natürlich hatte auch er, wie alle Prinzen vor ihm, gehofft, dass der König ihm ein Kommando anvertrauen würde. Aber auch das tat der Monarch nicht. So wurden die Tage lang im kalten Breslau und Friedrich Wilhelm beklagte sich bei seinem vertrauten Lehrer Beguelin über seine deprimierende Lage. Erst als er die Möglichkeit fand, zu musizieren und das Violoncello spielte, besserte sich sein Gemütszustand etwas.[100]

Der durch die Einsegnung nun erwachsen gewordene Prinz sollte sich an den militärischen Alltag gewöhnen und er sollte ganz sicher auch abgehärtet werde. Der berühmte General Hans Joachim von Zieten (1699–1786)[101] kümmerte sich dann um den Prinzen und führte ihm sein Regiment vor. Mit dem Beginn der neuen Kampfhandlungen im Mai 1762 bezog ihn der König nun endlich in das kriegerische Geschehen mit ein. Speziell bei der schwierigen Belagerung der Festung Schweidnitz, die von den Österreichern bis zum 9. Oktober 1762 gehalten wurde, und in der siegreichen Schlacht von Burkersdorf konnte der Prinz militärisches Können und Mut zum entschlossenen Handeln unter Beweis stellen.[102] Eigentlich hätte Friedrich mit seinem Thronfolger zufrieden sein können. Aber dieser Krieg, den Friedrich nur, wie es Thomas Mann 1915 in seinem Essay „Friedrich und die große Koalition" formulierte, mit einer „fast übermenschlichen Nervenkraft" überhaupt überlebte, fesselte noch immer all seine Kräfte. Der Friede zu Hubertusburg beendete zwar am 15. Februar 1763 nach leidvollen sieben Jahren diesen unsäglichen Krieg, aber für Friedrich und seinen 18-jährigen Thronfolger begann danach erst eine angespannte und von hohen Erwartungen geprägte Zeit, die nur im Kontext der Kriegserlebnisse und deren Folgen zu verstehen ist.

Der Kronprinz hatte das Leid der verletzten Soldaten gesehen, er hatte Sterbende begleitet und erlebt, wie im Taumel der Eroberung von preußischen Soldaten sinnlos Kultur zerstört wurde. All diese Erlebnisse musste der 18-Jährige nun erst einmal verarbeiten, und so schrieb er an seinen vertrauten Lehrer Beguelin: „Denken Sie nicht an meinen Verdruß und an die Unannehmlichkeiten mit denen ich lebe! Möge niemals Bitterkeit ihr Glück trüben, mögen Sie das Paradies in dieser Welt finden, und möge Sie dieses Paradies auf das ewige Leben vorbereiten, wo, so Gott es gefällt, wir uns glücklich und zufrieden wieder sehen werden! … Dann wird es kein Potsdam mehr geben, keine Krone, es wird nichts geben als die wirkliche Gleichheit, die es bei der Schöpfung der Welt gab und die uns wegen der schrecklichsten Missbräuche genommen worden ist. Möge der Himmel uns bald zu diesem Glückzustand führen. Adieu."[103] Hier zweifelte ein junger Mann an der gottgefälligen Ordnung seiner Zeit. Angesichts seiner traumatischen Erlebnisse in diesem Krieg war das auch kein Wunder. Bemerkenswert ist seine Vision, dass nach der völligen Zerstörung der „Welt", die durch die „schrecklichen Missbräuche" verursacht wird, die Menschheit wieder zur Gleichheit zurückkehren wird. Mit diesen Überlegungen plagte sich der Prinz damals nicht allein, wie wir unten noch darlegen werden. Auch der König suchte später nach einer philosophischen Erklärung des „Mirakels des Hauses Brandenburg."[104]

Preußen verlor in diesem Krieg 180 000 Soldaten und rund 46 088 Einwohner, die aus unterschiedlichen Gründen (Hunger, Seuchen, Krankheiten infolge der Mangelernährung usw.) von 1756 bis 1763 verstarben. Den König kostete allein die Kriegsführung rund 139 000 000 Taler – eine auch für die damalige Zeit unvorstellbar hohe Summe.[105] Hinzu kamen dann noch die mittelbaren und unmittelbaren wirtschaftlichen Folgen in Stadt und Land, die durch die feindlichen Besetzungen und die Kontributionen sowie die kriegsbedingte Vernachlässigung der landwirtschaftlichen und städtischen Ökonomie verursacht wurden. Friedrich hatte während des Krieges sicherlich schon geahnt, dass sein Land unter den Folgen stark leiden würde. Aber das wirkliche Ausmaß der Kriegsschäden, das er auf seinen ersten Inspektionsreisen wahrnahm, erschütterte ihn zutiefst. Der außenpolitische Erfolg – Preußen hatte sich im Spiel der großen europäischen Mächte behauptet und stellte nun eine ernst zu nehmende Großmacht in Europa dar – wurde mit überdimensionalen finanziellen, wirtschaftlichen und kulturellen Verlusten errungen.

Friedrich, der während des Siebenjährigen Krieges um die Existenz des Staates fürchten musste, reflektierte das Geschehen auf vielfältige Weise während und nach dem Krieg immer wieder. Das „Glück“ und der „Zufall“ retteten ihn und seine Armee aus ausweglosen und vernichtenden militärischen Situationen. Über dieses Schicksal philosophierte der Monarch unter anderem in Briefen an seine Geschwister und seine Vertrauten. Selbstzweifel, dass ein Einzelner den Gang der Geschichte durchschauen und prägen kann, machten sich bei ihm breit. Dem Marquis Jean Baptiste de Boyer d'Argens, Direktor der philosophischen Klasse der Königlichen Akademie der Wissenschaften zu Berlin und geschätzter Gesprächspartner Friedrichs, vertraute er am 8. Juni 1762 die Überlegung an, dass die Menschen nur Werkzeuge einer unsichtbaren Macht seien und handeln würden, ohne zu wissen, was sie tun. Die Frage nach der von ihm in der Jugend abgelehnten Prädestinationslehre, die von seinem Vater geschätzt wurde, tauchte wieder auf und er betonte, darauf keine Antwort zu haben. Andererseits hatte Friedrich während des Krieges erkannt, dass das Philosophieren nicht geeignet ist, tagespolitische Probleme zu lösen. Fast ungläubig sah er, wie der Tod der russischen Zarin Elisabeth Petrowna, die im Januar 1762 verstarb, und die Machtübernahme durch Peter III., der ihn verehrte, den kriegerischen Verlauf zu seinen Gunsten schlagartig veränderten. In Friedrichs Geschichte des Siebenjährigen Krieges kann man dann lesen: „Wovon hängen doch menschliche Dinge ab! Die unbedeutendsten Triebfedern bestimmen und ändern das Schicksal der Reiche. So groß ist das Spiel des Zufalls. Er spottet der eitlen Klugheit der Sterblichen, erhält die Hoffnungen der einen und zerstört die der anderen.“

Diese grundsätzlichen Zweifel an der Gestaltungsmöglichkeit der Herrschenden berührte auch seine eigene Herrschaftsauffassung und wären sicherlich für den Nachfolger interessant gewesen. Doch Friedrich suchte zu jener Zeit lediglich die vertraute Gesellschaft einiger weniger Gelehrten und Angestellten, die ihn seit Jahren umgaben. Sein Neffe Friedrich Wilhelm, der ihn an den schmerzlichen Verlust seines Bruders erinnern musste, weil er ihm in Vielem ähnelte, zählte nicht dazu. Ihm gegenüber gab der König den selbstsicheren und überlegenen Patriarchen, der alles im Griff hatte und keinen Widerspruch duldete. Seine einstigen pädagogischen Richtlinien, dass der Nachfolger lernen sollte, Verantwortung zu übernehmen und für seine Fehler selber geradestehen sollte, hatte er mit Blick auf den attraktiven und von vielen wegen seines liebenswürdigen Auftretens geschätzten jungen Prinzen längst verdrängt.

Friedrich II., der die Erlebnisse des Krieges und der Bedrohung für sich erst verarbeiten musste, fühlte sich auch äußerlich bedroht. Das Schicksal Peters III., den seine Frau Katharina absetzen ließ, um dann selbst die Macht zu übernehmen, ging auch an Friedrich nicht spurlos vorbei. Schließlich war dem preußischen König nicht unbekannt, wie schnell äußere Bedrohungen für ein Land auch zu einer inneren Zerreißprobe werden konnten. Man denke nur an das Verhalten der Ungarn während des Spanischen Erbfolgekrieges (1701–1714), die sich mit einem Aufstand (1703–1711) zu einer Zeit von den Habsburgern befreien wollten, als diese auf anderen Kriegsschauplätzen beschäftigt waren. Brandenburg-Preußen mit seinen weit zerstreuten Besitzungen stellte im 18. Jahrhundert alles andere als ein gefestigtes Staatswesen mit treu ergebenen Untertanen und einer verlässlichen Adelsschicht dar. Dennoch gab es keine Rebellion. Weder sein Bruder Heinrich, der berechtigte Kritik an militärischen Entscheidungen des Königs übte, aber an der Primogenitur niemals rüttelte, noch der Adel formierten Kräfte gegen Friedrich II., obwohl es unter den jungen Offizieren während des Krieges schon heftig brodelte. Die Intelligenz und die Stadtbürger verhielten sich zwar durchaus differenziert, einige unterstützten den König in seinem Kampf, andere lehnten ihn ab. Doch auch hier war kein Aufstand gegen ihn zu erwarten. Der englische Gesandte Sir Andrew Mitchell berichtete 1763 nach London an den Earl of Halifax zwar von Plakaten, die an den Ecken der Berliner Hauptverkehrsstraßen aufgehängt worden waren und den König als Tyrannen bezeichneten, der das Schicksal Peters III. verdiente,[106] aber zu Massentumulten kam es nicht. Als Alternative zu Friedrich II. wurde sein Bruder Heinrich gehandelt, weil man diesem Menschen freundlichere Handlungen zutraute. Wer hinter diesen Plakaten steckte, blieb unbekannt. Der König selbst soll davon auch nichts erfahren haben. Dennoch schien Friedrich durchaus nicht ganz sicher gewesen zu sein, ob seine Untertanen nicht doch noch laute Zweifel an seinen Herrscherqualitäten äußerten. Für seinen Auftritt in der Familie und in der Öffentlichkeit bedeutete dies wohl, dass er Überlegenheit und Selbstsicherheit zur Schau stellen musste. Man denke nur an den Bau des protzigen Neuen Palais in Potsdam unmittelbar nach dem Krieg. Friedrich wollte mit diesem Prunkbau für alle sichtbar wirtschaftliche Leistungsfähigkeit und höfischen Luxus demonstrieren. Doch welche Strategie verfolgte er in der Familie?

Königliches Misstrauen

Der um seine innere Fassung und sein Selbstwertgefühl ringende Friedrich II. scheint nach 1763 äußerlich unbedingt seine Macht festigen zu wollen. Leuten, denen er keine Loyalität gegenüber seiner Person zutraute, wurden einfach entlassen oder ins Gefängnis geworfen. Einen Dialog mit seinen Angestellten oder Beamten, die offen andere Auffassungen äußerten, als er sie bevorzugte, führte er nicht. So erfuhren auch die beiden Erzieher des Thronfolgers nicht wirklich, warum sie 1764 in Ungnade fielen und entlassen wurden. Nele Güntheroth verweist auf einen Briefwechsel zwischen Beguelin und Formey, der den Rückschluss zulässt, dass im Freundeskreis um Beguelin, Borcke und Formey noch während des Siebenjährigen Krieges darüber diskutiert wurde, wie man diesen schrecklichen Krieg beenden könne. Allein schon das Abwägen möglicher Friedensstrategien zu einer Zeit, da der Staat ernsthaft bedroht war, soll Friedrich 1764 zu dieser Entlassung veranlasst haben.[107] Lehndorff beschreibt die Entfernung des Erziehers Borcke vom Hof jedoch anders. In seinem Tagebuch trägt er für den März 1764 Folgendes ein: „In Potsdam kommt es zu einer Szene, die allgemein Bedauern und Angst hervorruft. Graf Borcke, der Hofmeister des Prinzen von Preußen, hatte an der Tafel des Königs im Gespräch mit seinem Nachbarn die Bemerkung gemacht, der Friede sei immer besser als der Krieg. Auf die Frage des Königs, was man eben gesprochen habe, teilt Prinz von Braunschweig in seiner Unbesonnenheit diese Unterhaltung dem König mit, und dieser gerät darüber in so schrecklichen Zorn, daß er zu Borcke sagt: ‚Wenn ich eine solche Denkart bei Ihnen vermutet hätte, hätte ich Ihnen meinen Neffen nicht zum Erziehen gegeben …'"[108] Zwei Tage später wurde Borcke entlassen und ihm der Rückzug auf seine Güter mit dem Gehalt von 3000 Talern gestattet. Auf Kritik an seiner Politik reagierte der König stets sehr ungehalten. Doch nach 1763 konnte selbst ein so harmloser Satz schwere Folgen haben, wie das Beispiel zeigt.

Der Thronfolger war zu diesem Zeitpunkt 20 Jahre alt und brauchte sicherlich keine Erzieher mehr. Dennoch musste ihn die Art und Weise, wie mit seinen Vertrauenspersonen umgegangen wurde, die ihn während seiner Kindheit begleitet hatten, verletzen. Natürlich wird der König davon ausgegangen sein, dass auch Friedrich Wilhelm sich an diesen Diskussionen beteiligte. Auch bei ihm vermisste er also die nötige Loyalität. Zwar nahm der König seinen Neffen 1764 mit nach Schlesien und beide schienen den dortigen Aufenthalt zu genießen. Doch das königliche Misstrauen blieb. Friedrich verlegte nun das Regiment des Kronprinzen nach Potsdam, um ihn so besser kontrollieren zu können. Das hielt den jungen Prinzen jedoch nicht davon ab, sich wie andere jugendliche Adlige jener Zeit zu benehmen. Beispielsweise machte er gemeinsam mit den beiden Prinzen von Braunschweig des Nachts die Straßen unsicher oder sie warfen den Freunden die Fensterscheiben ein.[109]

Daniel de Superville, der berühmte Arzt, der viele königliche Familienmitglieder schon seit 1734 behandelte und die königliche Familie gut kannte, charakterisierte Friedrich II. bereits vor dessen Regierungsübernahme wie folgt: „viel Geist, aber ein böses Herz und einen schlechten Charakter. Er ist misstrauisch, verstockt, maßlos, selbstsüchtig, undankbar, lasterhaft und ich müßte mich irren, wenn er eines Tages nicht noch geiziger würde, als sein Vater es heute ist."[110] Diese Charaktermischung vergrößerte die Distanz zu seinem Thronfolger, der nicht nur die Blicke der Frauen auf sich zog, sondern auch zutiefst menschenfreundlich agierte, fast beständig. Was der junge Mann auch tat, Friedrich sah es mit Misstrauen. Jemand, der in der höfischen Konversation nicht brillierte und der die Menschenwürde wertschätzte, konnte in den Augen Friedrichs II. auch nur „blöd" sein.

Der König billigte dem Thronfolger einen äußerst geringen Etat zu. Mit dem konnte der Prinz entsprechend seinem Rang in der höfischen Hierarchie auch nicht auskommen. Friedrich Wilhelm, der sich nach der neuesten französischen Mode kleidete,[111] litt permanent unter Geldmangel. Superville sollte recht behalten. Friedrich II. wurde noch geiziger als sein Vater, was die finanzielle Ausstattung des Haushalts des Thronfolgers anging.

Als der König nach langer Abwesenheit wieder in Berlin und Potsdam weilte, versuchte er mit verschiedenen wirtschaftlichen Maßnahmen die hohen Verluste des Krieges auszugleichen. Dabei verlangte er wohl nicht nur von seinen Beamten strikten Gehorsam. Andernfalls witterte er den Verrat von Staatsinteressen. Als Beispiel sei nur auf den Fall Ursinus hingewiesen. Der Geheime Finanzrat Ursinus, der seit 1753 im V. Departement tätig war, verfasste auf Veranlassung des Großkanzlers von Jariges und im Auftrag des Königs im Oktober 1766 einen realistischen Bericht über die Ursachen des Verfalls von Handel und Manufakturen seit 1756. In diesem Bericht übte Ursinus auch scharfe Kritik an der besonderen Förderung der Seidenindustrie und deren Erzeugnisse, die schlecht und zwischen 40 bis 75 Prozent teuerer als fremde Seidenwaren wären. Friedrich deutete diese kritische Bilanzierung als individuellen Angriff auf seine Wirtschaftsmaßnahmen, die aus seiner Perspektive nur deswegen nicht erfolgreich waren, weil seine Beamten sowie die Kaufleute und Unternehmer nicht das taten, was er ihnen auftrug. Für ihn war die Zusammenarbeit seiner Beamten mit den Kaufleuten und die Behinderung der Bank Schuld an den wirtschaftlichen Schwierigkeiten seines Landes. Daher entschloss er sich, „die Malice und corruption" zu bestrafen, weil „sonsten bringe ich die Canaillen niemals in die Subordination".[112] Als abschreckendes Beispiel landete der kritische Beamte Ursinus auf der Festung Spandau.[113]

Offenbar ließ sich der Geheime Finanzrat Fäsch von dieser königlichen Maßnahme nicht einschüchtern. Er verfasste im Dezember 1766 „Gedanken über das Commercium und Manufakturwesen" und legte dem Monarchen zahlreiche Vorschläge zur Entwicklung eines freieren Handels nach holländischem Vorbild vor.[114] Immer wieder hatte der Beamte versucht, dem König die negativen Folgen seiner merkantilistischen Wirtschaftsmaßnahmen vor Augen zu führen und eine liberale Handelspolitik durchzusetzen, die den Kaufleuten die nötige Kapitalakkumulation ja erst ermöglichen würde. Insbesondere die doppelte Besteuerung und die Ausgrenzung jüdischer Kaufleute auf den Frankfurter Messen schadete dem osteuropäischen Handel und somit dem ausländischen Absatz einheimischer Produkte und Erzeugnisse.[115] Nur in Ausnahmefällen ließ sich Friedrich II. jedoch von Zugeständnissen und einem Abweichen von seinem wirtschaftlichen Kurs überzeugen.

Ob und wie der Thronfolger über diese Auseinandersetzungen zwischen dem König und einigen Beamten informiert war, bleibt unklar. 1759 widmete der Kameralist Johann Albrecht Philippi dem Prinzen seine Schrift „Der vergrößerte Staat“, in der er für die ökonomische Freiheit als Selbstentfaltung des wirtschaftlichen Individuums plädierte und sich gegen Monopole aussprach.[116] Erhielt der Thronfolger diese Schrift und las er sie auch? Eigentlich wäre es jetzt an der Zeit gewesen, den 20-jährigen jungen Mann in die Staatsgeschäfte einzuarbeiten und ihn mit der aktuellen Diskussion über die wirtschaftlichen Probleme des Staates vertraut zu machen. Das Misstrauen Friedrichs II., der überall Spione am Werk wähnte, hinderte ihn daran.

Karl August von Hardenberg, der Reformer und Minister, urteilte 1808 rückblickend über die Leistungen Friedrichs II. bei der Prinzenerziehung wie folgt: „Ihn (Friedrich II.) wird also immer der Vorwurf treffen, seine eigene Größe und seinen Nachruhm zu ausschließlich zum Zweck gehabt, die Menschen zu sehr verachtet und als seine Maschinen angesehen, dadurch das Maschinenmäßige in den Staatsdienst fest begründet und insbesondere für die Bildung seiner Nachfolger gar nicht gesorgt zu haben.“[117] Für Thomas Stamm-Kuhlmann trifft hier Hardenberg ein verfehltes Urteil.[118] Doch war dieses Urteil wirklich so verfehlt? Sicherlich ist den Thronfolgern – Vater und Sohn – eine zeitgemäße Bildung zuteilgeworden, doch an einer spezifischen Ausbildung für die Thronfolge mangelte es wirklich. Zur äußersten Sparsamkeit gezwungen, ständig gegängelt und beobachtet, wo blieben da Freiräume zur Entwicklung dynastischer Fähigkeiten und zur Ausbildung eines über das Alltägliche hinausgehenden Weitblicks. Die Prinzen wurden gezwungen, Tagebuch zu schreiben und mussten sich dann den Inhalt anhören und darüber diskutieren.[119] Natürlich wird ihnen nicht entgangen sein, dass auch der König vom Inhalt unterrichtet wurde. Also kann man wohl kaum davon ausgehen, dass so die Selbstbeobachtung in positiver Hinsicht geschärft wurde, sondern diese Beschäftigung diente eher der Ausbildung von Eigenschaften wie Heuchelei, Doppelzüngigkeit, Scheinheiligkeit usw.

Wäre es für die Ausbildung einer Herrscherpersönlichkeit in der zweiten Hälfte des 18. Jahrhunderts nicht auch wichtig gewesen, andere Kulturen kennen zu lernen und die Welt nicht nur aus den Büchern zur Kenntnis zu nehmen? Der Philosoph auf dem Thron gönnte weder seinem Neffen noch seinem Großneffen einen Aufenthalt in Paris, London oder Italien und er zog auch keinen Universitätsbesuch in Erwägung. Für wohlhabende Adlige waren Bildungsreisen durchaus üblich, aber die Mehrzahl der adligen Sprösslinge reiste auch nicht durch Europa oder besuchte eine Universität. Friedrich II. hätte also seiner Zeit schon sehr weit voraussein müssen, um diese Bildungswege für seine Nachfolger in Erwägung zu ziehen. Der leidgeprüfte König wollte auf diesem Gebiet keine Neuerungen einführen. Er setzte die „Adelsschutzpolitik", die schon sein Vater begann, gezielt fort. Während der Soldatenkönig dem Adel noch empfohlen hatte, die Söhne nicht in die Fremde zu schicken, verbot Friedrich II. die Auslandsreise junger Adliger generell.[120] Der Adel sollte im Lande gebildet werden, hier leben und nicht nach auswärtigen Diensten schielen. Offenbar fürchtete der Monarch, dass die früher üblichen Kavalierstouren der Bildung des Adels eher schaden und ihrem Einsatz im Staatsdienst, im Militär oder auf den Rittergütern hinderlich sein würden. So wurde auf Grund eines monarchischen Befehls und aus machtpolitischen Gründen ein erhebliches kulturelles Potenzial einfach ignoriert, denn zu allen Zeit galt: Reisen bildet. Stattdessen begnügte sich der preußische Adel mit dem „Herrschaftskompromiss", der dem Adel sein Auskommen in der Armee und auf seinen Gütern sicherte und so dem Staat seinen Aufstieg als europäische Großmacht ermöglichte.[121]

Rein theoretisch verfolgte Friedrich II. anfänglich eine Erziehung im modernen Sinne der Zeit – der Aufklärung. In seinem politischen Testament von 1752 betont er folgenden Bildungsgrundsatz: „Ihr seht, daß die von mir vorgeschlagene Erziehung nicht den Zweck verfolgt, einen Theaterkönig heranzubilden, sondern einen König von Preußen, der sich nach seiner eigenen Einsicht zu richten vermag, der auf eigene Kosten klug und verständig geworden und geistig reif ist, wenn er zum Throne gelangt."[122] Dieser ganz vernünftige Erziehungsgrundsatz hielt jedoch der Realität am preußischen Hofe nicht stand.

Hinderten die Eigenliebe Friedrichs II., seine Ruhmessucht nach 1763 und sein zu vermutendes schlechtes Gewissen ihn daran, dass er den ihn an körperlicher Größe, an Aussehen und zeitweise auch an Ansehen überragenden Friedrich Wilhelm als Thronfolger akzeptierte? Warum folgte er seinen eigenen Erziehungsgrundsätzen nicht mehr, sondern begann den jungen Mann zu diffamieren, anstatt ihn weiterzubilden? Friedrich II. zerstörte mit seinem Verhalten und seinen Äußerungen sehr zielstrebig das symbolische Kapital seines Nachfolgerns und er grenzte dessen soziales und kulturelles Kapital merklich ein.

Die dynastischen Pflichten – Ehen und Repräsentation

Obwohl der König immer mehr auf Distanz zu seinem Neffen ging, und bald nur noch schriftlich mit ihm verkehrte, musste auch er wenigstens die äußerliche Etikette des Hofes einhalten. Dennoch blieb den auswärtigen Mächten die Spannung zwischen dem König und seinem Nachfolger nicht verborgen. Der österreichische Thronfolger Joseph schrieb seiner Mutter über seine Erlebnisse bei dem Treffen vom 25. August 1769 in Neiße Folgendes: „Das knechtische Ansehen, welches sein Neffe, der Thronfolger, bei dem Könige hat, ist ganz unglaublich.“[123] Wie muss sich da erst Friedrich Wilhelm selbst gefühlt haben?

Wenn auch das Urteil auswärtiger Adliger über den preußischen Thronfolger durchaus widersprüchlich ist, so scheinen doch viele von seiner Erscheinung und seinem Charakter sehr angetan gewesen zu sein. Für Joseph II. war er der schönste Mann, den er je sah. Der Prinz von Sachsen-Teschen war ebenfalls beeindruckt: „Der Kronprinz zeigt in einem starken und riesenmäßigen Körper eine Seele für die größten Strapazen. Er hat eine offene, majestätische Gesichtsbildung und ist voller Heldenmut und Geist.“[124]

Über das Aussehen des Prinzen wird von Sympathisanten und Gegnern berichtet, dass er sehr groß (sechs rheinische Fuß = 1,88 Meter) und korpulent war. „Seine Bewegung und seine Sprache waren edel und freundlich zugleich, wahrhaft adlig.“ Das schrieb der Philosoph und Sprachlehrer an der Militärschule Dieaudonné Thiebault.[125] Prinz Albert von Sachsen-Teschen wiederum meinte: „Der Kronprinz verband mit einer hohen und fast gigantischen Gestalt und einer Breite und einem Embonpoint (Körperfülle/Schmerbauch – B. M.), der kolossal zu werden drohte, eine Miene von Gutmüthigkeit, die zu seinen Gunsten einnahm, aber er zeigte durchaus keine ausgezeichneten Anlagen.“[126] Während sich die Aussagen über die äußere Erscheinung kaum widersprechen, blieb die Wahrnehmung der geistigen und kulturellen Qualitäten des Prinzen wohl stark von dem persönlichen Umgang mit ihm geprägt. So hielten die einen ihn für ein Genie und die anderen für einen – überspitzt formuliert – Trottel. Einigkeit bestand jedoch in der Charakteristik des Humanismus, der seinem Wesen zugrunde lag.

Aus dem schüchternen Kind, das durch Friedrich II. gezwungen wurde, mit fremden Adligen Konversation zu pflegen, war offenbar kein „dreister“ junger Mann geworden. Der Prinz beherrschte das Metier der leichten Konversation nicht. So wirkte er oft linkisch und wenig gebildet. Nach all den Kenntnissen, die ihm von früher Kindheit an vermittelt wurden, muss er aber ein für jene Zeit umfassendes Allgemeinwissen besessen haben. Doch er konnte es nicht sprachlich überzeugend und mit Witz artikulieren. Der zu einseitige Umgang mit den beiden „älteren“ Erziehern und den berühmten Akademiemitgliedern wird das Sprachvermögen des Kindes wohl nicht ausreichend geschult haben. Schließlich konnte er den Ausführungen dieser gelehrten Herren nur stumm folgen. Was sollte er auch zum gelehrten Gespräch beitragen? Außerdem musste er sich eben nicht im Spiel mit seinen Geschwistern, Cousins und Cousinen verbal behaupten. Die wenigen Stunden, die er mit seinem kleinen Bruder Heinrich zusammen spielen durfte, reichten für eine kindgerechte Sprachausbildung kaum aus. Eine gewisse Veranlagung und die Vereinzelung während seiner Kindertage scheinen seine Sprachentwicklung nicht in dem Maße gefördert zu haben, wie es erforderlich gewesen wäre. Inwieweit hier auch noch traumatische Erlebnisse in den ersten Kinderjahren eine Rolle spielten – der Prinz galt als ängstlich und lärmempfindlich – bleibt dahingestellt.

Der Umgangston, den Friedrich II. nicht nur gegenüber seinem Neffen zu gebrauchen pflegte, wird diesen nicht gerade ermuntert haben, unbekümmert mit seinem Onkel zu plaudern. Der zurückhaltende Prinz brillierte daher auch nicht in der Unterhaltung mit dem philosophierenden König und so verdichtete sich bei diesem der Eindruck, dass dieser als sein Nachfolger nicht die Fähigkeiten mitbrachte, die ein Regent seiner Meinung nach bräuchte.[127] Dennoch musste Friedrich II. an die Sicherung der Dynastie denken und somit an die standesgemäße Verheiratung des Thronfolgers.

Friedrich Wilhelm, die Frauen und die Geschlechterbeziehungen des Adels

Elisabeth Christine Ulrike von Braunschweig-Wolfenbüttel (1746–1840)

Die dynastische Heiratspolitik Friedrichs II. reduzierte die Aktivitäten seines Neffen bei der Suche nach einer geeigneten Gemahlin auf ein Minimum. Der König bestimmte schlichtweg, wen er zu heiraten hatte. Auch hier handelte Friedrich eigentlich wider besseres Wissen, wie die Briefe an seine Schwestern belegen. Friedrich entschloss sich, Friedrich Wilhelm mit seiner Nichte Elisabeth Christine zu verheiraten. Am 18. Juli 1764 fand die Verlobungsfeier im Schloss Charlottenburg statt. Der ausführliche Bericht Lehndorffs offenbart abermals, wie sehr der preußische Hof von den Launen Friedrichs dirigiert wurde und wie wenig dieser auf die Gefühle seiner Frau und der Mutter seines Neffen Rücksicht nahm. Obwohl der Verlobungstermin schon lange feststand und die ersten Einladungen längst ihre Empfänger erreicht hatten, erhielten diese beiden Frauen erst am Vorabend ihre Billetts und die Erlaubnis, in Charlottenburg übernachten zu dürfen.[128] Natürlich wusste Friedrich II., wie wichtig den Frauen diese Einladung zur Hochzeit des Thronfolgers war und dass sie bei diesem großen Ereignis unbedingt dabei sein wollten. Dennoch ließ er sie bis zur letzten Minute im Ungewissen, ob er geruhen würde, auch sie einzuladen. Der König spielte mit den Gefühlen seiner Familienangehörigen je nach Laune, und die Frauen des Hofes litten unter seiner Geringschätzung doppelt, da sie ja so erzogen worden waren, dass die königliche Beachtung oder gar Anerkennung ihnen alles bedeutete. Doch kehren wir zurück zur ersten Eheschließung des Kronprinzen.

Nachdem die Eltern des Brautpaares auf Befragen Friedrichs II. öffentlich ihre Zustimmung zu dieser Verlobung gegeben hatten, und damit der offizielle Teil der Feierlichkeiten vorbei war, zog sich der König zurück. „Es ist ein Entzücken, den jungen Prinzen und die junge Prinzessin zu sehen; sie sind ein reizendes Paar. Der Prinz trägt einen pfirsichblütenfarbigen Domino mit italienischen Blumen und Blonden garniert, was sich prächtig ausnimmt. Die Prinzessin ist allerliebst, ihr Gesicht äußerst interessant und ihre Konversation so gefällig, daß sie sich alle Herzen erobert."[129] Dieses ansehnliche Paar hätte sich gut ergänzen können. Die Braut beherrschte die am Hof so wichtige Fähigkeit der geistvollen Konversation, die ihr den Umgang mit den Angehörigen des Hofes erleichterte, und der Prinz brachte in diesem höfischen Mikrokosmos seinen Charme und seine Menschlichkeit mit ein. Doch die muntere Prinzessin war nicht nach dem Geschmack des Prinzen.

Am 14. Juli 1765 fand die Hochzeitsfeier statt und wieder bot das Schloss Charlottenburg dafür den festlichen Rahmen. Elisabeth Christine, die Tochter des Herzogs Karl I. zu Braunschweig-Lüneburg und der königlichen Schwester Charlotte, und Friedrich Wilhelm wurden im Beisein des Hofstaats feierlich getraut. Der Kammerherr von Lehndorff berichtete über diesen Tag: „Die Neuvermählten sehen reizend aus und erscheinen zufrieden. Der König bleibt in seiner Uniform und sieht gütig aus, was allgemeine Freude erregt. Die Königin flattert herum und schreit unbarmherzig, wiewohl sie nichts zu sagen hat … Die königliche Tafel zeigt eine erstaunliche Pracht, alles Gerät ist von Gold, und die zweiundzwanzig Prinzen und Prinzessinnen, die sich daran befinden, sind mit Schmuck überladen …"[130] Friedrich II. nutzte diese Gelegenheit, nach dem Siebenjährigen Krieg mal wieder die Pracht und Herrlichkeit seines Staates zu demonstrieren. Da er mit seiner Brautwahl für den Thronfolger mehr als zufrieden war, gefiel er sich auch in der Rolle des gütigen Monarchen.

Lehndorffs Bericht verdeutlicht jedoch nicht nur die Sichtweise des Verfassers, sondern er offenbart auch die Funktionsweise des preußischen Hofes, dessen Mittelpunkt Friedrich II. war und von dessen Launen die Stimmung der anderen Mitglieder der Hofgesellschaft abhing. Bei dieser Hochzeit – so die Botschaft Lehndorffs – ließ sich der König nicht lumpen und der Hof präsentierte sich prunkvoll. Der Seitenhieb auf die Königin, die nichts zu sagen hatte, entsprach im doppelten Sinne der Realität.

Friedrich II. entfernte Elisabeth Christine nach dem erfolgreichen Ersten Schlesischen Krieg aus seinem Umfeld. Heinz D. Kittsteiner hat auf der Suche nach einer Erklärung für das Komma von SANS, SOUCI. auch die Beziehung Friedrichs II. zu seiner Gemahlin näher betrachtet und resümiert seine Forschungen wie folgt: „Überhaupt erscheint der Verlauf seiner Ehe gar nicht besonders geheimnisvoll; man muß nur eine heutige Sicht der Dinge mit dem 18. Jahrhundert kurzschließen und die doppelte Moral des 19. und frühen 20. Jahrhunderts überspringen. Friedrich wurde vom Vater gegen seinen Willen verheiratet und betrieb, nachdem er vom Äußeren seiner Braut angenehm überrascht war, eine Zeit lang mit ihr dasselbe, was er auch mit seinen Eintagsamouren betrieben hatte. Wie weit der ‚grausame Schnitt' dem ein Ende gesetzt haben könnte – hier ist Agnostizismus einmal am Platze! – das werden wir wohl nie mehr genau erfahren. ‚Daß Elisabeth Christine ihm darüber hinaus eine gewisse Achtung und Zuneigung abforderte, ist dadurch nicht ausgeschlossen. Er behandelte sie sogar besser als die doch so heißgeliebte, später allerdings ihm entfremdete Schwester', denn er lud nicht Wilhelmine, sehr wohl aber seine Frau zu sich nach Berlin und schenkte ihr das Schloss Schönhausen. Erst nach dem endgültigen Triumph im Ersten Schlesischen Krieg trennte er sich abrupt von ihr. Hegemann bemerkt dazu einfühlsam: ‚Seine Erfolge als Krieger und seine Misserfolge als Vater schienen ihm zu widerspruchsvoll gewesen zu sein.'"[131]

So lebte Elisabeth Christine im Sommer im Schloss Schönhausen und im Winter im Berliner Schloss in einer separaten Wohnung im dritten Stockwerk neben dem Schweizersaale.[132] Nur in wenigen Ausnahmefällen, wenn es die Etikette verlangte, beorderte er sie zu Empfängen oder Festivitäten an seine Seite. Ansonsten übertrug er seiner Mutter und seiner Schwester Amalie die Rolle der Ersten Frau am Hofe. Diese Zurücksetzung blieb in der Hierarchie des Hofes nicht ohne Folgen. Selbst niedere Hofchargen ließen es gegenüber der Königin an Respekt fehlen, wie einzelne Beschwerdebriefe belegen. Wenn sich Friedrich hier auch stets für eine korrekte Behandlung seiner Gemahlin einsetzte und das dreiste Personal auswechselte, so tat er nichts, um ihre Situation innerhalb der Hofgesellschaft zu verbessern. Er sah zu, wie diese junge Frau von seiner Mutter und den Schwestern diffamiert wurde. 1763, als der König nach langer Abwesenheit aus dem Siebenjährigen Krieg zurückkam, begrüßte er seine Gattin mit dem legendären Satz: „Madame sind korpulenter geworden". Danach soll er nie wieder mit ihr gesprochen haben, obwohl sie sich bei diversen Mahlzeiten und Festen sahen.

Diese Verachtung einer gebildeten, künstlerisch und musisch begabten Frau, die unter anderem Werke von Christian Fürchtegott Gellert oder theologische Schriften ins Französische übersetzte, wurde am Hof unterschiedlich realisiert. Manche Hofchargen glaubten sich bei Friedrich anzudienen, wenn sie seine Gemahlin ebenfalls schlecht bzw. unstandesgemäß behandelten. Andere Mitglieder des Hofes waren vielleicht irritiert über die Art, wie Friedrich mit Elisabeth Christine umging. Doch sie schwiegen, weil man den König nicht kritisierte und die Geschlechterbeziehungen klar definiert waren. Elisabeth Christine glaubte, dass es höfische Intrigen waren, die ihren Mann bewogen, sie so zu behandeln. So ertrug sie dieses Leben mit einer Demut, die sie ihrer Erziehung zu einer deutschen Fürstin des Rokokos verdankte. Außerdem wusste sie sich sinnvoll zu beschäftigen. Neben sozialen Projekten in Schönhausen widmete sie sich der deutschen Literatur. Im Vergleich zu ihrem Mann nahm die Königin die deutschen Dichter ernst und so verkehrten in ihrer Tafelrunde eben neben der berühmten Malerin Anna Dorothea Therbusch (1721–1782) auch der Dichter Karl Wilhelm Ramler (1725–1798) oder der Aufklärer Christoph Friedrich Nicolai (1732–1811). Auch Goethe zog es 1778 nach Schönhausen, als er in Berlin weilte. Dennoch oder gerade deswegen sah Friedrich keinen Grund, seine Haltung gegenüber seiner Frau zu ändern.[133] Die Religiosität seiner Frau und das Interesse an der deutschen Aufklärung schienen wohl seine Vorurteile ihr gegenüber nur zu bestätigen. Worüber sollte er mit ihr auch reden?

Natürlich blieb diese Verhaltensweise des Familienoberhauptes nicht ohne Wirkung auf seine Brüder, Neffen und Nichten. Ob Friedrich in dieser Hinsicht ein Vorbild für seinen Neffen Friedrich Wilhelm war, ist zu bezweifeln. Eine Solidarisierung der beiden „Ausgestoßenen" war wohl wahrscheinlicher, zumal sich die Königin und Friedrich Wilhelm auch hinsichtlich ihres Glaubens und der Bedeutung, die die Religion für sie hatte, näherstanden, als es dem König lieb sein konnte. Vielleicht wollte die Königin ihrem Neffen nur ein schönes Fest bereiten, und da sie um das unberechenbare Verhalten ihres Mannes wusste, war sie halt aufgeregt. Schließlich hatte sie ja sonst auch bei den üblichen Festen des Hofes in Berlin für alles Sorge getragen. Der Ordensrat Anton Balthasar König betonte in seinen historischen Schilderungen, dass die Königin an der Spitze des Berliner Hofes stand und diesem auch Glanz verlieh.[134]

Während der Vorbereitungen zu dieser ersten Hochzeit hatte der Prinz den Herrn von Forcade zum neuen Hofmeister erhalten. Der König erklärte ihm, „daß er seinen Hof aus ehrlichen und verdienten Männern zusammengesetzt habe und hoffe, der Prinz werde sie als solche behandeln. Indem er seinen Neffen umarmt, erklärt er ihm, wie sehr er recht bald Nachkommenschaft von ihm erwarte; die Wohlfahrt des Landes erfordere es gebieterisch. … Er wolle ihm alle Annehmlichkeiten gewähren, aber eine Mätresse werde er nicht dulden. Der Prinz solle Vertrauen zu ihm haben und ihm aufrichtig bekennen, wenn er Geld brauche."[135] Mit diesen Worten wurde der Prinz in sein selbstständiges Familienleben mit nunmehr eigenem Hof entlassen. Dass diese Worte Friedrichs II. nichts weiter waren als Schall und Rauch, erfuhr der frischgebackene Ehemann, als er sein neues Zuhause in einem bürgerlichen Haus in Potsdam bezog. Der Hofmarschall von Forcade bemühte sich dann um eine standesgemäße Ausstattung des kronprinzlichen Hofes. Immerhin gehörten dazu „drei Gespanne Kutschpferde a 8 Stück (eins für die Prinzessin, für deren Dames und eins für den Kronprinzen)".[136] Der Hofetat des Thronfolgers betrug 1765/66 immerhin 32 840 Reichstaler. Davon entfielen lediglich 4000 Reichstaler zur eigenen Disposition. Das übrige Geld wurde zum Unterhalt des standesgemäßen Personals und der Ausstattung ausgegeben.[137] Für seine Gemahlin wurde ein Etat von 10 738 Reichstalern bewilligt. Schon erhöhte Transportkosten für das Brennholz führten dann mit dem König zu mühsamen Diskussionen darüber, wer diese zusätzlichen Ausgaben tragen sollte.

Die von Lehndorff beschriebene Zufriedenheit des 21-jährigen Thronfolgers bei seiner Hochzeit hielt der Realität des Alltags am preußischen Hof nicht lange stand. Die geistvolle, gut aussehende und charmante Cousine Elisabeth vermochte es nicht, Friedrich Wilhelm für sich einzunehmen. Vielleicht war sie auch einfach zu stolz und wollte von ihm „erobert" werden. Da der Prinz zu dieser Heirat gezwungen worden war und die junge Prinzessin dann auch noch Friedrichs Sympathie erworben hatte, ging der Thronfolger offenbar auf Distanz. Hinzu kam, dass Friedrich Wilhelm zu diesem Zeitpunkt schon ein Auge auf Wilhelmine Encke geworfen hatte, ein 12-jähriges Mädchen, das nicht nur liebreizend war, sondern das er auch nach seinem Bilde „formen" konnte.

Elisabeth liebte das Reiten und hielt nicht viel vom Berliner Karneval, den jedoch ihr Mann sehr schätzte. Der ganze Hof wartete nun begierig auf die Schwangerschaft der jungen Prinzessin. Als dieses Ereignis ausblieb, hieß es bei Lehndorff: „Die junge Prinzessin von Preußen macht die Reise von Charlottenburg nach Potsdam zu Pferde, sie verbringt überhaupt ihr ganzes Leben im Sattel und erhitzt sich derart, daß ich fürchte, sie wird noch ihre ganze Schönheit verlieren und besonders, was das größte Unglück für den Staat sein wird, sie wird keine Kinder bekommen."[138] Erst nach zweijähriger Ehe kam Elisabeth Christine ihrer eigentlichen Bestimmung nach: Sie gebar am 7. Mai 1769 ein Mädchen, das auf den Namen Friederike getauft wurde. Zu einer Besserung der Beziehungen zwischen den Ehepartnern trug diese Geburt nicht bei.

Der Thronfolger lebte ganz unbeschwert und zeittypisch mit anderen Frauen. Wenn es auch am preußischen Hof, wie Friedrich sehr deutlich gesagt hatte, nicht geduldet wurde, so gehörten die Konkubinen an den europäischen Höfen dieser Zeit ganz selbstverständlich zum fürstlichen Alltag. Auch am preußischen Hof gab es Affären zwischen Prinzen und gewissen Damen, aber ebenso zwischen den Mitgliedern der adligen Hofgesellschaft. Friedrich II. sah diese Liebschaften ganz nüchtern. Als die Oberhofmeisterin Frau von Camas dem

König die ungewollte Schwangerschaft eines ihrer Hoffräulein anzeigte und um Verhaltensregeln bat, schrieb er: „Ich, mit den Schwächen unserer Gattung sehr nachsichtig, hebe nicht den ersten Stein gegen Hof- und Ehrenfräulein auf, welche Kinder bekommen. Das ist ein sehr gewöhnliches Ereignis; es gibt keinen Hof, kein Kloster, wo es nicht vorfällt. Die Damen pflanzen ihre Art fort, während die bärbeißigen Politiker sie durch ihre unseligen Kriege zerstören. Ich gestehe Ihnen, daß ich die zu zärtlichen Temperamente mehr lieb als die Keuschheitsdrachen, die über ihresgleichen unbarmherzig herfallen, und die zanksüchtigen Frauen, die im Grunde boshaft und unheilstiftend sind. Man erziehe das Kind mit Sorgfalt, entbehre nicht die Familie und entferne ohne Aufsehen und Ärgernis das arme Mädchen vom Hofe und schone ihres Rufes soviel als möglich."[139] Den Moralapostel wollte Friedrich II. nicht spielen, wenn es um diese zwischenmenschlichen Beziehungen ging. Doch diese offensichtliche Toleranz dem adligen Treiben gegenüber erstreckte sich nicht auf das Verhalten des Thronfolgers. Dessen Affären ließen den König an der sittlichen Reife seines Nachfolgers zweifeln. Darüber hinaus fürchtete er, dass eine dieser Damen sich in die Politik mischen oder Spionagedienste leisten könnte.

Offiziell anerkannte Mätressen, wie sie an anderen europäischen Höfen anzutreffen waren und sogar im höfischen Reglement bedacht wurden,[140] das hatte es in Berlin seit Friedrich Wilhelm I. nicht mehr gegeben. Die Liebschaften des jungen Prinzen erregten daher die Gemüter. Seine stolze Gemahlin hingegen wollte diese Art von männlicher Freizügigkeit nicht akzeptieren und tat es daher ihrem Gatten gleich, wie der Hofklatsch zu berichten wusste. Da nun aber niemand mehr sicher sein konnte, ob das nächste Kind auch wirklich vom Thronfolger sein würde, empörten sich Angehörige des Hofes darüber. Erste Erbansprüche der Brüder des Königs wurden laut. Schließlich wollte man für keinen Bastard auf den Thron verzichten. Der König, der diese Nichte durchaus mochte, sie war schön, aufgeweckt und schlagfertig, versuchte noch die Ehe zu retten. Aber als der Thronprinz von der Affäre seiner Frau erfuhr, reagierte er völlig standesgemäß und verlangte sofort die Scheidung. Schließlich gefährdete seine Frau die Dynastie. Da er sonst eher zurückhaltend und auch meist sehr menschenfreundlich agierte, erstaunt die Heftigkeit, mit der er hier die Scheidung verlangte. Offenbar hatte der galante Prinz gegenüber seiner Ehefrau erhebliche Vorbehalte angesammelt und so kam ihm diese Gelegenheit gerade recht, um sie aus seinem Umkreis zu verbannen.

Eine andere Variante dieser unglücklichen Ehe geht von einem geplanten Fluchtversuch der Prinzessin Elisabeth Christine mit einem Geliebten aus. In diesem Fall musste der König natürlich sofort handeln und die Ehre des königlichen Hauses retten.[141] Schon nach vier Jahren wurde die Ehe 1769 wegen der Untreue beider Ehepartner geschieden, wobei der Seitensprung der Frau den Ausschlag gab. Die junge Frau musste den Titel „königliche Hoheit“ ablegen und begab sich dann als „Durchlaucht“ nur mit einer kleinen Pension versehen auf die Festung Küstrin und später nach Stettin, wo sie 1840 starb. Ihre aufrechte Haltung ließ sie mit ihrem Schicksal nicht hadern. Ob sie die Schuld annahm und so ihr Verhalten zu erklären wäre, oder ob sie einfach nur froh war, vom Hof entfernt leben zu dürfen, werden wir wohl nicht erfahren. Die Königin Elisabeth Christine, ihre Tante, erleichterte der verstoßenen Nichte mit ihren bescheidenen Mitteln das Leben im fernen Stettin etwas.

Im Vergleich mit anderen Höfen jener Zeit stellte diese Scheidung nichts Besonderes dar. Da diese Ehen aus dynastischen Gründen geschlossen wurden und Sympathien nicht gefragt waren, suchten insbesondere die Herren ihr „Glück“ bei anderen Frauen. Das wurde allgemein akzeptiert. Nur die Untreue der Gemahlin stellte noch immer eine Ausnahme dar und führte zu drastischen Strafen der Beteiligten. Als Beispiel sei hier nur der spektakuläre Scheidungsprozess der Königin Matilda von Dänemark des Jahres 1772 erwähnt. Der Königin wurde lediglich unterstellt, dass sie eine intime Beziehung zu dem Premierminister Struensee unterhielt. An Beweisen mangelte es. Dennoch wurde die Ehe geschieden und Struensee hingerichtet.[142] Auf keinen Fall konnten die ehebrechenden Fürstinnen mit der Nachsicht der höfischen Gesellschaft rechnen. Das wusste auch Elisabeth Christine von Preußen, schließlich war sie für das Leben an einem Fürstenhof erzogen worden. Doch wie schrieb schon die Kurfürstin Sophie von Hannover angesichts der Scheidung des Erbprinzen Georg Ludwig von Hannover von seiner Gemahlin Sophie Dorothea so treffend: „Wenn die Frau ihren Mann nicht leiden kann ist die besser von ihm als bei ihm … Weil die Kurprinzessin ihren Mann nicht hat leiden können, haben beide Väter gut gefunden sie von ihm zu tun.“[143] Nun, und da in Berlin der Sachverhalt wohl so war, dass der Kronprinz seine Gemahlin nicht ertrug, handelte man hier adäquat.

Der Thronfolger bevorzugte in seinem Umfeld Frauen, die sich problemlos in ihre frauentypische Rolle am Hof fügten, und seine besondere Stellung in der Hierarchie des Adels zu schätzen wussten. Der zukünftige König billigte den Frauen eben nur jene traditionelle Stellung im Innern des Hauses zu, die das Leben versüßen sollte. Natürlich erwartete er, dass sie dem Hausherrn auch die erforderliche Achtung entgegenbrachten.

Friederike Luise von Hessen-Darmstadt (1751–1805)

Schon kurz nach der Scheidung wurde der Thronfolger ein zweites Mal verheiratet. Schließlich galt es, die Thronfolge zu sichern und dafür benötigte man am preußischen Hof einen männlichen Erben. Friedrich II. bestimmte daher, dass Friedrich Wilhelm am 14. Juli 1769 die Prinzessin Friederike Luise von

Hessen-Darmstadt zu ehelichen hatte.[144] Das jung vermählte Paar bezog die Wohnung in Potsdam in der Schwertfegerstraße, Ecke Neuer Markt, wo der Kronprinz schon mit der ersten Frau leben musste. Wenn auch im Frühjahr 1766 noch ein benachbartes Haus und später ein weiteres Haus hinzugenommen wurden, so blieb es eine wenig standesgemäße Unterkunft. An Miete zahlte man 550 Reichstaler für das Potsdamer Haus.[145] So wohnte das Prinzenpaar inmitten der Bürger und für königliche Verhältnisse sehr beengt und äußerst bescheiden.[146] Dort wurde dann auch am 3. August 1770 der lang ersehnte Thronfolger Friedrich Wilhelm geboren, den man in der Familie nur Friedrich nannte. Der kleine Friedrich erhielt eine Amme namens Struve und wuchs in der Überzeugung heran, dass der Vater seine außerehelichen Kinder mehr liebte, als die Kinder, die er mit seiner königlichen Gemahlin zeugte. Friederike gebar noch sechs Kinder, die alle das Erwachsenenalter erreichten.[147]

Die junge Frau, die sich nach der siebten Geburt 1783 weigerte, den ehelichen Verpflichtungen weiter nachzukommen, wurde von Mirabeau als ein „unruhiger Charakter, schwach und wankelmütig“ beschrieben. Später behauptete er das Gegenteil.[148] Friederike, die nur 54 Jahre alt wurde, hatte sich mit den Mätressen ihres Gatten abgefunden und sie war froh, dass er ihre Entscheidung, den Beischlaf zu verweigern, ohne Folgen für ihre soziale Stellung am Hof akzeptierte. Eine Verbannung vom Hof oder eine Scheidung wäre angesichts ihres Verhaltens denkbar gewesen. Stattdessen schenkte ihr Mann ihr nach dem Thronwechsel 1786 das Schloss Monbijou und richtete ihr einen eigenen, ihrem Rang als nunmehrige Königin entsprechenden repräsentativen Hofstaat ein. Dieses zutiefst menschliche Verhalten spricht für die Achtung, die der König der Mutter des zukünftigen Thronfolgers gegenüber zeit seines Lebens bewies.

Gesundheitlich litt die Königin in ihren letzten Lebensjahren unter der Gicht – eine weit verbreitete Krankheit jener Zeit. Sie konnte kaum noch den Kopf heben und war meist nur von wenigen Hofdamen und ihrem Personal umgeben.[149] Dennoch verhielt sich Friedrich Wilhelm dieser Frau gegenüber, die wenig Wert auf Hygiene und Äußerlichkeiten legte, stets höflich und zuvorkommend. Sein Sohn (später Friedrich Wilhelm III.) sah das jedoch anders. Er glaubte, der König hätte mit seinen Liebschaften seine Mutter öffentlich diffamiert und rächte sich daher nach dem Thronwechsel 1797 an der Gräfin Lichtenau für diese vermeintliche Schmach.[150]

Die „Ausquartierung“ der Familie des Thronfolgers aus dem königlichen Schloss und die Tatsache, dass er bei seiner Eheschließung eben nicht ein eigenes Refugium zum Rückzug erhielt, spricht einmal für den Geiz Friedrichs aber auch für eine unübersehbare Geringschätzung dieses Neffen. Selbst der sehr sparsame Soldatenkönig hatte Friedrich nach dessen Eheschließung mit dem Schloss Rheinsberg einen Ort des Rückzugs und der eigenen Gestaltung zugestanden. Außerdem erhielt er das Kronprinzenpalais Unter den Linden, ein Bürgerhaus, das für Friedrich umgebaut wurde, als standesgemäße Unterkunft. Der König Friedrich II. billigte seinem Neffen diesen Freiraum nicht zu. An Schlössern mangelte es dem König nicht, dennoch ließ er den Prinzen mitten in Potsdam wohnen, wo ihn alle sehen und erleben konnten. Hoffte der König so, ihn besser überwachen zu können?

Etwas Eigenständigkeit und Bewegungsfreiheit benötigte der junge Prinz dennoch und so begab er sich heimlich an andere Orte. Da er aber ohne königliche Erlaubnis Potsdam nicht verlassen durfte, schließlich gehörte er zur Garnison, musste er seine Begleiter und Bewacher bestechen. Friedrich hatte Spione engagiert, die eben jenen Lebenswandel des Prinzen erkunden sollten. Was blieb dem Neffen da anderes übrig, als diese dafür zu bezahlen, dass sie dem König falsche Berichte schickten. Der englische Gesandte James Harris berichtete nach London: „Der Prinz von Preußen bringt jede Woche vier bis fünf Stunden in Berlin zu, und seine französischen und deutschen Mätressen beschäftigen ihn so sehr, daß er nichts weiter denkt."[151] Ein junger Prinz, der nur für die Liebe lebte, war auch schon damals ein dankbares Objekt des Klatsches – zumal, wenn es an soliden Informationen mangelte.

Wilhelmine Encke (1753–1820)

Wie der junge Prinz seine Freizeit verbrachte, diese Frage beschäftigte nicht nur den König, sondern auch jene Zeitgenossen, die selbst nicht am Hof erscheinen durften. Mangels genauer Informationen wurden dann die wildesten Gerüchte in Umlauf gebracht. Nachweislich fiel in die Zeit des männlichen Ausprobierens das legendäre Zusammentreffen mit der 12-jährigen Wilhelmine Encke im Haus des Grafen Matuschkyn. Die weinende Wilhelmine stolperte 1764 in die Arme des Prinzen. Als charmanter und galanter Herr tröstete er das Mädchen. Bei dieser Gelegenheit verliebte sich der Prinz in die schöne Wilhelmine und eine ungewöhnliche Liebesbeziehung nahm ihren Lauf. Rückblickend führte Wilhelmine die Dauer und die Überlebensfähigkeit dieser Liebe auf die Seelenverwandtschaft zwischen dem König und sich zurück. Da es sich hier um eine besondere Beziehung eines bürgerlichen Mädchens und eines angehenden Königs im Zeitalter des Rokokos handelte, wurde sie von Zeitgenossen und Nachgeborenen mit unterschiedlichen Interessen verfolgt und mehr oder weniger verfremdet dargestellt.

Wer war nun diese Diderica Friderica Wilhelmina Berhardina Encke, um die sich später so viele Legenden und Verleugnungen rankten? Sie wurde am 19. Dezember 1753[152] in Dessau als Tochter des Musikers Johann Elias Encke geboren. Ihr Vater spielte Waldhorn in der Privatkapelle der Prinzessin Anna

Wilhelmine von Anhalt-Dessau. 1763 berief Friedrich II. den ausgezeichneten Musiker in seine Hofkapelle. Die Familie zog nach Berlin. Die Mutter stammte aus einer angesehenen Familie aus Freiburg im Breisgau. Seit jenem zufälligen Zusammentreffen im Jahr 1764 kümmerte sich der Prinz Friedrich Wilhelm um die Ausbildung des Mädchens, denn der Thronfolger hatte Zeit, die er gern in angenehmer Gesellschaft verbringen wollte. Neben Geschichte und Geographie standen Literatur und Sprachen auf dem Stundenplan. Gemeinsam lasen sie zeitgenössische Werke. Sie übersetzten sich auch Shakespeare-Dramen, um ihre Englischkenntnisse zu verbessern. Als ungleiches Liebespaar waren sie natürlich besonders von „Romeo und Julia" angetan. Wilhelmine mochte die Figur des dicken Falstaff und verglich ihren Geliebten, der etwas zur Korpulenz neigte, gern mit diesem. Friedrich Wilhelm, dem der Witz und der Humor dieses Mannes durchaus zusagten, unterschrieb dann scherzhaft einige Briefe jener Jahre als „Falstaff".[153]

1766 schickte der Prinz die bürgerliche Wilhelmine Encke zur standesgemäßen Ausbildung ein halbes Jahr nach Paris, einer Stadt, die er selber nur vom Hörensagen kannte. Denn eine bildende Kavalierstour durch europäische Länder gönnte der misstrauische König seinem Neffen nicht. Warum der philosophierende Monarch an dieser Bildungsinvestition für seinen Nachfolger sparte, lässt sich wiederum nur vermuten. Schließlich durfte er selbst auch nicht durch Europa reisen und sich die Welt ansehen.[154] Warum sollte er seinem ungeliebten Neffen dieses Vergnügen gönnen? Die Angst vor Spionage oder Abwerbung bewog auch Friedrich, den heimischen Adel möglichst nicht aus dem Lande zu lassen. Die Ausbildung des Neffen sollte kontrolliert ausschließlich im Lande erfolgen. Wilhelmine hatte Glück, denn sie war nicht-adliger Herkunft und konnte so unbehelligt reisen.

In Paris wurde Wilhelmine dann in die gesellschaftlichen Gepflogenheiten eingeführt, so dass sie die Leichtigkeit der adligen Konversation gut beherrschte und auch um den Wert des bewussten Schweigens wusste. Sie wurde eine „Dame von Welt". Nebenbei besichtigte sie Versailles und Fontainebleau. Als sie wieder in Berlin und Potsdam weilte, hatte sie ein Bildungsniveau, das dem anderer fürstlicher Ehefrauen und dem der Damen der Hofgesellschaft in Vielem überlegen war. Sie konnte sich in Französisch verständigen und Deutsch schreiben, wenn auch die Orthographie und Ausdrucksweise mangelhaft waren. Wilhelmine war aufgewachsen in einem Umfeld, in dem Berliner Platt gesprochen wurde, und diesen Dialekt beherrschte sie daher sehr gut. Dank der Unterstützung ihres Prinzen hatte sich Wilhelmine eine durchaus beachtliche Allgemeinbildung angeeignet, die ihr in Kombination mit einer natürlichen Intelligenz diese besondere Stellung an der Seite Friedrich Wilhelms sicherte. Schließlich hatte der Kronprinz sie in brandenburgischer, deutscher und allgemeiner Geschichte unterrichtet. Die Antike war ihr ebenso vertraut wie die aktuelle Literatur jener Zeit: „Wir lasen ferner zusammen die Histoire des Juifs par Joseph, die Histoire des Templiers, die Entdeckungsgeschichte von Amerika, die Mémoires d'un homme de qualité qui l'est rétiré du monde, die Mémoires der Madame Staal, nicht der jetzigen, sondern jener aus dem Zeitalter Ludwigs XIV., wo der Kronprinz Gelegenheit nahm, über und gegen die Einmischung der Weiber in politische Angelegenheiten seine Gedanken zu äußern."[155] Diese Ausführungen hielten Wilhelmine stets davon ab, sich in die Politik zu mischen. Die beiden verspürten keine Langeweile, wenn sie zusammen waren. Nach der Bildungsphase beschäftigten sie sich gemeinsam mit Kunst, Kultur, Architektur und Musik, so dass es ihnen nicht an immer neuen Gesprächsthemen mangelte.

Ihr erstes, noch heimliches Liebesnest fanden die beiden bei einem Förster in Falkenhagen bei Finkenkrug, wo Wilhelmine auch ihr erstes gemeinsames Kind zur Welt brachte – eine Fehlgeburt. Auch die folgenden zwei Kinder verstarben kurz nach der Geburt. Zuvor hatte der Prinz seine Geliebte in Potsdam bei dem Hofgärtner Ritz unterbringen können. Hier erhielt sie von Madame Girard, einer Frau der französischen Kolonie, Unterricht und nahm Anteil an der Kultur des Hofes, ohne ihn zu Gesicht zu bekommen.

Die angesehene Berliner Malerin Anna Dorothea Therbusch hielt die Schönheit Wilhelmines auf der Leinwand fest. 1776 beschrieb der Lord Malmesbury sie wie folgt: „Sie ist groß von Person, munter im Aussehen, nachlässig in ihrer Kleidung und gewährt eine wahrhaftige Vorstellung von einer vollkommenen Bacchantin. Der Prinz ist ihr gegenüber äußerst freigiebig, und sie allein vertut das ganze Einkommen, das er vom König erhält."[156] Dieser Hofklatsch begründete die spezielle Sichtweise auf diese ungewöhnliche Liebesbeziehung des Prinzen nachhaltig. Eine Mätresse, die aus kleinen Verhältnissen aufstieg, konnte nur verschwenderisch und liebreizend zugleich sein. Doch bei der geringen Apanage des Prinzen und seinen Aufwendungen für den halbwegs standesgemäßen Unterhalt seiner Familie blieb nicht viel Geld übrig für die Geliebte und deren Kinder. In ihrer Verteidigungsschrift, die Wilhelmine verfasste, als Friedrich Wilhelm III. sie 1797 verhaften und anklagen ließ,[157] heißt es: „Ich war Mutter und litt nicht selten Not. Andere verstanden es besser, indem sie sich erst von Pluto reiche Opfer bringen ließen, ehe sie der paphischen Gottheit (Venus – B. M.) aufopferten."[158]

Friedrich II., der die Leidenschaft seines Neffen für die Frauen überwachen ließ, erkannte sehr bald, dass Wilhelmine eben nicht machtbesessen war und dass diese bescheidene Frau daher für den Neffen besser war als jede andere Liebschaft. Leichte Frauen, die sich vielleicht noch in Staatsgeschäfte mischen oder spionieren wollten, mussten vom Prinzen ferngehalten werden. So entschloss sich Friedrich, dieser Mätresse ein Budget anzuweisen und sie offiziell als Geliebte des Prinzen zu akzeptieren. Diese Praxis war an den europäischen Höfen des Rokokos üblich und dennoch ein Novum in Berlin. Weder der Soldatenkönig noch Friedrich II. hatten sich Mätressen gehalten. Friedrich passte sich zwar hier den europäischen Gepflogenheiten an, aber an seiner distanzierten Haltung gegenüber dem Neffen änderte das nichts. Das Gegenteil wird wohl der Fall gewesen sein, da damit zusätzlich Kosten verbunden waren. Wilhelmine bezog 1777 das Haus des Grafen von Schmettau in Charlottenburg, das für 7500 Taler gekauft wurde und unweit des Charlottenburger Schlosses am Ufer der Spree lag. Für das Haus und die Einrichtung stellte Friedrich II. 20 000 Taler zur Verfügung. Hier wurde am 4. Januar 1779 auch der von Friedrich Wilhelm sehr geliebte Sohn Alexander geboren und 1780 das Mädchen Marianne. Beide erhielten von Friedrich II. am 25. Januar 1786 den Grafentitel von der Mark verliehen.

Friedrich Wilhelm Moritz Alexander Graf von der Mark verstarb bereits mit achteinhalb Jahren am 1. August 1787. Das „Anderchen“, wie ihn der Prinz nannte, erfreute ihn besonders und er liebte den Jungen innig. Der frühe Tod Alexanders schmerzte Friedrich Wilhelm sehr, weil er zu diesem außerehelichen Sohn eine herzliche Beziehung aufgebaut hatte. Die Gerüchteküche des Hofes ging daher von einem unnatürlichen Tod des Kindes aus. Für Alexander wurde in der Dorotheenstädtischen Kirche in Berlin ein beeindruckend schönes Grabmal errichtet. Den Auftrag dazu hatte Friedrich Wilhelm dem jungen Bildhauer Johann Gottfried Schadow erteilt, der mit diesem Grabmal sein erstes frühklassizistisches Meisterwerk schuf. Wilhelmine erbte von Sohn Alexander dessen Palais Unter den Linden und das Gut Rosswiese in der Neumark. Von den insgesamt fünf Kindern des Verhältnisses zu Friedrich Wilhelm überlebte längere Zeit nur Friederica Wilhelmine Marianne Diderica Gräfin von der Mark (1780–1814).[159]

Die innige Beziehung des Thronfolgers und seiner bürgerlichen Geliebten durchlief Höhen und Tiefen, wie es angesichts der exponierten Stellung des Mannes und der Rangsstellung der Mätresse im gesellschaftlichen Gefüge nicht anders zu erwarten war. Schließlich war das Zugeständnis Friedrichs II., dass Wilhelmine einen festen Platz im Umfeld des Thronfolgers erhielt, mit der Auflage verbunden gewesen, dass sie sich vom Hof fernzuhalten hatte und dafür sorgen sollte, dass ihr Geliebter wenig Zeit in Berlin verbrachte. Meist arrangierte sich Wilhelmine mit ihrer Nebenrolle, da sie die Gefühle und das Vertrauen des Prinzen dafür entschädigten. Hin und wieder begehrte sie auf. Als sie eine größere finanzielle Unterstützung für sich und ihre Kinder erbat, antwortete Friedrich Wilhelm wie folgt: „Zwanzigtausend Taler sind wohl für Sie ein Frühstück? … Einige Tonnen Goldes wären nicht hinreichend für Sie. Erinnern Sie sich an Paris. Ich bin nicht geizig … ich schrieb lange nicht, weil ich keine Lust hatte, meine Briefe zu des Herrn Rittmeisters Lektüre zu schicken …“[160]

Auch in dieser im Allgemeinen friedlichen Langzeitbeziehung spielten Eifersucht und Missverständnisse eine Rolle. In der Umgebung Wilhelmines war der schöne italienische Rittmeister Gualtieri aufgetaucht, der für sie schwärmte, und das blieb dem Thronfolger natürlich nicht verborgen. Während er selbst nebenbei die eine oder andere Liebschaft hatte, verlangte er von ihr natürlich absolute Treue. Es ist wohl der Diplomatie Wilhelmines zu verdanken gewesen, dass sie Friedrich Wilhelm immer wieder bewies, dass ihre Beziehung zu ihm etwas Besonderes war. Sie blieb seine einzig vertraute Bezugsperson an diesem von Intrigen und Klatsch durchsetzten preußischen Hof. Ein Zeitgenosse berichtete: „Der König fand bei ihr allezeit warme Teilnahme, geistige Anregung, Herz und feine Gefühle. Sie hatte dem König gleichsam das Idealbild, das er sich von einem Weibe gemacht hatte, aus dem Herzen gestohlen und suchte dieses Ideal darzustellen und in sich zu verwirklichen. Ein solches Weib muß gefallen, fesseln und bezaubern."[161]

So blieben auch alle Trennungsversuche erfolglos. Nach der Aufnahme des Thronprinzen in den Rosenkreuzerorden 1781 sollte er einen tugendhaften Lebenswandel führen und sich von seiner Geliebten trennen. Für die einen endete dann 1781 die sexuelle Beziehung des Prinzen mit Wilhelmine und für die anderen erst 1782. In ihrem Bericht angesichts der Verhöre während des Prozesses 1797 gab sie an, dass der Prinz 1783 plötzlich, sie war wieder schwanger, den Beischlaf einstellte und erklärte, dass seine Seele dieser Prüfung bedurfte. Wenig später, so berichtete sie weiter, verheiratete er sie dann mit Johann Friedrich Ritz (1755–1809) und entschloss sich, das junge Paar nach Dessau zu schicken, wo sie von Januar bis Mai 1783 lebten.[162] In einer anderen Version der Geschichte dieser Beziehung wird die Tatsache, dass Wilhelmine von Ritz schwanger war, als Grund angegeben, warum der Thronfolger das Ehepaar Ritz am 24. Januar 1783 nach Dessau schickte.[163]

Der Scheinehemann Johann Friedrich Ritz hatte sich schon in jungen Jahren das Vertrauen des Thronfolgers erworben. Friedrich Wilhelm wusste, dass er sich auf die Verschwiegenheit des jungen Gärtnersohnes verlassen konnte. Später erlangte er als Geheimer Kämmerer und damit als Verwalter der königlichen Kassen eine Schlüsselstellung am Hof Friedrich Wilhelms, die sich auch in den Bittbriefen seines Nachlasses dokumentiert. Viele, die ein Anliegen an den König hatten, wandten sich mit einem Brief und kleinen Geschenken an diesen königlichen Vertrauten,[164] den die Nachwelt in Unkenntnis seiner Position am Hofe und seiner Charaktereigenschaften gern als intrigant und korrupt beschrieb.

Nun waren diese Scheinehen keine Seltenheit zu jener Zeit, sondern durchaus übliche Praxis. Schließlich galt es ja auch, der betrogenen Ehefrau gegenüber einen gewissen äußeren Anschein von Anstand zu wahren. Ob Wilhelmine, wie sie später schrieb, nie mit Ritz zusammenlebte, und ihr Sohn Friedrich Wilhelm

Ritz (1785–1837), den ihr Geliebter Friedrich Wilhelm nicht als seinen Sohn anerkannte, das Gegenteil beweist, bleibt fragwürdig. Immerhin ernannte der König diesen Jungen im Jahr 1796 zum Domherrn am Hohen Domstift in Cammin und versorgte ihn so.

Über Wilhelmines Männergeschichten kann man in der Literatur viel Widersprüchliches lesen. Feststeht hingegen, dass sie keine Mätresse im herkömmlichen Sinne war. Denn sie verschwand nicht einfach aus dem Blickfeld des Geliebten, als sich dieser anderen Frauen zuwandte. Ihre freundschaftliche Beziehung oder ihre „Seelenverwandtschaft" pflegten beide bis zum Tod Friedrich Wilhelms. Der Prinz bekundete in zahlreichen Briefen immer wieder, wie wichtig ihm das Wohlergehen Wilhelmines war und dass er nur glücklich sein könne, wenn auch sie es war. So holte er sie auch sehr bald aus Dessau wieder nach Berlin zurück. Später war er froh, dass sie ihm diese Verbannung nicht übel nahm und schrieb: „Ich freue mich so herzlich über ihnen daß es Ihnen auch so ungemein glücklich gehet; Ihnen, für die ich so sehr betete, als wir vor elf Jahren unsere nähere Verbindung aufhörten; … ich durfte Ihnen dazumahl nicht anmerken laßen, wie sehr mir unsere Trennung schmerzte; beten war mein Trost …"[165]

Friedrich Wilhelm hatte sich 1781 für den Rosenkreuzerorden werben lassen, da ihm, dem ungeliebten Neffen, so ein Männerbündnis mit religiösem Fundament auch seelisch-moralischen Halt versprach. Da die Mitglieder dieses Ordens Johann Christian Wöllner und Johann Rudolf von Bischoffwerder aber in zeitgemäßen Klischees dachten, befürchteten sie, Wilhelmine würde ihren Interessen entgegenarbeiten. Sie vermittelten daher dem Prinzen die Überzeugung, dass er sich von seiner Geliebten trennen müsse, was er ja dann auch tat. Doch Wilhelmine durchschaute die Intrige und reagierte sehr diplomatisch. Sie setzte nun ihrerseits den Geist ihres verstorbenen Sohnes Alexander ein, um Friedrich Wilhelm ihre Vorstellung zu suggerieren.[166] So erreichte sie die Rückkehr in das Umfeld des Prinzen und aus diesem konnte sie dann niemand mehr vertreiben. Sie mutierte von der Geliebten zur Vertrauten, Freundin und zurückhaltenden Ratgeberin, die, wie es die Gerichtsakten belegen, zu keiner Zeit ihren Einfluss auf den König politisch missbrauchte.

Diese vertrauensvolle Beziehung überdauerte auch die nachfolgenden Liebschaften Friedrich Wilhelms, obwohl er dann als König diese Verhältnisse mit den jungen adligen Frauen halbwegs zu legalisieren versuchte und zu dem zeitgemäßen Mittel der Zweitfrau griff. Gerade dies hätte Wilhelmine tief verletzen müssen, denn eine solche Überlegung kam ihm einer Bürgerlichen gegenüber natürlich nicht in den Sinn. Er hätte sie zuvor mit einem Adligen und nicht mit dem Gärtnersohn Ritz verheiraten müssen. Dann hätte sie eine kleine Chance gehabt – und dafür gab es in der Geschichte der deutschen Fürstenhöfe nur ganz wenige Beispiele – auf die ehrenvolle Erhebung als Zweitfrau an der Seite des Königs. Eine solche soziale Karriere hätte aber ohnehin erst nach dem Regierungsantritt Friedrich Wilhelms zur Debatte gestanden. Zu jener Zeit gab es aber kein intimes Verhältnis der beiden mehr. Der König war längst in die zarte Julie von Voß verliebt.

Elisabeth Amalie (Julie) von Voß (1766–1789)

Für die junge Elisabeth Amalie (Julie) von Voß gab es dank der Erfahrungen ihrer Tante Sophie von Voß, geborene Pannwitz, durchaus die Überlegung, dass sie den innigen Werbungen Friedrich Wilhelms seit 1784 nur nachgeben würde, wenn dieses Verhältnis wenigstens mit einer Eheschließung zur linken Hand legitimiert würde. Julie war Hofdame bei der Königin Elisabeth Christine und dort sorgte ihre Tante, Sophie von Voß, die der Vater Friedrich Wilhelms, August Wilhelm, heiß begehrt hatte, für ein gewisses Verantwortungsbewusstsein des Thronfolgers. Dieser besuchte seine Tante in Niederschönhausen öfter als gewöhnlich. Der Hofklatsch fand nun reichlich Nahrung. Zumal der verliebte Friedrich Wilhelm diese Besuche auch nach dem Regierungswechsel 1786 fortsetzte. Auch sein Onkel Heinrich lud die Voß in sein Berliner Palais, wenn er wusste, dass Friedrich Wilhelm kam. Im Gespräch mit Sophie von Voß ließ der Thronfolger dann durchblicken, dass er sich mit dem Gedanken trug, Julie zur Zweitfrau zu nehmen. Da seine Gemahlin seit 1783 ihren ehelichen Pflichten nicht mehr nachkam, hätte sich der Prinz auch scheiden lassen können. Doch das wollte er wohl seiner Frau Friederike Luise nicht zumuten, denn es hätte ihre Verbannung vom Hof bedeutet und wieder einen Skandal verursacht. Eine Zweitehe schien für alle die beste Lösung zu sein.

Bei Bigamie konnten die protestantischen Fürsten seit Luther mit dem kirchlichen Segen rechnen. Einige deutsche Herzöge hatten von dieser Möglichkeit schon Gebrauch gemacht, so dass Friedrich Wilhelm hier auf Erfahrungen anderer regierender Fürsten zurückgreifen konnte. Für Luther war die Bigamie immer noch besser als die Scheidung.[167] Diese Überzeugung teilte auch der reformierte Prediger und königliche Beichtvater Johann Friedrich Zöllner, der die Trauung in der Schlosskirche in Charlottenburg am 26. Mai 1787 vornahm. Im November des gleichen Jahres wurde Julie zur Gräfin von Ingenheim ernannt. Ihr Sohn Gustav Adolph Wilhelm von Ingenheim wurde dann Anfang des Jahres 1789 geboren. Die Mutter erlebte jedoch nicht mehr, wie ihr Sohn zu einem stattlichen Mann heranwuchs. An Lungentuberkulose erkrankt, verstarb sie schon am 25. März 1789. Die junge Gräfin wurde von Friedrich Wilhelm innig geliebt und so litt er angesichts ihres Todes sehr.

Natürlich ließ ein so früher Tod die Gerüchteküche des preußischen Hofes wieder einmal heftig brodeln. Die Gegner Wilhelmine Enckes meinten, dass sie rasend vor Eifersucht natürlich die Gräfin heimlich vergiftet hätte, um die ungeliebte Nebenbuhlerin auszuschalten. Dieser Gedankengang folgte so ganz und gar dem höfischen Klischee, denn die betrogenen Damen des Hofes konnten sich keine andere Reaktion Wilhelmines vorstellen. In ähnlicher Lage hätten sie wohl auch so gehandelt. Wie schrieb später Sigmund Freud so treffend: „Das, was am Anderen unheimlich ist, ist das, was heimlich in uns schlummert.“ Wilhelmines Gelassenheit blieb der höfischen Gesellschaft ein Rätsel. Einen Mord konnten sie ihr allerdings nicht nachweisen. Der Leichnam der Gräfin Ingenheim wurde auf das elterliche Anwesen in Buch bei Berlin gebracht. Dort in der Bucher Kirche vor dem Altar fand sie ihre letzte Ruhe.[168]

Sophie Juliane Friedericke Gräfin von Dönhoff (1768–1838)

Als der König Friedrich Wilhelm II. noch um seine Zweitfrau trauerte, kam aus dem fernen Ostpreußen Sophie Juliane Friedericke Gräfin von Dönhoff an den Hof der Königin Friederike Luise. Das Hoffräulein entstammte einer angesehenen adligen Familie. Der Vater, Friedrich Wilhelm Freiherr von Dönhoff-Angerau (1723–1774), war preußischer Major und mit der Freiin Anna Sophie Charlotte von Langermann (1740–1793), der Tochter eines Generalmajors, verheiratet. Die aparte Erscheinung der etwas kräftigen jungen Frau zog wohl den König in den Bann. Als vorteilhaft erwies sich auch, dass Sophie gebildet und sehr musikalisch war. Ihr Pianofortespiel und ihr Gesang blieben am Hof nicht unbemerkt. Friedrich Wilhelm II. regierte nun schon einige Jahre. Die Regierungsgeschäfte nahmen zwar immer noch viel Zeit in Anspruch, aber er bewältigte die Aufgaben, und sein Bemühen um die Anerkennung als absoluter Herrscher blieb nicht ohne Erfolg.

Wilhelm Bissing betonte in seiner Biografie zu Recht, dass der so gestärkte König eigenständig entschied, der Angebeteten zu schreiben: „Je suis séparé de la reine; je suis voeuf de Mme. de Ingenheim, et je vous offre mon coeur et ma main.“[169] (Ich lebe getrennt von der Königin. Ich bin Witwer der Madame Ingenheim. Ich biete Ihnen mein Herz und meine Hand.) Diese kurze und präzise Werbung zeugt von einer nüchternen Sachlichkeit. Der König kannte seinen Marktwert, und entweder das Hoffräulein ließ sich darauf ein oder eben nicht. Während bei Johannes Schultze unter anderem auch in diesem Fall die spirituelle Beeinflussung der Rosenkreuzer auf die Zweifel des Königs, ob er der verstorbenen Gräfin Ingenheim untreu werden dürfe, hervorgehoben wird, geht Bissing davon aus, dass der König die Rosenkreuzer nicht mehr fragte,[170] zumal der Orden, wie wir noch sehen werden, schon seit Jahren inaktiv war.

Die Gräfin Dönhoff willigte ein. Am 11. April 1790 segnete wieder der

Prediger Zöllner in Charlottenburg diese zweite Ehe zur linken Hand. Bei diesen Trauungen stand die Braut dann links und die Kinder dieser Verbindung wurden von der gesetzlichen Erbfolge ausgeschlossen. Die so angetraute Gemahlin erhielt nur eine Morgengabe und ein Wittum (Erbteil der Witwe). Für 30 000 Taler erwarb der König das Haus seines fähigen Ministers von Heinitz als Domizil der Gräfin. Der Oberst Anne-Henri Dampmartin beschrieb die Gräfin wie folgt: „Die Gräfin Dönhoff fesselte durch jenes Zusammenspiel von Reizen, Liebenswürdigkeit, Capricen und Launen, welche die Leidenschaft noch mehr entflammt. … Sie meinte aber, es stehe ihr zu, gleich einer Herrscherin mitzureden. Das aber liebte der König nicht. Trotz seiner Artigkeit gegen Frauen fühlte er sich doch als Herrscher … Die Dönhoff spielte die Souveränin. Der König dagegen hasste es, mit Damen über Politik zu diskutieren.“[171]

Diese Beziehung zerrieb sich an unschönen Szenen, die den König nervten. Die Dönhoff wollte mitreden und das gefiel weder dem König noch den Angehörigen des preußischen Hofes, die fürchteten, dass diese Frau ihre Kreise stören könnte. Diese junge Frau hatte schon eine modernere Frauenrolle vor ihren Augen und glaubte an der Seite des Königs, ihren Gedanken freien Lauf lassen zu können. Zumal es ihr ja wirklich auch um das Wohl dieses Staates ging, wenn sie vor einem Feldzug gegen Frankreich warnte. Die Truppenstärke würde nicht ausreichen, die Franzosen zu besiegen und der König würde eine schmachvolle Niederlage erleben, so prophezeite sie. Friedrich Wilhelm fühlte sich jedoch als Monarch einer europäischen Großmacht berufen, dem französischen König zu Hilfe zu kommen. Die Verantwortung als europäischer König trieb ihn nach langem Zaudern in diesen Krieg, während die Dönhoff lediglich die realen Chancen sah und beurteilte. Die stolze Gräfin wähnte sich im Recht und vermochte sich nicht in das Gemüt des Königs hineinzuversetzen. Friedrich Wilhelm wiederum konnte mit starken, eigenwilligen Frauen nichts anfangen. Das Zerwürfnis schien unausweichlich.

Wie schon die Gräfin Ingenheim, die ihre vermeintliche Konkurrentin gern nach Ostpreußen verbannt hätte, verlangte auch Sophie nach der Trauung, dass der König seine alte Lebensgefährtin Wilhelmine Ritz nach Potsdam schicke und ihr den Aufenthalt in Berlin verbiete. Nun kannte Wilhelmine ihren König schon zu gut, um über diese Weisung in Panik zu geraten. Die kluge Frau entschied sich, diese Angelegenheit „auszusitzen“. Brieflich erklärte sie Friedrich Wilhelm: „Ich würde Ihnen längst geschrieben haben, aber mir war so bange, dass Sie würden Verdruss meinetwegen gehabt haben, weil ich drüben (in Berlin) gewesen bin. Also habe ich Ihnen lieber nicht an mich erinnern wollen, denn ich muss gestehen, dass es mich tief in der Seele kränkt, dass ich, (die ich) so viele Jahre in Potsdam wegen des Königs (Friedrich II.) in Furcht und Schrecken sein musste, nun, da er nicht mehr ist … wenn ich Ihnen einmal sehen oder sprechen will, mich wegen einer Frau verstecken (muss), die Ihnen oder die Sie noch nicht zwei Jahre kennen; und was tat ich dieser Frau? Ich kann keinen anderen Fehler in ihren Augen haben, als dass ich Ihnen zweiundzwanzig Jahre geliebt und verehrt habe; und dass ich nicht just zu der Zeit starb, als Sie ihre Bekanntschaft machten, ist nicht meine Schuld. Dass Sie mich nicht gleich hassten … hat vielleicht nicht sein sollen … Ihre Freundin trotz aller Abgunst und Neid."[172] Wilhelmines Taktik ging auf und bald schon wurde sie die Vertraute, der der König seinen Ärger mit der Dönhoff anvertraute.

Die Dönhoff hingegen glaubte, dass der König wieder zu besänftigen wäre, da er sie ja liebe. Mit der Geburt ihres gemeinsamen Sohnes Friedrich Wilhelm am 24. Januar 1792 hoffte sie dann, dass der König all den Streit und das Gezeter vergessen würde. Doch Friedrich Wilhelm war innerlich schon längst auf Distanz gegangen und hielt die Gräfin für eine „Närrin". Als sie sich in der angespannten Lage des Jahres 1792 auch noch für den Prinzenerzieher Franz Michael Leuchsenring einsetzte, der sich für die französischen Revolutionäre begeisterte, kam für den Hof die Gelegenheit, sich der „gefährlichen Person" zu entledigen. Der König schickte die schwangere Sophie von Dönhoff ins ferne preußische Neuchâtel, das in der Schweiz lag. Natürlich fühlte sich die Gräfin missverstanden und hoffte, dass sie ihn mit der Geburt ihrer Tochter Julie am 4. Januar 1793 wieder besänftigen könne. Sie ging davon aus, wenn sie mit der Tochter im Arm am preußischen Hof erschien, würde der galante König sie nicht wieder wegschicken. Doch Friedrich Wilhelm, dem es angesichts der zahlreichen in- und ausländische Probleme an Konflikten nicht mangelte, wollte wenigstens in seinen Liebesbeziehungen Harmonie und Ruhe erleben. Die intelligente Gräfin überschätzte ihre Stellung zum König, als sie im November 1793 mit ihrer kleinen Tochter unangemeldet und somit für alle überraschend nach Potsdam kam.

Der König berichtete Wilhelmine von diesem Erlebnis Folgendes: „… wir haben großen Alarm gehabt; ich sitze ruhig im neuen Orangen-Saal und spiele meine Quartete, Rikchen und die Berensprung sitzen beim runden Tisch und stricken, mit einmal geht die Tür auf und kommt die Gräfin D. wie eine Furie hineingestürmt, fällt auf die Knie, und spricht lauter ungewaschenes Zeug, die Solmsen folgt ihr und trug die kleine Tochter. Ich sprang gleich von meinem Stuhl, riss das dolle Mensch auf und zog sie aus dem Saal … da sprachen wir miteinander und blieb es dabei, dass wir geschiedene Leute blieben: dann ging sie … die kleine Tochter, die charmant ist, hat sie mir gelassen."[173] Julie wuchs bei Wilhelmine auf und wurde gemeinsam mit ihrem Bruder im Jahr 1794 in den Grafenstand erhoben. Während Friedrich Wilhelm von Brandenburg in der Politik Karriere machte, er wurde der erste preußische Ministerpräsident, heiratete seine Schwester nach Anhalt-Köthen, wo sie zwei Jahre vor ihrem Bruder 1848 verstarb. Ihre Mutter wurde damals mit einer Pension von 8000 Talern nach Angermünde geschickt. Da Müßiggang nicht wirklich ihr Lebensinhalt war, erwarb sie 1805 das Gut Beerbaum bei Tempelfelde bei Bernau und engagierte sich dort in der Landwirtschaft. Im Jahr 1838 verstarb sie auf dem Gut.[174]

Der König verzichtete angesichts der schwierigen außen- und innenpolitischen Situation auf rechtliche Schritte gegen die Dönhoff. Offenbar nahm man ihm sein Verhalten der jungen Frau gegenüber an anderen Höfen und aber auch im eigenen Land übel, und so musste der König etwas für sein Image tun. Doch seinem Ruf, den Reizen der Frauen nicht widerstehen zu können, wurde er in den folgenden Jahren erneut gerecht. Wilhelmine erduldete auch diese Affären. Seine Liebesabenteuer mit der Frankfurter Bankiertochter Sophie von Bethmann-Metzlar, der Müllertochter Wilhelmine Horster und der Tänzerin Sophie Schulzki änderten an dieser besonderen Freundschaft nichts. Wilhelmine litt zwar unter den Liebschaften ihres Königs, doch diese Qualen teilte sie nur Ritz mit.[175] Selbst auf ihrer Italienreise erfuhr Wilhelmine, wie es um die Gefühle des Königs stand. So schrieb er am 9. November 1795: „… Ich habe endlich ein Medchen gefunden mit der ich gewis glüklich seind kann so gantz nach meinem Hertzen. … es ist eine Berlinerin 19 jahr. … Und ein Beweis das ich mit dieser S. gewis ernst machen will so schreibe in einligenden Brief deshalb an unserem freundt …“[176] Gemeint war mit „dieser S“ die Tänzerin Schultzki, die letzte große Liebe des Königs. Wilhelmine sollte nun den „Geist“ befragen, ob seine Wahl genehm war. Diese Mittlerfunktion wurde von der höfischen Gesellschaft natürlich als Kuppeldienst gedeutet.

Die Ritz als Kupplerin und die Gräfin Lichtenau als Staatsfeindin

1790 schuf Johann Heinrich Schröder das Lieblingsportrait Friedrich Wilhelms. Der bat Wilhelmine am 31. Juli 1793, eine Kopie anfertigen zu lassen, um sie seiner Freundin Sophie von Bethmann zu schicken.[177] Aus dem Verständnis, das Wilhelmine für die erotischen Bedürfnisse Friedrich Wilhelms hatte, und ihrer Hilfsbereitschaft, zwischen den Interessen des Liebhabers und denen der Angebeteten notfalls auch zu vermitteln, erwuchs für die Zeitgenossen und die Nachwelt die Überzeugung, dass diese Frau nur eine Kupplerin im negativen Sinne sein konnte. Ihr tolerantes Verhalten sprengte den Moralkodex der Gesellschaft. Wieso war sie nicht beleidigt und zeterte mit ihrem Schicksal oder übte Rache? Diese innige Freundschaft blieb unverstanden. Solange Wilhelmine Encke, verheiratete Ritz, außerhalb der höfischen Gesellschaft lebte und sich auf einen kleinen Kreis von vertrauten Gesellschaftern beschränkte, neidete man ihr lediglich ihr Haus in Charlottenburg und ihre besondere Beziehung zum König. Als sie jedoch, besorgt um die standesgemäße Verheiratung ihrer Tochter, um den Adelstitel bat und diesen 1796 auch erhielt, wurde aus der neidischen Hofgesellschaft schlagartig eine hasserfüllte Gesellschaft. Der Hof verzieh dieser Aufsteigerin nicht, dass sie die Prinzen und Prinzessinnen und den übrigen altpreußischen Adel quasi zwang, an ihrer Tafel, ihren Konzerten, ihren Theateraufführungen usw. teilzunehmen. Niemand hatte den Mut, der Vertrauten Friedrich Wilhelms eine Absage zu erteilen, weil das ja auch eine Beleidigung des Königs gewesen wäre. Nach wie vor schaute in dieser höfischen Gesellschaft alles auf den König, der diesen Mikrokosmos nach seinen Vorstellungen dirigierte. Aber genau dafür hassten sie diese Frau.

Wilhelmine jedoch, die 1795/96 bei einem Italienaufenthalt überall Achtung und Anerkennung, ja sogar Zuneigung von Adligen, Künstlern und Beamten erfahren hatte, wollte nun nach 32 Jahren gesellschaftlicher Ausgrenzung auch in Preußen endlich zur höfischen Gesellschaft dazugehören. Wer will ihr das verdenken! Am 28. April 1796 erhielt sie vom König den Titel Gräfin von Lichtenau.[178] Diese kluge und weitsichtige Frau, die es auch bei ihren „Geistergeschichten" stets vermied, sich in politische Probleme zu mischen oder den König zu etwas zu bewegen, was dieser von sich aus nicht wollte bzw. nicht tun sollte, unterlag nun dem Standesdünkel einer fragwürdig gewordenen Gesellschaftsschicht, in der Abstammung immer noch wichtiger war als die persönliche Leistung. Obwohl sie den schwerkranken König bis zuletzt liebevoll pflegte und dafür auch die Anerkennung der Königin gewann, wurde sie vom rachsüchtigen Thronfolger unmittelbar nach dem Tod Friedrich Wilhelms wie eine Staatsfeindin behandelt und inhaftiert. Sie durfte nicht einmal Abschied nehmen von ihrem Geliebten.

Erste politische und militärische Erfahrungen des Thronfolgers

Nach diesem Exkurs in das Liebesleben Friedrich Wilhelms kehren wir nun noch einmal in die Kronprinzenzeit zurück. Wie wurde der zukünftige Thronfolger auf seine speziellen Aufgaben als Herrscher vorbereitet. Bislang waren ihm die gängigen Bildungsgüter seiner Zeit vermittelt worden. Nun galt es, Einblicke in die Regierungsgeschäfte zu erhalten. Nach dem Siebenjährigen Krieg und der Entlassung seiner beiden Erzieher hätte eigentlich eine systematische Ausbildung des Thronfolgers in der Herrschaftspraxis beginnen müssen. Doch das Misstrauen Friedrichs und seine Vorurteile gegenüber dem jungen Prinzen ließen ihn zwischen dynastischer Pflicht – und dazu zählte eben diese Ausbildung des Nachfolgers – und fast ängstlicher Geheimhaltung aller Staatsgeschäfte schwanken.

Für einen gut ausgebildeten jungen Mann muss die von Friedrich erzwungene Tatenlosigkeit und der doch meist eintönige Garnisonalltag in Potsdam sicherlich schwer zu ertragen gewesen sein. Da Friedrich Wilhelm in die Staatsgeschäfte nicht einbezogen wurde, blieben ihm – dem adligen Standesherrn – ja nur die Kultur und die Freuden des Lebens als Bestätigungsfeld. Aber auch hier versuchte der König, reglementierend einzugreifen. Der gesellschaftliche Umgang wurde kontrolliert und so wurde unter anderem Lehndorff verboten, mit dem Prinzen zu verkehren. Der König fürchtete, dass dieser den Thronfolger negativ beeinflussen könnte. Hingegen beließ er den einstigen Kammerdiener August Wilhelms am Hofe Friedrich Wilhelms in dieser Funktion, weil dieser für den König spionierte.[179] Wenn der Thronfolger später in den Briefen an Wilhelmine immer wieder auf die Intrigen, die ihn plagten oder vor denen sich seine Freundin schützen sollte, zu sprechen kommt, dann reflektierte er Erfahrungen, die er unter der ständigen Bespitzelung durch Friedrich II. und dessen Intrigen gesammelt hatte.

Schon aus dieser Perspektive ergibt sich die Frage, was der König denn von seinem Neffen erwartete? Was sollte dieser Sinnvolles tun, um seine Achtung zu erlangen? Der ständig bevormundete und gescholtene Kronprinz fasste am 21. April 1769, also nur wenige Woche vor der beschlossenen zweiten Eheschließung, seinen Unmut in Worte und schrieb seinem Onkel einen aussagekräftigen Brief in französischer Sprache, der hier übersetzt wiedergegeben wird: „Übrigens glaube ich nichts getan zu haben, was mich unwürdig erscheinen lässt, Ihr Verwandter zu sein. Ich füge hinzu, dass Sie über mein Leben richten und dass meine Freiheit in Ihren Händen liegt, aber – halten zu Gnaden –, niemand wird sie mir nehmen. Ich habe geglaubt, mich nach Mädchen umsehen zu dürfen, ohne darin ein Verbrechen zu sehen, umso mehr, da ich ja geschieden bin. Sobald ich eine andere Frau heiraten werde, die meiner Freundschaft würdig ist, werde ich mir mehr Zurückhaltung auferlegen.

Übrigens, Sire, ich habe die Liebe nicht als etwas Infames angesehen. Die größten Männer haben geliebt, eine Schwäche, gewiss, aber sie ist so beschaffen, dass die strengste Vernunft ihr nicht beikommen kann. Wenn der große Gustaf und Karl XII. von dieser Leidenschaft verschont geblieben sind, dann deshalb, weil ihr glücklicher Stern ihnen eine glänzende Jugend oder eine Leidenschaft für den Ruhm bescherte, die sie mit solcher Leichtigkeit befriedigen konnten, sodass jede andere Leidenschaft in ihnen erstickt wurde.

Natürlich gebe ich zu, dass nach dem Ruhm die Liebe eine meiner Hauptleidenschaften ist, sie hat mir viele Torheiten eingebracht, aber niemals hat sie mich zu Niedertracht oder zu Handlungen veranlasst, über die ich erröten müsste.

Meine Leidenschaft für den Ruhm hat noch keine Erfüllung gefunden, wenn man diese Leidenschaft denn jemals wird befriedigen können. Hätte ich mich dieser jemals hingeben können, so hätte sie jene erstickt. Geruhen Sie, Sire, für einen Augenblick den König und den Onkel außer Acht zu lassen und meine Art mit den Augen eines Philosophen zu betrachten. Finden Sie, ich sei so tadelnswert? Ich bin jung und ich bin ein Mann, welche anderen Leidenschaften könnte man in meinem Alter haben."[180]

Diese Ausführungen verdeutlichen, dass der Thronfolger seine Lage und das Verhalten seines Onkels sehr realistisch einschätzte, und sie künden auch davon, dass der 25-jährige Friedrich Wilhelm eine sinnvolle Tätigkeit, die er mit der Leidenschaft eines Kronprinzen erfüllen wollte, einforderte. Natürlich wollte er sich wie sein Vater oder seine Onkel im Kampf beweisen, denn das war seine eigentliche Bestimmung. Stattdessen schlug er die Zeit tot und lernte nicht einmal die Interna der Regierungspraxis kennen. Dann kann er auch für die Liebe leben! Von Seiten des Prinzen stellte dieser Brief ein Gesprächsangebot dar und er forderte den Philosophen heraus. Doch Friedrich wollte mit seinem Neffen nicht philosophieren. Der hatte zu machen, was er für richtig hielt.

Johannes Kunisch datierte den endgültigen Vertrauensbruch zwischen dem König und seinem Thronfolger um das Jahr 1770.[181] Die Affären des Prinzen, seine Scheidung und sein mangelndes Interesse an der Verwaltung des Staates sollen das Vertrauen des Königs in die monarchischen Fähigkeiten seines Neffen endgültig erschüttet haben. Das Verhalten des Prinzen unterschied sich jedoch nicht von dem anderer europäischer Adliger des Rokokos.[182] Das wusste Friedrich II. auch. Den Verfechter der französischen Aufklärung, der mit der Religion nichts am Hut hatte, störten die Religiosität und die Religionsauffassung des Prinzen gewiss mehr als dessen sittlicher Lebenswandel. Die Vorstellung, dass sein Nachfolger den „Pfaffen" und damit der Religion wieder mehr Beachtung schenken könnte, gefiel Friedrich II. sicherlich nicht. Hielt er nicht alle Gebildeten seines Umfeldes, die der Religion einen wichtigen Platz in ihrem Leben einräumten, für dumm? Erhaben und überlegen schaute er auf sie herab und hielt jedes Wort an sie für überflüssig. Immerhin meinte er, und mit ihm auch Voltaire, dass allein der Versuch, das Volk aufzuklären, unsinnig sei, da es mehrheitlich den religiösen Vorurteilen anhing und nicht davon abzubringen sei.[183] Nun suchten nicht nur Friedrichs Gattin, sondern auch noch der Thronfolger seelischen Halt in ihrem Glauben. Musste das nicht sein Misstrauen hervorrufen. Gerhard Knoll hingegen meinte, dass es Friedrich egal war, woran sein Neffe glaubte. Die Chemie zwischen ihnen stimmte nicht und er hielt ihn charakterlich und geistig für unfähig, seine Nachfolge anzutreten.[184]

Der oben erwähnte Brief des Prinzen an Friedrich II. zeugt von einer soliden zeitgenössischen Bildung, die er sich selbst angeeignet hatte und die seinem Onkel nicht entgangen sein kann. Für die 1770er- und 1780er-Jahre gibt es etliche Nachweise, die darauf hindeuten, dass dieser Prinz sich philosophisch mit den aktuellen Diskussionen seiner Zeit beschäftigte und auch die Werke der deutschen Aufklärer und der Vertreter des Sturm und Drang zur Kenntnis nahm. Auch dieses Interesse trug sicherlich nicht dazu bei, dass Friedrich II., der diese Literatur für minderwertig hielt, seine Vorurteile gegenüber seinem Nachfolger überdachte. Der Prinz hingegen verkehrte am Hof seiner Tante in Niederschönhausen und traf dort auch deutsche Aufklärer. Daneben interessierte er sich für Metaphysik und Poesie. Allerdings fühlte er sich nicht kompetent genug, um mit den großen Theoretikern seiner Zeit, die meist eine Generation älter waren als er, zu debattieren. Für seine Interessen blieb sein alter Lehrer Beguelin der Ansprechpartner und dieser motivierte ihn dann auch, Briefe an den französischen Philosophen Voltaire zu schreiben, den er schon im Kindesalter in Berlin kennen gelernt hatte.

Dieser europaweit bekannte kritische Denker weilte 1740, 1743 und von 1750 bis 1753 als Gast bei Friedrich II., der ihn seit seiner Jugend sehr schätzte. Der Dichter brillierte an dessen berühmter Tafelrunde. Doch der Poet sorgte mit unlauteren Geldgeschäften, übermäßigen Forderungen und seinem beißenden Spott für Disharmonien, die dazu führten, dass der König Voltaire nicht ungern wieder abreisen ließ. Beide blieben jedoch in brieflichem Kontakt.[185] Seinen Alterssitz nahm Voltaire am Genfer See in Ferney, wohin ihm dann auch Friedrich Wilhelm seine Briefe sandte.

In dem Briefwechsel mit Voltaire des Jahres 1770 wählte Friedrich Wilhelm die Frage der Existenz einer universellen Intelligenz und der „Unsterblichkeit der Seele" als Thema.[186] Das Für und Wider über die unsterbliche Seele des Menschen wurde im ganzen 18. Jahrhundert diskutiert. Christian Wolff, John Locke, Immanuel Kant oder die Franzosen Julien Offray de La Mettrie und Paul Heinrich d'Holbach sowie viele andere fachten mit ihren Schriften die Debatte immer wieder neu an.[187] Wie verhielten sich Körper, Geist und Seele zueinander?

Als Moses Mendelssohn 1767 sein Werk „Phädon oder die Unsterblichkeit der Seele" veröffentlichte und ganz bewusst für die Unsterblichkeit der Seele plädierte, griffen insbesondere die Aufklärer zur Feder, um ihre Standpunkte zu äußern. Dieser Disput weitete sich aus, denn Holbachs Buch „System der Natur oder von den Gesetzen der physischen und der moralischen Welt", das 1770 erschienen war, rüttelte ja nicht nur an den Grundfesten der Religion, die ihm als Irrweg des Menschengeistes erschien, sondern er hielt die Religion auch für ein betrügerisches Mittel der despotischen Unterdrückung.

Dieses schwierige Thema wollte nun der Thronfolger, unterstützt von seinem einstigen Lehrer Beguelin, mit Voltaire diskutieren. Friedrich Wilhelm schrieb an den ungläubigen Voltaire: „…erlauben Sie, daß ich Sie – zu meiner Belehrung – frage, ob Sie in Ihrem fortgeschrittenen Alter nichts an ihren Gedanken über die Natur der Seele zu ändern finden."[188] Voltaire ließ sich jedoch nicht zum gläubigen Christen bekehren. Dennoch beeindruckte ihn der Briefwechsel mit dem Thronfolger und er schrieb an Friedrich II. über den Prinzen Folgendes: „... er denkt sehr vernünftig und scheint sehr würdig, Ihr Neffe zu sein. Niemals gab es soviel Geist im Norden ...“[189] Voltaire lobte den ungeliebten Neffen, und es bleibt fragwürdig, ob sich der König darüber freute. Wer duldet schon gern andere Götter neben sich, wenn man sich selbst für etwas Besonderes hält, und welcher Aufklärer akzeptierte eine andere Religionsauffassung als die eigene?

Übrigens setzte sich auch Friedrich II. 1770 mit Holbachs „System der Natur“ (Système de la nature) auseinander und pries die Erbmonarchie als zu jener Zeit optimale Verfassungsform.[190] Für Brandenburg-Preußen bedeutete dies, dass Friedrich II., obwohl er öffentlich immer wieder betonte, Friedrich Wilhelm werde kein würdiger Nachfolger sein, an der Erbfolge nicht rüttelte. Alle theoretischen Überlegungen über die Qualitäten eines guten Monarchen und dessen Aufgaben konnten Friedrich II. dennoch nicht dazu bewegen, seinen Neffen zielgerichtet auf dem Gebiet der Herrschaftspraxis zu qualifizieren. Hatten die lobenden Worte Voltaires über das Denkvermögen des Prinzen das Misstrauen des Königs bestärkt und fürchtete er, wie einleitend schon erwähnt wurde, wirklich um seinen Nachruhm? Die praktische Ausbildung des Prinzen blieb lückenhaft, obwohl der König sehr genau wusste, welche Fähigkeiten und welche Kenntnisse ein Monarch besitzen sollte.

Bis 1768 gewährte Friedrich II. seinem 24-jährigen Neffen lediglich kleine Einblicke in die Staatsverwaltung. Er durfte an Sitzungen des Kammergerichts und Obertribunals teilnehmen. So lernte er die Direktion der Regie kennen und erhielt dort Kenntnis von der Verwaltung des Tabakmonopols und der Akzise. 1773 begleitete er den König zur Revue nach Westpreußen und erfuhr einiges über die Verwaltung der durch die erste Teilung Polens 1772 an Preußen gekommenen Gebiete. Im Jahr darauf schickte der König Friedrich Wilhelm nach Ostpreußen und ließ sich genau berichten, was er dort vorfand. Dabei bemerkte der König, dass es dem Thronfolger an einem geschulten Verwaltungsblick mangelte. Im Jahr 1774 erhielt der 30-jährige Prinz dann 15 Vorträge über Staatsfinanzen und Staatsverwaltung durch den Präsidenten der Oberrechnungskammer.[191] Doch dieses Stückwerk verschaffte dem Nachfolger natürlich keinen ganzheitlichen Überblick über die Verwaltung des Staates. Außerdem hielt der König an der Weisung an seine Minister fest, dass sie dem Thronfolger keine Einblicke in ihre Geschäfte geben durften. Die Interna des Staates blieben Friedrich Wilhelm ebenso verschlossen wie die außenpolitischen Strategien Friedrichs II.

Nur wenn es der König für richtig hielt, nahm er seinen Neffen zu außenpolitischen Ereignissen mit. Als sich der Monarch am 25. August 1769 in Neiße und am 3. Oktober 1770 in Mährisch-Ostrau mit Kaiser Joseph II. traf, um dessen Meinung zur geplanten Teilung Polens zu ergründen, durfte der Prinz ihn begleiten. Schließlich sollte der Thronfolger den Habsburger kennen lernen und sich im Umgang mit dem „Erzfeind" Österreich etwas üben. Die Großmacht Österreich würde auch sein Nachfolger stets im Auge behalten müssen und persönliche Kontakte konnten da nicht schaden. Wie sehr Joseph II. über die Behandlung des Thronfolgers durch Friedrich II. entsetzt war, wurde oben bereits geschildert.

Von 1774 bis 1776 wurde der Kronprinz von der königlichen Tafel ausgeschlossen und auch kaum weitergebildet. Der Grund dafür ist nicht bekannt. Vielleicht hatte er in Neiße und in Mährisch-Ostrau eine zu gute Figur gemacht? Denn bekanntlich schwärmte der Kaiser von Friedrich Wilhelm, den er für ein Genie hielt. Diese Begeisterung konnte den misstrauischen König durchaus verstimmt haben. 1780 wurde Friedrich Wilhelm dann nochmals nach Ostpreußen und Litauen geschickt. Obwohl Edith Ruppel-Kuhfuss in ihrem Buch gegen die These von der Vernachlässigung der Ausbildung des Nachfolgers durch Friedrich II. argumentierte,[192] zeigen allein diese spärlichen Informationen, dass es weder eine systematische Vorbereitung Friedrich Wilhelms auf sein späteres Amt gab noch eine inhaltlich fundierte und vor allem zeitgemäße Ausbildung. Wenn es dem König gerade einfiel, ordnete er dies oder jenes an. Einen Überblick über die Regierungsgeschäfte konnte der Prinz so nicht erhalten. Eingedenk seiner Aussagen über die „Prinzen von Geblüt" in seinem Testament von 1752[193] steckte hinter dieser prinzlichen Ausbildung natürlich eine Strategie, die verhindern sollte, dass der Thronfolger zu früh zu tiefe Einblicke in die „Staatsgeschäfte" erhielt. Für jeden anderen Souverän wäre diese Handlungsweise auch verständlich gewesen, aber nicht für einen so vehementen Verfechter der Aufklärung.

Immerhin nahm der König seinen Neffen 1778 in den Bayrischen Erbfolgekrieg mit, obwohl der Thronfolger eigentlich gegen diesen Krieg war. Nach dem Aussterben der bayerischen Linie der Wittelsbacher im Jahr 1777 wollte Joseph II. Österreich durch den Erwerb von Niederbayern und der Oberpfalz stärken. Doch Friedrich II. konnte diesen österreichischen Machtzuwachs nicht zulassen. So kam es zu einem Krieg zwischen Preußen und Österreich, auch spöttisch als „Kartoffelkrieg" bezeichnet, weil sich die Soldaten vorwiegend von Kartoffeln ernähren mussten und es zu keinen großen Schlachten kam. Allein die Präsenz von preußischen Truppen in Böhmen beförderte schon den Friedensprozess. Mit dem Frieden von Teschen 1779 endete der Erbfolgekrieg, ohne das europäische Gleichgewicht zu erschüttern. Als Friedrich Wilhelm bei Trautenau gegen den österreichischen Feldherrn Wurmser erfolgreich und strategisch durchdacht agierte, lobte ihn der König vor der Truppe fast euphorisch und nicht ohne Stolz. Endlich konnte der Thronfolger sein militärisches Können unter Beweis stellen.

In einem Brief an seinen in diesem Krieg weniger erfolgreichen Bruder Heinrich, der sich infolge der Auseinandersetzung mit Friedrich II. dann auch aus dem aktiven Militärdienst zurückzog, betonte er die militärischen Fähigkeiten seines Neffen und überhaupt die positive Veränderung des jungen Mannes. Ob der König hier wirklich von den Leistungen seines Neffen beeindruckt war, oder ob er ihn nur seinem Bruder gegenüber, um diesem seine Hoffnungen auf mehr politischen Einfluss zu nehmen, so beschrieb, bleibt fragwürdig. Denn der erfolgreiche junge Feldherr erhielt nicht den Orden „Pour le mérite", den andere schon für weniger Erfolg verliehen bekamen. Der König konnte eben nicht über seinen Schatten springen. Erst 1779 ernannte er seinen Neffen dann zum Generalleutnant.[194]

Friedrich Wilhelm, der nach dem Frieden von Teschen 1779, in dem die Österreicher ihre bayrischen Pläne aufgaben und Preußens Ansprüche auf Ansbach-Bayreuth anerkannt wurden, in seine Potsdamer Garnison zurückkehrte, hatte nur einen kleinen Einblick in die preußische Außenpolitik erhalten. Seine außenpolitische Strategie hielt Friedrich II. nach wie vor vor dem Prinzen geheim. Erst als sich eine Veränderung im europäischen Bündnissystem anbahnte und Preußen um das europäische Gleichgewicht bangen musste, bediente sich Friedrich II. mal wieder der Dienste seines Neffen.

Im Jahr 1780 sandte Friedrich II. den Thronfolger nach Petersburg, um das preußisch-russische Bündnis zu stärken, da Katharina II. gerade mit Joseph II. einen gemeinsamen Krieg gegen die Türkei plante und Preußen eine außenpolitische Isolierung fürchtete. Friedrich Wilhelm erhielt genaue Instruktionen, wie er sich in Russland verhalten sollte, mit wem er wie sprechen sollte usw. Die Erfolgsaussichten dieser Mission wurden von den Fachleuten als sehr gering eingeschätzt. Friedrich II. benutzte seinen Neffen als Gesandten nicht, weil er ihn in die Geheimnisse seiner Außenpolitik einweihen wollte, sondern weil er wohl nicht wollte, dass sein Bruder Heinrich, der Katharina seit Jugendtagen kannte und schon mehrmals in Russland weilte, um Friedrich diesen und jenen Gefallen zu tun, wieder seine guten russischen Beziehungen festigte. Heinrich, den Katharina II. als den entscheidenden Urheber der ersten polnischen Teilung 1772 ansah,[195] dürfte für den Geschmack seines Bruders einfach zu erfolgreich gewesen sein. Außerdem gab es seit dem Bayerischen Erbfolgekrieg erhebliche Disharmonien zwischen den beiden Brüdern. Heinrich mied den persönlichen Kontakt mit Friedrich, wo er nur konnte.[196] Daher schickte Friedrich den ungeliebten Neffen zur Rivalin nach Russland und hoffte, dass dessen Charme ihm mehr helfen werde als die verlässlichen Kontakte und die Sachkenntnis seines Bruders Heinrich.

Die Reise wurde dann inhaltlich detailliert vorbereitet. Doch um das Organisatorische kümmerten sich wohl nicht gerade die fähigsten Beamten. Obwohl Friedrich Wilhelm den Rat seines Onkels Heinrich suchte, schien er von diesem über wichtige Interna nicht unterrichtet worden zu sein, denn der Kronprinz kam wegen der Kalenderunterschiede zehn Tage zu früh in Petersburg an, und er hatte für diese Mission viel zu wenig Geld mitbekommen. An einem Hof, wo man die Gäste nach der Größe der Gastgeschenke zu beurteilen pflegte, musste der Prinz mit seinen spärlichen Präsenten natürlich belächelt werden. Das wussten sowohl Friedrich II. als auch sein Bruder Heinrich. Beide ließen den Prinzen ins offene Messer laufen – der eine aus Geiz und der andere aus gekränkter Eitelkeit. Immerhin hatte Friedrich II. 1770 ein Porzellanservice für 120 Personen als Gastgeschenk für Katharina II. in Auftrag gegeben, um der Kaiserin zu schmeicheln und sich für die Verlängerung des Defensivbündnisses erkenntlich zu zeigen. Die Einmaligkeit dieses symbolträchtigen und kunstvollen Services der Königlichen Porzellanmanufaktur, das sowohl in Berlin wie auch in Petersburg ausgestellt wurde, zog die Menschen magisch an und beeindruckte natürlich auch die Kaiserin.[197] Dagegen konnten die Geschenke des Thronfolgers nur wenig Wirkung erzielen. Dennoch vermochte es der Prinz, Sympathiepunkte für Preußen zu sammeln. Zum Abschied wurde er von der Zarin reich beschenkt.

Der Kenner der Außenpolitik – der preußische Gesandte am russischen Hof – hatte vor dieser Reise gewarnt und prophezeit, dass auch der Thronfolger in Russland kaum etwas erreichen könne, da Katharina Preußen nicht für den geeigneten Bündnispartner hielt.[198] Friedrich II. hatte jedoch gehofft, dass die imposante Figur seines Neffen und dessen bekannte Wirkung auf das weibliche Geschlecht am russischen Hof, an dem eine zeittypische Mätressen- und Günstlingswirtschaft herrschte, die Kaiserin Katharina II. von Preußen als Bündnispartner überzeugen könnte. Doch Kathrina sah in Österreich einen sicheren Verbündeten, da es ihr um einen Partner im Kampf um türkische Gebiete ging. Diese Entscheidung Katharinas war dem Thronfolger nicht anzulasten. Immerhin verschlechterten sich die preußisch-russischen Beziehungen nicht. Für die Isolierung Preußens trug allein Friedrich II. die Verantwortung, dessen Reichspolitik einzig von den preußischen Interessen bestimmt wurde.

Der Kronprinz wurde so mit den komplizierten diplomatischen Ränkespielen seiner Zeit vertraut. Weitere Kenntnisse von den außenpolitischen Prämissen vermittelte ihm später der Kabinettsminister von Hertzberg, mit dem er seit 1781 in regem Briefwechsel stand. Ohne Wissen des Königs unterrichtete Hertzberg den Thronfolger über seine Ansichten zur Außenpolitik. Preußen befand sich nach wie vor wegen der Reichspolitik Friedrichs II. in einer außenpolitisch isolierten Situation. Nachdem nun am 8. Januar 1784 ein antitürkisches Bündnis zwischen Russland, England, Österreich und Frankreich abgeschlossen wurde und Joseph II. seine Tauschpläne, er wollte die österreichischen Niederlande gegen Bayern tauschen, wieder neu verfolgte, schien das Gleichgewicht innerhalb des Reiches erneut bedroht zu sein. Joseph II. strebte die Alleinherrschaft im Heiligen Römischen Reich Deutscher Nation an und das konnte Preußen nicht zulassen. Friedrich II. entwarf am 24. Oktober 1784 die Grundlinien eines Fürstenbundes als Gegengewicht zu dem von Joseph II. angestrebten Erstarken des Kaisertums und sandte sie an die Minister Finkenstein und Hertzberg. Ziel des Bundes war es, „... die Rechte und Freiheiten der deutschen Fürsten aufrechtzuhalten, und zwar ohne Unterschied der Religion." Die bestehende Reichverfassung sollte gesichert und geschützt werden vor den Plänen eines „ehrgeizigen und unternehmenden Kaisers".[199]

Hertzberg argumentierte gegen die Pläne eines Fürstenbundes. Der Thronfolger hingegen setzte sich für dieses Bündnis ein. Schon hier zeigte sich, dass sich Friedrich Wilhelm eben nicht von den Einflüsterungen seines unmittelbaren Umfeldes lenken ließ. Wenn er von einer Sache überzeugt war, vertrat er diese auch zielstrebig.

Die unterschiedlichen Befindlichkeiten der einzelnen Fürsten des Reiches und ihre spezifischen Interessen erleichterten die Verhandlungen zum Fürstenbund nicht gerade und erforderten diplomatisches Geschick. Friedrich Wilhelm beteiligte sich an der diffizilen Korrespondenz mit den Fürsten in Braunschweig und Gotha. Die Organisation eines Fürstenbundes erwies sich in mehrfacher Hinsicht als schwierig, und die Reichsfürsten überlegten auch, wen sie zukünftig zum neuen Kaiser wählen sollten. Im Verlaufe der Gespräche kamen die Räte des Kurfürsten von Mainz auf die Idee, den Prinzen Friedrich Wilhelm von Preußen statt des Bruders Josephs II. zum römischen König wählen zu lassen. Der Prinz sollte zuvor die Konfession wechseln und zum katholischen Glauben übertreten. „Friedrich Wilhelm lehnte ein solches Ansinnen ab. Durch Vermittlung des Herzogs von Weimar versprach er jedoch allen geistlichen Fürsten, daß er nach seiner Thronbesteigung das Deutsche Reich gegen alle Angriffe auf seine Verfassung und seine Freiheit schützen und sich als guter, treuer Reichsfürst beweisen würde."[200] Der Fürstenbund wurde dann am 23. Juli 1785 als Assoziation von den Höfen Brandenburg, Sachsen und Hannover unterzeichnet.[201] Ihm gehörten darüber hinaus noch Braunschweig-Wolfenbüttel, Mainz, Hessen-Kassel, Osnabrück, Baden, Ansbach und die Pfalz außerhalb von Bayern an. Im Prinzip ging es den Fürsten, die sich hier nur ungern von den Interessen Preußens lenken ließen, um den Erhalt des „Ist-Zustandes" des alten Reiches. Immerhin gab Österreich danach sein Tauschprojekt auf. Wenn auch die politische Wirkung dieses Fürstenbundes eher zweifelhaft ist, so beförderte er das deutsche Nationalgefühl und das Nationalbewusstsein.[202] Damit änderte sich allerdings nichts an der preußischen Isolation im Reigen der europäischen Großmächte. Immerhin gewann der Thronfolger durch diese Verhandlungen auch Kenntnisse über die Denk- und Verhaltensweisen der mittleren und kleinen Reichsfürsten, die ihm später bei seinen außenpolitischen Herausforderungen von Nutzen waren.

Das soziale Umfeld des Kronprinzen

D'Argens schrieb seinem vertrauten Briefpartner Friedrich II., wie der Hof und die Durchreisenden den Kronprinzen in Magdeburg 1757 erlebt hatten. „Sie müssen mit dem Prinzen von Preußen sehr zufrieden sein; jeder, der ihn in Magdeburg gesehen, sagt unzählig Gutes von ihm." Der junge Mann hatte Kultur und strahlte Liebenswürdigkeit aus, das fiel auf an diesem Hof, dessen Adel sich auf die Unberechenbarkeit Friedrichs II. eingestellt hatte und seinen Zynismus meist klaglos ertrug. Nach dem Krieg wurde der Alltag des Kronprinzen vom Garnisondienst in Potsdam bestimmt. Seine 32 840 Taler Apanage ermöglichten ihm ohnehin keine großen Ausgaben, denn er musste davon ja seine Familie und die seiner Mätresse unterhalten. Friedrich II. selbst hatte von seinem sparsamen Vater immerhin 57 000 Taler bekommen. Da der Kronprinz mit diesem Geld nicht auskam, machten er und auch seine Gemahlin erhebliche Schulden. Die Berliner Kaufleute liehen ihm beispielsweise 300 000 Taler, die Breslauer Kaufleute 24 000 Taler, das Amsterdamer Handelshaus Theodor van Sneth 300 000 Taler und der österreichische Kaiser Joseph II. 100 000 Dukaten und so weiter.[203] Eigentlich hätte der Kronprinz von keinem preußischen Bankier auch nur einen Taler bekommen dürfen, denn Friedrich II. hatte in einer Kabinettsordre den Bankiers verboten, den Prinzen von Preußen Geld zu leihen. Daher versuchten sie meist im Ausland Schulden zu machen.[204] Von seinen geringen Einnahmen konnte Friedrich Wilhelm die Schulden nicht zurückzahlen, das wussten auch die Geldgeber, die alle darauf vertrauten, dass der Prinz nach der Thronbesteigung alles zurückzahlen würde. Das geschah dann auch.

Die Geburt des Sohnes Friedrich Wilhelm im Jahr 1770 brachte dem Thronfolger noch einmal kurzzeitig eine gewisse Wertschätzung des Königs ein, der aus dynastischen Gründen dieses Ereignis freudig begrüßte. In jenem Jahr wird der stolze Vater noch nicht einmal geahnt haben, dass ihm dieser Sohn, um dessen Erziehung und Bildung sich natürlich der König persönlich kümmerte, zu einem Konkurrenten am preußischen Hof werden sollte. Wie schon der Soldatenkönig Friedrich Wilhelm I. seinem nicht ganz nach seinen Vorstellungen geratenen Sohn Friedrich dessen Bruder August Wilhelm vorzog und ihn mit Gunstbeweisen überhäufte, genauso verhielt sich später Friedrich II. gegenüber seinem Großneffen Friedrich Wilhelm. Um dessen Vater zu erniedrigen, behandelte er dessen erstgeborenen Sohn wie den eigentlichen Nachfolger. Jahre zuvor hatte er auch schon dem Bruder des Thronfolgers, Heinrich, seine besondere Wertschätzung gezeigt, um Friedrich Wilhelm so zu demütigen. Als Heinrich überraschend im Jahr 1767 starb, trauerte der König sehr um diesen begabten Knaben. Mit all dem schien sich der Kronprinz abgefunden zu haben. Er lebte mal am Hof gelitten und mal ausgegrenzt. Obwohl Friedrich Wilhelm wegen seines humanen Verhaltens eigentlich innerhalb der Hofgesellschaft durchaus geachtet wurde, wagte letztendlich niemand, ihm seine Sympathie zu zeigen, wenn Friedrich II. den Kronprinzen demonstrativ übersah. War der König nicht anwesend, verhielten sich die meisten Verwandten ihm gegenüber ganz anders. Wenn es Friedrich aus unterschiedlichen Gründen gerade passte, konnte der Onkel Heinrich den Thronfolger auch nach Rheinsberg einladen. Um im Sommer 1774 nicht mit der Mutter seiner geschiedenen Frau in Berlin zusammentreffen zu müssen, bat Heinrich die Familie des Kronprinzen nach Rheinsberg, wo alle miteinander einige sehr unterhaltsame Wochen in bester Stimmung verlebten. Theateraufführungen, Konzerte und Bälle sorgten für abwechslungsvolle Stunden. Als der Thronfolger sich dann noch mit einem eigenen Werk, er spielte bekanntlich ausgezeichnet Cello, bei seinem Onkel bedankte,[205] schien das allgemeine gute Einvernehmen der beiden fundiert zu sein. Doch schon bald musste der Prinz einsehen, dass er nicht zum engeren Umfeld seines Onkels zählte und dessen Gesellschaften in Rheinsberg und in Berlin meist ohne ihn stattfanden. Erst 1782 gehörte der Prinz zur „Montagsgesellschaft" Heinrichs, die sich in dessen Berliner Palais versammelte, um unbeschwert über Kultur und Politik zu debattieren.[206] Auch am Hof Prinz Ferdinands (1730–1813) trafen die Brüder Friedrichs nun häufiger mit dem Thronfolger zusammen, wo sicherlich Heinrich auch ausführlich von seinen Erlebnissen berichtete, die er auf seiner Reise nach Paris 1784 gesammelt hatte. Heinrich verfolgte eine Politik der Annäherung an Frankreich. Das wird dem Kronprinzen nicht entgangen sein.

Verlässliche Stützen waren ihm neben seinem geschätzten Lehrer Beguelin seine Mutter und die Königin, deren Schicksal ja dem seinen sehr ähnlich war, und natürlich Wilhelmine Encke und Johann Friedrich Ritz. Daneben traf er immer mal wieder auf Menschen, die ihm wohlgesonnen waren. Aus seiner Garnisonzeit kannte er den Offizier Carl Ludwig von Knebel, der für Goethes „Leiden des jungen Werther" und „Stella" schwärmte. Knebel ging dann als Prinzenerzieher nach Weimar, wo er Goethe und Karl August von Sachsen-Weimar miteinander bekannt machte. Im Jahre 1776, seit 1774 wurde über den Freitod des jungen Werther heftig diskutiert, bat nun der Kronprinz Knebel, ihm doch eine Liste von Goethes authentischen Werken zu schicken, da er „viel Geschmack" an ihm gefunden habe.[207] Neben dem eher ermüdenden Einerlei des Garnisonbetriebs suchte der Prinz nach geistiger Nahrung. Trotz der erzwungenen Isolierung in Potsdam nahm der Thronfolger Anteil an der aktuellen Diskussion der geistigen Elite Deutschlands. Dass er sich dem Sturm und Drang zuwandte und wenigstens lesen wollte, was jene jungen Schriftsteller – Goethe war ja nur fünf Jahre jünger als er selbst – dichteten, die zeitkritisch und unkonventionell ein neues Lebensgefühl zum Ausdruck brachten, das dem „Rationalismus, Nützlichkeitsdenken und Philistertum der Aufklärung"[208] entgegenstand, spricht für die

Neugier eines vielseitig interessierten jungen Mannes. Für diese Vorliebe konnte er jedoch bei seinen beiden Onkels – Friedrich II. und Heinrich – nicht mit Verständnis rechnen, denn diese ignorierten bis an ihr Lebensende die deutschen Dichter ihrer Zeit.

Der Thronfolger hingegen nahm die deutschen Schriftsteller zur Kenntnis. Zu ihnen gehörten natürlich Karl Wilhelm Ramler sowie Albrecht Haller, Johann Wilhelm Ludwig Gleim, Johann Wilhelm Gottsched, Friedrich Gottlieb Klopstock und Christoph Martin Wieland. Ob er ihre Werke schon als Kronprinz kaufte oder erst später, bleibt unbekannt. Jedenfalls befanden sie sich in seiner Berliner Bibliothek.[209] Am 14. April 1774 wurde Goethes „Götz von Berlichingen“ in Berlin aufgeführt und begeistert gefeiert. Lediglich Friedrich II. meinte, dass es eine „abscheuliche Nachahmung schlechter englischer Stücke (sei – B. M.), die würdig wären, vor den Wilden Canadas gespielt zu werden.“[210] Ob sich der Thronfolger für Goethe interessierte, weil ihn der König ablehnte, oder ob er sich für die Goethesche Dramatik begeisterte, wie viele gebildeten Zeitgenossen, weil er eine Parallele zu Shakespeares Dramatik sah, bleibt offen.

Friedrich Wilhelms Alltag wurde zu jener Zeit durch den Garnisonsdienst bestimmt. Er musste also früh aufstehen, um seine Soldaten zu drillen und dafür sorgen, dass sein Regiment im Vergleich mit den anderen gut abschnitt bzw. den Anforderungen des kritischen Königs gerecht wurde. Der Dienst endete gewöhnlich gegen Mittag. Mit dem Mittagessen begann dann das gesellige Leben im viel zu engen Haus am Potsdamer Neuen Markt. An der prinzlichen Tafel erschienen außer den Familienmitgliedern auch stets Gäste, die Friedrich Wilhelm als Hausherr unterhielt. Neben den Offizieren, also den Vertretern des hohen Adels, verkehrten beim Prinzen natürlich Musiker, der berühmte Jean Pierre Duport gehörte dazu, und an Kultur interessierte Adlige, unter ihnen Carl Ludwig von Knebel. Zum engeren Umfeld des Prinzen zählten dann auch Alexander Georg Humboldt, der Kammerdiener der Prinzessin Elisabeth und der Vater von Wilhelm und Alexander, sowie der Herr von der Horst. Humboldts Sommersitz in Tegel wurde bekanntlich zu einem Mekka für Gelehrte und Künstler und auch der Thronfolger weilte dort. Der Prinz war übrigens Alexander von Humboldts Taufpate.[211]

Zur höfischen Geselligkeit gehörte natürlich die Cour, die im Winter immer sonntags und mittwochs bei der regierenden Königin stattfand, während sich der Hof im Sommer in Niederschönhausen einfand. Die wenigen freien Abende nutzte Friedrich Wilhelm dann, um seinen Interessen nachzugehen und natürlich zum Musizieren. Als Kommandant durfte er Potsdam des Nachts nicht ohne Genehmigung des Königs verlassen.[212] Die wenigen freien Stunden am Nachmittag reichten für weite Reisen nicht aus, so dass der Thronfolger über vierzig Jahre in diesem sozialen Umfeld des preußischen Hofes verlebte und davon die meiste Zeit in der kleinen Residenzstadt Potsdam verbringen musste, weil der

König ihn vor den Gefahren Berlins schützen wollte. Die wenigen Reisen zu befreundeten Fürsten, die Korrespondenzen mit fürstlichen Zeitgenossen sowie die Lektüre von Büchern, Zeitschriften usw. ließen ihn dann Anteil nehmen an dem Leben außerhalb des Potsdamer Hofes. Doch diesen Blick über den Potsdamer Kirchturm musste sich der Thronfolger selbst erkämpfen. Daran hatte Friedrich II. eigentlich kein Interesse.

Der Thronfolger interessierte sich nicht nur für die Kultur seiner Zeit, sondern diesem intelligenten und am höfischen Leben geschulten jungen Mann waren auch die aktuellen Debatten über notwendige Reformen nicht entgangen. Schließlich wurde ja in den „Briefen, die neueste Literatur betreffend" über so ziemlich alles diskutiert, was die Menschen damals bewegte. Den Spionen Friedrichs II. kann also nicht entgangen sein, welche Bücher der Kronprinz kaufte und las, mit wem er Umgang pflegte und von wem er Post bekam usw. Friedrich II., der von Wöllner bekanntlich keine gute Meinung hatte und ihn für einen „intriganten Pfaffen" hielt,[213] überließ ihm dennoch die staatswissenschaftliche Vorbereitung seines Thronfolgers. Die Abhandlung von den Finanzen 1784[214], von der Leibeigenschaft 1785[215], von der Regie und Charakteristik 1786[216], die Memoire über das Forstwesen und die Holzwirtschaft in der Mark Brandenburg 1784[217], die Abhandlung über die Bevölkerung 1784[218] oder über Fabriquen und Commercium 1786[219] beschäftigten sich mit aktuellen Problemen, die dem Thronfolger nicht unbekannt sein konnten, da er ja in die Regieverwaltung schon vor Jahren Einblicke erhalten hatte und auf seinen Inspektionsreisen auch mit vielen aktuellen Problemen konfrontiert war. In den gängigen Biografien wurde dem Kronprinzen jedoch kaum eine eigene Urteilskraft und schon gar keine fundierte Bildung zugebilligt. Doch der Thronanwärter hatte die freie Zeit nicht nur mit den geliebten Frauen verbracht, sondern sich selbst um eine Erweiterung seines geistigen Horizonts bemüht. Er besaß neben einer zeittypischen soliden kulturellen Bildung auch in einigen Bereichen der Staatswissenschaft durchaus fundierte Kenntnisse, wie sich nach der Regierungsübernahme zeigte.

Friedrich II. hatte sich nach der Truppenparade in Schlesien von dem dortigen Minister von Hoym mit folgenden Worten verabschiedet: „Lebe Er wohl. Er sieht mich nicht wieder. Ich will ihm aber sagen, wie es nach meinem Tode gehen wird. Es wird ein lustiges Leben bei Hofe sein. Mein Neffe wird den Schatz verschwenden und die Armee ausarten lassen. Die Weiber werden regieren, und der Staat wird zugrunde gehen."[220] Der König wusste natürlich sehr wohl, dass Wilhelmine Encke, die Geliebte Friedrich Wilhelms, keine politischen Ambitionen wie die Marquise von Pompadour[221] oder die Gräfin Cosel[222] hatte und dass auch im näheren Umfeld des Nachfolgers keine Frau mit politischen Zielen zu finden war. Warum entwarf er dennoch dieses düstere Zukunftsbild?

Die elf Regierungsjahre Friedrich Wilhelms II.

Der Regierungswechsel 1786

Als Friedrich II. am 17. August 1786 um 2.20 Uhr verstarb, weilte sein Nachfolger in der Umgebung von Sanssouci, um gleich zur Stelle sein zu können, wenn der sterbende König ihn rufen würde. Bedenkt man, dass der Soldatenkönig die menschliche Größe hatte, sich am Sterbebett mit seinem Sohn endgültig auszusöhnen – und dieser hatte mit seinem Fluchtversuch 1730 „Staatsverrat" geübt und den Vater zutiefst verletzt –, so spricht allein die Tatsache, dass Friedrich auch als Sterbender kein versöhnliches Wort an seinen Neffen richtete, für sich. Stattdessen soll er seinem Großneffen auf einer Bank in Sanssouci sein Vermächtnis anvertraut haben.[1] Der 16-jährige Friedrich Wilhelm hatte die Sympathie des Königs durch sein devotes, erwartungsgemäßes Verhalten und sein besonderes Interesse für die Armee gewonnen. Außerdem wollte Friedrich sicherlich den Sohn vor den Augen des Vaters mit diesem Vertrauensbeweis auszeichnen, um diesen selbst nochmals zu erniedrigen. Schließlich hatte er die Frühjahrsrevue 1786, die er in andere Hände legen musste, da er nicht mehr auf einem Pferd sitzen konnte, eben nicht seinem Nachfolger, wie es üblich gewesen wäre, anvertraut, sondern seinem Adjutanten von Hanstein.[2] Friedrich verzichtete auch am Ende seines Lebens auf eine Aussöhnung mit seinem ungeliebten Nachfolger.

Von Friedrich Wilhelm erwartete Friedrich II. jedoch, dass er ihn in der Gruft auf der obersten Terrasse von Sanssouci, wo schon einige seiner heiß geliebten Hunde begraben worden waren, beisetzen sollte. Noch am Todestag ließ Friedrich Wilhelm diese Gruft öffnen und besichtigte den Zustand des Begräbnisortes. Mit der Vorstellung, seinen Onkel zwischen den Hundekadavern bestatten zu lassen, konnte er sich nicht anfreunden und für größere Baumaßnahmen fehlte im Hochsommer die Zeit. Schließlich gab es noch keine Kühlkammern, die den Leichnam längere Zeit frisch hielten. Daher entschloss sich der König, Friedrich II. in der Gruft unter der Kanzel der Garnisonkirche bestatten zu lassen. Die feierliche Beisetzung fand am 9. September statt [3] und sie spricht für die Pietät, mit der Friedrich Wilhelm seinen zynischen Vorgänger nach dessen Tod behandelte. Es gehörte menschliche Größe dazu, ein Staatsbegräbnis für jemanden zu organisieren, von dem er in den letzten Jahrzehnten nur Verachtung geerntet hatte. Schließlich hätte er ihn ja bei den Hunden verscharren können, wie es der Wunsch des Königs war. Stattdessen trug man den „alten Fritz" würdevoll zu Grabe, wie seine Nichte Luise, die Tochter seines Bruders Ferdinand, berichtete: „Wir stiegen im Schloss ab, um den Katafalk und die prachtvoll ausgeschlagenen Räume zu sehen. Ich hatte noch nie etwas Ähnliches gesehen und war starr vor Bewunderung. Darauf gingen wir zu Fuß nach der Kirche, wo wir den Leichenzug von einem Fenster aus herannahen sehen konnten. Mein Onkel (Heinrich), mein Vater, die Söhne des Königs (Friedrich Wilhelm und Ludwig) und meine Brüder (Louis Ferdinand und Heinrich) folgten dem Sarg. Die alten Generale, die Soldaten der Garde und die Dienerschaft Friedrich II. zerflossen in Tränen. Die geschmackvoll geschmückte Kirche war glänzend erleuchtet; jede Säule trug die Namen von Siegen. Diese ernsten Erinnerungen und diese so tief erschütterten Soldaten wirkten sehr ergreifend, doch der packendste Momente war derjenige, in welchem man den all seiner königlichen Attribute entkleideten Sarg in seiner letzten Ruhestätte niedersetzte und dem neuen König die dem Grab entnommenen Insignien darbot."[4]

Der ganze Hof schaute nun erwartungsvoll auf den viel geschmähten Nachfolger. Natürlich erwies man dem neuen König öffentlich den erforderlichen Respekt. Das gebot ja schon das höfische Reglement. Doch der Rufmord seines Vorgängers hinterließ Spuren und so wurde schon vor dem Tod Friedrichs II. über Intrigen und Parteibildungen am Hof spekuliert. Prinz Heinrich schrieb seinem Bruder Ferdinand: „Wenn seine Freunde mit ihm in die neue Regierung kommen, werde ich mich in Rheinsberg einschließen und keinen Fuß mehr nach Berlin setzen."[5] Hofcliquen gab es bekanntlich zu allen Zeiten und ein jeder Regierungswechsel ging auch mit Kämpfen um Macht und Einfluss von Beamten und Familienangehörigen einher. Dennoch gestaltete sich die Lage 1786 anders. Ein despotischer und zynischer König, der selbstherrlich alle Fäden der Regierung in seiner Hand hielt, wurde von einem menschenfreundlichen, gutwilligen und gebildeten König abgelöst, dessen Reputation jedoch beschädigt war und der eben nicht sicher sein konnte, dass ihm die Stützen der Macht loyal dienten.

Doch kehren wir noch einmal zum 17. August 1786 zurück. Als der Kronprinz die Todesnachricht erhalten hatte, war er in das Sterbezimmer Friedrichs II. geeilt, um Abschied zu nehmen und dem Toten den nötigen Respekt zu erweisen. Begleitet wurde Friedrich Wilhelm auf diesem Weg von dem Grafen von Hertzberg und dem Generalleutnant von Görz. Danach begab er sich in die Stadt Potsdam. Ein monarchischer Regierungswechsel folgte festen Ritualen und Handlungen. Sein Sohn, der 16-jährige Friedrich Wilhelm, gratulierte dem neuen König, wie es sich laut Zeremoniell gehörte. Der junge Prinz, der seinem Vater dessen Frauengeschichten verübelte und der Friedrich II. verehrte, während er dem eigenen Vater nur widerwillig Respekt zollte, musste sich nun den Wünschen und Anordnungen des neuen Königs unterordnen. Gleichzeitig erfuhr er eine Rangerhöhung, da er jetzt der Thronfolger war. Der Vater gab ihm exakte Anweisungen, was er nun zu tun hatte.[6]

Zur Herrschaftssicherung ist das Militär unerlässlich und so war es nur folgerichtig, dass zuerst die Truppen ihren Fahneneid auf den neuen König leisten mussten. Zur Vereidigung im Lustgarten begleitete der neue Thronfolger seinen Vater. Dieser versprach in seiner ersten Rede vor den versammelten Truppen militärische Reformen, da er von den drakonischen Strafmaßnahmen für Vergehen gegen die Vorschriften ebenso wenig hielt wie von den vorherrschenden Reglements. Für einen humanistisch gesinnten Menschen waren Spießrutenlaufen und dergleichen mehr kaum die geeigneten Strafen, um die Moral der Truppe zu festigen.

Auf dem Weg nach Berlin und auch in den folgenden Tagen konnte sich der neue König an einer großen Sympathiewelle erfreuen, die seine Untertanen auf vielfältige Weise kundtaten. Das registrierte auch sein Sohn, der ihn nach Berlin begleiten musste und darüber wenig erfreut war. Er hatte Potsdam bislang nur selten verlassen. Die große und turbulente Stadt Berlin ängstigte ihn. Auch er war wie sein Vater viel zu selten aus dem kleinstädtischen Potsdam herausgekommen.[7]

Erwartungen an den neuen König – oder: Heinrichs verletzte Eitelkeit

Der russische Gesandte Graf Sergej Romanczow berichtete seiner Regierung vom Tod Friedrichs II. Folgendes: „Die Todesnachricht hat hier nicht das Aufsehen gemacht, das man hätte erwarten können. In der Stadt herrscht die größte Ruhe, und das Bedauern scheint äußerst gering zu sein."[8] Die Erwartungen an den neuen König hingegen waren hoch. Schließlich ging jeder Herrscherwechsel mit vielen Hoffnungen auf Veränderungen und Verbesserungen der Lebensverhältnisse einher. Das war 1786 nicht anders. Immerhin fiel den gläubigen Berlinern am 20. August 1786 auf, dass das Königspaar den sonntäglichen Gottesdienst im Dom besuchte und das ganz ohne Aufsehen. Das Königspaar kam zu Fuß in den Dom.[9] Dieser fast privat anmutende Gottesdienstbesuch hatte in mehrfacher Hinsicht symbolische Bedeutung. Ein gläubiger König, der sonntags in die Kirche ging, signalisierte nach Jahren, in denen Friedrich II. die „Pfaffen" nicht selten verspottet hatte, wahrlich etwas Neues. Schon am 28. August 1786 erklärte er den geistlichen Inspektoren der evangelisch-lutherischen Kirche, dass er gewillt sei, „für die Aufrechterhaltung der Religion zu sorgen.“[10] Der König, der den Disput der Aufklärer in den zurückliegenden Jahrzehnten über die Bedeutung der Religion verfolgt hatte, gedachte anders als sein Vorgänger, dem Glauben seiner Untertanen wieder mehr Beachtung zu schenken.

Da die Religion im Leben dieses Königs einen gänzlich anderen Stellenwert einnahm als bei Friedrich II., stellte sich auch die Frage nach dem monarchischen Selbstverständnis Friedrich Wilhelms. Theoretische Schriften, wie sie Friedrich II. verfasst hatte, sind von ihm nicht bekannt oder überliefert worden. Daher kann im Folgenden allein aus der Regierungspraxis auf seine Auffassung vom Staatswesen geschlossen werden. Für viele Zeitgenossen, die an dem weit verbreiteten negativen Image dieses „faulen und sittenlosen“ Thronanwärters keine Zweifel hegten, hatte dieser König sowieso keine eigenen Vorstellungen von der Regierungspraxis und daher bedurfte er unbedingt ihrer Hilfe.

Diese Ansicht vertrat auch der Prinz Heinrich, der, wie das Zitat oben belegt, ebenfalls glaubte, dass der neue König lediglich dem Rat seiner Freunde folgen werde. Heinrich mochte seinen Neffen Friedrich Wilhelm wie die meisten Mitglieder der Familie. Natürlich hoffte er, dass dieser seine langjährigen Erfahrungen im europäischen Mächtespiel zu schätzen wusste und ihn daher um Rat fragen würde bzw. ihn in die Regierung mit einbezöge. Unter Friedrich II. hatte er immer nur die zweite Geige gespielt, obwohl er gerade auf militärischem und außenpolitischem Gebiet große Erfolge zu verzeichnen hatte. Friedrich II. hatte Heinrich 1763 nicht einmal mitgeteilt, dass ihm die antirussische Partei des polnischen Adels die polnische Krone angeboten hatte.[11] Der König war dagegen und so verbot er kurzerhand der polnischen Delegation den Besuch in Rheinsberg. Der große Bruder benutzte Heinrichs Fähigkeiten dann, wenn es ihm angemessen schien. Heinrich wusste das und konnte trotzdem nicht aus seiner Haut. Heinrich resümierte sein Leben an der Seite Friedrichs wie folgt: „Es ist mein Schicksal, keine Anerkennung zu finden, wie es das Schicksal Friedrichs ist, gelobt zu werden, selbst für Dinge, die er nicht getan hat.“[12] Friedrichs guter Ruf erleichterte ihm das Regieren, während sein Nachfolger mit seinem schlechten Image immer wieder an Grenzen stieß, über die Friedrich II. nicht einmal nachdenken musste.

Natürlich wollte der gebildete und tatkräftige Heinrich nun nach dem Thronwechsel all sein Wissen und seine Erfahrungen an den Mann bringen. Der Neffe, den Heinrich in seiner Antihaltung zu Friedrich II. meist unterstützt hatte, weil nach dem Tod seines Vaters alle seine Brüder ziemlich schlecht auf den König zu sprechen waren, wollte aber den Rat des Onkels nicht. Friedrich Wilhelm wollte allein regieren und beweisen, dass entgegen der Prophezeiung des Onkels er dazu auch in der Lage war. Da Heinrich schon unter der geringen Wertschätzung seiner politischen Ambitionen durch Friedrich II. gelitten hatte, obwohl ihn dieser kurzzeitig sogar als Vormund für den Thronfolger einsetzen wollte,[13] verletzte ihn diese erneute Zurücksetzung seiner Person durch Friedrich Wilhelm II. sehr. Schließlich hatte Heinrich ganz diplomatisch über Bischoffwerder versucht, sein Interesse an einer militärischen Reaktivierung in führender Position durchzusetzen. Doch wer duldet schon andere Götter neben sich? Heinrich war eine viel zu starke Persönlichkeit, um nur das Militärische im Auge zu haben, und er gehörte einer anderen Generation als Friedrich Wilhelm an, so dass dieser Heinrichs Bitte um eine Kommandostelle über sämtliche Infanterie- und Kavallerie-Regimenter ablehnte.

Ob hinter dieser Entscheidung Bischoffwerder steckte oder ob der König selbst nicht wollte, dass sein Onkel diese Stellung einnahm, ist in der Forschung umstritten. Seine Cousine Luise beschrieb am 30. Januar 1787 einer Freundin ihre Variante dieser Entscheidung: „Gestern sollte wie gewöhnlich Komödie und Souper beim Prinzen Heinrich sein, doch am Morgen ließ er alle Leute absagen. Die Ursache, die er angab, waren heftige Kopfschmerzen, doch die wirkliche ist, dass er gesucht hatte, durch Intrigen wieder in dem Militär Einfluss zu bekommen, hatte vergeblich den König selbst und auch durch Bischoffwerder und andere dazu bewegen wollen, bis dass er sich gestern entschlossen hat, ihm selbst zu schreiben. In diesem Brief soll er dem König alle seine Heldentaten und seine Verdienste um das Vaterland hergezählt haben und ihn als Belohnung dafür, den vorigen und mehr Einfluss als er im Militär gehabt, gefordert, auch dass, wenn Krieg werden soll, er und nicht der Herzog von Braunschweig kommandieren solle. … Er gibt sich alle mögliche und ersinnliche Mühe, den König noch umzustimmen. Doch wollen wir alle hoffen und wünschen, dass der König in seinem gefassten Entschluss hart bleiben wird, denn dadurch wird er doch deutlich zeigen, dass er nicht so schwach und nachgebend ist, wie man es glaubt, und gäbe er dem Prinzen nach, so würde er sich selbst die Hände binden, denn man sagt allgemein, dass da er so herrschsüchtig ist, der König am Ende nicht die Freiheit haben würde, die geringste Sache im Militär ohne sein Wissen zu tun, und wenn der König ihm dieses erst eingeräumt hätte, so würde er nach und nach alle Gewalt an sich ziehen und mehr als der König regieren.“[14]

Wie auch immer Luise an diese Informationen gekommen war, die Ambitionen Heinrichs waren offenbar allgemeines Gesprächsthema am Hof gewesen. Die höfische Gesellschaft schaute sehr genau hin, was wer wie in diesen ersten Tagen der neuen Regierung tat. Das war nicht ungewöhnlich und damit musste auch der neue König rechnen. Die Worte dieser erst 16-jährigen Cousine zeigen, wie nachhaltig die Diffamierungen Friedrichs II. wirkten, und wie sehr schon am Hof ganz selbstverständlich vom schwachen König gesprochen wurde. Friedrich Wilhelm konnte sich nur gegen Heinrich entscheiden, denn sein Ruf stand auf dem Spiel. Schließlich musste er nun beweisen, dass er allein souverän regieren konnte. Ohne den Rufmord seines Vorgängers und das Vorurteil, als unentschlossen und schwach zu gelten, wäre eine Entscheidung zugunsten des Onkels sicherlich als weise bewertet worden. So waren die Weichen für diese Regierung schon gestellt, bevor Friedrich Wilhelm auch nur einen Handschlag getan hatte.

Heinrich realisierte diese prekäre Lage seines Neffen nicht. Wie sollte er auch! Für ihn stellte die Absage des Königs eine Kränkung dar, die er am 29. Januar 1787 in folgende Worte fasste: „Nach der Antwort, die mir Herr von Bischoffswerder im Auftrag Ew. Majestät erteilt hat, kann und muss ich mich jetzt als einen Mann betrachten, dem nur übrig bleibt, an seine eigenen Angelegenheiten zu denken, an den Ruhestand, um sich wenigstens seiner Freiheit zu erfreuen. Ich wünsche, dass das Land, das ich einst verteidigte, dass der Staat, der schon infolge meiner Geburt mir nicht gleichgültig sein kann, dass diejenigen, die noch übrig sind und die ich einst befehligte, im Stande sein mögen, glücklich zu sein. Ich selbst werde künftig nichts mehr tun können für alles, woran mein Pflichtgefühl mich Anteil nehmen heißt. Mir genügt es, mein Verhalten zu rechtfertigen, wozu meine Ehre mich nötigt. … Was Ew. Majestät betrifft, so brauche ich nur Ihr eigenes Gewissen anzurufen, ob Sie darin finden, dass ich je anders gehandelt habe als ein Onkel, der Sie liebte und als der Freund eines Bruders, der Ihr Vater war.“[15] Heinrich spielte hier auf seine Freundschaft zum Vater Friedrich Wilhelms II. an.

Das Gewissen des neuen Königs anzurufen, war sicherlich ein kluger Schachzug, denn jeder am Hofe wusste doch, dass Friedrich Wilhelm stets versuchte, ehrenvoll zu handeln. Doch in diesem Fall ging es um eine grundlegende Entscheidung, bei der der König dem Hof und auch den ausländischen Gesandten verdeutlichen musste, wer hier im Staate das Sagen hatte. Daher fiel die Antwort des Königs an den geliebten Onkel auch sehr förmlich aus. „Die Antwort, die ich Ew. Königlichen Hoheit durch Herrn v. Bischoffwerder erteilt habe, ist nur von der wahren Zuneigung eingegeben, die ich für Sie empfinde. Gesundheitsrücksichten bewogen Sie, 1778 Ihren Abschied zu nehmen und die Ruhe zu genießen, die Sie nach Ihren ebenso vielfachen als glänzenden Diensten mit so großem Recht beanspruchen konnten. Der Anteil, den ich an Ihrer Gesundheit und Ihrem für mich so kostbaren Leben nehme und immer nehmen werde, hat mir meine Antwort eingegeben. Wenn letztere eine falsche Auslegung gefunden hat, so dürfen Ew. Königlichen Hoheit überzeugt sein, dass ich Ihr Gewissen mit gleichem Recht anrufen kann, wie Sie das meinige, um Ihnen zu bezeugen, dass ich Sie nie anders behandelt habe als einen Onkel, den ich stets geliebt und geachtet habe.“[16]

Diese sehr diplomatischen Zeilen bezeugen, dass der König seinem Onkel zwar kein Kommando geben würde, aber dennoch auf ein gutes Einvernehmen hoffte. Mit der Sorge um die Gesundheit seines 60-jährigen Onkels ließ sich der Konflikt zwischen beiden lösen und bot ihm eine ehrenvolle Rückzugsmöglichkeit. Natürlich beobachtete die höfische Gesellschaft das Verhalten beider Kontrahenten weiter und Heinrich blieb das hämische Gerede, das Verlierer dieses höfischen Mikrokosmoses immer traf, nicht erspart. Schließlich kannte er die Spielregeln des höfischen Verhaltens lange genug. Um den schönen Schein des friedlichen Einvernehmens zu wahren, veranstaltete Heinrich im März in seinem Berliner Palais ein großes Fest, zu dem er den König, seine Gemahlin sowie den ganzen königlichen Hof, die ausländischen Gesandten und auch den Herzog von Braunschweig, der nun die von Heinrich gewünschte Position erhielt, einlud.[17] Natürlich wussten alle Beteiligten, dass sich hier ein Prinz mit einem Konzert, einem Souper und einem rauschenden Ball würdevoll verabschiedete. Danach reiste Heinrich nach Rheinsberg, um sich fortan mit Kultur und Kunst zu beschäftigen. Freunde und Verwandte waren dort gern gesehene Gäste.

In der Literatur wurde dieser Konflikt zwischen Friedrich Wilhelm II. und Heinrich vielfach ausgeschmückt. Sicherlich verletzte die Zurücksetzung seiner Person den Prinzen zutiefst. Schließlich nahm man ihn im Ausland als erfahrenen und begabten Politiker wahr. Ein Angebot, die Statthalterschaft der Vereinigten Staaten zu übernehmen,[18] schmeichelte seinem Ego erheblich, wenn er es auch mit dem Hinweis auf sein Alter ablehnte. Frankreich entsprach da schon eher seinen Vorstellungen. Doch die Französische Revolution veränderte vieles. Der König korrespondierte mit Heinrich über die aktuelle politische Lage in Frankreich und er ließ sich von ihm beraten. Am Rheinsberger Hof trafen bald die ersten französischen Adligen ein, die hier Asyl suchten und fanden.[19]

Die Zurücksetzung verzieh Heinrich seinem Neffen dennoch nie und so kann es auch nicht verwundern, dass er über den nun regierenden Monarchen nichts Gutes nach Frankreich berichtete: „Er besitzt weder Geist noch Kraft, ist keines folgerichtigen Handelns fähig, nicht arbeitsam und hat von Helden höchstens den Stolz, wenn es nicht viel eher kleinbürgerliche Eitelkeit ist. Er teilt den Geschmack eines Epikurs; er haßt nicht. Kaum daß er irgendetwas liebt.“[20] Aus dynastischer Sicht konnten diese Zeilen dem neuen König nur schaden. Das wusste auch Heinrich. Gekränkte Eitelkeit führte hier die Feder. Das Staatswohl hatte Heinrich jedenfalls nicht im Auge, als er seinen Unmut zu Papier brachte.

Düstere Prognosen der Zeitgenossen

Der Graf Mirabeau sandte dem neuen König eine Denkschrift und forderte ihn auf, den Absolutismus, den Militarismus und die ständischen Beschränkungen abzuschaffen sowie Glaubens-, Gewissens- und Pressefreiheit einzuführen.[21] Mirabeaus Reformprogramm entsprach wohl durchaus der aktuellen

Diskussion in Frankreich und in Teilen auch der Debatte der deutschen Bildungselite, aber als realistisches Regierungsprogramm eignete es sich 1786 für Friedrich Wilhelm kaum. Dem König fehlten so ziemlich alle Voraussetzungen, die ein Gelingen radikaler Reformen ermöglicht hätten. Neben seiner mangelhaften Ausbildung verhinderte insbesondere sein „schlechter Ruf", dass er sogleich neue Wege beschritt. Denn er musste seine Macht erst einmal auf einen sicheren Boden stellen und nach verlässlichen Verbündeten Ausschau halten. Schließlich war auch Friedrich Wilhelm das Schicksal Peters III. nicht entgangen. Wie sicher konnte er sich wähnen, und war auf den Eid des Militärs Verlass? Dem König war durchaus bewusst, dass er sich erst einmal eine gute Reputation erarbeiten musste, um auch Unerfreuliches in Angriff nehmen zu können. Die ersten Regierungsmaßnahmen setzten daher auf Kontinuität und zaghafte Veränderungen, was von den neugierigen Zeitgenossen kaum als souveräne Handlung gedeutet wurde.

Das Ansehen des Königs wurde auch nach der Regierungsübernahme nicht dadurch bestimmt, was er tat, sondern durch Berichte von „gut unterrichteten Kreisen" der Hofgesellschaft, der Diplomatie und der Öffentlichkeit. Mirabeau, der von Juli 1786 bis Januar 1787 in Berlin krampfhaft Informationen über diesen König aus zweiter und dritter Hand sammelte, da ihn Friedrich Wilhelm nicht empfing, schrieb am 13. Januar 1787 – also ein halbes Jahr nach dem Tod Friedrichs II. – nach Paris: „Der Niedergang Preußens ist mit Sicherheit vorauszusehen; von allen Seiten wird der Staat untergraben. Die Einnahmequellen werden verringert, die Ausgaben vermehrt, den bisher bestandenen Grundsätzen wendet man den Rücken. Die Armee wird geschwächt, die wenigen verwendbaren Leute verlieren den Mut; alle Fremden werden entfernt, darunter auch Leute von Verdienst; der König umringt sich mit Lumpen, nur damit es den Anschein habe, er wäre der alleinige Gebieter; diese verhängnisvolle Marotte ist der Quell allen Uebels, was schon geschieht und was noch geschehen wird."[22] Diese düstere Prognose ließ die Gerüchteküche weiter brodeln.

Üble Nachrede gehörte zum Alltag dieses Königs. Hier fand nur eine Fortsetzung dessen statt, was unter Friedrich II. begonnen hatte. Friedrich Wilhelms Ehre, sein Prestige und sein Ruf waren noch immer überschattet von dem vernichtenden Urteil seines Vorgängers. Die Voraussetzungen für eine achtenswerte Reputation innerhalb der königlichen Familie, des Staates und in der Außenwirkung waren daher denkbar schlecht. Diese ungünstigen Ausgangsbedingungen, denn das in dieser Gesellschaft so wichtige symbolische Kapital wurde von Friedrich fast vollständig vernichtet, erschwerten die Regierungsübernahme nicht nur, sondern sie verhinderten auch eine zeitgemäße Regierungsweise. Hinzu kam dann noch, dass dem neuen König all die wirtschaftlichen, sozialen und kulturellen Probleme jener Zeit angelastet wurden, die teilweise sein Vorgänger zu verantworten hatte und die zum anderen Teil durch den gesellschaftlichen Umbruch seiner Zeit verursacht wurden. Nur wenige eingeweihte Beamte und weitsichtige Akademiker wussten, dass dieser König ein schweres Erbe übernommen hatte und sich redlich bemühte, den Anforderungen einer sich rasant verändernden Gesellschaft gerecht zu werden.

Die Wirtschaftsmaßnahmen Friedrichs II., denen die Prämissen des Merkantilismus zugrunde lagen, hatten den Handwerkern und Manufakturbesitzern nur sporadisch und kurzzeitig geholfen und die Kaufleute meist behindert. Die Landwirtschaft hatte einige Impulse erhalten. Aber durch die Festigung der Gutsherrengesellschaft wurden Entwicklungspotenziale auf dem Lande gehemmt. Die Stellung des Adels als verlässliche militärische und politische Stütze des Staates ermöglichte kaum Innovationen. Die religiöse Toleranz Friedrichs II. und seine Wertschätzung der französischen Aufklärung, ohne die deutsche Aufklärung zu würdigen, schufen ein günstiges geistig-kulturelles Klima für das Agieren der Gegner jeglicher Aufklärung. Während Joseph II. – ebenfalls ein Verfechter der Aufklärung – konsequent Reformen in seinem Reich durchführte, nutzte Friedrich II. „die Aufklärung mehr als Instrument der Herrschaftsbegründung und der Selbstdarstellung“[23] und weniger für Reformen im Innern des Landes.

Wenn man die Reaktionen der Zeitgenossen auf die ersten Regierungsmonate des neuen Königs analysiert,[24] wird sehr schnell ersichtlich, dass die meisten von ihnen in seinen Handlungen nur ihre Meinung bzw. ihre Vorurteile bestätigt fanden. Selbst der Reichsfreiherr von und zum Stein im fernen Westfalen monierte schon im Oktober 1786 das Fehlen eines Regierungsplanes.[25] Friedrich Wilhelm wurde einfach unterstellt, dass ihm die Bildung und die Energie zum Regieren fehlten. Ja, hatte denn Friedrich II. einen Plan, der seiner Regierungsweise und seinen Zielen zugrunde lag? Wie sehr bei ihm Theorie und Praxis in der Realität auseinanderklafften, wurde oben schon mehrmals belegt.[26] Dennoch schützte ihn sein guter Ruf als „Friedrich der Große“ (Voltaire) davor, dass öffentlich nach seiner Regierungsstrategie gefragt wurde. Die Zeitgenossen und die Nachwelt gingen davon aus, dass ein großer König natürlich auch eine konkrete Strategie verfolgte. Doch auch Friedrich hatte nur ein außenpolitisches Ziel – die aktive Teilnahme am europäischen Mächtepoker. Die Innenpolitik ergab sich aus der Situation heraus. Betrachtete man das ambivalente Beziehungsgeflecht zwischen dem Staat auf der einen Seite und den Wirtschaftsakteuren auf der anderen Seite zur Zeit Friedrichs II., lässt sich kaum eine konsequente Wirtschaftspolitik erkennen. Karl Heinrich Kaufhold diskutierte diese Problematik unlängst und betonte zu Recht, dass eine direkte, wechselseitige Beeinflussung von Theorie und Praxis nur mittelbar nachgewiesen werden kann. Von einer stringenten Wirtschaftspolitik könne keine Rede sein. Es lassen sich lediglich Wirtschaftsmaßnahmen, die sehr oft aus der jeweiligen Situation heraus verordnet wurden, systematisieren.[27] Die Arbeit von Burkhard Nolte, der die Zollpolitik zweier preußischer Regionen untersuchte, verdeutlicht die Komplexität von Wirkungsmechanismen zwischen den verschiedenen Verwaltungs- und Akteursebenen. Auch er bestätigt mit seinen Forschungen, dass es eine zielgerichtete Wirtschaftspolitik im 18. Jahrhundert nicht gab.[28]

Hinsichtlich der Regierungspraxis Friedrichs II. bestanden zwischen Theorie und Praxis erhebliche Differenzen. Seine theoretischen Überlegungen formulierte Friedrich in seiner Schrift „Regierungsformen und Herrscherpflichten". Dort meinte er, dass der König „... ein Mensch wie der geringste seiner Untertanen ist, wenn er der erste Richter, der erste General, der erste Finanzbeamte, der erste Minister in der Gemeinschaft ist, so doch nicht, damit er repräsentiert, sondern damit er alle diese Pflichten erfüllt. Er ist nur der erste Diener des Staates und ist verpflichtet, rechtschaffen, klug und völlig uneigennützig zu handeln ..."[29] Nun, das ist ihm mit Blick auf die Ausbildung und Vorbereitung seines Nachfolgers eben nicht gelungen.

Friedrich war, um mit Otto Brunner zu sprechen, der Inbegriff der „Säkularisierung des Herrscherbildes im 18. Jahrhundert", der seine souveräne Position allein durch seine Leistungen legitimierte. So neu damals Friedrichs Herrschaftsverständnis auch erschien, ihm gingen schon, wie Volker Bauer betonte, ältere Herrscherkritiken voraus. Bereits Erasmus von Rotterdam schrieb 1561: „Wenn Halsketten, Szepter und Gefolge den König ausmachen, warum sollte man dann nicht Schauspieler als Könige ansehen, da sie doch im gleichen Aufzug auf die Bühne kommen?"[30] Diese Hofkritik, die die Symbolik der Herrschaft und die Repräsentationspflichten der Fürsten hinterfragte, flackerte in den folgenden Jahrhunderten immer mal wieder auf, bis in der zweiten Hälfte des 18. Jahrhunderts die Selbst- und Fremdwahrnehmung der Monarchen und Fürsten erneut debattiert wurde. Friedrich II. sah sich als „erster Diener seines Staates", der auch ein Recht auf Privatsphäre hatte. Er repräsentierte, wenn es der Anlass gebot, aber er zog sich ganz selbstverständlich nach SANS, SOUCI.[31] zurück, um dort im kleinen privaten Kreis zu leben. Wenn also aus dem Stellvertreter Gottes auf Erden – dem König – ein Mensch wurde, der entsprechend dem naturrechtlichen Verständnis durch seine Leistungen überzeugen musste, und genau das war ja die Ansicht Friedrichs II., dann hätte er doch ruhig der Nachwelt das Urteil über seinen Nachfolger überlassen können. Friedrich II., der nichts dem Zufall überließ, wusste durchaus, dass er mit seinem ablehnenden Verhalten dem Thronfolger gegenüber und der Vernichtung der Reputation des Neffen in der europäischen Öffentlichkeit der als Leitmotiv der preußischen Könige verinnerlichten „Staatsräson" entgegenwirkte. Doch seine Eigenliebe war größer als die Einsicht in die Notwendigkeit, den Nachfolger auf das Amt vorzubereiten, statt ihn zu diffamieren. In einigen Biografien[32] wird das Verhalten Friedrichs II. gegenüber dem Thronfolger gern mit der Sucht nach Ruhm und Ehre, die er noch zu Lebzeiten für sich und die Nachwelt sichern wollte, erklärt. Je schlechter er also seinen Neffen machte und ihn als „Auswurf der Familie“ bezeichnete, umso größer musste später sein eigener Ruhm erstrahlen. Der englische Botschafter Lord Malmesbury bemerkte dazu: „Man fühlte sich fast versucht zu glauben, daß der König einen schlechten Nachfolger zu haben wünscht, damit man ihn um so mehr vermisse.“[33]

Inwieweit Friedrich Wilhelm die Strategie Friedrichs II. durchschaute, wenn es sie denn wirklich gab, bleibt ebenso unklar wie sein Herrschaftsverständnis. Teilte er die Auffassung vom Herrschaftsvertrag und wollte auch er als „erster Diener seines Staates“ durch Leistungen überzeugen? Oder neigte er doch eher zum Gottesgnadentum als monarchischem Prinzip?[34] Ein Thronfolger, der über zwei Jahrzehnte im provinziellen Potsdamer Garnisonalltag ausharren musste, bespitzelt und misstrauisch beäugt, stand nun vor der großen Aufgabe, einen aus sehr unterschiedlichen Territorien bestehenden Staat mit vielschichtigen wirtschaftlichen, sozialen und kulturellen Problemen zeitgemäß regieren zu müssen.

Friedrich Wilhelm beließ nach dem Tod Friedrichs II. bewusst vieles so, wie es sein Vorgänger gehandhabt hatte.[35] Er nahm keine Rache an jenen, die dem alten König treu gedient und ihn zu Lebzeiten Friedrichs II. kaum wahrgenommen hatten. Vielmehr setzte er erst einmal auf Kontinuität sowohl personell wie inhaltlich. Er suchte den Rat bewährter Minister und Intellektueller, wobei er hier auf die Erfahrungen der Älteren wie Carmer, Hertzberg und Struensee ebenso vertraute wie auf jene, die sozusagen mit ihm „aufgewachsen“ waren. Zu ihnen zählten Reck, Finkenstein, Schulenburg-Kehnert oder der nur etwas ältere Hoym. Dieses taktisch kluge Vorgehen schuf eine Arbeitsatmosphäre, die es ihm ermöglichte, sich in die Regierungsgeschäfte einzuarbeiten und gleichzeitig einzelne Reformvorhaben anzugehen. Er stützte sich also von Anfang an nicht nur auf Wöllners Rat, wie es immer wieder gern behauptet wurde.

1786 übernahm ein hoch motivierter und vielseitig interessierter Monarch die Regierung, der wie seine Vorgänger die „Staatsräson“ auch zu seinem Haupthandlungsmotiv erklärte. Doch genau das trauten ihm viele Zeitgenossen nicht zu. Obwohl auch Friedrich Wilhelm die einzelnen Provinzen seines Landes regelmäßig visitierte, also die Tradition der Inspektionsreisen Friedrichs II. fortsetzte, und seine Außenpolitik dem preußischen Staat die größte territoriale Erweiterung Preußen überhaupt brachte, hielt sich das schlechte Image dieses Königs. Warum gelang es Friedrich Wilhelm nicht, das von Friedrich II. und seinem untertänigen Umfeld vernichtete symbolische Kapital zu reaktivieren und sich eine von Kritikern und Freunden gleichermaßen geachtete Reputation zu erarbeiten?

Der königliche Hof als Kommunikationszentrale

Der vierte preußische König kam im Alter von 42 Jahren an die Spitze des königlichen preußischen Hofes. Seit seiner ersten Eheschließung wohnte er in Potsdam in einem beengten, eher bürgerlich anmutenden Quartier, das er bekanntlich nur mit königlicher Genehmigung verlassen durfte. Darüber hinaus standen ihm Wohnungen im Berliner Schloss und im Neuen Palais in Potsdam zur Verfügung.[36] Lediglich seine Geliebte Wilhelmine Encke mit ihrem Haus in Charlottenburg ermöglichte ihm ein freieres, weniger beobachtetes Leben außerhalb der höfischen Gesellschaft und der Potsdamer Kleinstadtwelt. Über vierzig Jahre war er nur ein mehr oder weniger geduldeter Gast in den vielen königlichen Schlössern gewesen. Nun durfte er allein über all die Pracht und Herrlichkeit verfügen. Die königliche Familie musste jetzt seinen Anordnungen Folge leisten. Er war jetzt der erste Mann im Staate und am Hofe. Wer hätte es ihm verdenken können, wenn er nun erst einmal diese Pracht aus vollen Zügen genoss?

Sein Urgroßvater, Friedrich I., liebte bekanntlich den Prunk und baute die Residenzlandschaft mit über zwei Dutzend Nebenresidenzen in der Mittelmark aus, um seinen neuen sozialen Status als König im barocken Zeitalter angemessen und für alle sichtbar zu repräsentieren.[37] Aber im Vergleich zu der Hofhaltung der französischen Bourbonen oder der spanischen und österreichischen Habsburger ging es in Brandenburg-Preußen immer noch bescheiden zu. Die Prachtentfaltung war zeitgemäß und sie entsprach den wirtschaftlichen Möglichkeiten des jungen Königreichs. Der Nachfolger des ersten preußischen Königs pflegte dann eine – wie es Wolfgang Neugebauer formulierte – „fallweise Schaustellung von politisch-instrumenteller Pracht …“[38] und konzentrierte die Residenzlandschaft auf Wusterhausen, Potsdam, Charlottenburg und Köpenick, während sich im Berliner Schloss die obersten Verwaltungsstellen befanden.[39] Das gesellschaftliche Hofleben wurde durch die Lebens- und Arbeitsweise Friedrich Wilhelms I. vom politischen Machtzentrum getrennt. Es begann die oben schon erwähnte Entpolitisierung des preußischen Hofes, die Friedrich II. dann durch den Ausbau seines Potsdamer Hofstaates als Machtzentrum seiner fast autokratischen Regierung weiter forcierte.[40]

Der Etat des Hofstaates sah 1713 Gesamtausgaben in Höhe von 134 086 Talern vor und er erhöhte sich bis 1739/40 auf 209 000 Taler.[41] Schließlich kam auch der sparsame Soldatenkönig den repräsentativen Pflichten seiner Zeit nach. Friedrich II. schuf dann die Residenzlandschaft um Potsdam mit dem Schloss Sanssouci als sein persönliches Refugium. Wider Erwarten setzte auch er viele

Traditionen seines Vaters fort. Das von seinem Vater abgeschaffte Hofzeremoniell wurde nicht wiederhergestellt und auch eine Festsetzung der Rangordnung erfolgte nicht. Lediglich eine Hofkapelle für jährlich 50 000 Taler gönnte sich der Philosoph. Nach 1763 wies sein Hofetat eine Summe von 300 000 Talern auf[42] und stieg bis 1793/94 auf 529 127 Reichstaler 39 Groschen.[43]

Unter Friedrich II. entfaltete sich in Berlin und in den Nebenresidenzen seiner Geschwister eine zeittypische Geselligkeit, in der der Berliner Karneval als *das* gesellschaftliche Ereignis des Jahres hervorstach. Aber auch die einzelnen Hofbälle zu den Geburtstagen der königlichen Familienmitglieder oder dem Krönungstag, dem 18. Januar, der ab 1726 auch der Geburtstag des Prinzen Heinrich war, dienten der Zurschaustellung von Pracht und Herrlichkeit. Der musisch begabte König investierte in seinen prächtigen Opernbau Unter den Linden zwischen 150 000 bis eine Millionen Taler. 1742 wurde das Werk Knobelsdorffs zum Geburtstag der Königinmutter mit „Caesar und Cleopatra“ von Carl Heinrich Graun eingeweiht. Für die Dekoration und die Kostüme zahlte Friedrich 60 000 Taler. Pro Aufführung brannten allein 3000 Kerzen. Wer in die königliche Oper durfte, war ein Auserwählter, denn der Monarch trug die Unterhaltskosten allein aus der Schatulle und so war der Eintritt frei. Die Opernbesuche wurden zu einem wichtigen Teil der höfischen Geselligkeit und sie wurden im wahrsten Sinne des Wortes inszeniert.[44] Es wurde für viele Adlige zu einer Prestigefrage, zu diesem erlauchten Kreis dazuzugehören. Obwohl sich die Differenzierung zwischen dem politischen Machtzentrum in Potsdam und dem gesellschaftlichen Hofleben in Berlin unter Friedrich II. gerade in den Jahren nach 1763 weiter verfestigte, zog der Hof dennoch den Adel magisch an. Die adligen Sprösslinge strebten die Kammerherrenwürde an und legten viel Wert auf die Hoffähigkeit (Courfähigkeit). Dafür brauchte man eine Empfehlung eines Angehörigen des Hofstaates, der den Neuen bei Hofe einführte, und nur dann durfte man bei der Cour oder bei den Hofbällen erscheinen.

Friedrich II. nahm jedoch an dieser höfischen Geselligkeit nur sporadisch teil. Stattdessen pflegte er in Sanssouci eine spezifisch intellektuelle und musische Geselligkeit, zu der nur selten Familienmitglieder, kaum Minister und nie Kabinettsbeamte geladen wurden.[45] Die Ideen der Aufklärung diskutierte der Monarch mit einer sehr kleinen auserwählten Schar von Intellektuellen sowie hin und wieder mit verwandten regierenden Fürstinnen und Fürsten. Die traditionelle höfische Geselligkeit fand hingegen in Berlin und an den Höfen der Geschwister Friedrichs II. statt. Dort widmete man sich den Musen, der Musik, der Malerei, der Schriftstellerei und vertrieb sich die Zeit mit Kultur und Kunst, aber auch mit Glückspielen und Bällen. Es bliebe zu untersuchen, ob die kulturelle Dominanz des preußischen Hoflebens dennoch der Disziplinierung des Adels dienen konnte oder ob dieser Hof bezüglich des Adels eine andere Funktion übernahm. Unstrittig dürfte sein, dass es unter Friedrich II. zu einem Perspektivenwechsel kam, was das höfische Leben anbelangte. Nicht der Luxus oder die Prachtentfaltung sorgten für die Reputation des Hofes bzw. des Königs, sondern sein Fleiß und seine Sorge für das Wohl des Volkes durch seine Tätigkeit als erster Diener seines Staates. Friedrichs Selbstinszenierung als strebsamer und unermüdlicher Diener seines Staates hatte ihm den Ruf, modern und aufgeklärt zu sein, nachhaltig gesichert. Was hatte ein „fauler, träger und dummer" Nachfolger dem entgegenzusetzen?

Allein die Regierungsweise Friedrichs II. aus dem Kabinett heraus und die damit einhergehende Entpolitisierung des preußischen Hofes stellten den Nachfolger vor große Probleme. Wie sollte er nun regieren? Und wer hatte außer dem alten König überhaupt einen Überblick über die Regierungsgeschäfte? Friedrich Wilhelm musste sich also im Kabinett und am Hof Respekt verschaffen, um das ererbte Zwitterwesen des preußischen Hofes führen zu können. Dabei handelte es sich um zwei sehr unterschiedliche Personenkreise, die jedoch beide durch das vernichtende Urteil Friedrichs II. über seinen Nachfolger beeinflusst worden waren. Der Großvater Friedrich Wilhelms hatte seinen Herrschaftsanspruch durch die rigorosen Kürzungen des Hofetats demonstriert. Friedrich II. bewies mit dem Überfall auf Schlesien seine Macht. Was sollte nun der 42-jährige König im Jahr 1786 tun? Friedrich Wilhelm demonstrierte seine Macht zuerst im kulturellen Bereich. Das deutsche Nationaltheater, die Wertschätzung der Religion, der deutschen Literatur, der deutschen Sprache und der schönen Künste hatten jedoch nicht die Außenwirkung, wie sie seine Vorgänger mit ihren Maßnahmen erzielten. Friedrich Wilhelm I. reduzierte den Hofstaat im barocken Zeitalter, und sein Sohn nutzte die Gunst der Stunde, in der sich die neue Regentin, Maria Theresia, in Österreich 1740 erst einmal etablieren musste, um sich Schlesien einzuverleiben. Das waren spektakuläre Taten, die fielen allen auf. Doch Friedrich Wilhelm entsprach mit seinen Aktivitäten dem Zeitgeist und holte nach, was beispielsweise am Weimarer Hof schon lange Zeit üblich oder was im kleinen Fürstentum Baden-Durlach unter dem reformfreudigen Markgrafen Karl Friedrich von Baden bereits Alltag war.[46]

Friedrich Wilhelms Leben hatte sich bis 1786 fast ausschließlich im höfischen Mikrokosmos bewegt und damit fernab vom politischen Machtzentrum. Der Alltag des Potsdamer Garnisonsbetriebes bestimmte über 20 Jahre lang seinen Tagesablauf. In Sanssouci oder dem Neuen Palais durfte er nur selten erscheinen und aus dem Potsdamer Stadtschloss, wo der König im Winter seine Geschäfte führte, war er mit seiner ersten Eheschließung ausquartiert worden. Der Kronprinz verfügte über keine eigene Residenz, die ihm Raum bot für künstlerische oder gesellschaftliche eigenständige Aktivitäten. Seine Ausgrenzung aus Teilen des höfischen Lebens hatte er durch Liebesabenteuer und durch das innige

Zusammenleben mit Wilhelmine Encke zu kompensieren versucht. Neben der Liebe beschäftigten ihn bis 1786 vor allem die Kunst, die Musen, die Architektur und die höfische Geselligkeit. Darin unterschied er sich aber kaum von anderen Thronfolgern und Mitgliedern höfischer Gesellschaften der Zeit des Rokokos. Einzigartig wurde seine Situation allein durch den Rufmord seines Vorgängers, der ihm das Regieren und Herrschen sehr erschwerte. Jeder Eingeweihte glaubte, diesem „Schwächling" Paroli bieten zu müssen.

In der königlichen Familie konnte Friedrich Wilhelm II. relativ schnell seine Position als oberstes Familienmitglied behaupten, zumal alle Hofausgaben über seinen Tisch gingen und er nun festlegte, wer wohin reisen durfte und wer nicht usw. Außerdem brachte ihm die faire und standesgemäße Behandlung der Witwe Friedrichs II. sowie seiner eigenen ungeliebten Gemahlin viele Sympathiepunkte innerhalb der höfischen Gesellschaft. Der galante König hatte ohnehin keine Probleme, sich auf dem höfischen Parkett zu behaupten. Auch die Hofverwaltung fiel ihm nicht schwer, denn hier kannte er sich ja weitestgehend aus.

Allein die Besichtigung der Hofverwaltung hätte sehr viel Zeit beansprucht. Doch auch hier setzte er – wie sein Vorgänger – vorerst auf Kontinuität. Zur Hofverwaltung zählten Küche, Keller, Apotheke, Konditorei, Weißzeug-, Lichts- und Möbelkammer, Silber- und Porzellankammer, Wäscherei, Brennholzverwaltung, Rüstkammer, Marstall, Jägerei, Kunstkammer und Bildergalerie, Bibliothek, Kapelle und Theater, das nun allerdings nicht nur als deutsches Nationaltheater neu begründet, sondern auch personell erweitert wurde.

Hatte der erste preußische König Friedrich I. noch 141 Ränge in seinem Rangreglement von 1708 ausgewiesen, die der Soldatenkönig dann auf ganze 44 Ränge reduzierte und die Friedrich II. wieder um neun erhöhte, so änderte Friedrich Wilhelm daran kaum etwas. Lediglich für die Verwaltung des Marstalls und der Rüstkammer wurde ein neues Amt geschaffen und die von seinem Vorgänger eingesetzten neun Hofchargen (Oberhofkammerherr, Oberhofmarschall, Oberstallmeister, Hofmarschall, Grand Maître de la Garde Robe, Oberschenk, Schlosshauptmann, Oberhofjäger und Generaldirektor der Schauspiele) erhielten nun mehr zu tun. Friedrich benötigte dieses Personal nicht wirklich, weil er mit Fredersdorf und Eichel allein zurechtkam.[47]

Vergleicht man die Berliner Adresskalender von 1786 und 1787, so erfährt man sehr schnell, dass Friedrich Wilhelm einige wenige Personen umsetzte und einige neu in den Hofstaat aufnahm. Im Großen und Ganzen behielten die meisten Mitglieder des Hofstaates ihre Aufgaben und ihre Einnahmen. Der König gönnte sich zwei geheime Kämmeriere – den ihm seit seiner Jugend ergebenen Johann Friedrich Ritz, den Scheinehemann seiner Geliebten, und den Herrn Dusour. Seine Kammerherren wurden der ihm vertraute Marquis Girolamo v. Lucchesini und Joseph Graf v. Wengersky.

Natürlich erhielt die Königin Friederike Luise nun ihren eigenen standesgemäßen Hofstaat. Dieser setzte sich aus dem Oberhofmeister Hofmarschall Carl Gotthardt Graf von Schaffgotsch, den Kammerherren Friedrich Carl Freiherr von Dörnberg und Leopold Gotthardt Carl von Schaffgotsch sowie aus dem Beichtvater Johann Ernst Lüdecke, der Oberhofmeisterin der Witwe von Keith und den Damen d'Aour Charlotte und Marianne von Bischoffwerder sowie Henriette von Geuder zusammen. Weiterhin zählten zu ihrem Hof noch 20 Personen, die mit Ausnahme der drei Hofdamen den Haushalt besorgten. Die Königin erhielt das Schloss Monbijou und nutzte die Königin-Kammern im Berliner Schloss.

Im königlichen Hofstaat blieben als Oberkammerherr Carl Graf von der Osten, der Oberstallmeister Friedrich Albrecht Graf von Schwerin, der Grand Maître de Garde Robe Graf von Görz und der Schlosshauptmann Graf von Wartensleben. Der Hofmarschall Gebhard Werner Graf von der Schulenburg wurde 1787 durch Berend Friedrich August von der Marwitz ersetzt,[48] den der König schon im Jahr 1759, als der Hof im Siebenjährigen Krieg nach Magdeburg geflüchtet war, kennen gelernt hatte. Der königliche Kammerherr war damals 19 Jahre alt und Friedrich Wilhelm nur vier Jahre jünger. Offenbar fasste der Kronprinz zu dem auf der Ritterakademie in Brandenburg und der Universität Frankfurt an der Oder gebildeten jungen Adligen Vertrauen, das ihn bewog, ihm nun diese Aufgabe zu übertragen. Glaubt man den Ausführungen des Sohnes, des späteren Generals und Konservativen Friedrich August Ludwig von der Marwitz, so freute sich der Vater über diese Stellung bei Hofe nicht gerade, weil er dort viele Verpflichtungen hatte und oft auf Reisen gehen musste, so dass sein Fredersdorfer Anwesen darunter litt.[49]

Die minimalen Veränderungen, auf die unten im Zusammenhang mit dem Kabinett noch näher eingegangen wird, führten jedoch schon zu einem Aufschrei der nicht Eingeweihten, die meinten, dass nun die Zeit der Günstlinge und Lumpen begonnen hätte. Selbst von der Marwitz bediente sich dieser Sichtweise, obwohl sein Vater ja als Hofmarschall mit 2000 Taler jährlichem Gehalt[50] kein geringes Amt innehatte. Dennoch heißt es in seinen Erinnerungen: „Der Favorit des Königs, welcher den Staat beinahe regierte, war der General Bischoffwerder. Der König hielt den Winter, wenn er in Berlin war, des Sonntagsmorgens Cour … Im ersten Saal waren die Generale und alle Offiziere, die hinkommen wollten; hier gab der König die Parole aus; dann ging er in den zweiten Saal, wo die fremden Gesandten und Minister waren, und nachdem er mit diesen gesprochen, kehrte er durch den ersten Saal wieder in seine Zimmer zurück. Wenn nun der König fort war, so fehlte es nicht an Personen, die bei Bischoffwerder etwas anzubringen hatten und unter vielen Bücklingen sich ihm näherten. Mein Vater aber ging immer seinen geraden Weg und hatte mit den Freunden der krummen Wege nie etwas zu schaffen …“[51] Der Sohn war 16 Jahre alt, als der Vater verstarb. Es bleibt zweifelhaft, ob er hier eigene Erinnerungen aus den Erzählungen des Vaters wiedergab. Vielmehr reflektierte er wohl Ansichten, die sich in den ersten Jahrzehnten des 19. Jahrhunderts über diesen König verfestigt hatten.

Der sächsische Adlige Bischoffwerder war von Friedrich II., der ihn 1778 während des Bayerischen Erbfolgekrieges als Major und Kommandant eines Jägerbataillons in die preußische Armee genommen hatte, wegen seines militärischen Könnens und seiner Bildung geschätzt worden. Immerhin hielt Friedrich ihn für würdig, die vertrauensvolle Position des Adjutanten des Thronfolgers einzunehmen und so lernten sich die beiden Männer kennen und schätzten. Im Jahr 1786 ernannte ihn Friedrich Wilhelm II. zum Oberstleutnant und später vertraute er ihm im Kabinett die militärischen Angelegenheiten als „expedierender Generaladjutant“ an.[52] Bischoffwerder kannte durch den jahrelangen persönlichen Umgang mit Friedrich Wilhelm dessen Charakter und Wesen sehr gut. Doch er nutzte seine fast freundschaftliche Stellung an der Seite des Kronprinzen und später des Königs niemals in der oben von Marwitz beschriebenen Weise aus.[53] Die ihm zugeschriebene Mittlerfunktion hatte eher der Kämmerer Ritz inne, wie auch Wilhelm Bringmann auf Grund seiner Forschungen betonte.[54] Innerhalb bestimmter Kreise des preußischen Adels oder im Umfeld von der Marwitz verfestigte sich jedoch im Verlaufe der Regierung Friedrich Wilhelms die Überzeugung, dass eben Bischoffwerder, Haugwitz und Wöllner mit ihren Intrigen und ihrer Verschwendungssucht dem Staat schadeten.[55]

Ein „schwacher König“ mit einem „guten Herzen“ und „leichten Sinn“ konnte nur von Günstlingen umgeben sein, die ihre vertrauensvolle Stellung zum König nutzten, um sich persönlich zu bereichern.[56] Diese Ansicht verbreitete sich schnell und blieb nachhaltig in Erinnerung. Friedrich Wilhelm II. erbte von Friedrich II. einen Staatsschatz von ca. 50 Millionen Talern und er hinterließ seinem Sohn nach nur elf Jahren nicht nur eine gähnende Leere im königlichen Tresor, die schon 1795 verzeichnet wurde, sondern auch noch über 40 Millionen Schulden.[57] Diese Tatsache überzeugte viele Zeitgenossen und die Nachwelt von der schlechten Regierungsweise dieses Königs.

Der Entwurf zum Etat der königlichen Hofstaatskasse von 1787/88 zeigt einen ausgeglichenen Haushalt. Den Einnahmen von 492 091 Reichstalern 12 Groschen und 4 Pfennigen standen Ausgaben in Höhe von 485 906 Reichstalern 19 Groschen und 6 Pfennigen gegenüber. Für die königliche Disposition blieben daher 6184 Reichstaler 16 Groschen und 10 Pfennige.[58] Allein 52 599 Reichstaler 17 Groschen und 6 Pfennige wurden für die königlichen Prinzen und fürstlichen Personen ausgegeben.[59] 34 300 Reichstaler schlugen für die Gesandten in Spanien, Haag, Turin, Petersburg, Konstantinopel, München, im Reiche, Wien, Danzig und zu Iassy in der Moldau zu Buche.[60] Für die 16 königlichen Ärzte und Chirurgen wurden 5652 Reichstaler ausgegeben.[61] Die 16 Professoren und Künstler kosteten dem Staat nur 9952 Reichstaler. Zu ihnen zählten der Professor Castillion und Merian sowie der Major und Architekt von Gontard.[62] Für die königliche Kapelle wurden immerhin 15 300 Reichstaler aufgewendet,[63] die sieben italienischen Sänger und Sängerinnen erhielten 12 000 Reichstaler,[64] die königlichen Tänzer und Tänzerinnen 10 600 Reichstaler[65] und die vier Spieler der komischen Oper stolze 4000 Reichstaler.[66] Dieser Etat bilanziert einen ganz normalen königlichen Staatshaushalt am Ende des 18. Jahrhunderts.

Bei genauer Betrachtung der Ausgaben der nächsten Jahre zeigt sich, dass dieser König den Staatsschatz nicht für Luxus und seine Günstlinge verschleuderte, sondern die Kriege gegen Frankreich und Polen Unsummen verschlangen. Die Reform der Kasseneinnahmen und -ausgaben verhinderten einen kontinuierlichen Zuwachs im Tresor.[67] Friedrich Wilhelm verwendete den Staatsschatz, um seinem Staat im europäischen Staatenkonkurrenzkampf seinen gerade erst eroberten, angesehenen Platz zu sichern. Er erfüllte damit die zeitgemäße Aufgabe eines auf Kontinuität bedachten, dynastisch orientierten Herrscherhauses. Schließlich wurde ihm dieser Herrscheranspruch von Kindesbeinen an vermittelt.

Höfisches Leben

Friedrich Wilhelm II. veränderte am höfischen Leben im Vergleich zu seinen Vorgängern nur wenig. Neben den üblichen Feierlichkeiten der königlichen Familie spielte nach wie vor der Karneval als das große gesellschaftliche Ereignis des Adels eine hervorragende Rolle. Der König empfing jeden Sonntagvormittag, wenn er in Berlin weilte, im Thronsaal die ausländischen Gesandten zum Levée.[68] Zu seinen Freizeitbeschäftigungen zählten standesgemäß die Jagd, die schon sein Großvater, der Soldatenkönig, sehr geliebt hatte, und das Musizieren. Er spielte ausgezeichnet Cello und soll täglich an die zwei Stunden musiziert haben.[69] Spaziergänge im Tiergarten oder im Neuen Garten dienten der Bewegung und die dabei bezeugte einfache Kleidung[70] spricht für die Bescheidenheit des Monarchen in persönlichen Dingen. Sooft es ihm die Zeit erlaubte, initiierte er häusliche Kammerkonzerte. Er liebte die intime Atmosphäre dieser Konzerte und brillierte dort meist als Cellist.[71] In seinen letzten beiden Regierungsjahren zog er sich nach Potsdam zurück. Das Marmorpalais und der Neue Garten beherbergten den kranken König, der in dieser Zeit auch seine getreue Gefährtin Wilhelmine an seiner Seite wusste. Wenn es seine Gesundheit zuließ, arbeitete er täglich fünf Stunden, um die anfallenden Regierungsgeschäfte zu erledigen. Zur Erholung wurde dann musiziert und gelesen. Des Abends begab sich der König in die Oper oder in das Potsdamer Theater.[72]

Besondere Höhepunkte des höfischen Lebens stellten stets die Besuche ausländischer Fürsten oder Verwandter dar. Als Friedrich Wilhelms Schwester Wilhelmine im Jahre 1789 nach Potsdam und Berlin kam, wurde dieses Wiedersehen natürlich gefeiert und alles aufgeboten, was man an Kultur vorweisen konnte. Das Nationaltheater zeigte sich von seiner besten Seite und brachte Lessings „Emilie Galotti“, Schillers „Don Carlos“, Babos „Otto von Wittelsbach“ und Kotzebues „Menschenhaß und Reue“ auf die Bühne. Wilhelmine wurde mit Blick auf Schillers und Kotzebues Werke das Aktuellste der Zeit vorgeführt. Gespeist wurde dann häufig im Schloss Charlottenburg beim König und natürlich kamen auch die Königin und Königinwitwe zu ihrem Recht. Zwei Tage verbrachte Wilhelmine bei ihnen.[73]

Zum ganz normalen Alltag der königlichen Familie gehörten natürlich auch die zahlreichen Familienfeste, die an den Höfen der Geschwister Friedrichs II. und in den königlichen Schlössern stattfanden. Hochzeiten wurden prunkvoll gestaltet, denn es galt, für alle sichtbar zu repräsentieren, und so zogen sich die Feierlichkeiten über mehrere Tage hin. Zu den gewöhnlichen Festen zählten die Geburtstage. Beispielsweise feierte der Hof den 45-jährigen Geburtstag des Königs am 25. September 1789 an mehreren Höfen der Familie. So gab es ein Fest in Monbijou, das sich dann in Bellevue bei seinem Onkel Ferdinand fortsetzte. Zum Programm gehörten, wie fast immer bei solchen Anlässen, neben dem festlichen Essen Konzert- und Theaterbesuche und natürlich der große Ball. Ausgelassen wurde diese abwechslungsreiche Unterhaltung im Kreise der königlichen Familie genossen, zumal nun ja nicht mehr ein zynischer Monarch die Stimmung beeinträchtigte. Auch der immer noch verstimmte Prinz Heinrich kam zu dieser Geburtstagfeier nach Berlin. Im Anschluss daran besuchte ihn der König mit seinem Gefolge in Rheinsberg, um dort neben der schönen Herbstlandschaft vor allem dessen weithin berühmten Kulturveranstaltungen zu genießen. Friedrich Wilhelm reiste mit seiner Frau und den Kindern an. Heinrich hatte auch des Königs Lebensgefährtin Wilhelmine Ritz eingeladen, um ihm eine Freude zu machen. Doch Wilhelmine wusste, dass es für alle Beteiligten besser war, wenn sie dort nicht erschien. Das Unterhaltungsprogramm, das Heinrich, der bis zu seinem Tod 1802 ein typischer Fürst des Rokoko blieb, inszenierte, gefiel nicht nur Friedrich Wilhelm, sondern auch der jungen Generation, die sich im Garten, bei den Spielen und auf den Bällen bestens amüsierte.

Natürlich zog die Anwesenheit des Königs in diesem kleinen Ort Neugierige aus der ganzen Region magisch an. Der Theateraufführung wollten so viele Menschen beiwohnen, dass man über fünfhundert wieder fortschicken musste. Die Rheinsberger freuten sich über die Besucher, die bei ihnen Quartier bezogen und für die Hebung des kleinstädtischen Warenumsatzes sorgten. Der König, der sich sichtlich wohl fühlte, beschenkte den Gastgeber, dessen Künstler und das

Personal reichlich. Auch an eine zeittypische Huldigung für den Prinzen Heinrich wurde im Rahmen der Opernaufführung des „Alexanders“ von Christoph Willibald von Gluck gedacht.

Eigentlich hätten alle Beteiligten glücklich und zufrieden sein können, denn diese familiäre Harmonie gab es an königlichen Höfen höchst selten, wenn da nicht die verletzte Eitelkeit des Prinzen Heinrich gewesen wäre. Dieser zweifelte an der Aufrichtigkeit des Königs und deutete auch die gut gemeinte Huldigung anders, als sie beabsichtigt war. Das Hofleben unter Friedrich II. hatte diesen Prinzen zu nachhaltig geprägt. Das einvernehmliche Zusammenleben in Schloss Rheinsberg und die Gespräche mit dem Neffen bauten Heinrichs Misstrauen gegenüber den Intentionen Friedrich Wilhelms nicht ab. An seinen Bruder Ferdinand schrieb er am 8. Oktober 1789: „Ich wünschte wirklich, dass der König, der ein so gutes Herz hat, immer von ehrenhaften Leuten umgeben wäre. Er tut mit leid, aber was soll man tun? Wenn man dem Staat nicht dienen darf, ist es besser, sich fern zu halten.“[74] Als „Graue Eminenz“ wollte der Prinz nicht agieren und dennoch versuchte er immer wieder, Einfluss auf politische Entscheidungen seines Neffen zu nehmen. Dieser hingegen behandelte seinen Onkel durchaus mit Hochachtung, wenn ihre Staatsauffassung und ihre Vorstellungen von der Regierungsweise auch selten identisch waren. Schließlich agierten hier auch unterschiedliche Generationen. Heinrich lebte ausschließlich in der Vorstellungswelt des Rokokos und Friedrich Wilhelm interessierte sich für die Kultur des Sturm und Drang, des Klassizismus und der englischen Landschaftsgärten. Schon deswegen waren ihre Gespräche sicherlich nicht so ergiebig wie die unter Gleichgesinnten.

Trotz so mancher Turbulenzen innerhalb der königlichen Familie entwickelten die Angehörigen des Königshauses dennoch ein Zusammengehörigkeitgefühl, das auch von den nun herangewachsenen Kindern der Brüder Friedrichs II. geteilt wurde. Man feierte weiter zusammen Geburtstage, besuchte sich gegenseitig und liebte nach wie vor den Karneval mit der Geburtstagsfeier für den Prinzen Heinrich am 18. Januar als alljährlichen Höhepunkt.

Natürlich wurden auch die Geburtstage der Geschwister oder der Verwandten würdevoll gefeiert. Um den Jubilar oder die Jubilarin zu ehren, richtete meist ein Familienangehöriger ein festliches Mahl aus. Heinrich bereitete seinem Bruder Ferdinand zu dessen Geburtstag in Rheinsberg gern ein schönes Fest. Und als Heinrich am 18. Januar 1795 69 Jahre alt wurde, lud der König trotz leerer Kassen die ganze Familie zur Ehren Heinrichs zu einem Festessen mit dem berühmten Goldgeschirr ein. Dem Essen folgte der übliche Ball, der natürlich der Jugend besondere Freude bereitete.[75] An den Geburtstagen des Königs pflegte – so berichtet es Friedrich August von der Marwitz – immer die Königin einen Ball zu geben. So geschah es auch am 25. September des Jahres 1797, als Friedrich

Wilhelm schon sehr krank war. „Niemand glaubte, daß er erscheinen würde, aber er kam. Er sah aus wie ein Schatten, konnte kaum die kurze Strecke durch einige Zimmer gehen, bis er zu einem Sofa im Tanzzimmer gelangte; jedermann fürchtete, daß er hier verscheiden würde. Er blieb aber wohl eine Stunde und unterhielt sich wie gewöhnlich, aber sehr matt, mit den Schwiegertöchtern. Nachher hat ihn niemand, außer seinen nächsten Umgebungen, mehr gesehen."[76]

Der Hof lebte auch unter Friedrich Wilhelm II. von Klatsch- und Tratschgeschichten, und an Intrigen mangelte es ebenfalls nicht. Dennoch veränderte sich das Zusammenleben der höfischen Gesellschaft, da der Umgangston des Königs sich so gänzlich von dem Friedrichs II. unterschied. Die königliche Familie, die Kammerherren und -damen erstarrten nicht mehr zu Salzsäulen, wenn der König den Raum betrat. Obwohl alle die erforderlichen Ehrenbezeugungen gegenüber dem König seit Kindesbeinen an verinnerlicht hatten und es auch Friedrich Wilhelm II. nie an diesem erforderlichen Respekt mangelte, vermochte er es nicht, sich darüber hinaus eine „ehrliche" Anerkennung seiner Leistungen als König zu erarbeiten. Die Brüder Friedrichs II. und auch der Thronfolger maßen seine Taten immer an denen des „Großen Friedrich". Die veränderten Zeitumstände und Friedrich Wilhelms schlechten Startbedingungen realisierten nur wenige Zeitgenossen.

Außenpolitik

Das zweite Testament Friedrichs II. von 1769 richtete sich an Friedrich Wilhelm II. als seinen Erben. Die Herrschaftskontinuität der Hohenzollern setzte nun der ungeliebte Neffe als Friedrich Wilhelm II. fort. Im Vergleich zu dem ersten Testament von 1752 änderte Friedrich II. den Passus über den Staatsschatz, der da lautet: „... hinterlasse ich ihm den Staatsschatz, wie er ihn am Tage meines Todes vorfinden wird, als Eigentum des Staates, das nur dazu bestimmt ist, die Völker zu verteidigen und ihnen Erleichterung zu verschaffen."[77] Diese Trennung von Staatsschatz und königlichem Eigentum korrespondierte mit Friedrichs Staatsauffassung. Für ihn war das ursprüngliche Gottesgnadentum eine Chimäre. Er leitete seine Position aus einem naturrechtlich fundierten „Gesellschafts- und einem – freilich unwiderruflichen – Herrschaftsvertrag" ab und entsprach damit den Auffassungen der Staatstheorie seiner Zeit.[78] Der „Erste Diener seines Staates" hatte sich mit seinen außenpolitischen Aktivitäten im Kreise der europäischen Großmächte behauptet und damit seine eigentliche Aufgabe zum Wohle des Staates erfüllt. Anders sah es im Innern des Landes aus. Trotz aller Reformansätze hatte Friedrich II. letztendlich nicht an den Grundfesten der ständischen Gesellschaft und den überlieferten Privilegien einzelner sozialen Gruppen und Schichten gerüttelt. So erbte der Nachfolger einen Staat, der dringend auf die Herausforderungen der Zeit reagieren musste. Der Staatsschatz diente aber der Sicherung der Machtbalance im europäischen Staatenwettbewerb und stellte am Ende des 18. Jahrhunderts ein schwieriges Unternehmen dar. Schließlich sah auch der neue König im Ringen um außenpolitische Erfolge seine eigentliche Bestimmung.

Da der Minister von Hertzberg schon vor dem Regierungswechsel von 1786 relativ engen Umgang mit Friedrich Wilhelm gepflegt hatte, machte die ältere Forschung auch ihn für die außenpolitischen Aktivitäten bis 1791 verantwortlich. Dessen „Plan de Pacification", dem ein Gebietstausch zwischen Preußen, Polen, Österreich und dem Osmanischen Reich zugrunde lag, galt als unzeitgemäß.[79] Nur vereinzelt wurden Stimmen laut, die Friedrich Wilhelm sehr wohl eine eigene Außenpolitik zubilligten. Horst Möller betonte bereits zu einer Zeit, als es kaum Untersuchungen zur Außenpolitik Friedrich Wilhelms II. gab, dass dieser König die friderizianischen Traditionen fortsetzte, wie die preußische Reaktion auf den holländischen Aufstand 1787/88 und die Revolution in Lüttich 1789/90 belegten, und dass Preußens Reaktionen auf die Französische Revolution „vom Primat der Außenpolitik"[80] geleitet waren.

Auf dem Gebiet der Außenpolitik übernahm Friedrich Wilhelm anfänglich viele Denk- und Verhaltensweisen seiner Vorgänger. Er versuchte, Preußen im Reigen der europäischen Staatenwelt seinen mühsam erkämpften Platz als Großmacht zu erhalten. Doch schon Friedrich II. hegte Zweifel daran, ob das in Zukunft auch gelänge.[81] Das russisch-österreichische Bündnis von 1780, die Unzuverlässigkeit Englands und die Allianz Frankreichs mit Österreich führten zur außenpolitischen Isolierung Preußens. Es blieb nur die Hoffnung auf Ereignisse, die einen Bündniswechsel der Großmächte erforderten und dann musste Preußen seine Chance nutzen. Während nun Friedrich II. geduldig warten wollte, bis sich etwas tat, wollte Hertzberg gezielt Bündniswechsel „vorbereiten". Welche außenpolitischen Prämissen setzte nun Friedrich Wilhelm?

Friedrich Wilhelm II. und die Französische Revolution

Thomas Stamm-Kuhlmann bescheinigte Friedrich Wilhelm II. in seiner Biografie über dessen ältesten Sohn, wie die meisten Historiker vor ihm, die Unfähigkeit auf die Herausforderungen der Französischen Revolution angemessen zu reagieren. Wörtlich schrieb er: „Friedrich Wilhelm II., dieser wundergläubige, für das orthodoxe Christentum streitende, durch die Frauen von seiner Arbeit ablenkbare, gutherzige Monarch stand durch die Französische Revolution vor neuartigen Herausforderungen."[82] Schon die Charakteristik des Königs suggeriert dem Leser, Preußen hatte unter diesem Monarchen keine Chance, die Herausforderung anzunehmen und die neue Situation zu bewältigen. Doch was hätte der König angesichts der französischen Ereignisse tun sollen? Seine Herrschaftsauffassungen basierten auf den Traditionen seiner Vorfahren und die bestimmten sein Handeln. Er hätte anders erzogen und aufwachsen müssen, um in dieser Revolution keine Bedrohung der alten Ordnung Europas zu sehen und um sich nicht verpflichtet zu fühlen, seinen regierenden Verwandten zu Hilfe eilen zu müssen. Weder sein Selbstverständnis als König noch die Bedeutung Preußens als europäische Großmacht ließen ihm eine andere Wahl. Doch diese Parteinahme erfolgte, wie oben schon gesagt wurde, in erster Linie aus außenpolitischen Erwägungen. Dass er sich in dieser angespannten Lage nach 1789 für eindeutige Entscheidungen Zeit ließ und nicht gleich mit wehenden Fahnen in den Krieg gegen Frankreich zog, ist daher verständlich. Schließlich ist er mit dem Bemühen Friedrichs II. um das europäische Gleichgewicht aufgewachsen.[83]

Bündniswechsel gehörten zwar durchaus zur außenpolitischen Strategie der anderen preußischen Könige, aber Friedrich Wilhelm zögerte hier, da er sich aus zutiefst menschlichen Gründen seinen Bündnispartnern gegenüber verpflichtet fühlte. Seine moralische Hemmschwelle lag hier wesentlich höher als die seiner Vorgänger. Was jedoch für Friedrich Wilhelm I. oder Friedrich II. sprach, da man ihnen ja immer unterstellte, genau gewusst zu haben, was sie taten, wurde Friedrich Wilhelm II. als Schwäche ausgelegt. Unentschlossen wäre er gewesen, als es um außenpolitische Entscheidungen ging.

Als in Frankreich im Jahr 1789 das monarchische Regierungssystem in Frage gestellt wurde, wollte der König informiert sein über das, was sich dort und in der Welt tat. Dass er nicht sofort nach dem Sturm auf die Bastille seinen Onkel Heinrich kontaktierte und sich über die französischen Ereignisse unterrichten ließ, wurde immer als Desinteresse gedeutet. Doch Friedrich Wilhelm hatte erst im März die Gräfin Ingenheim verloren und befand sich noch in tiefer Trauer, als am 14. Juli die Französische Revolution mit dem Sturm auf die Bastille begann. Außerdem rumorte es in Frankreich ja schon einige Zeit, da die Staatsverschuldung den Unmut der Untertanen hervorrief. Jacques Necker hatte im Jahr 1781 mit dem Reformplan für die französischen Staatsfinanzen für einen öffentlichen Aufschrei in der Welt der Aristokratie gesorgt, als er das große Geheimnis der Staatsfinanzen öffentlich machte.[84] Die preußischen Finanzen waren noch in Ordnung, und der König bemühte sich seit 1786 redlich, das Leben seiner Untertanen zu erleichtern. Also was sollte ihn am Sturm auf die

Bastille in Aktionismus versetzen? Weder die Verhältnisse in den Vereinigten Staaten von Amerika, die seit den 1777er-Jahren auch in Deutschland rege diskutiert wurden, noch die französische Misswirtschaft unter Ludwig XVI. konnte man mit der Lage in Preußen vergleichen. Ein gütiger König, und als solcher sah sich Friedrich Wilhelm II., sorgte für sein Volk und schloss so eine politische Revolution aus.

Wenige Wochen später referierte der König ausgiebig mit seinem Onkel über die Bedeutung der Ereignisse des Jahres 1789. Die ersten französischen Emigranten trafen in Preußen ein, suchten Asyl und finanzielle Unterstützung. Außerdem wollten sie den König von einem Krieg gegen das revolutionäre Frankreich überzeugen.[85] Doch Friedrich Wilhelm verließ sich nicht nur auf die Berichte der Emigranten und seines Onkels. Er wollte sich auch selbst informieren. So beauftragte er seinen Hofbuchhändler, Heinrich August Rottmann, dem er 1788 nicht nur seine private, sondern auch die Königliche Bibliothek Unter den Linden anvertraut hatte, sich um die neuesten Veröffentlichungen zu kümmern. Der Buchhändler begab sich nach Paris und erstellte einen umfangreichen Katalog von belletristischen und wissenschaftlichen Werken. Unter den 1789 an Friedrich Wilhelm gelieferten 116 Büchern befanden sich neben der aktuellen Revolutionsliteratur auch Schillers Romanfragment „Der Geisterseher" oder Saint-Nons „Voyage pittoresque ou description des royaumes de Naples et Sicile" oder drei Ergänzungsbände zu den Memoiren des Herzogs von Saint-Simon. Condorcets „Adresse aux assambleés élecotorales" verschaffte dem König ebenso einen Einblick in die aktuelle Situation in Frankreich wie das Revolutionsjournal Mirabeaus.[86] Der König wollte sich also über die aktuelle Situation in Frankreich möglichst breit unterrichten und hatte deshalb dem Buchhändler diesen Auftrag erteilt.[87]

„Freiheit, Gleichheit, Brüderlichkeit" konnten dem 45-jährigen König, der sich der Probleme seines Landes durchaus bewusst war, sicherlich nicht als ein Lösungsmodell für Preußen erscheinen. Der Tod des französischen Königspaares und der Terror riefen dann auch nur noch die Ablehnung dessen hervor, was in Frankreich geschah. Am 5. Mai 1791 schrieb Friedrich Wilhelm an seinen Großkanzler Carmer: „Ich aber will Ruhe und Ordnung im Lande und dazu muß mir ein jeder behülflich sein …"[88] Vorerst blieb es auch ruhig, wie ein Polizeibericht vom 27. Juli 1792 dokumentiert: „Zwar ist die Hauptstadt itzt sehr ruhig … allein es ist eine ruh die mehr äußeren Ursachen … zuzuschreiben ist. Man müßte sich selbst vorsätzlich täuschen wollen wenn man das ansteckende des französischen Beyspiels verkennen könnte. – Ein Geist allgemeiner Unzufriedenheit hat sich aller Classen und Stände der Nation schon längst bemächtigt …"[89] Diese Unzufriedenheit resultierte gerade in den 1790er-Jahren auch aus dem Anstieg der Lebenshaltungskosten und der Verschlechterung der Arbeitsbedingungen der Gesellen und Lohnarbeiter. Diese Situation führte in Preußen zu Unruhen und Aufständen, die aus den sozialen Konflikten vor Ort resultierten. Dem großen Breslauer Gesellenstreik des Jahres 1793 folgten dann weitere Streiks und Unruhen.[90] Diese richteten sich an die vermeintlichen Verursacher der Not, an die Meister oder die lokale Bürokratie. Eine Bedrohung der Monarchie stellten die streikenden Gesellen schon deswegen nicht dar, weil sie meist den König um Hilfe und Unterstützung baten. Dennoch glaubte Friedrich Wilhelm, dass die revolutionäre Propaganda das Volk aufhetzen würde und verbot aufrührerische Journale.

Auf dem Reichstag im August 1791 hatte er auch die anderen Fürsten dazu aufgerufen, „daß die Ansteckung des Geistes der Freiheit und des Ungehorsams die ernsteste Aufmerksamkeit aller Regierungen verdiene."[91] Offenbar fürchtete der König um das Jahr 1791/92 eine wirkliche Bedrohung durch das revolutionäre Frankreich und steuerte daher auch einen außenpolitischen Kurswechsel an. Im Jahr 1791 verabschiedete sich der König von seinem langjährigen außenpolitischen Berater, dem Grafen von Hertzberg, dessen Wirken mit dem Kampf gegen den Erzfeind Österreich verbunden war, um ihn durch seinen vertrauten Freund Bischoffwerder zu ersetzen.

Um seine Untertanen vor den revolutionären Einflüssen zu schützen, verschärfte Friedrich Wilhelm II., wie noch beschrieben wird, die Zensur. So gedachte er, den „Geist der Empörung"[92] zu unterdrücken. Denn in Europa debattierte man öffentlich lautstark über die französischen Ereignisse, ihre Ursachen und ihre Wirkung. Friedrich Wilhelm informierte sich ebenfalls. So kann es nicht verwundern, dass er ein Exemplar der französischen Ausgabe von 1791 des Werkes von Edmund Burkes „Betrachtungen über die französische Revolution" besaß. Burkes Ideen erregten die europäische Öffentlichkeit. Schließlich hielt der Autor die konstitutionelle Monarchie oder die englische Verfassung für einen gangbaren Ausweg, um französische Zustände in den anderen Monarchien zu vermeiden. Die Auffassungen des Königs und Burkes trafen sich hinsichtlich der Religion. Denn für Burke war die Religion die Grundlage des Staates und der Politik. Das französische Buch wurde von Friedrich Gentz, der seit 1785 im Generaldirektorium arbeitete, ins Deutsche übersetzt und bei Vieweg in Berlin verlegt. 1793 sandte Gentz ein Exemplar mit folgenden Worten an den König: „In Zeiten, wie den gegenwärtigen, wo Verwirrung in den Grundsätzen und Schwärmerei in den Empfindungen ein politisches System ausbrüten, welches die Ruhe und Sicherheit bedroht, ist es vielleicht Pflicht eines jeden, der über politische Materien anhaltend nachgedacht hat, zur Herstellung des Gleichgewichts unter den Ideen und unter den Gefühlen nach dem Maß seiner Kräfte beizutragen. Heiliger wird diese Pflicht für den, der Bürger eines glücklichen Staates, und Untertan eines guten Fürsten ist."[93] Friedrich Wilhelm bemühte sich um dieses Gleichgewicht sowohl innen- wie auch außenpolitisch.

Diplomatische Schachzüge und unvermeidliche Kriege

In den Niederlanden hatte es 1786 einen Aufstand der Bürger gegeben, die sich in der Patriotenbewegung organisiert hatten, um die Macht und den Einfluss des Statthalters Wilhelm V. von Oranien (1748–1806) einzuschränken. Der Statthalter war mit der Schwester des Thronfolgers und Nichte Friedrichs II. verheiratet. Natürlich hoffte Wilhelmine, dass ihr Onkel ihnen zu Hilfe kommen würde. Doch Friedrich II. riet zu einem Kompromiss mit den Aufständischen, den Patrioten. Wilhelmine und auch Hertzberg setzten all ihre Hoffnungen auf den Regierungswechsel 1786, denn Friedrich Wilhelm hatte immerhin angedeutet, dass er seiner Schwester aktiv zur Seite stehen würde. Hertzberg verfasste dann 1786 ein Memorandum und empfahl eine Machtdemonstration an der niederländischen Grenze. Doch der neue König änderte seine Meinung und lehnte eine militärische Reaktion jetzt entschieden ab. Friedrich Wilhelm argumentierte nicht anders als sein Vorgänger. Hertzberg konnte sich mit seinen Ansichten nicht durchsetzen. Dieser Entscheidung des Königs lagen die Ratschläge von Finkenstein und dem Prinzen Heinrich zugrunde. Aber auch der Schwager Karl August von Weimar und andere Reichsfürsten standen im Dialog mit dem König und rieten von einem militärischen Eingreifen ab.[94]

Eine zweite Niederlage im Bemühen um die Durchsetzung seiner Interessen erfuhr Hertzberg, als sich der König für die Reichspolitik einsetzte und sich Ende 1786 im Wahlkampf des Koadjutors in Mainz engagierte. Auch hier vertraten der König und sein Außenminister unterschiedliche Ziele. Hertzberg beschwerte sich darüber, dass er über den preußischen Wunschkandidaten Karl Theodor von Dalberg nicht richtig unterrichtet worden war. Der wurde dann auch einstimmig von den Mainzer Domherren gewählt, obwohl Hertzberg angenommen hatte, dass der König dessen Gegenkandidaten Dienheim unterstützen würde. Doch Friedrich Wilhelm hatte sich für Dalberg entschieden, und er hatte seinen Außenminister bewusst darüber im Unklaren gelassen. Bestechungsgelder flossen sowohl von österreichischer wie von preußischer Seite. Dem Reichsinteresse entsprach Dalberg dann durch seinen Beitritt zum Fürstenbund, für den sich Friedrich Wilhelm ja schon als Kronprinz eingesetzt hatte.[95]

Nach diesem erfolgreichen Exkurs in die Reichspolitik spitzte sich die Lage in den Niederlanden, wo inzwischen fast ein Bürgerkrieg zwischen den Patrioten auf der einen Seite und den Sympathisanten der Oranier auf der anderen Seite auszubrechen drohte, weiter zu und forderte erneut die Aufmerksamkeit des Königs. Obwohl er sich nach wie vor weigerte, aktiv für den Statthalter Partei zu ergreifen, und stattdessen einen Vermittler, den einstigen preußischen Gesandten in St. Petersburg, Johann Eustach Graf von Goertz, in die Niederlande schickte, wurde er 1787 mehr oder weniger doch noch gezwungen, zu den Waffen zu greifen. Die Ehre seiner Schwester und die des Hauses Hohenzollern standen auf dem Spiel. Als Wilhelmine nämlich am 28. Juni 1787 nach Den Haag reisen wollte, wurde sie an der Grenze der Provinz Holland festgehalten. Diese „Festnahme“, die real keine war, da die Prinzessin ja nur die Entscheidung der Staatenversammlung über ihre Weiterreise abwarten sollte, um dann ihre Fahrt fortsetzen zu können, schilderte sie ihrem Bruder gegenüber als „Inhaftierung“ mit „unwürdiger Behandlung“ und als ehrverletzend. In Wahrheit wurde sie höflich und standesgemäß behandelt. Da Friedrich Wilhelm mit den höfischen Werten aufgewachsen war und ihm die Ehre seines Hauses natürlich viel bedeutete, ließ er sich nun von einem militärischen Einsatz überzeugen. Zuvor waren noch die möglichen Reaktionen der anderen Großmächte recherchiert worden. Im Allgemeinen – mit Ausnahme Frankreichs – hatte man Verständnis für die militärischen Maßnahmen zur Rettung der Ehre seines Königshauses. Unter dem Oberbefehl des Herzogs von Braunschweig fiel die preußische Armee mit 20 000 Mann in die Niederlande ein. Nach der Besetzung Amsterdams waren die Patrioten zu Zugeständnissen gezwungen. Mit der Hilfe Preußens konnten die Oranier die Entwaffnung der patriotischen Freikorps sowie einen Ämterverlust der Patrioten und die Rückkehr des Erbstatthalters Wilhelm V. von Oranien nach Den Haag erreichen.

1787/88 verteidigte der König also offiziell erfolgreich die Ehre seiner Schwester Wilhelmine und damit ein konservatives Regierungssystem in den Niederlanden. Natürlich lagen diesem militärischen Einsatz auch Bündnisüberlegungen zugrunde. Das Bündnis mit England, das am 13. Juni 1788 geschlossen worden war, und das mit der niederländischen Republik 1790 vereinbarte Bündnis war nicht nur ein Wunsch des Ministers von Hertzberg. Schließlich schaute man in Preußen immer noch skeptisch auf das französisch-österreichische Bündnis. Diese beiden Staaten konnten die Mächtebalance in Europa durchaus gefährden. Die Tripelallianz Niederlande – England – Preußen bildete daher für die nächsten Jahre nicht nur die Grundlage für die preußische Außenpolitik,[96] sondern sie befreite Preußen auch aus der internationalen Isolation. Schließlich gehörte England wenige Jahre zuvor noch zu den Bündnispartnern Russland – Österreich – Frankreich, die Preußen aus ihrem Reigen ausschlossen.

Einen weiteren Prestigegewinn konnte der preußische König dann erzielen, als er der Politik Hertzbergs folgte und 1788 im nordischen Krieg Partei ergriff. Schweden hatte Russland überfallen, um Gebiete im Baltikum zu erobern. Da sich Russland noch im Krieg mit dem Osmanischen Reich befand, wollte es Dänemark zum Krieg gegen Schweden überreden. Daraufhin drohte Preußen jedoch mit einem Krieg gegen Dänemark, so dass sich die Dänen zu einer Neutralitätserklärung gezwungen sahen.[97] Langfristig gesehen hoffte Hertzberg, Russland unter Druck setzen zu können, um Preußen als potenziellen Bündnispartner zu akzeptieren. Denn auch in Polen änderte sich die Lage zuungunsten Russlands. In der polnischen Adelsrepublik rumorte es, und der patriotische Fürst Czartoryski verhandelte mit Hertzberg wegen eines Bündnisses und handelspolitischer Erleichterungen. Nun brauchte nur noch Russland mit Preußen ein Bündnis anzustreben, dann ließe sich der Plan Hertzbergs bald realisieren, zumal Österreich mit den Revolutionen in Ungarn und Galizien und dem Aufstand in den österreichischen Niederlanden zahlreiche innenpolitische Probleme zu bewältigen hatte, die aus russischer Sicht zu einer Schwächung des Bündnispartners führten. Schließlich hatte sich Russland 1780 für Österreich entschieden, weil es einen starken Bündnispartner suchte. Nun sah es ganz so aus, als müsse sich Russland neu orientieren.

In den österreichischen Niederlanden hatten die Aufständischen die belgische Republik konstituiert und diese wiederum ersuchte die Tripelallianz um Unterstützung ihrer Interessen. Mit Blick auf Frankreich glaubten England und Holland, dass sich eine unabhängige belgische Republik nicht halten könnte, sondern sehr schnell von Frankreich annektiert werden würde. Friedrich Wilhelm II. jedoch hätte seinem außenpolitischen Hauptgegner – Österreich – durchaus diese Niederlage gegönnt und unterstützte deswegen die Idee einer belgischen Republik. Dieser Politik lagen lediglich außenpolitische Motive zugrunde: Er unterstützte nicht die neue Regierungsform der Republik, sondern er nutzte – ganz wie seine Vorgänger – diesen Konflikt, um dem Prestige des österreichischen Kaisers zu schaden. Seine Auffassungen, was denn nun aus den österreichischen Niederlanden für ein Staatsgebilde werden sollte, schwankten stark. 1789 plädierte der König noch für eine Unterstellung unter die Statthalterschaft der nördlichen Niederlande und 1790 hielt er eine Republik nach dem Vorbild der Vereinigten Staaten von Amerika für möglich.[98] Dieser Einsatz für eine Republik resultierte jedoch nicht aus der Überlegung, dass eine Monarchie eine überlebte Staatsform wäre, die man ganz im Sinne der aktuellen Diskussion innerhalb der „gelehrten Republik“ durch eine zeitgemäßere ersetzen sollte, sondern lediglich aus pragmatischen Überlegungen, wie man Belgien vor Österreich und dem revolutionären Frankreich als eigenständigem Staat schützen könnte. Um Friedrich Wilhelm jedoch von einer voreiligen eigenständigen Entscheidung abzuhalten, überredete Hertzberg ihn zu einer Zusammenarbeit mit England und den Niederlanden, die in der englisch-niederländisch-preußischen Konvention vom 12. Januar 1790 ihren Niederschlag fand.[99]

Hatte schon in den oben erwähnten Konflikten die Frage, ob Friedrich Wilhelm II. eine Republik oder ein Fürstentum verteidigte, kaum eine Rolle gespielt, so verhielt es sich bei der Auseinandersetzung um die Lütticher Interessen ähnlich. Als sich in Lüttich die Stände gegen den Erzbischof erhoben und es galt, das Bistum Lüttich zu verteidigen, wurde Preußen in seiner Funktion als Reichsstand vom Reichskammergericht am 27. August 1789 verpflichtet, dem Erzbischof zu Hilfe zu eilen. Doch der König, der Minister Hertzberg und der preußische Gesandte Christian Wilhelm von Dohm verspürten wenig Lust, die Lütticher Stände zu unterdrücken.[100] In diesem Fall kam der König den konservativen Kräften, obwohl es die Reichsverfassung verlangte, nicht gleich zu Hilfe. Schließlich hoffte man in Preußen, dass die Lütticher Revolution den Bündnisbestrebungen nützlich sein könnte und so unterstützte der König die Revolutionäre und nicht den Erzbischof. Dieses unsolidarische und den Reichsinteressen konträre Verhalten schadete dem Ansehen Friedrich Wilhelms innerhalb des Reiches sehr. Zwar kam Preußen dann doch noch seinen militärischen Verpflichtungen in Lüttich nach, doch gleichzeitig unterstützten sie die Aufständischen weiter. Diese Doppelmoral blieb außenpolitisch nicht ohne Folgen. Preußen büßte seine Führungsrolle im Fürstenbund ein und musste sich mit einer antipreußischen Pressekampagne innerhalb des deutschen Reiches auseinandersetzen.

Dem König, der ohnehin im eigenen Land mit seinem von Friedrich II. geschädigten Ruf genug zu tun hatte, konnte diese Entwicklung nicht gefallen. Er besaß auch nicht die Kaltschnäuzigkeit Friedrichs II., dem die Meinungen der anderen Regenten meist egal waren, sondern Friedrich Wilhelm fühlte sich gegenüber einigen Reichsfürsten durchaus verpflichtet. So konnte ihm die Krise des von ihm einst so unterstützten Fürstenbundes auch nicht gleichgültig sein. Doch der Hauptgegner Preußens war nun einmal Österreich und sowohl der König als auch der Außenminister ordneten diesem Interesse vorerst alles andere unter. Sie hofften darauf, dass Russland Österreich den Rücken kehren und eine Annäherung an Preußen suchen würde.

Allzu gern hätte Friedrich Wilhelm II. sein militärisches Können im Kampf gegen Österreich international zur Schau gestellt. Schließlich lebte er wie seine Vorfahren in der Überzeugung, dass ein Fürst sich durch den militärischen Ruhm legitimiere. Doch der Bündnispartner England verspürte wenig Lust, sich in einen Krieg mit Österreich hineinziehen zu lassen und empfahl daher Verhandlungen mit Wien. Diese fanden im Juli 1790 im schlesischen Dorf Reichenbach statt. In Reichenbach wurde dann auch deutlich, dass der König seinem Außenminister das Vertrauen entzogen hatte. Hertzberg versuchte noch seinen alten Plan zu realisieren, während Friedrich Wilhelm von den Österreichern nur verlangte, dass sie die Eroberungen im Balkan aufgaben und den Kampf gegen das Osmanische Reich beenden sollten. Wie Friedrich II. glaubte auch Friedrich Wilhelm II., die Engländer würden ihn verraten und deshalb verzichtete er nun auf jegliche Offensive. Die Österreicher gingen auf die preußischen Wünsche ein, was ihnen Zeit zur inneren Konsolidierung verschaffte und die Kriegsgefahr bannte.[101] 1790 schien dann noch einmal eine kriegerische Auseinandersetzung – dieses Mal gegen Russland – möglich, doch die englische Innenpolitik ließ auch diese Träume platzen. England hatte Russland aufgefordert, auf die Erwerbung Ochakows, einer Hafenstadt auf der Krim, zu verzichten, um so Polen, dem man englischen Schutz angedeihen lassen wollte, vor zu großer russischer Nähe zu bewahren. Bei Ausbruch dieses militärischen Konflikts wäre Preußen als Bündnispartner Englands gefragt gewesen. Doch das Unternehmen misslang und damit scheiterten auch die Tauschpläne des preußischen Außenministers. Hertzbergs Ratschläge wurden kaum noch beachtet, so dass ein personeller Wechsel unausweichlich wurde. Im Juli 1791 trat Hertzberg zurück. Seine Nachfolger im Amt wurden Graf von Alvensleben und Graf von der Schulenburg, während Bischoffwerder schon seit längerer Zeit dem König beratend zur Seite stand.[102]

Dass die Außenpolitik auch nach dem Ausscheiden Hertzbergs 1791 dynastischen Überlegungen den Vorrang gab, wird oft als unzeitgemäß angesehen. „Eine solche Außenpolitik konnten nur Könige betreiben, denen nicht bewusst war, wie fundamental die Französische Revolution das Europäische Staatensystem und die einzelstaatlichen Verfassungs- und Gesellschaftsordnungen in Frage stellte."[103] Drei Jahre nach dem Regierungswechsel ahnte der Monarch, der außer ein paar fürstlichen Höfen, Petersburg und das Schloss Het Loo bei Apeldoorn, nichts von Europa gesehen hatte, wahrlich noch nichts von der Bedrohung, die von der Französischen Revolution für die europäischen Monarchien ausging. Wie sollte er auch! Unruhen und Revolten gab es zu allen Zeiten. Wer ahnte schon 1789, dass nun eine neue Zeit anbrechen würde. Für den König war es jetzt viel wichtiger, wieder mehr Ansehen im Reich zu erlangen und da sollte ihm Karl August von Weimar behilflich sein. Doch wieder richtete sich sein Interesse auf eine mögliche Eroberung.

Im Frühjahr 1791 rückte erneut ein Krieg gegen Petersburg in greifbare Nähe, da Preußen hoffte, dass sich nun England zu einer militärischen Auseinandersetzung überreden ließ. Die Motive Preußens waren immer die gleichen – im europäischen Mächtekonkurrenzkampf wollte man Stärke demonstrieren. Kurzzeitig wurde dann eine Friedensordnung aller europäischen Mächte diskutiert, die Schulenburg angedacht hatte und die die Revolutionsgefahr, die von Frankreich seit 1789 ausging, eindämmen sollte. Friedrich Wilhelm II. jedoch wollte Land erobern und sich im Kampf beweisen, und so entwickelte er eigene außenpolitische Pläne,[104] die mit seinem Selbstverständnis als preußischer Monarch korrespondierten und eine territoriale Erweiterung anpeilten. Auch der preußische König bediente sich des europäischen Gleichgewichts nur, um egoistisch preußische Interessen zu verfolgen. Nichts anderes hatte Friedrich II. getan und doch unterschied sich die Außenpolitik Friedrich Wilhelms II. nach 1789 von der seines Vorgängers. Die Moral und die Ethik erschwerten Friedrich Wilhelm das Streben nach Eroberungen, so dass er der revolutionären Herausforderung durch Frankreich nicht gewachsen war.

Als sich die Lage der französischen Königsfamilie verschlechterte, ihre Flucht scheiterte, traf sich Friedrich Wilhelm II. mit dem deutschen Kaiser Leopold II. auf Schloss Pillnitz, wo der sächsische Kurfürst Friedrich August I. als Gastgeber sein Bestes gab. Dort, in einem angenehmen und prächtigen Ambiente, einigten sich die Anwesenden darauf, dass sie gemeinsam gegen die Revolution und für die Freiheit des französischen Königs wirken wollten, wenn die anderen europäischen Mächte sich auch dazu bekannten. Die Pillnitzer Erklärung vom 27. August 1791 rückte nun erstmals monarchische Interessen vor außenpolitische Prämissen. Am 7. Februar 1792 folgte dann das Defensivbündnis zwischen Preußen und Österreich. Als am 20. April 1792 die französische Nationalversammlung Österreich den Krieg erklärte, teilte am 1. Mai der neue Außenminister Friedrich Wilhelm Graf von Schulenburg-Kehnert dem französischen Gesandten mit, dass Preußen in den Krieg eintreten werde. Die preußischen Invasionstruppen sammelten sich in Koblenz, wo der Kurfürst von Trier residierte. Doch bevor der Feldzug begann, musste am 14. Juli 1792 in Frankfurt am Main der neue deutsche Kaiser gewählt werden, da Leopold II. verstorben war. Kaiser Franz II. (1768–1835) war erst 24 Jahre alt, als er dieses schwierige Amt übernahm. Nachdem die deutschen Fürsten ihren Verpflichtungen nachgekommen waren, reisten der preußische König, sein ältester Sohn und das Gefolge über Mainz zurück nach Koblenz. Metternich, der zum Organisationskomitee der Krönungsfeierlichkeiten gezählt hatte, berichtete über die Erscheinung Friedrich Wilhelms II. Folgendes: „In allen Versammlungen ragte er um Haupteslänge über die ihn umgebende Menge hinaus. Seine Manieren waren edel und einnehmend.“[105] Der preußische König trat im Kreise des deutschen Hochadels souverän auf.

Während des Feldzuges, der am 30. Juli 1792 mit dem Aufbruch aus dem Quartier in Rübenach begann, zeigte der König zunächst sein militärisches Können, seinen Mut und seine Führungsqualitäten. Das Ergebnis der Kanonade von Valmy aber, die am 20. September 1792 stattfand, und von der Goethe später schrieb: „Von hier und heute geht ein neues Zeitalter aus“, änderte später die Wertung der Leistung des preußischen Königs. Angesichts der welthistorischen Bedeutung dieser Schlacht konnte der Verlierer sich nur durch militärisches Versagen und strategische Unentschlossenheit auszeichnen. An dieser Sichtweise hatten die Aufzeichnungen des Kronprinzen keinen geringen Anteil, wie Thomas Stamm-Kuhlmann detailliert beschreibt.[106] Aber auch Prinz Heinrich fasste seinen alten Groll gegen den Neffen in Worte und beschrieb den Feldzug 1792 in einem Brief an den Grafen Henckel von Donnersmarck wie folgt: „Denken Sie sich einen gekrönten Wollsack, im Feuer der feindlichen Kanonen hinter ein Bataillon gestellt, so werden Sie mir zugeben, daß weder dem Bataillon noch der Armee daraus irgendein Vorteil erwächst, diesen bei sich zu haben.“[107] Heinrich, der immer noch hoffte, dass sein Neffe seinen reichhaltigen Erfahrungsschatz doch noch zu schätzen wusste und ihm politische Verantwortung übertrug, glaubte als einziger zu wissen, was für Preußen gut war.

Den Niederlagen des Winterfeldzuges 1792/93, die auf das schlechte Management auf preußischer und österreichischer Seite zurückzuführen waren, folgten im März 1793 mit dem Beginn des Reichskrieges auch militärische Erfolge. Große Teile des von den Franzosen besetzten Rheinlandes und Belgiens konnten zurückerobert werden. Am 23. Juli 1793 endete die Belagerung von Mainz mit der Kapitulation der Franzosen. Preußische Siege im September bei Pirmasens und bei Kaiserslautern Ende November bezeugen die Leistungsfähigkeit der Armee. Friedrich Wilhelm agierte in diesem Krieg als erfahrener und durchaus entschlossener Heerführer. Doch die Strapazen des Krieges hatten seine Gesundheit stark angegriffen und als sich die außenpolitische Lage durch die Unruhen in Polen veränderte, reiste er nach Berlin. Dort verfolgte er weiter zielstrebig seine außenpolitischen Interessen und die setzten auf erprobte Mittel, wie die Auflösung gegnerischer Allianzen und die Ausnutzung von Unruhen im gegnerischen Lager.[108]

Der erzwungene Krieg Preußens gegen Frankreich geriet zunehmend zu einem Nebenschauplatz, weil das Verhalten Russlands und Österreichs im Osten mehr Aufmerksamkeit verlangte. Erneut dachten diese beiden Mächte über eine weitere Teilung Polens nach. Differenzen in der polnischen Adelsrepublik und der polnische Unabhängigkeitskampf kamen den Wünschen dieser beiden Nachbarn sehr entgegen. Schließlich boten sie einen guten Anlass, die restlichen polnischen Gebiete auch noch aufzuteilen. Eine alleinige Verständigung zwischen Russland und Österreich auf Kosten von Preußen konnte Friedrich Wilhelm II. nicht zulassen. Also musste er sich in den polnischen Konflikt einmischen, um so seinen Anteil an den völkerrechtswidrigen Aufteilungen Polens 1793 und 1795 zu sichern.[109]

Auch hier setzte der König eine Tradition fort, denn schon seine Vorfahren hatten zur Abrundung ihres Territoriums ein Auge auf polnische Gebiete geworfen. Die erste Teilung Polens fand, wie oben schon erwähnt wurde, 1772 statt. Neben Danzig und Thorn erhielt Preußen 1793 weite Gebiete Polens bis nahe an Warschau und 1795 kamen noch litauische Gebiete und das Territorium um Warschau dazu. Die preußischen Kampfhandlungen im Osten zeugten jedoch dieses Mal weniger von den guten Qualitäten früherer Zeiten. Letztendlich überließ der König den russischen Truppen die Niederschlagung des polnischen Unabhängigkeitskrieges unter Führung von Tadeucz Kosciuszko.

Auf dem Weg nach Warschau übernachtete Friedrich Wilhelm am 11. Juli 1794 bei Raszin im Zelt, wo er bis 3 Uhr ruhte. Die Armee nächtigte im Freien und um 4 Uhr brach man in Richtung Warschau auf.[110] Einblicke in das Leben des Königs, beispielsweise in Posen, gewähren die Briefe seines Kammerdieners Ritz an dessen Frau Wilhelmine. Am 21. Mai 1794 berichtete Ritz vom Umzug des Königs in ein neues Quartier. Das vor dem Tor gelegene Gartenhaus gehörte dem Bankier von Klug und Ritz freute sich darüber, weil man dort endlich frische Luft atmen konnte. Weiter heißt es: „… für die Sicherheit der Person des Königs ist gesorget, denn außer 1 Offizier, um 30 Mann Wache, kömt zu Nacht noch 1 Offizier u 40 Mann Wache.“[111] Der treue Kammerdiener begleitete den König auf die verschiedenen Kriegsschauplätze und sorgte sich stets neben der Sicherheit seines Herren auch um dessen Wohlergehen.

Nach den Gebietserweiterungen im Osten und der nüchternden Bilanz der Staatskassen schien der Weg zum Baseler Sonderfrieden, der am 5. April 1795 zwischen Preußen und Frankreich geschlossen wurde, nur folgerichtig oder wie Horst Möller schrieb: „ein Friede der außenpolitischen Konsequenz.“[112] Preußen erklärte, gegenüber Frankreich Neutralität zu wahren, und verriet so seine monarchischen Bündnispartner. Es verstieß mit dem Verzicht auf die linke Rheinseite und der noch auszuhandelnden Entschädigung – angedacht war beispielsweise das Hochstift Münster als Ausgleich für die rechtsrheinischen Gebietsverluste – gegen die Reichsverfassung. Doch hatte nicht auch Friedrich II. sich kaum um Reichsinteressen gekümmert und außenpolitisch vor allem rein egoistische Ziele verfolgt? Dem Philosophen auf dem Thron brachte das die Achtung seiner Zeitgenossen ein. Seinem Nachfolger wurde das gleiche Verhalten als Schwäche ausgelegt. Er wisse nicht, was er wolle. Der Diplomat Karl Christoph von der Goltz schrieb 1791: „Wie auffallend ist der Unterschied des unsicheren und kombinierten Ganges unserer Politik gegen das feste, bestimmte und nachdrückliche Benehmen, wodurch Preußen sich vordem bei allen Mächten in Ansehen und Achtung gesetzt hat.“[113] Auch hier zeigte sich wieder, wie nachhaltig der schlechte Ruf dieses Königs selbst in den Kreisen der Bürokratie vorschnell zu Vorverurteilungen führte. Doch um seine Interesse im Osten wahren und im Notfall auch Truppen für den Kampf gegen Russland und Österreich aufbieten zu können, musste Preußen mit der französischen Republik Frieden schließen.

Bringmann betont zu Recht, dass Friedrich Wilhelm II. die Außenpolitik von 1790 bis 1797 allein bestimmte und seine Ziele auch gegen die Meinung seiner zuständigen Beamten durchsetzte. Hier verfügte er über solidere Kenntnisse, die ihn in die Lage versetzten, souverän zu agieren und seine Vorstellungen vom europäischen Gleichgewicht zu realisieren.[114] Außerdem gehörte die Eroberung neuer Gebiet für sein Land und somit die Feldherrenarbeit zu den ureigensten Bestimmungen eines Monarchen jener Zeit. Das hatte Friedrich Wilhelm frühzeitig gelernt und verinnerlicht. Die militärische Ausbildung dominierte auch in der Erziehung dieses Thronfolgers und sie korrespondierte mit seiner Auffassung von der „Staatsräson“.

Innenpolitik

Friedrich Wilhelm hatte trotz seiner spärlichen Einblicke in die Interna des Staates sehr wohl realisiert, welche Reformen dringend durchgeführt werden müssen, um der Wirtschaft, der Verwaltung und der Kultur neue Entwicklungsimpulse zu geben. Träfe das zu, was Friedrich II. und andere Zeitgenossen über ihn verbreiteten, dann hätte sich der neue König wohl kaum auf die qualifizierten Beamten seines Vorgängers gestützt und versucht, mit ihnen gemeinsam Reformen durchzuführen. Die personelle Kontinuität nach dem Regierungswechsel widerspricht dem Gerede von dem alles bestimmenden Einfluss der Rosenkreuzer und der Frauen auf die Entscheidungen Friedrich Wilhelms. Vielmehr hatte der Monarch seinen Großvater, Friedrich Wilhelm I., als Vorbild für seine Regierungsweise genommen. Mit den Regierungsgrundsätzen des strenggläubigen Soldatenkönigs konnte sich Friedrich Wilhelm eher identifizieren als mit denen Friedrichs II., dem Religion nichts bedeutete. Friedrich Wilhelm II. wollte als gläubiger Christ und mit humanistischen Grundsätzen diesen Staat regieren und für das Wohl seiner Untertanen sorgen. Die Erfahrungen der zurückliegenden Jahre und seine Kenntnis des aktuellen Diskurses der Aufklärer ließen ihn daran zweifeln, dass man ohne Religion die Probleme der Zeit lösen könnte.

Schon in der Vorbereitungsphase auf die Thronfolge hatte er sich mit den notwendigen Verwaltungs-, Militär-, Justiz- und Bildungsreformen beschäftigt. Trotz aller Heimlichkeiten und Informationssperren Friedrichs II. waren dem Prinzen die Schwachstellen des preußischen Staates nicht verborgen geblieben. Die Vorträge Wöllners sind sicherlich nicht ohne Wirkung auf die Denkweise des Königs geblieben. Doch sie wurden in ihrem Einfluss im Allgemeinen deswegen überschätzt, weil viele Historiker die Eigeninitiative Friedrich Wilhelms, sich Bildung anzueignen und sich mit zeitgemäßen Problemen und Schriften auseinanderzusetzen, nicht zur Kenntnis nahmen. Sicherlich gab es im Umfeld des Königs keinen adäquaten Kreis intellektueller Kommunikation wie ihn die Tafelrunde Friedrichs II. in Sanssouci darstellte, dennoch nahm er am aktuellen geistigen Gedankenaustausch seiner Zeit lebhaften Anteil. Seine Bibliotheksbestände belegen dieses vielseitige Interesse.[115] Der preußische Staat wurde also seit 1786 von keinem launenhaften Genussmenschen regiert, der sich von den Frauen seiner Umgebung und einigen Rosenkreuzern sagen ließ, was er tun sollte, sondern von einem gebildeten, verantwortungsbewussten und gläubigen Christen, der – und das spricht für seine hohe Bildung – die eigenen Grenzen sehr genau kannte. All seine Reformvorhaben korrespondierten mit seinem eigenen Kenntnisstand. Nur wo er sich sicher wähnte, drang er auf Veränderungen. In den anderen Bereichen setzte er auf Tradition und ließ die Dinge so, wie sie Friedrich II. eingerichtet hatte. Gerade die angestrebten Reformen zeigten auch, wie intensiv Friedrich Wilhelm die wenigen ihm zuteilgewordenen Einblicke in die Verwaltung, in die Rechtspflege und in die Außenpolitik verarbeitet hatte und dass das Gerede vom vermeintlichen Desinteresse des Thronfolgers an derartigen Beschäftigungen völlig an der Realität vorbeigeht. Auf jenen Gebieten, wo er sich schon vor 1786 Wissen und Kenntnisse aneignen konnte (Militärwesen, einzelne Verwaltungs- und Justizbereiche), dort strebte er nach der Regierungsübernahme auch die ersten Reformen an.

Reformbemühungen im militärischen Bereich

Da der König von Kindesbeinen an mit dem Militär vertraut war und selbst eine militärische Laufbahn hinter sich hatte, kannte er hier viele Schwachstellen aus eigener Erfahrung. Bereits in den letzten Regierungsjahren Friedrichs II. erarbeitete er ein Programm zur Reform der Armee,[116] denn eine gut organisierte und funktionierende Armee diente ja nicht nur der Machtsicherung, sondern sie war auch für das gesellschaftliche Klima des Landes insgesamt wichtig. Immerhin gab Friedrich II. in Friedenzeiten zwischen 75 und 84 Prozent der Staatsausgaben für das Militär aus.[117] Auch unter Friedrich Wilhelm II. standen das Heer und seine Bedürfnisse an erster Stelle, sowohl was die Ausgaben als auch was die Prioritätensetzung betraf. Für die Armee wurde nach 1786 dreimal so viel ausgegeben wie für den Hof- und Zivilbedarf.[118] Der Adel, der unter den Offizieren dominierte, fand hier seine spezifische Aufgabe. Von 1769 bis 1800 erhöhte sich die Zahl der Adelssöhne, die im Militärdienst aktiv waren, von 38,1 Prozent auf 60 Prozent. Kürzere Dienstzeiten zogen nun auch jene Adelssöhne in die Armee, die mit dem Erwerb eines Rittergutes dann ihren Dienst quittieren konnten.[119] Einige Beförderungen außerhalb der sonst üblichen Rangerhöhungen sowie die Angleichung und Erhöhung der Gehälter der Offiziere bis zum Hauptmann sorgten erst einmal für eine erwartungsfrohe Stimmung in der Armee. Diese verbesserte sich dann auch bei den Rekruten, als der König eine humanere Behandlung der Soldaten und eine Milderung der drastischen Strafen mit den neuen Kriegsartikeln vom 20. März 1787 durchsetzte. Die Verpflegung der Gemeinen wurde ebenfalls etwas aufgestockt.

Dann widmete sich der König der Struktur der Armee. 1787 führte er den Generalstab ein und verwies die militärischen Angelegenheiten an den Generaladjutanten der Armee, die zuvor noch von einem Kabinettsrat bearbeitet worden waren. Die Kabinettsorder vom 27. Februar 1787 ordnete die Infanterieregimenter einheitlich in ein Grenadier- und zwei Musketier- sowie ein Depotbataillon. Vier Kompanien ergaben ein Bataillon. Im gleichen Jahr wurden dann noch

20 Füsilierbataillone neu gebildet. Auch die Artillerie wurde verstärkt und einheitlich formiert. Ein Bataillon bestand nun aus acht Geschützen.[120] 1788 setzte sich Friedrich Wilhelm für eine Reform des Kadettenkorps und der Militärakademie ein, denn die Ausbildung des militärischen Nachwuchses ließ sehr zu wünschen übrig. Die Offiziere konnten kaum lesen und schreiben. Die neueste Kampftechnik oder Wissen des Ingenieurwesens vermittelte ihnen niemand. So entstand in Potsdam 1788 eine höhere Kriegsschule, die besonders begabte angehende Offiziere ausbilden sollte. Die Offiziersanwärter sollten sich mit Rhetorik, den schönen Künsten, dem Recht und der Philosophie beschäftigen. Schließlich repräsentierten sie einen hohen Stand, der auch ein gewisses Bildungsniveau aufweisen sollte. Auf dem Lehrplan standen neben Kants „Über die Kritik der reinen Vernunft" auch Werke von Montesquieu und Rousseau. Die Militärakademie für die Artillerie wurde 1791 eröffnet und drei Jahre danach erhielten 100 junge Adlige in Kalisch (Südpreußen) in der neu gegründeten Kadettenanstalt ihre Ausbildung. Eine Armee benötigte natürlich auch fachlich versierte Mediziner. Schon sein Großvater hatte sich sehr um die Ausbildung der Militärärzte bemüht. Die Berliner Charité war eine der ersten und modernsten Ausbildungs- und Forschungsstätten Europas. Diese Tradition setzte sein Enkel fort, als er 1795 ein medizinisch-chirurgisches Institut zur Ausbildung von Militärärzten einrichtete.

Das Fußvolk der Armee setzte sich aus in- und ausländischen Rekruten zusammen. Die ausländische Werbung von Rekruten dezentralisierte der König 1787 wieder – Friedrich II. hatte eine zentrale Werbung eingeführt – und übertrug sie den einzelnen Regimentern. Jeder Hauptmann erhielt eine feste Summe Werbegelder. Hinterlist und Gewaltanwendung wurden bei der Werbung mit dem Reglement vom 1. Februar 1787 verboten. Auch mussten sich die Rekruten nur noch für 10 bis 12 Jahre verpflichten. Der neue König wollte ferner in den einzelnen Kompanien ein Übergewicht an Kantonisten, den einheimischen Untertanen. So sollten 76 Ausländer und 93 Kantonisten eine Kompanie der Infanterie bilden.[121]

Für die Versorgung derjenigen verletzten Rekruten, die zu Invaliden wurden, erließ Friedrich Wilhelm am 16. September 1787 ein Feldlazarettreglement und errichtete 1790 in Rybnick ein Invalidenhaus für 150 Soldaten. Die zahlreichen Invaliden des Siebenjährigen Krieges lebten in größter Armut und Friedrich Wilhelm bemühte sich, ihre Lage zu verbessern. Er wies die Kammerpräsidenten an, sich um diese Invaliden zu kümmern und darüber jährlich zu berichten.[122] Der einfache Invalide blieb meist auf die Almosen der Gesellschaft angewiesen. Aber auch für die Offiziere und ihre Familien stellte sich das Problem der Versorgung, wenn ihnen etwas zustieß. Aus diesem Grund wurde am 1. Juli 1792 eine Offizierswitwen-Versorgungsanstalt eingerichtet.

Zur Ausrüstung der Armee zählten neben den Uniformen, die etwas verändert wurden, natürlich auch die Pferde. Friedrich Wilhelm II. hatte sehr wohl erkannt, dass der permanente Pferdemangel nur durch eine eigene gute Pferdezucht zu beheben war. Daher erließ er am 30. Juli 1787 das Landesgestütreglement, in dem er die Zuständigen aufforderte, die vernachlässigte Pferdezucht wesentlich zu verbessern. Diese war darüber hinaus für das Agrarland Preußen bedeutsam. Neue Gestüte wurden in Trakehnen (Ostpreußen), Neustadt an der Dosse (Mark Brandenburg) und Marienwerder (Westpreußen) sowie in Ansbach und Ostfriesland gegründet. Importierte arabische und englische Zuchttiere und Holsteiner wurden im Hauptgestüt Trakehnen und in Neustadt an der Dosse zur Zucht verwendet.[123] Pferde beider Gestüte erwarben sich bald einen internationalen Ruf als ausgezeichnete Züchtungen. Eine gute Pferdezucht benötigte natürlich auch qualifizierte Tierärzte. 1790 ließ der König eine Tierarzneischule in Berlin einrichten. Hier wurden fortan die angehenden Tierärzte ausgebildet.[124]

Nun hatte der König ja schon an einigen Gefechten teilnehmen dürfen, so dass er die Schlachtordnung, die Lineartaktik und auch die Treffsicherheit der Soldaten beurteilen konnte. Seine Reformen der Gefechtstaktik zielten daher auf die Erhöhung der Trefferquoten der Infanterie und eine Erhöhung der Zahl guter Scharfschützen. Bringmann resümierte diese Reformen und stellte fest: „Die preußische Infanteriekriegskunst unter Friedrich Wilhelm II. war nach diesen Verbesserungen zumindest bis zum Basler Frieden 1795 uneingeschränkt auf der Höhe der Zeit."[125] Angesichts der Kriegserlebnisse von 1792 bis 1795 gegen Frankreich und 1794 gegen Polen erwiesen sich die Lineartaktik und das Agieren nach Kommandos als überlebt und dennoch wurden sie erst nach 1806 beseitigt. Der König erhöhte die Zahl der Füsilierbataillone und entwickelte die Feldartillerie, doch an der zeitraubenden Prozedur der Haartracht änderte er nichts. „Eine wahre Plage bildete die Herstellung der Frisur. Wenn morgens ausgerückt werden sollte, begann bald nach Mitternacht der Haarputz, es wurden Zöpfe gebunden, Pomadenbüchsen und Kleistertöpfe geöffnet, und eine Wolke Mehl lagerte sich auf dem Werk. Wer fertig war, mußte auf dem Bette sitzen, um die Arbeit nicht wieder zu nichte zu machen. Und doch war das Verfahren seit Kurzem dadurch erleichtert, daß die angesteckten Seitenlocken weggefallen und die Zöpfe nur noch 14 Zoll lang waren."[126]

Dennoch war die Stimmung in der Truppe sehr gut und man folgte diesem König, der in den Gefechten voranritt, mit Begeisterung. Trotz großer Strapazen während des Feldzuges 1792 desertierten kaum Soldaten oder liefen zur französischen Revolutionsarmee über. Für den ungünstigen Verlauf der Kriege gegen Frankreich und Polen trug letztlich die oberste Heeresleitung die Verantwortung, deren Offizierstab überaltert war. Aus dem Feldzug 1794 berichtete dann ein preußischer Offizier: „Die preußische Armee ist durch verschiedene sehr gute Einrichtungen des jetzigen Königs in mancher Hinsicht noch besser als sie damals unter Friedrich dem Großen war. Das Offizierskorps hat von seiner Energie nichts verloren, und in der Theorie ist ein größerer Teil gebildet.“[127]

In der Euphorie der ersten Regierungsjahre hätte der König gern noch weitere Reformen durchgeführt. Doch schon die kleinen Verbesserungen der Lebenslage der Militärangehörigen und der Ausbau der Armee führten zu erheblichen Mehrausgaben. Der Militäretat stieg bedrohlich an[128] und so blieb die Erhöhung der Besoldung der Subalternen und der Gemeinen ein nicht erfüllter Wunsch des Königs. Für weitere Reformvorhaben fehlte ihm ohnehin sehr bald die Zeit, da die Kriege andere Prioritäten setzten. Anderseits hielten auch nicht alle Reformvorhaben der Realität stand.

Die Neugestaltung der Heeresverwaltung erwies sich beispielsweise nicht als Erfolgsprojekt. Am 25. Juni 1787 wurde das Oberkriegskollegium errichtet und in dem so genannten Fürstenhaus in der Kurstraße untergebracht. Ursprünglich gehörte dieses Haus einmal Eberhard von Danckelmann. Das Oberkriegskollegium sollte die Arbeit der ursprünglich sieben Departements (Infanterie, Kavallerie, Artillerie, Aufklärung und Festungen, Verpflegung, Bewaffnung und Bekleidung, Invalidenwesen) koordinieren. Es erwies sich jedoch als zu schwerfällig und ineffizient, weil eine eindeutige Zuweisung der Kompetenzen und Aufgaben fehlte. Die Beamten mussten sich darüber hinaus mit dem Militärdepartement des Generaldirektoriums ins Benehmen setzen. Die Zuständigkeiten waren nicht klar abgegrenzt und lähmten so die Arbeit. Erst am 5. November 1790 erging die Order, dass das Militärdepartement in das Oberkriegskollegium einzugliedern war. Diesem stand Karl Wilhelm Ferdinand von Braunschweig als Oberkriegspräsident und der General von Möllendorf als Vize vor. Am 4. November 1796 wurde die Struktur des Oberkriegskollegiums übersichtlicher gestaltet. In drei Departements und einem Ingenieurdepartement bemühten sich nun die zuständigen Beamten, den Anforderungen ihrer Zeit gerecht zu werden. Immerhin versuchte der König, die Militärverwaltung zu straffen. Der Weg zum Kriegsministerium wurde jedoch erst nach der Katastrophe von 1806 beschritten.

Wenn man die militärischen Reformen Friedrich Wilhelms beurteilen will, muss man natürlich auch bedenken, dass er alle Neuerungen mit dem altgedienten Offizierkorps durchsetzen musste. Für radikale Veränderungen fehlten ihm die richtigen Verbündeten. Allein, wenn man sich vergegenwärtigt, wie mühsam sich nach der Katastrophen von 1806 der Kampf der großen Militärreformer Scharnhorst und Gneisenau gestaltete, könnte man auch sagen, dass Friedrich Wilhelm II. ein Realist war und wusste, dass er mit tief greifenden Veränderungen zu jener Zeit nicht erfolgreich sein konnte.

Herrschaft und Recht

Die humanistische Gesinnung Friedrich Wilhelms II. ließ sich sicherlich nur schwer mit dem gängigen Rechtssystem und seiner Handhabung in Einklang bringen. So kann es nicht verwundern, dass schon vier Tage nach dem Tod Friedrichs II. am 21. August und am 27. August 1786 Kabinettsordern ergingen, die nicht nur die Weiterarbeit an dem neuen Gesetzeswerk, das unter Friedrich II. 1746 begonnen worden war, sichern sollte, sondern auch gewählte Vertreter der Landstände nun erstmals mit einbezog.[129] Warum der neue König die Stände in die Diskussion des vorliegenden Entwurfs des Allgemeinen Gesetzbuches involvierte, ist in der bisherigen Forschung zur Geschichte des Allgemeinen Landrechts immer wieder diskutiert worden.[130] Auch hier zeigten die Vorurteile diesem König gegenüber ihre Wirkung. Niemand traute ihm schon zu diesem Zeitpunkt eine sehr bewusste und gut durchdachte Entscheidung zu. Doch der König hatte die Ständevertreter auf seinen Inspektionsreisen erlebt und er wollte ganz sicher nicht auf deren Erfahrungen und Vorstellungen verzichten. Darüber hinaus war auch ihm klar, dass insbesondere den Untertanen bzw. Leibeigenen der Rittergutsbesitzer durch das Gesetzbuch erstmals Rechtssicherheit gewährt wurde, die der Adel dann auch akzeptieren musste, um deren Wirksamkeit zu sichern. Außerdem kann dem König das besondere Selbstbewusstsein der ostpreußischen Ständevertreter bei seinen Besuchen nicht entgangen sein.

Wie schon erwähnt wurde, weigerte sich Friedrich II. nach 1763, Ostpreußen und Litauen selbst zu inspizieren und sandte seinen Neffen dorthin.[131] In Ostpreußen plante man jedoch schon vor 1786 die Ständeverfassung beim nächsten Thronwechsel zu ändern und um permanente Ständevertreter und eine feste ständische Organisation beim neuen König zu bitten.[132] Sollte Friedrich Wilhelm diese Verfassungsdiskussion zu Ohren gekommen sein? Es war also durchaus taktisch klug, die Stände an der Debatte teilnehmen zu lassen und ihnen so das Gefühl zu geben, „mitregieren“ zu dürfen. Wolfgang Neugebauer betonte zu Recht, dass der direkte Ertrag der ständischen Mitwirkung recht mager war. Weit bedeutsamer und nachhaltiger war jedoch die politische Erfahrung der Ständevertreter, an der „Gesetzgebung“ mitwirken zu können. Sie wurde ein wichtiger Bestandteil der politischen Kultur dieser Stände,[133] aber auch im Bewusstsein des neuen Königs, der insbesondere in den vom eigentlichen Machtzentrum Berlin/Potsdam entlegenen Gebieten den Adel als verlässliche Stütze seiner Herrschaft benötigte.

Friedrich II. hatte eine Justizreform in Auftrag gegeben, um das geltende, schwer verständliche „römische Recht“, das ja in lateinischer Sprache verfasst war, durch ein auch dem gemeinen Mann verständliches Recht zu ersetzen. Die Rechtsprechung sollte also transparenter werden. Friedrich II. traute bekanntlich den Richtern nicht über den Weg. Er glaubte, sie verschleppten die Prozesse und handelten mitunter willkürlich. Als in dem berühmten Müller-Arnold-Prozess die Rechtsprechung nicht nach seinen Vorstellungen erfolgte, entließ er den Großkanzler Carl Joseph von Fürst kurzerhand im Dezember 1779, kassierte die Räte des Kammergerichts und ließ sie auf die Festung Spandau bringen.

Johannes Arnold besaß eine Mühle in Erbpacht und als er auf Grund einer Mitschuld des Verpächters, des Landrates Gottfried Heinrich Leopold von Schmettau, die Pacht nicht mehr zahlen konnte, wurde er vom Patrimonialgericht verurteilt. Da der Müller für sein Unglück den Landrat, der durch die Anlage von Karpfenteichen seiner Mühle das Wasser genommen hatte, verantwortlich machte, erhob er gegen das Urteil Einspruch. Wegen seiner Aufsässigkeit wurde der Müller zu einer Haftstrafe verurteilt und die Mühle zwangsversteigert. Arnold suchte nun beim König um Hilfe nach. Da den dessen Briefe nicht erreichten, begab sich der Müller persönlich zum König und der traute seinen Ohren nicht, als er dessen Bericht hörte. Er ordnete eine Überprüfung des Verfahrens an und als diese nicht zugunsten Arnolds verlief, sollte das Berliner Kammergericht den Fall begutachten. Doch auch das Kammergericht entschied nicht zugunsten des Müllers. All die Vorurteile gegenüber den Richtern schienen sich hier zu bestätigen und so griff der König persönlich in das juristische Verfahren ein, um dem armen Arnold zu seinem Recht zu verhelfen. Der daraufhin angeordnete Personalwechsel sollte dann mit einer Justizreform einhergehen. Am 14. April 1780 setzte er Johann Heinrich Carmer als neuen Großkanzler ein.[134] Dieser sollte nun eine Prozessordnung und ein Allgemeines Gesetzbuch erarbeiten. Während die neue Prozessordnung schon am 26. April 1781 in Kraft trat, zog sich die Arbeit am Gesetzbuch hin.

Carmer setzte die Arbeit nach 1786 gemeinsam mit Carl Gottlieb Svarez fort. An dem Gesetzeswerk wurde dann noch weitere fünf Jahre gearbeitet, da die Sammlung der Gesetze zum einen viel Zeit beanspruchte und zum anderen zwischen 1784 und 1788 der Entwurf des nunmehr bürgerlichen Gesetzbuches von renommierten Juristen aus vielen Ländern diskutiert wurde. Auch für Friedrich Wilhelm II. war es wichtig, dass das neue Gesetzbuch mehr Rechtssicherheit brachte und für alle verständlicher wurde. So schrieb er bereits am 27. August 1786 an den Großkanzler Carmer: „Ich habe euch bereits mündlich zu erkennen gegeben, wie es Meine ernste Willensmeinung sei, daß die Justiz in Meinen sämtlichen Staaten fernerhin auf den bisherigen Fuß, regelmäßig, prompt, und unparteiisch verwaltet, und über den genauen Beobachtung der mit gutem Succes eingeführten Prozeßordnung mit allem Nachdruck gehalten werden soll."[135] In den ersten Monaten nach dem Regierungswechsel sah sich der König veranlasst, seinen Willen noch extra durch das beigegebene Adjektiv „ernst" zu betonen, denn er schien zu befürchten, dass er sonst kein Gehör fand. Auch war er sich der Schwierigkeiten wohl bewusst, die die Einführung eines einheitlichen

Gesetzbuches „in Meinen sämtlichen Staaten“ verursachen würde. Mit diesem Schreiben signalisierte er dem Großkanzler allerdings auch, dass er ihn zwar weiter an dem Gesetzbuch arbeiten ließ, aber dass er – der König – der eigentliche Initiator der Reform war und der wollte eben, dass die Stände an dem Gesetzbuch mitarbeiteten.

Dieses neue Landrecht tangierte die monarchische Staatsverfassung und somit auch die Staatsauffassung Friedrich Wilhelms II. Mit der angestrebten Rechtssicherheit seiner Untertanen musste er seine Stellung als König überdenken. Anfänglich schien der Monarch offen zu sein für eine neue Selbstbestimmung, die das „Gottesgnadentum“ seines Vorbildes – Friedrich Wilhelm I. – nun endlich durch einen Gesellschaftsvertrag ablösen würde. Doch in der Realität wollte der König – wie seine Vorgänger – das letzte entscheidende Wort ebenso behalten wie das Recht, allein Entscheidungen zu treffen. An seiner Alleinherrschaft konnte das Gesetzbuch auch nicht rütteln, davon ging der König mit Recht aus, da es ja lediglich die bereits seit langem vorhandenen Rechte sammeln und zusammenfassen sollte. Auch Friedrich II. hätte niemals an seiner souveränen Herrschaft rütteln lassen. Er war der „erste Diener seines Staates“, der uneingeschränkt für das Wohl seiner Untertanen wirkte.

Als der König am 20. März 1791 das Publikationspatent für das Allgemeine Gesetzbuch unterzeichnete, das am 1. Juni 1792 in Kraft treten sollte, hatte sich die Lage des Staates sowohl innen- wie außenpolitisch derart verändert, dass Friedrich Wilhelm am 18. April 1792 das Gesetz suspendierte.[136] Was hatte den König zu diesem Schritt bewogen?

Die Französische Revolution des Jahres 1789 und ihre Folgen überschatteten das Leben auch in Preußen, obwohl in der Forschung immer wieder betont wurde, dass von allen Staaten des Alten Reiches Preußen wohl am wenigsten mit „einer Revolution im eigenen Land zu rechnen hatte.“[137] Friedrich Wilhelm II., der sich erst im dritten Regierungsjahr befand, als in Frankreich die Revolution ausbrach, musste den Ruf nach Freiheit, Gleichheit und Brüderlichkeit jedoch angesichts seiner noch nicht gefestigten Machtposition durchaus als Bedrohung auch seiner Monarchie empfinden. Der Monarch wusste sehr wohl, dass er noch nicht die in- und ausländische Reputation errungen hatte, die es ihm ermöglicht hätte, gelassen auf die Ereignisse in Frankreich zu blicken. So hielt er es für erforderlich, die Monarchie gegen die innere und äußere Bedrohung zu verteidigen. Außerdem erwarteten natürlich die Anhänger der europäischen Monarchien, zu denen ja nicht nur jene Franzosen zählten, die vor der Revolution fliehen mussten, dass er sich aktiv für die Verteidigung dieser Staatsform einsetzen werde. Das Treffen Friedrich Wilhelms II. mit Kaiser Leopold II. und dem Grafen von Artois vom 25. bis 27 August 1791 in Pillnitz, wo die „Maßregeln gegen die Französische Revolution“ besprochen wurden, wird dem preußischen König auch die

Probleme der anderen Monarchien und deren Erwartungen an Preußen verdeutlicht haben.

Die Sorge, dass der revolutionäre Geist auch in seinem Land das Volk gegen die Monarchie mobilisieren könnte, beschäftigte Friedrich Wilhelm II. schon seit 1790 und sie steigerte sich von Jahr zu Jahr. Der Minister Wöllner wird in der Literatur immer als derjenige beschrieben, der diese Bedrohung zur Durchsetzung seiner gegenaufklärerischen Ziele sehr geschickt zu nutzen wusste und den König manipulierte.[138] Doch Friedrich Wilhelm II. bedurfte wohl kaum der Argumente Wöllners. Der König hielt schon seit Längerem die Abkehr der Geistlichen von der ursprünglichen reinen christlichen Lehre für einen folgenschweren Fehler und er sah in dem Wirken der „Religionsspötter", der Aufklärer, durchaus die eigentliche Gefahr für das Wohl seiner Untertanen. Nur wenn seine Untertanen zum wahren Glauben zurückkehrten, würden sie erkennen, dass sie in einem gerechten und gut organisierten Land lebten, das sie nicht bekämpfen müssten. Es galt also den Einfluss der Aufklärer einzugrenzen.

Da offenbar das Religionsedikt und das Zensuredikt von 1788, die im Kapitel „Landesvater" (s. S. 208 ff.) näher beschrieben werden, noch nicht die erhoffte Wirkung zeigten, setzte sich der König für eine weitere Verschärfung der Zensur ein. Er fürchtete um die „Ruhe" in seinem Land und eben diese Ruhe sollte das neue Gesetzbuch ja mitgarantieren. Der Entwurf dieses Allgemeinen Gesetzbuches, das aus ca. 19 000 Paragraphen des Staats-, Straf-, Kirchen- und Privatrechts Preußens bestand, und schon seit 1784 mehr oder weniger öffentlich diskutiert wurde,[139] hatte ja bis 1792 keinen Frontalangriff der so genannten Gegenaufklärer verursacht. Genug Zeit hätten sie gehabt. Stattdessen sahen sie zu, wie der Gesetzentwurf in 10 Exemplaren gedruckt und verteilt wurde, um erst dann den König zu überreden, die Einführung des neuen Gesetzbuches zu stoppen. Mit Recht zweifelt Wolfgang Bringmann an dieser Kausalität. Die Suspendierung wurde wohl kaum auf Betreiben Wöllners und anderer „Gegenaufklärer" vorgenommen, sondern sie hing mit der außenpolitischen Entwicklung zusammen.

Am 7. Februar 1792 hatten Preußen und Österreich die Militärkonvention abgeschlossen und schon am 20. April wurde die Bündnispflicht akut, als die französische Legislative Österreich den Krieg erklärte. Wenige Monate danach, am 21. September 1792, wurde in Frankreich die Monarchie abgeschafft und am 21. Januar 1793 erfolgte die Hinrichtung Ludwigs XVI. Der drohende Krieg erforderte also die ganze Aufmerksamkeit des Königs, der nach wie vor mit Leib und Seele Feldherr war und nun einen Feldzug zu organisieren hatte. Er musste an den Rhein aufbrechen und er wusste nicht, wann er wieder in Berlin geregelt seinen Regierungsgeschäften nachgehen konnte. Unter diesen Umständen wollte er dieses wichtige Gesetzwerk, an dem so lange Zeit intensiv gearbeitet worden war, nicht ohne seine königliche Präsenz einführen. Auch hatten sich am 9. April 1792 erneut Stimmen zu Wort gemeldet, die aus aktuellen politischen Gründen eine Überprüfung dringend anrieten. Der Kabinettsminister Finkenstein und der schlesische Justizminister Danckelmann fürchteten angesichts des französischen Beispiels um den Bestand der Monarchie. Der König hatte jedoch keine Zeit, sich mit diesen Überlegungen zu beschäftigen und vertagte daher die erneute Diskussion des Gesetzbuches.[140]

Der Justizminister Goldbeck erhielt später den Auftrag, „bedenkliche Stellen" des neuen Gesetzbuches zu kennzeichnen und Vorschläge zur Revision zu unterbreiten.[141] Bedenklich erschienen dem Justizminister die Einschränkungen der monarchischen Kompetenzen: Auch der Souverän sollte sich dem Gesetz verpflichtet fühlen. Schließlich ging das Gesetzbuch rein theoretisch von einem „Gesellschaftsvertrag aller mit allen" aus. „Diese hypothetische Voraussetzung – eine Staatsbürgergesellschaft – war in Wirklichkeit das Fernziel der Gesetzgeber."[142] Die Bedenken der Gegner der Aufklärung betrafen vor allem die Stellung des „Oberhauptes im Staat". Am 17. November 1793 erging die Kabinettsorder an den Großkanzler von Carmer zur Umarbeitung einzelner Passagen des Gesetzbuches, die die Suspendierung verursacht hatten. Gleichzeitig wurde der Titel in „Allgemeines Landrecht für die Preußischen Staaten" geändert. Ohne größere Änderungen und vor allem ohne die rechtsstaatlichen Absichten des Gesetzbuches zu eliminieren, wurde das Allgemeine Landrecht für die Preußischen Staaten (ALR) am 5. Februar 1794 verkündet und trat dann am 1. Juni 1794 in Kraft.[143]

Nach Reinhart Koselleck stellt das Landrecht „einen Kompromiß dar zwischen überkommenem Zustand und zukunftgerichteter Absicht."[144] Bei allen Unzulänglichkeiten und Widersprüchlichkeiten, die bis in die Gegenwart kontrovers diskutiert werden, war dieses Landrecht auch ein Verdienst Friedrich Wilhelms II., der es in kriegerischen Zeiten erließ. Die zweite Teilung Polens 1793 und die Eingliederung Südpreußens in den preußischen Staat sollen den zuständigen Minister Dankelmann bewogen haben, sich für die Inkraftsetzung des Gesetzbuches einzusetzen. Für Günter Birtsch war daher nicht die Reformabsicht ausschlaggebend für das Inkrafttreten des neuen Landrechts, sondern der „Expansionstrieb des preußischen Staates."[145] Diese Wertung scheint schlüssig zu sein, da sie in das Bild vom desinteressierten, willenlosen König passt, der immer demjenigen sein Ohr schenkte, der gerade in seiner Nähe war. Aber war das wirklich so? Deutet das ALR nicht – wie so vieles in der Regierungszeit Friedrich Wilhelms II. – auf den Übergangscharakter jenes Jahrzehnts hin? Es vereinheitlichte das Recht und die Rechtsprechung bei gleichzeitiger Festschreibung der ständischen Gesellschaft und eröffnete dennoch den Weg in die Zukunft der Staatsbürgergesellschaft. Koselleck formuliert das so: „Das Landrecht war, wie es Tocqueville einmal genannt hat, ein erstaunliches Relikt der alten europäischen Sozial- und Rechtsverfassung. Doch gingen naturrechtliche Theoreme und rechtsstaatliche Sicherungen in die Kodifizierung ein, die bereits den Horizont absteckten für eine freie Staatsbürgergesellschaft.“[146]

Neben dem Allgemeinen Landrecht gab es im Justizwesen noch andere Bereiche, die ins Blickfeld von reformfreudigen Juristen und Beamten rückten. So wurde seit der Mitte der 1790er-Jahre in Preußen über eine Reform der Strafrechtspflege diskutiert. Leider wurden jene Strafrechtsreformen bislang nicht untersucht, da sie im Schatten des Allgemeinen Landrechts von 1794 und den preußischen Reformen nach 1806 standen.[147] Die Vorbildwirkung des „Modells Amerika“ (Eberhard Weiss) zeigte sich auch im Strafvollzug und so debattierte man über zeitgemäße Reformversuche. An dieser Debatte beteiligten sich auch der spätere Minister Albrecht Heinrich von Arnim und der spätere Berliner Polizeipräsident Karl Justus von Gruner.[148] Angesichts der Krise des preußischen Staates[149] und der rapide zunehmenden Eigentumskriminalität[150] schien allein die Abschreckung als Strafe nicht mehr zu fruchten, und so diskutierte man über die „Besserung“ (Arbeitsamkeit, Mäßigung und Gehorsam) der Delinquenten. Was nutzte es, jemanden wegen eines Diebstahls hart zu bestrafen, wenn er nach der Entlassung wieder keine Chance hatte, seinen Lebensunterhalt zu erarbeiten? Schon die Juristen Carl Gottlieb Svarez und Ernst Ferdinand Klein hatten sich Gedanken über eine Kombination von Straf- und Besserungsanstalt gemacht. 1786 schlug Svarez in einem Promemoria vor, Werk- und Arbeitshäuser für entlassene Strafgefangene einzurichten. Auch der Kammerpräsident von Kircheisen beschäftigte sich in seinem Schreiben vom 6. Juni 1792 mit dieser Problematik. „Des Cammer-Gerichts allerunterthänigster Bericht, die Unterbringungen der aus den Vestungen und Zuchthäusern entlassenen betreffend“ zeugt von der Aktualität dieser Frage.[151]

Unmittelbar nach dem Regierungswechsel betonte Friedrich Wilhelm auch, dass er kein Freund der Todesstrafe und der Marter sei und die zuständigen Juristen sollten möglichst wenige Todesurteile verkünden. Bereits am 14. November 1786 sorgte er für die vollständige Rehabilitierung der von Friedrich II. im Müller-Arnold-Prozess 1780 kassierten Richter.[152]

Verwaltungsreformen

Wie seine Vorfahren, so verschaffte sich auch Friedrich Wilhelm II. durch eigene Anschauung ein Bild von der Lage in den einzelnen Provinzen seines Staates und deren Verwaltung. Seine jährlichen Inspektionsreisen wurden lediglich durch die Kriege 1792 bis 1794 und durch seine Krankheit unterbrochen.

Friedrich II. hatte in seinen 46 Regierungsjahren die Verwaltung so ausgerichtet, dass alle Entscheidungen über seinen Tisch gingen und nur er allein den Gesamtüberblick hatte. Da er seinen Nachfolger nicht in diese Regierungsweise einweihte, stand Friedrich Wilhelm vor dem Problem, eine Verwaltung dirigieren zu müssen, deren Struktur er nicht durchschauen konnte. Was lag da näher, als die Sachkenntnisse aller zu nutzen und für eine kollektive Arbeitsweise zu plädieren. Es bleibt zweifelhaft, ob Friedrich Wilhelm, wie es Sichelschmidt schrieb, wirklich an die Verwaltungspraktiken seines Großvaters anknüpfte und sich von vielen Maßnahmen seines Vorgängers distanzierte.[153] Schließlich war auch ihm nicht entgangen, dass die territoriale Erweiterung des Landes und die Bevölkerungszunahme die Anforderungen an die Arbeit aller Behörden erhöhten. Wenn er hier auf Bekanntes zurückgriff, dann wohl nur, weil er dies in jener Situation für machbar hielt. Eine grundlegende Verwaltungsreform, die wie in England oder Frankreich einzelne Fachministerien einführte, hätte er unmittelbar nach 1786 sicherlich nicht bewältigt und später blieb ihm dafür keine Zeit. So setzte er auf die kollektive Beratung, der dann seine alleinige Entscheidung über die Vorlagen folgen sollte.

Seine Herrschaftsauffassung, sein schon so oft erwähnter schlechter Ruf und seine mangelhafte kameralistische Ausbildung standen einer umfassenden Modernisierung der Verwaltung entgegen. Außerdem fehlten ihm wie beim Militär auch hier die geeigneten Bündnispartner, die ihm bei einer radikaleren Reform zur Seite gestanden hätten und denen er vertrauen konnte. So wurden lediglich kleinere Reformen in Angriff genommen und die offensichtlichsten Missstände beseitigt.

Die Reform der obersten Verwaltungsbehörde, die Edith Ruppel-Kuhfuss detailliert beschrieben hat, zielte ja auf eine Machtkonzentration im Generaldirektorium, dem nun auch die ausgegliederten Ressorts – die Seehandlung, das Forst-, Akzise- und Zollwesen (Regie) – wieder unterstellt und in dem fortan kollegial beraten und beschlossen werden sollte. Wöllner betonte in seinem Reformvorschlag, dass die „alte Form“ des Generaldirektoriums, wie sie zur Zeit Friedrich Wilhelms I. bestanden hatte, wieder hergestellt werden sollte. Natürlich zielte die Reform des Generaldirektoriums auch auf die Reduzierung der machtpolitischen Stellung des Kabinetts und der einzelnen Minister. Während Wöllner im Allgemeinen für die kollegiale Arbeit plädierte, wollte er aber die Oberrechenkammer unbedingt aus dem Einflussbereich des Generaldirektoriums herauslösen, was ihm auch gelang. Da die Oberrechenkammer nunmehr eine Immediatbehörde war, ermöglichte sie eine bessere Kontrolle der Finanzen und somit auch eine Eindämmung von Missbrauch und Verschwendung, da zu Unrecht ausgegebene Mittel erstattet werden mussten.[154] Diese Umstrukturierung des Generaldirektoriums erfolgte auf Initiative Wöllners. Offenbar hatte sich der König nicht wirklich detailliert mit der schwierigen Materie vertraut gemacht, denn die Reaktionen der einzelnen Minister und Behörden zeigte sehr bald, dass diese Reform mit anderen bereits getroffenen Entscheidungen nicht harmonierte.

Sehr viel Unmut hatte die von Friedrich II. eingeführte Regie hervorgerufen, die die Akzise und die Zölle verwaltete. Ihr unterstanden auch das Tabakmonopol, die Kaffeebrennerei und das Großhandelsmonopol für Kaffee. Insbesondere das rigorose Vorgehen gegen die Schmuggler führte dazu, dass diese Behörde im Volk sehr verhasst war. Schon 1784 hatte Friedrich Wilhelm mit Wöllner über die Abschaffung der Regie und deren Folgen für die Staatseinnahmen debattiert.[155] Das Problem war ihm also seit Längerem vertraut. Bereits wenige Tage nach dem Tod Friedrichs II. beauftragte er dann am 28. August 1786 eine Kommission mit der Revision der Akziseverfassung, die vom Minister von Werder geleitet wurde.[156] Werder, der unter Friedrich II. für das IV. und V. Departement zuständig war, besaß auch das Vertrauen Friedrich Wilhelms, der ihn am 15. November 1786 zum Chef des neu geschaffenen „General-Fabriken und Commercial wie auch Accise und Zoll-Departements" ernannte.

Als Friedrich Wilhelm II. unmittelbar nach der Regierungsübernahme die Regie abschaffte und Monopole aufhob, erfreute das seine Untertanen sehr. In der Kabinettsorder vom 21. Januar 1787 forderte er: „... überall darauf bedacht zu sein, daß die Interessen der Staatseinkünfte aus Zöllen, Accisen und Imposten in billiger Weise mit den Interessen der Industrie ausgeglichen würden, um das Aufblühen der letzteren zu fördern; insonderheit auch sorgfältig zu erwägen, wie weit es räthlich sei, die Ausfuhr von Rohstoffen und die Einfuhr von fremden Fabrikwaaren zu verbiethen oder nur gegen hohen Impost zuzugeben; immer jedoch die Erweiterung inländischer Fabrication oder die Anlegung neuer Fabriken zu erstreben, nur dabei dessen eingedenk zu sein, daß der König nie zur Bewilligung von Monopolen sich verstehen und dem Handel und Nahrungsstande der Bevölkerung einen nachtheiligen Zwang anlegen lassen werde."[157] Nun, diese nicht leicht verständlichen Sätze zielten auf einen Ausgleich zwischen den Interessen der Untertanen und denen des Staates, die der humanistischen Gesinnung des Königs entsprachen, aber in der Realität den zuständigen Beamten nicht wirklich halfen.

Nach einer langwierigen Debatte über das Für und Wider der Aufhebung der Monopole, besonders die Aufhebung des Tabakmonopols war stark umstritten, einigte man sich auf unterschiedliche Tarife einer Verbrauchersteuer.[158] Doch die eingeführte Verbrauchersteuer auf Kaffee und Tabak brachte dem Staat weniger ein als die Regie, was wiederum die zuständigen Minister mit Sorge sahen.[159] Eine allgemeine Einkommensteuer oder gar eine Grundsteuer für alle lehnten sie schon in der Diskussionsphase ab. Eine Grundsteuer hätte die Steuerfreiheit des Adels aufgehoben und daran wagten sich die Herren Minister zu jener Zeit noch nicht. Der König stützte seine Macht auf die Zuverlässigkeit des Adels und wäre hier sicherlich nicht zu Neuerungen bereit gewesen, zumal er sich seiner öffentlichen Reputation noch nicht sicher sein konnte und sein Ansehen und seine Macht erst festigen musste. Dies gilt es stets zu bedenken, wenn man von diesem König moderne Reformen erwartet. In den ersten Regierungsjahren fehlten ihm die fachliche Kompetenz und die herrschaftliche Basis und nach 1789 hatte er immer die Französische Revolution und ihre Folgen vor Augen, so dass er dann für eine traditionelle Herrschaftssicherung votierte.

Am 28. August 1786 erging die Instruktion zur Reform der Zoll- und Akziseverwaltung. Allein die Kurmark hatte damals sechs Zollbezirke. Friedrich Wilhelm II. führte einen neuen, einheitlichen Binnenzolltarif ein, der auf einem einheitlichen Akzisereglement beruhte und am 3. Mai 1787 in allen Provinzen diesseits der Weser galt. Um der west- und ostpreußischen Wirtschaft neue Impulse zu geben, wurde dort ab 1789 der freie Verkehr mit fremden Tabak- und Manufakturwaren gestattet. Damit verband sich natürlich die Hoffnung auf vermehrte Steuereinnahmen. Das gelang auch, wenn man die Kriegsjahre und die Naturkatastrophen ausnimmt. So erhöhten sich die Zoll- und Akziseeinnahmen von 1787/88 von 7,4 Millionen Taler auf 11 Millionen Taler im Fiskaljahr 1796/97.[160]

Doch das Zoll- und Akzisesystem blieb umstritten und wurde heftig diskutiert. Die Einrichtung des „General-Fabriken und Commercial wie auch Accise und Zoll-Departements“ war nicht der erste Schritt zu einer radikalen Reform, der auch Minister Werder gar nicht gewachsen war, sondern ein Versuch, die Aufgaben zu bündeln. 1791 übernahm Carl August Struensee von Karlsbach dieses Departement und versuchte, mit seinen Maßnahmen das Steuerwesen, den Handel und das Gewerbe landesweit so zu beeinflussen, dass sie der weiteren Konsolidierung des gesamten Staates dienten.[161] Dieser fähige und sehr engagierte Beamte, der zu den wenigen Funktionsträgern aus dem bürgerlichen Lager in der Ministerriege zählte, stellte ohne Frage eine gute Wahl des Königs dar. Die Leistung Struensees wird in der Literatur kontrovers diskutiert, zumal er eben nicht für den uneingeschränkten Freihandel eintrat. Er gab der Gewerbeförderung den Vorzug und versuchte mit Schutzzöllen, den fiskalischen Anforderungen eines territorial gewachsenen Staatsgebildes, das sich an zwei kriegerischen Fronten behaupten musste, gerecht zu werden.[162] Somit folgte Struensee den bekannten merkantilistischen Grundsätzen, die schon Friedrich II. zur Maxime seiner Wirtschaftsmaßnahmen erklärt hatte. Der Akzisechef agierte flexibel und passte seine wirtschaftspolitischen Maßnahmen den jeweiligen Gegebenheiten und territorialen Besonderheiten an. Doch auch er wusste um die Grenzen des Machbaren und blieb bei allen Aktivitäten ein Realist, der zuerst an den Staatshaushalt dachte, und daher eben kein „großer Reformer“[163] wurde. Friedrich Wilhelm II. vermochte sich in der Kürze der Zeit nicht so intensiv in die Materie einzuarbeiten, um selbstständig und selbstherrlich eigene Entscheidungen treffen zu können. Das tat er lediglich auf militärischem Gebiet, in der Außenpolitik, wo er seinen eigenen Kenntnissen mehr vertraute als dem Rat seiner Minister, und in Religionsfragen.

Wirtschaftsreformen

Einen Überblick über die wirtschaftlichen Probleme der verschiedenen Regionen seines Staates hatte der König bis 1786 auf seinen wenigen Inspektionsreisen, die ihm Friedrich II. gestattete, nicht erhalten können.[164] Der Entwicklungsstand der Landwirtschaft, des Gewerbes, der Manufakturen und des Handels resultierten aus den Vor- und Nachteilen des Merkantilismus. Friedrich II. änderte daran nichts, „weil die ‚merkantilistische Wirtschaftspraxis' dem autoritären Regierungsstil des Absolutismus weit mehr entsprach als der Freihandel."[165] Dennoch wurde in der gelehrten Welt längst über die Nachteile des Merkantilismus diskutiert. Das Plädoyer des Kameralisten Philippi für eine freiere Entfaltung der Wirtschaft wurde oben bereits erwähnt.[166] Philippi hoffte schon 1759, dass der Thronfolger für notwendige Reformen der richtige Mann wäre. Fraglich bleibt, ob und wie Friedrich Wilhelm diese Diskussion als Kronprinz zur Kenntnis nahm. Unmittelbar vor dem Regierungswechsel war es dann Wöllner, der ihm seine zeitgemäßen reformorientierten Vorstellungen, die sich an theoretische Überlegungen des Kameralisten Johann Heinrich Justi und des Bevölkerungswissenschaftlers Johann Peter Süßmilch anlehnten,[167] über den Zustand der Fabriken, Manufakturen und den Handel nahebrachte.[168] Immerhin versuchte Wöllner eine kritische Bilanz zu ziehen. Gerade die für den König bestimmten kleinformatigen Hefte resümieren wohl die Reformgedanken Wöllners. Hier eine Kostprobe: „Handel und Wandel ist die goldene Kelle welche Nationen und Völkerschaften unter einander verbindet, und denen Millionen Menschen der bewohnten Erd-Kreises ihre mannigfaltigen Bedürfnisse zuführet, weil der Schöpfer die Güter und Producten der Natur dergestalt aufgeteilet hat, daß von einem Pole zu anderen, nicht alles was der Mensch zu den Bequemlichkeiten des Lebens nöthig hat, an einem Orte befindlich, sondern weit und breit zerstreut ist. Von den ältesten Zeiten der Welt her, hat es demnach schon Kaufleute in allen Ländern gegeben ..."[169]

Es ist bemerkenswert, dass Wöllner hier die Bedeutung der internationalen Verflechtung der wirtschaftlichen Entwicklung hervorhebt und sozusagen die Globalisierung des Handels betont. Diese Sichtweise mutet heute sehr modern an. Andererseits beschäftigten sich eben „fortschrittliche Intellektuelle" auch zu jener Zeit mit diesen Problemen, denn gerade die wachsende Kommerzialisierung und die Intensivierung der „Marktmechanismen des expandierenden kapitalistischen Weltsystems" veränderte die altständische Gesellschaft und bewirkte ihre „Ausdifferenzierung".[170] Wenn es Wöllners Absicht war, mit diesen Heften den König auf die aktuellen Wirtschaftsprobleme aufmerksam zu machen, so legte er mit seinen Ausführungen immerhin einen wichtigen Grundstein. Dass der Autodidakt auch keine Patentlösungen zu bieten hatte, zeigen seine Darlegungen zur schwierigen Lage der lohnabhängigen Arbeiter: „Man müsste also die Menge der kleinen Fabrikanten in den Stand setzen, daß sie für sich selbst, und nicht mehr für den großen Entrepreneur arbeiteten …"[171] Seine Beschreibung der Fabriken und des Handels schließt er mit den Worten „Gnädigster Herr! Es ist die allerhöchste Zeit, daß sich diese Umstände endlich einmal ändern. Ew. Königl. Hoheit finden hier viel Arbeit, allein diese Arbeit wird Seegens voll sein."[172] Offenbar ging Wöllner von einer besonderen Vertrauensstellung zum zukünftigen König aus und er glaubte, diesen Mann wirklich „lenken" zu können. Dem war allerdings nicht so.[173]

Friedrich Wilhelm hingegen hatte angesichts seiner lückenhaften Einblicke in die Wirtschaft dieses heterogenen Staatsgebildes keine andere Chance, als sich auf die Kenntnisse der vorhandenen Beamten zu stützen und für kollegiale Beratungen zu plädieren. Bringmann und ebenso andere Historiker betonten, dass Friedrich Wilhelm II. die Durchsetzungskraft und die Einsicht für grundlegende Reformen fehlten.[174] Doch auch auf wirtschaftlichem Gebiet stand der König vor der Frage, wie die Beamten und die Untertanen reagieren würden, wenn er das bisher Gewohnte veränderte. Sein Handlungsspielraum wurde hier ebenfalls wesentlich durch die mangelnde Ausbildung und sein schlechtes Image reduziert. Also macht es wenig Sinn, diesem König vorzuwerfen, er hätte die Zeichen seiner Zeit falsch gedeutet und statt auf Reformen auf Kontinuität gesetzt. Die für die Wirtschaft zuständigen Beamten hatten ihr „Handwerk" fast alle noch unter der Herrschaft Friedrichs II. erlernt und so waren sie zwar gewohnt, Befehle auszuführen, aber nicht über unterschiedliche Auffassungen zu diskutieren. Dennoch gab es viele Praktiker, die sehr wohl erkannt hatten, woran es der wirtschaftlichen Entwicklung des Landes mangelte und die ihre Auffassungen in Denkschriften oder einfachen Schreiben an den König gerichtet darlegten.[175]

Die Frage, warum der König nicht auf jene fortschrittlichen Beamten gehört habe, erübrigt sich, wenn man bedenkt, dass es sich hier um eine sich in „Erosion" befindliche Epoche[176] handelte, wo niemand sicher sein konnte, was für die Wirtschaft nun das Beste wäre. Auch die späteren großen Reformer wie Stein und Hardenberg sahen im Freihandel noch nicht den Königsweg des wirtschaftlichen Aufschwungs. Als der Geheime Finanzrat Borcke 1786 für einen freien Binnenhandel mit preußischen Waren plädierte und die zahlreichen, kaum noch realisierbaren zahlreichen Zoll- und Akzisetarife als Fehlentwicklung der letzten 20 Jahre anprangerte, fühlten sich natürlich jene Beamte angegriffen, die diese Entwicklung mitgeprägt hatten. Der Minister von Werder verteidigte das alte System, weil er nicht an der Richtigkeit der Wirtschaftspolitik Friedrichs des Großen zweifelte.[177] Wörtlich argumentierte er so: Wenn man Borckes Überlegungen folgen würde, bedeutete dies: „daß es zum gäntzlichen Umsturz aller seit 1740 mit vielen Kosten etablirten Fabriquen gereichen würde, wenn man einen Reisenden von Halle bis Memel, ohne sich um dasjenige, was er von ausländischen Farbicaten auf seinem Wege zurücklassen könnte, zu bekümmern, frei passieren laßen wollte …"[178] Nun ging Friedrich Wilhelm – aus den oben schon erwähnten Gründen – mit dem Erbe seines Onkels ohnehin sorgsam um und was lag da näher, als dem altgedienten adligen Minister mehr Sachkompetenz zuzutrauen als dem bürgerlichen Finanzrat. Friedrich Wilhelm hielt dennoch Borckes Argumente nicht für unbegründet und wäre ihnen vielleicht sogar gefolgt, wenn er nicht um die Staatseinnahmen fürchten musste. Letztendlich waren dem König die sicheren Einnahmen aus dem alten System lieber als eine Reform mit nicht absehbaren finanziellen Folgen für die Staatskasse. Diese kontroverse Debatte innerhalb der Bürokratie eignete sich nun wahrlich nicht dazu, den König von den notwendigen Reformen wirklich zu überzeugen.

Als weiteres Beispiel sei hier auf eine Diskussion über den Stand und die Verbesserung der Fabriken des Jahres 1790 verwiesen. Der Finanzrat Eichmann protokollierte eine Sitzung, an der die Finanzräte Grothe, Utrecht und von Buchholz teilnahmen. Er betonte, dass das auf Friedrich Wilhelm I. zurückgehende Fabriksystem etwas verlassen wurde, aber immer noch viele Waren im Ausland besser produziert wurden als im eigenen Land.[179] Das wirtschaftliche Ziel Friedrich Wilhelms I. bestand darin, das Land möglichst mit allem aus der eigenen Produktion zu versorgen und dafür die entsprechenden Entwicklungsbedingungen zu schaffen. Schutzzölle sollten dann die Einfuhr fremder Waren verhindern. In einem Schreiben Salzmanns vom 29. Oktober 1790 werden die Ursachen benannt, die dazu führten, dass die einheimischen Seiden-, Woll- und Baumwollfabriken meist schlechtere Waren herstellten als das Ausland. Die Gründe liegen:

„1. In der Art der Fabrikation selbst.
2. In den fehlenden notwendigen Mitteln zur Unterstützung und Verbesserung derselben
3. In nicht genugsamer Aufsicht über die zu jenem Entzwecke gemachten Verordnungen."[180]

Die Kommission dachte natürlich in erster Linie an neue Einfuhrverbote, um den Binnenmarkt zu schützen. Nach langer Diskussion fasste dann von Werder am 7. April 1791 die Ergebnisse in einem Bericht an den König zusammen. Auf diesem Bericht befindet sich ein Kommentar vom König vom 13. April 1791, der bezeugt, dass er sich sehr schnell und auch sehr kundig mit der Materie auseinandersetzte. So heißt es dort, dass er den Bericht wohl erhalten hat, „... allein ich finde, was der ad 3. in Antrag gebrachte Verboth aller der baumwollenen und anderer Waaren anbelanget, welche im Lande schon verfertigt werden oder doch verfertigt werden können, annoch zu bemerken für nötig, daß wie solchergestalt abgefasstes Verboth zu unbestimt und zu allgemein seyn würde, und über das dem nachlässigem Fabriquen Entrepreneurs die Gelegenheit geben würde, unter dem Schutz des Contrebande Verboths, dem Publico schlechte Waaren aufzudringen. Es ist daher nötig, daß zuförderst genau untersucht werde, welche Articel von fremden baumwollenen Waaren der eignung ferner zu verstatten sey, und welche ... unbedenklich verbothen werden können ...“[181] Auch die weiteren Kommentare zeigen sehr deutlich, dass Friedrich Wilhelm sich in die Materie hineindachte und eigene Vorschläge unterbreitete. Im Prinzip wusste er, dass das Fabriksystem sich ebenso wenig bewährt hatte wie die Monopole. Allerdings zeigte sich hier auch, dass er nicht anders als sein Vorgänger aus der Situation heraus entschied. Ohne theoretisches Grundgerüst und ohne ausreichende Erfahrungen blieb ihm nichts anderes übrig. Worauf sollte er eine eigene Wirtschaftsstrategie begründen?

Unmittelbar nach dem Tod Friedrichs II., für den der Handel lediglich eine „dienende Magd“[182] war, gab der neue König eine Instruktion heraus, die bessere Konditionen für einen freieren Warenverkehr schaffen sollten. In der am 28. August 1786 erlassenen Instruktion heißt es: „Nachdem der Augenschein lehret, das die bisherige Zoll u. Accise Administration in den sämtlichen preußischen Ländern ihrer gantzen Einrichtung nach einer großen Reform bedarf, um dadurch das fast gäntzlich zugrunde gerichtete Commercium wieder empor zu bringen, den Nahrungsstand zu verbessern, denen Plackereien welche die sämtlichen Unterthanen, und besonders die Kaufleute erleiden ein Ende zu machen, und durch kluge Ersparung die ungeheuren Kosten zu verringern, welche die bisherige Regie so unnötig verursacht hat ...“[183] Die Binnenzölle und die Kontrollen für durchreisende Kaufleute, Spediteure und Schiffer fielen dann schon am 25. Januar 1787 weg. Zölle wurden nur noch an der Staatsgrenze fällig.[184] Doch längst hatten sich die europäisch orientierten Kaufleute andere Wege gesucht, um ihre Waren, ohne durch Preußen reisen zu müssen, auszutauschen. Die Messe in Frankfurt an der Oder bekam das zu spüren.

Die Schlesischen Kriege Friedrichs II. und die Einführung der französischen Regie mit ihren verheerenden Messeakzisetarifen von 1772 vertrieben geradezu ausländische Messebesucher, die nun ihre Zuflucht nach Leipzig nahmen. Von den Folgen des Siebenjährigen Krieges und den polnischen Teilungen erholte sich die Frankfurter Messe erst am Ende des 18. Jahrhunderts wieder etwas. In dieser Zeit veränderte sich auch ihr Charakter. Nunmehr wurden in Frankfurt hauptsächlich preußische Manufakturenwaren nach Osteuropa umgesetzt. Vom einstigen Glanz als internationaler Handelsplatz blieb nur noch wenig übrig.

So bedeutsam die Entwicklung der Messen in Frankfurt an der Oder von der Mitte des 17. bis zur Mitte des 19. Jahrhunderts an sich auch war, im Vergleich zu denjenigen in Leipzig und Frankfurt am Main relativiert sich der Aufschwung. Josef Reinhold führte das hohe Niveau der Leipziger Messe auf die erfolgreiche wirtschaftliche Entwicklung Sachsens insgesamt zurück. Der florierende Industriestandort Sachsen zog sehr viele europäische Interessenten auf die Leipziger Messe.[185] Die industrielle Entwicklung im Umland Frankfurts an der Oder ließ eher zu wünschen übrig und erklärt so unter anderem die geringere Bedeutung der Frankfurter Messe und die Tatsache, dass Frankfurt an der Oder letztendlich im Konkurrenzkampf mit Leipzig unterliegen musste.[186] Während die Kurfürsten von Sachsen vieles taten, um die Leipziger Messe zu fördern,[187] erwies sich die Wirtschaftspolitik der preußischen Könige eher als Hemmnis für eine kontinuierliche Entwicklung der Frankfurter Messe.

Dabei hatte Friedrich Wilhelm II. schon 1787 erkannt, dass die Transitzölle weit weniger einbrachten, als man sich erhoffte, und dass natürlich auch die schlechte preußische Infrastruktur die Kaufleute auf jene gut ausgebauten Straßen der anderen Staaten zog.[188] Welcher Kaufmann wollte mit seinen Waren schon im Morast versinken und dafür noch Transitzölle zahlen, wenn er die besser befahrbaren, sicheren und abgabenfreien Wege und Straße in den Nachbarländern nutzen konnte? Doch noch dominierte unter den preußischen Beamten die Vorstellung, dass durchziehende Kaufleute den Absatz der eigenen Fabrikate gefährden könnten und so argumentierten sie gegen Handelserleichterungen jeglicher Art. Der König versuchte zwar, mit einer Tarifsenkung den Transferhandel zu beleben, aber der Erfolg blieb aus.

Friedrich Wilhelm benötigte einige Jahre, um zu erkennen, dass weder die Wirtschaftsmaßnahmen seines Onkels noch die Fähigkeiten seiner Minister seinem Land die Einnahmen brachten, die er sich erhoffte. Auch im Seidengewerbe folgte er anfänglich den Prämissen seines Vorgängers. Bekanntlich investierte Friedrich II. in die Entwicklung seiner Seidenindustrie Unsummen, weil er die teuren Importe durch die einheimische Produktion ersetzen wollte.[189] Aber weder die Rohseidenproduktion noch die Seidenstoffproduktion entwickelten sich trotz aller Fördermaßnahmen zu einem konkurrenzfähigen, erfolgreichen Gewerbe.

Die Rohseidenproduktion nach 1786 verdeutlicht wie kein anderes Gewerbe zum einen, was die Betroffenen von Friedrichs II. Maßnahmen hielten, und zum anderen, wie sie den neuen König sahen. All die Verordnungen und die in Aussicht gestellten Prämien bzw. Auszeichnungen konnten nicht darüber hinwegtäuschen, dass sich der Seidenbau als Nebengewerbe weder für die Bauern noch für die Küster und Landschullehrer, die sich ebenfalls um die Rohseidengewinnung kümmern mussten, eignete. Der Arbeitsaufwand war viel zu groß und es bedurfte sehr spezieller Kenntnisse und Fertigkeiten, die man nicht in kurzer Zeit erwerben konnte.

Für die Bauern ergab sich aus der Erntezeit der Maulbeerbäume von 6 Wochen im Frühjahr noch das Problem, dass sie gerade zu jener Zeit mit der Feldbestellung genug zu tun hatten und ihnen die Zeit für die Fütterung und Pflege der Seidenraupen fehlte. Auch die räumlichen Voraussetzungen waren meist nicht optimal. All das war den Beamten und den Untertanen offenbar bekannt, nur Friedrich II. verschloss vor dieser Realität die Augen.

Nach dem Tod des Königs blieben die bislang üblichen statistischen Erhebungen im Seidenbau erst einmal aus. Ilja Mieck kam zu dem Schluss: „Man war es müde geworden, ständig in der Seidenbaufrage bedrängt zu werden, Vorwürfe hören zu müssen, Statistiken anfertigen zu lassen, untergeordnete Behörden unter Druck zu setzen und als Ergebnis immer wieder Enttäuschungen hinnehmen zu müssen als notwendige Konsequenz des zähen Widerstandes der Bevölkerung. Die angesammelte Spannung entlud sich beim Tode des Königs in einer psychologisch verständlichen Reaktion. Das Gefühl einer ungewohnten, vielleicht nur vorübergehenden Aktionsfreiheit und eines neu gewonnenen Ermessensspielraums erfaßte zuerst den Beamtenapparat, der oft genug Objekt königlicher Unmutsäußerungen gewesen war und zudem in der Seidenbaufrage vom neuen König Friedrich Wilhelm II. kein vergleichbares Engagement zu erwarten hatte.“[190] Die Beamten gingen davon aus, dass der neue König kein spezielles Interesse an der heimischen Rohseidengewinnung hatte.

Da im Jahr 1786 keine Gesamtstatistik mehr angefordert wurde und auch die Züchter einen Handlungsspielraum witterten, dienten ihnen die sehr kalten Winter als Argument im Kampf gegen die ungeliebten Maulbeerbäume. Gegen erfrorene Maulbeerbäume konnte der Staat nichts machen, die durften die Züchter abholzen, ohne sich der mutwilligen Zerstörung oder Beschädigung schuldig zu machen und gegen die staatlichen Verordnungen zu verstoßen.[191] Die Züchter befreiten sich so von einer lästigen Pflicht und sie wussten, dass ohne Maulbeerbaumblätter auch keine Seidenraupenzucht möglich war. Die Wahrscheinlichkeit, dass Maulbeerbäume erfrieren, war allerdings auch sehr gering. Aber wo kein Kläger ist, da erfolgt auch keine Anklage. Der Maulbeerbaumbestand wurde so unmittelbar nach dem Tod Friedrichs II. um ca. 50 Prozent reduziert.[192] Die zu dieser Nebentätigkeit mehr oder weniger Gezwungenen nutzten erleichtert die Chance, sich der lästigen und wenig Gewinn bringenden Arbeit zu entledigen.

In dem ersten Jahr nach 1786 schenkten Friedrich Wilhelm II. und seine Beamten dem Seidenbau wirklich kaum Beachtung. Erst 1788 kam auf Grund der Initiative des Grafen von Hertzberg wieder Bewegung in diese spezielle Gewerbeverwaltung. Er hatte sich offenbar bestens über den Seidenbau informiert und glaubte, angesichts der langjährigen Erfahrungen auf diesem Gebiet, mit geeigneten Maßnahmen den Seidenbau doch noch zur Blüte führen zu können. Da es den Züchtern an den erforderlichen Kenntnissen des Abhaspelns noch immer mangelte, musste man nach Alternativen Ausschau halten.

Dieser Schwachstelle innerhalb der Seidenerzeugung wurde dadurch entgegengewirkt, dass man das schwierige Abhaspeln separierte und aus der Verantwortung der Seidenproduzenten nahm. Bei Sprengler heißt es dazu: „Die Anlage der Seidentiragen endlich, die Se. Exzellenz der Staatsminister von Hertzberg hin und wieder in den Provinzen hat einrichten lassen, und deren jetzt bis zwanzig vorhanden sind, verdient um so mehr gerühmt zu werden, da sie für jeden Seidenbauer und für die Seidenfabrikanten selbst einen wesentlichen Nutzen haben. Der Seidenbauer, der die Behandlung der Kokons im Aussondern und Abhaspeln nicht versteht, kann sie in die ihm am nächsten gelegene Seidentirage bringen, wo sie ihm nach dem Gewichte bezahlt werden oder sie an die herumreisenden Plantagen-Inspektoren verkaufen, und so die Mühe und Kosten, die er auf den Seidenbau verwendet hat, belohnt sehen.“[193]

Die erforderlichen Plantageninspektoren setzte Friedrich Wilhelm II. bereits 1788 ein. Zuvor hatten drei lange und sehr kalte Winter dem heimischen Seidenbau sehr geschadet, wie Sprengler berichtete. Durch die am 3. Mai 1788 erfolgte Einsetzung einer „immediaten Landseidenbau-Commission unter der Direktion und dem Vorsitz des Grafen von Hertzberg“, die unmittelbar dem König unterstand, sollte wieder ein Aufschwung im Landseidenbau erzielt werden. Diese zentrale Behörde war für alle Untertanen und Provinzen zuständig.[194] Das freiwillige Engagement im Seidenbau sollte nun differenzierter belohnt und die Interessenten sollten systematisch geschult werden. Die Provinzinspektoren sollten die Seidenbauer unentgeltlich unterrichten und ihnen die Vorteile des Seidenbaus nahebringen, wie es in der Instruktion vom 12. September 1788 hieß.[195]

Doch all die Bildungsbemühungen und die Unterstützung für die Seidenbauer änderten wenig an der Einstellung derselben zu diesem arbeitsintensiven und klimaabhängigen Zusatzgewerbe. Auch die zuständigen Zentral- und Provinzialbehörden verspürten nach dem Tod Friedrichs II. keine Lust mehr, sich in diesem aussichtlosen Unternehmen zu engagieren. Hertzberg erkannte die Blockade seitens der Beamten durchaus. Zwar vermochte er durch eine Beschwerde beim König kurzzeitig wenigstens das Generaldirektorium zu aktivieren, doch deren Recherchen offenbarten lediglich, dass es in diesem straff durchorganisierten preußischen Staat unter Friedrich II. auch möglich war, dass eben einige Domänenpächter alle bestehenden Verpflichtungen zum Halten von Maulbeerbäumen seit 50 Jahren zu umgehen wussten. Die seit 1792 wieder einsetzende

Statistik offenbart bei allen Mängeln den weiteren Rückgang der Rohseidengewinnung. Insgesamt wurden wohl um die 5000 Pfund erzeugt.[196]

Das Desinteresse am Seidenbau nahm nach dem Tod Hertzbergs 1795 und des Königs 1797 weiter zu. Da Friedrich Wilhelm III. kein Mann der entschiedenen Entschlüsse war, dümpelte der Seidenbau noch einige Jahre vor sich hin. 1804 wurde die Verteilung der kostenlosen Grains eingestellt.[197] Der Zusammenbruch des Brandenburg-Preußischen Staates 1806 tat sein Übriges. 1811 konnten sich die Domänenpächter mit 8 Silbergroschen pro Stamm von der Verpflichtung der Pflege der Maulbeerbäume freikaufen.[198] Die auf Wällen, an Stadtgräben und auf Friedhöfen gepflanzten Bäume wurden nun unter den Bedingungen der Besatzungszeit und der wirtschaftlichen Schwierigkeiten zunehmend auch als Brennholz verheizt. So endete in den Turbulenzen des Untergangs und des Neubeginns Preußens auch ein staatliches Vorzugskind. Eine gerechte Wertung ist jedoch nur eingedenk der merkantilistischen Tradition des 18. Jahrhunderts und der besonderen Modeströmungen jener Zeit möglich. Der preußische Traum von schönen, modischen und qualitativ hochwertigen Seidenerzeugnissen, die man aus der im eigenen Land gewonnenen Rohseide produzieren wollte, wich im Kernland Brandenburg-Preußens der Einsicht, dass man der ausländischen Konkurrenz nicht gewachsen war.

Friedrich Wilhelm II. hatte noch anfänglich versucht, seine eher spärlichen theoretischen Kenntnisse auf wirtschaftlichem Gebiet anzuwenden und notwendige Reformen umzusetzen. Allerdings war er sich bewusst, dass er eben kein Wirtschaftsfachmann war und daher des Rates seiner Beamten bedurfte. Natürlich wusste er, dass die Schutzzoll- und Akzisepolitik seines Vorgängers der wirtschaftlichen Entwicklung entgegenstand und sich die staatliche Subvention der Manufakturen und das ganze Monopolsystem nicht bewährt hatten. Mit Schulenburg-Blumberg, Heinitz und Struensee hoffte der König, seine Reformvorstellungen gegen die im Geiste Friedrichs II. agierende Ministerriege durchsetzen zu können. „Ich bin überhaupt ein Feind von Monopolien, wodurch die Volksmenge gedrückt wird, und nur einzelne Personen auf Kosten ihrer Mitbürger sich auf eine leichte als oft erlaubte Art Reichthümer zusammenscharren …“, schrieb der König am 22. Mai 1787.[199] Neben den Monopolen, von denen er das Tabakmonopol, das Zuckermonopol sowie die Monopole für blaue Farbe, Salpeter, Kupfer und Blech aufhob,[200] beeinträchtigten die kaum noch zu überblickenden Einfuhr-, Ausfuhr- und Durchgangszölle sowie die Akzisebestimmungen den Warenabsatz. Doch was nützten dem König die richtigen Einsichten in die wirtschaftlichen Hemmnisse und auch die geistige Unterstützung einiger Minister, wenn sich immer laute Stimmen fanden, die ein Abrücken von der friderizianischen Tradition mit dem drohenden Rückgang der Staatseinnahmen bekämpften.

Risikobereitschaft konnte sich Friedrich Wilhelm II. auf dem Gebiet der

Wirtschaft nicht leisten. Hier fühlte er sich zu unsicher, und so vertraute er immer wieder auf die Erfahrungen der älteren Beamten. Insbesondere die Liberalisierung des Getreidehandels zeigte dann, dass er nicht die Weitsicht hatte, die anfängliche Teuerung und den Mangel an Getreide als notwendige Folge der veränderten Rahmenbedingungen zu akzeptieren. Stattdessen fürchtete er um die Ernährungsgrundlage seiner Untertanen und untergrub dann angesichts steigender Getreidepreise seine eigene Freigabe des Handels mit und die Ausfuhr von Getreide vom Ende des Jahres 1786, als er am 29. September 1789 befahl: „Da die Kornpreise noch immer exorbitant sind, welches bei der gehabten guten Ernte unmöglich sein könnte, wenn nicht die ganz freie Ausfuhr des Getreides hieran schuld wäre, so halte ich dafür, daß man diese wird hemmen und den jetzigen freien Korn-Handel wenigstens auf eine zeitlang völlig untersagen müßen ... Ich befehle Euch und dem General-Direktorio hiermit, diese Ordre stricte zu befolgen und werde ich dagegen keine Einwürfe annehmen."[201]

Diese Order ging an Schulenburg-Blumenberg, der sich ja besonders für den Freihandel des Getreides eingesetzt hatte. In seinem Kampf gegen das friderizianische Prohibitivsystem sah sich der Minister selbst so: „Hier bin ich aber leider wie der Prediger in der Wüste, und von allen Seiten erschallet das: Steinige, steinige diesen Irrlehrer! Hätte mich der Himmel nicht mit einer eisernen Beharrlichkeit begabt, schon längst hätte ich unterliegen müssen – denn ich will lieber meinen Posten als meine Grundsätze aufgeben!"[202] Als er im Jahr 1790 Chef für die Mobilmachungs- und Kommissariatsgeschäfte wurde, und gezwungenermaßen das Magazinsystem Friedrichs II. wieder belebte und dennoch angesichts der schlechten Ernte die schlesischen Magazine leer blieben, folgte er seinem Grundsatz und ging am 16. Mai 1790 im Alter von nur 47 Jahren in den Freitod.[203] Mit diesem Minister verlor der König auch jenen Beamten, der sich vehement für eine Verbesserung der Infrastruktur eingesetzt hatte.

Der König bat schon wenige Monate nach dem Tod seines Vorgängers das Generaldirektorium, ihm Vorschläge zur Verbesserung des Straßenwesens östlich der Weser zu unterbreiten. Ein gut ausgebautes Straßensystem und beschiffbare Wasserwege stellten nach der Meinung des Königs eine wichtige Voraussetzung für den wirtschaftlichen Aufschwung dar. Straßen, die sich nicht bei Regen in Schlammwege verwandelten, hatte die Monarchie nur im ererbten Ansbach aufzuweisen. Bereits 1786 wurde mit dem Bau der befestigten Straße von Magdeburg nach Leipzig begonnen. Für den Straßenbau in Schlesien stellte der König 10 000 Taler zur Verfügung. Die erste künstliche Chaussee verband Berlin und Potsdam miteinander und wurde 1792 in Angriff genommen und 1793 fertiggestellt. Die Einrichtung einer General-Chausseebau-Intendantur im Jahr 1791 zeugt von der Einsicht, dass auf diesem Gebiet in Zukunft noch vieles zu leisten sein würde. In die Regierungszeit Friedrich Wilhelms fiel auch der Baubeginn der Chausseen von Leipzig über Halle nach Braunschweig und von Leipzig über Magdeburg nach Hamburg.

In den westlichen Provinzen wurde das Straßennetz ebenfalls weiter ausgebaut und für dessen Instandsetzung gesorgt. Ohnehin fielen diese Investitionen auf einen fruchtbareren Boden, weil dort eben der Handel schon längst einen anderen Stellenwert hatte als in den preußischen Kernprovinzen und sich die Wirtschaft freier entfalten konnte. Heinitz berichtete 1797: „Die Chausseen haben eine außerordentliche Erleichterung in der Anfuhr der rohen Materialien und der Abfuhr der Fabriken-Produkte sowie einen glücklichen Transito-Handel … bewirkt und Gelegenheit gegeben, an den Straßen mehr denn 80 Häuser zu bauen und die daran stoßenden Ländereien durch bessere Benutzung in höhern Werth zu setzen; auch sind viele Fabrikanten aus dem Bergischen dahingezogen, so daß das Ganze einer wahren Umschaffung gegen das Jahr 1789 gleich ist.“[204] Dieser wirtschaftliche Aufschwung spricht für sich. Doch die westlichen Provinzen entwickelten sich unter der Regie von Heinitz, der am 5. Dezember 1786 den zurückgetretenen Minister Schulenburg-Kehnert ablöste, und dem Freiraum, den ihm der König zubilligte, ohnehin anders. Heinitz konnte das Akzise- und Steuersystem reformieren. Die Akziseabgaben wurden drastisch minimiert und stattdessen eine direkte Gewerbe- und Klassensteuer eingeführt. Die Aufhebung sämtlicher Binnenzölle in der Grafschaft Mark 1796 und die Einführung der Grenzzölle belegen einmal die Reformbereitschaft des Königs aber auch die oben schon angesprochene Problematik des Machbaren. Denn was sich in der kleinen überschaubaren Grafschaft Mark realisieren ließ, hätte zu diesem Zeitpunkt für die ganze Monarchie nur gegen große interne Widerstände und auch Einnahmeverluste eingeführt werden können. Dieses Risiko wollte der König nicht eingehen. Dennoch plädierte der Monarch kurz vor seinem Tod für eine Reduzierung der Zollschranken, da der Binnenhandel darunter litt. Lediglich die Grenzzölle zum Ausland sollten beibehalten werden.[205]

Dieser Widerspruch zwischen der Einsicht in die Notwendigkeit von Reformen und dem Willen, diese auch gegen den Widerstand in der Bürokratie durchzuführen, begleitete den König sozusagen in den 11 Jahren seiner Regentschaft. Das Abwägen von Argumenten und das Überdenken der Vor- und Nachteile von Neuerungen erschwerten die Arbeit gerade der reformwilligen Beamten, zumal der König nach den ersten Regierungsjahren noch immer nicht wusste, auf wen er sich verlassen konnte und wer von seinen Beamten die besseren Wege für den wirtschaftlichen Aufschwung wies. Was für die Grafschaft Mark gut war, musste ja noch lange nicht in den Kernprovinzen funktionieren. Dieses Staatsgebilde war viel zu heterogen und bedurfte durchaus sehr differenzierter Wirtschaftsreformen. Heinitz unterbreitete im Jahr 1788 seine Reformvorstellung für die „Behandlung“ der einzelnen Provinzen.[206] Doch der König hörte zu jener Zeit noch auf den Minister von Werder, der die friderizianischen Wirtschaftsmaßnahmen verteidigte. Werder wiederum reagierte auf dic Eigeninitiativen beispielsweise der Geheimen Commerzienräte Dubour, Simpson und Salzmann sehr ungehalten. An den König, dem er die Vorschläge der drei Räte zur Verbesserung des preußischen Handels nun unterbreiten musste, schrieb er: „Meiner Schuldigkeit gemäs, werde ich nunmehr diesen Plan mit den Fabricanten, Deputierten der Kaufmannschaften und dem combinirten Commerz Departement durchgehen, von jeder Conferenz allerhöchst demselben das Resultat allergehorsamst anzeigen und am Ende über diese wichtige Angelegenheit mein Sentiment, dessen ich mich gegenwärtig billig noch enthalten, zur weiteren allerhöchsten Entscheidung pflichtmäßig beifügen.“ (13. März 1788)[207]

In dieser ausufernden Debatte ging es unter anderem um die kleinen Fabrikanten, die in Abhängigkeit von den Entrepreneurs arbeiteten und meist sehr unzufrieden waren. Werder schlug vor, eben jene kleinen Fabrikanten mit Hilfe der Seehandlung aus dieser Abhängigkeit zu befreien und für den Verkauf ihrer Waren im Ausland zu sorgen. Der König schrieb dann am 14. Mai 1788: „Mein lieber Etats-Minister von Werder! Eurer Bericht vom 12 ten dieser (Bericht – B. M.) ist Mir überaus angenehm gewesen und der beigefügte Plan zur Erhaltung und Verbeßerung der Landes-Fabriquen verdient meinen völligen Beifall. Ich approbire demnach nicht nur alle in selbigem enthaltenen Vorschläge ohne Einschränkung, sondern Ich will und authorisire Euch hierdurch selbige augenblicklich ins Werk zu setzen, weil Ihr vollkommen Recht habt, daß man der menge der kleinen jetzt Nothleidenden Fabricanten nicht schnell genug zur Hülfe eilen kann …“[208]

Am gleichen Tag verfasste Wöllner einen Brief an seine Majestät, in dem er den Plan Werders lobte und betonte, dass der Minister „ein fleißiger und sehr ehrlicher Mann“ ist. „Ich muß aber doch bei dieser Gelegenheit Ew. König. Majestät eine kleine Eitelkeit von mir gestehen: Es befindet sich eben dieser Gedanke den v. Werder jetzt gehabt hat, schon in meiner Abhandlung über die Fabriquen … anno 1786 … Umso mehr freuet es mich aber, daß der Minister v. Werder auch auf diesen Weg gekommen ist, und ich will ihm gern die Ehre der Erfindung überlassen. Berlin 14. mai 1788.“[209] Der pikierte Wöllner gab so dem Monarchen zu verstehen, dass er derjenige war, der diese Idee zuerst gehabt hatte, ohne dass Seine Majestät ihn damals dafür gelobt hatte. Diese Bemerkung des einstigen Wirtschaftsberaters ließ jedoch auch die Schlussfolgerung zu, dass Friedrich Wilhelm 1786 eben gar keine Zeit mehr hatte, die umfangreichen Ausführungen Wöllners zu lesen.

Angesichts der Erfahrungen, dass die wenigen durchgeführten Reformen die Staatskasse eher leerten als füllten, und der außenpolitischen Konstellation neigte der König zunehmend dazu, der Not gehorchend, den friderizianischen

Prämissen wieder zu folgen. Dennoch bewies Heinitz mit dem Ausbau der oberschlesischen Montanindustrie, wo er gemeinsam mit dem jungen Oberbergrat Friedrich Wilhelm von Reden innovative Ziele umsetzen konnte, dass sich Beharrlichkeit auszahlte. Die Erfolge des dortigen Bergbaus und der Hüttenindustrie wurden nicht nur von Friedrich Wilhelm II. besichtigt, sondern dafür interessierten sich auch auswärtige Landesherren. Der Großherzog Karl August von Sachsen-Weimar kam 1790 mit seinem Minister Goethe nach Tarnowitz, um sich vom technischen Fortschritt der Hütte zu überzeugen. Insbesondere von Reden plante mit seinem Engagement im schlesischen Steinkohlenbergbau eine Substitution der Holzfeuerung durch die Kohle nicht nur in der Industrie, sondern auch im privaten Bereich. „Reden erstrebte nichts Geringeres als den Aufbau einer ‚Eisengroßindustrie' in Oberschlesien. Seine Leistungen auf diesem Gebiet waren nach dem Urteil des Wirtschaftshistorikers Konrad Fuchs ‚in technischer, organisatorischer, kolonisatorischer und unternehmerischer Hinsicht zumindest in der neueren Geschichte des preußischen Staates ohne Beispiel.' Selbst wenn bei diesem emphatischen Lob Abstriche erforderlich sind und die Rolle des Ministers Heinitz dabei unberücksichtigt bleibt, erwiesen sich der Aufbau eines modernen Eisenhüttenwesens, die Einführung der Roheisengewinnung durch Koks statt durch Holzkohle sowie die Verwendung moderner Frischmethoden bei der Herstellung von Schmiedeeisen (Stabeisen) als wirtschaftlich erfolgreiche Methoden."[210] Die fachliche Kompetenz von Reden und Heinitz, die in ihren Meinungen nicht immer konform gingen, und ihre Überzeugungskraft stellten in diesem konkreten Fall die Weichen für eine innovative Entwicklung, die für die Privatunternehmer eine wichtige Vorbildwirkung hatte. „Der Staat schuf durch seine Bergordnungen, Bergämter und Sozialgesetzgebung nicht nur den rechtlichen wie organisatorischen Rahmen, innerhalb dessen sich die kapitalistischen Wirtschaftsmächte bewegten; er übte durch seine eigenen technologischen innovativen Neugründungen und Bergerschließungen sichtlich eine Pilotfunktion und Vorbildwirkung aus."[211] Was im Bergbauwesen durch eine günstige personelle Konstellation und fachliche Kompetenz gelang, hatte beispielsweise auf dem Gebiet der Agrarverfassung keine Chance, weil dort eben die überzeugenden Argumente allein nicht ausreichten, um an den „Grundfesten" – dem Grund und Boden des Agrarstaates – zu rütteln.

Obwohl der König theoretisch und praktisch von der Befreiung der Bauern aus der Leibeigenschaft, die ja bei seinem Freund Franz von Anhalt-Dessau und bei Joseph II. schon Realität war, durchaus gut unterrichtet war, konnte er sich dennoch nicht entschließen, diese Reform in seinem Land zu veranlassen. Selbst Wöllner, der auf seinen Gütern schon Reformerfolge aufweisen konnte, vermochte den König nicht davon zu überzeugen, dass eine verbesserte Besitz- und Rechtsstellung der erbuntertänigen Bauern die Produktivität der Landwirtschaft steigern würde.[212] Nun basierte seine Macht in diesem Agrarstaat natürlich auf dem Wohlverhalten der adligen Rittergutsbesitzer, deren Söhne als Offiziere in der Armee dominierten, und denen wollte er die Freiheit lassen, selbst zu entscheiden, was sie auf ihren Gütern taten. Zwar betonte Friedrich Wilhelm ihnen gegenüber, wie gut es wäre, wenn sie ihre Bauern aus der Erbuntertänigkeit entließen, doch dabei beließ er es auch. Auf landwirtschaftlichem Gebiet änderte er kaum etwas. Lediglich einige wenige Bürgerliche erhielten nun die Erlaubnis, adlige Rittergüter zu kaufen. Friedrich II. hatte diesen Verkauf an Bürgerliche im Jahr 1785 verboten, weil er dem Adel diese Güter sichern wollte.

Der Einzug neuer Ideen in die Landwirtschaft konnte jedoch allein durch die Lockerung der Besitzwechsel und den Einzug von bürgerlichen Gutsbesitzern in die alten Gemäuer der Gutshöfe nicht erfolgen. Wie die Gutsherren mit den entwicklungshemmenden Ein- und Ausfuhrbeschränkungen und den noch immer üblichen Spanndiensten ihrer Untertanen umgingen, das blieb ihnen überlassen, solange sie sich im Rahmen des geltenden Rechts bewegten. Doch nach der Abschaffung der gutsherrlichen Rechte in Frankreich im August 1789 kam es auch in Preußen zu Unruhen. 1792 rumorte es unter den schlesischen Bauern und in der Kurmark. In ihrer Not wandten sich immer mehr Bauern mit Beschwerden über ihre zahlreiche Dienste für die Gutsherren und die zu hohen Abgaben an den König.[213] Der König hingegen sah in der Vorbildwirkung der Französischen Revolution und der revolutionären Propaganda die Ursachen für die zunehmende Unzufriedenheit der Bauern. An zeitgemäße agrarische Reformen war unter diesen Bedingungen nun nicht mehr zu denken.

Wenn man bedenkt, dass Joseph II. allein von 1780 bis 1790 an die 6000 Reformedikte erlassen hat und 1781 mit der Aufhebung der Leibeigenschaft, der Einführung des Toleranzediktes und den Reformen auf kirchlichem Gebiet deutliche Zeichen setzte,[214] so wird der Unterschied zwischen einem souveränen Herrscher, den seine Mutter Maria Theresia frühzeitig in die Regierungspraxis mit einbezog und dessen Reputation eben nicht in Frage gestellt wurde, und einem König mit ungenügender Regierungspraxis und fragwürdigem Ruf sehr deutlich.

Herrschaftspraxis – der König und die „Makler der Macht“

Natürlich wurde auch am preußischen Hof lange Zeit vor dem Ableben Friedrichs II. um die Gunst des Nachfolgers gebuhlt. Denn ohne erfahrene Beamte konnte Friedrich Wilhelm diesen Staat nicht regieren. „Vom Generaldirektorium bis zu den städtischen Steuer- sowie den halbständischen Landräten zählte man im ganzen Staat um 1786 rund 500 Personen.“[215] Die wenigsten von ihnen hatte Friedrich Wilhelm auf seinen Reisen durch das Land persönlich kennen gelernt. So war auch dieser König auf Informationen seines unmittelbaren Umfeldes angewiesen. Bekanntlich hatte ihm Wöllner 1786 „Auf ew. Königl. Hoheit gnädigstem Befehle“ eine „kleine Charakteristik von guten Leuten meiner Bekanntschaft, die in königl. Diensten stehen ...“ zusammengestellt,[216] die ihm die Entscheidung erleichtern sollte. Wöllner befand 100 Leute und damit rund 20 Prozent des Personals als gut. Er betonte auch, dass er noch weitere Personen hätte angeben könnten, aber, da er die nicht so gut beurteilen konnte, dies lieber gelassen hatte. Wie viele er als schlecht bewertet hätte und wie viele er nicht kannte, teilte er leider nicht mit. Dennoch erstaunt es uns heute, dass ein bürgerlicher Außenseiter der preußischen Verwaltung detaillierte Kenntnisse über den Wissensstand und den Charakter von einhundert zumeist adligen Personen zu Papier brachte. Ohne Frage verfolgte Wöllner eine Strategie, die ihn in den Augen des Thronfolgers unentbehrlich machen sollte. Seine Personalkenntnisse könnten aus seinem intimen Umfeld der Logenbrüder und Rosenkreuzer stammen. Wie Kai-Uwe Holländer und Karlheinz Gerlach in ihren Forschungen betonten, trafen die Kalkulationslisten der Mitglieder der sechs Rosenkreuzerkreise bei Wöllner ein. Die Listen dokumentierten insbesondere die religiös-moralischen Eigenschaften der Mitglieder.[217] Offenbar setzte Wöllner dann die Sammlung von Personeninformationen fort.

Auch der Kronprinz hatte lange Zeit vor 1786 überlegt, mit wem er intensiv und mit wem er nur notgedrungen zusammenarbeiten wollte, wenn er die Regierungsgeschäfte übernehmen würde. Einer seiner ersten und engsten Mitarbeiter wurde der gebildete und den Ideen der Aufklärung zugeneigte Graf von Hertzberg. Dieser berichtete über die ersten Regierungstage des Königs von Preußen Folgendes: „Nachdem S. M. dem Andenken des entseelten Königs den Tribut der Pietät geweiht und die Befehle über Beerdigung und den Nachlaß gegeben, begab sich S. M. nach Berlin, woselbst sie von allen Ständen mit großer Freude empfangen und beglückwünscht wurde. In den folgenden Tagen empfingen S. M. von den Ministern und Generalen den Eid der Treue. Gesandte, Deputationen, Collegies entfernter Provinzen bezeigten ihre Ehrerbietung. Bald darauf traten S. M. die Reise zur Huldigung in dero Provinzen an. Am 19. September wurde zu Königsberg dem Könige die Huldigung geleistet von dem Adel, der Geistlichkeit, den Städten, Innungen, Klöstern und Bischöfen. Am 2. Oktober nahmen S. M. zu Berlin von den Ständen und am 15. Oktober zu Breslau von den Fürsten, Prälaten und Edelleuten die Huldigung entgegen. Nach seiner Rückkehr aus den Provinzen gaben sich S. M. den Regierungsangelegenheiten mit vielem Eifer hin. Auch hielten S. M. eine große Revue über die Garnison von Berlin ab.“[218]

Für Müßiggang und rauschende Feste hatte der König wahrlich keine Zeit. Der Thronwechsel erforderte souveräne Handlungen, die zur Sicherung der Macht unerlässlich waren. Gerade die Huldigungslandtage spielten in diesem Zusammenhang eine besondere Rolle, denn die Stände der einzelnen Provinzen sahen bei dieser Gelegenheit nicht nur die Chance, ihre alten Privilegien bestätigen zu lassen, sondern einige wollten diese auch erweitern. Bemerkenswert in diesem Reigen der Huldigungen ist daher der Landtag in Ostpreußen 1786/87,[219] den Wolfgang Neugebauer als „ständischen Paukenschlag zu Beginn der Regierung Friedrich Wilhelms II.“ bezeichnete.[220] Am 17. September 1786 baten nämlich die Stände, „daß das Land bey seiner jetzigen Zusammenkunft aus denen dreyen Ständen einige Landschaft= und Kreis=Räthe erwahlen und beybehalten könne, um E K. M. und dessen Landes=Collegiis von Zeit zu Zeit dasjenige, was Landes=Wohlfahrt erfordert, was Landes=Verfaßung, Privilegia, Rechte und Freyheiten mit sich bringen, vorzutragen“, was übrigens „der Grund-Verfaßung dieses Landes völlig gemäß“ wäre.[221]

Die ostpreußischen Stände hatten sich schon vor 1786 Gedanken darüber gemacht, wie sie ihre Landesverfassung auf der Grundlage der traditionellen ständischen Verfassung so verändern könnten, dass sie den Anforderungen der Zeit und ihrer spezifischen landschaftlichen Probleme gerecht werden könnten. Unabhängig von der Zustimmung des Königs wollten sie regelmäßig alle drei Jahre in Königsberg eine „General-Versammlung“ abhalten, um Neuwahlen durchzuführen und Anträge zu beraten.[222] Die ostpreußischen Stände konfrontierten den König mit einer modernen Verfassungsdiskussion zu einer Zeit, als dieser noch längst nicht alle Aufgabenbereiche seines neuen Wirkungsfeldes überblicken konnte. Dennoch war Friedrich Wilhelm durchaus bewusst, dass das Anliegen der ostpreußischen Stände der notwendigen weiteren Konsolidierung des preußischen Staates mit seinen vielen weit auseinanderliegenden Gebieten und der Manifestierung seiner Machtposition entgegenstand. Selbst wenn er die Muße gehabt hätte, sich mit der aktuellen Verfassungsdiskussion zu beschäftigen, hätte er den Wünschen jener Stände nicht entsprechen können. Am 27. Februar 1787 erging daher das königliche Reskript, das das Gesuch der Landschafts-

und Kreisstände Ostpreußens ablehnte, da es mit der jetzigen „Regierungs-Verfaßung“ nicht vereinbar war. Genehmigt wurde ihnen allerdings die Einführung der ständischen Verfassung nach kurmärkischen Vorbild, die natürlich keine „Landtage“ ohne königliche Erlaubnis vorsah.[223] Der König setzte mit dieser Entscheidung auch ein Zeichen, dass er an einer Veränderung der überlieferten Regierungsweise und Regierungsform nicht interessiert war. Wie seine Vorfahren gedachte auch er, allein zu regieren. Eine andere Wahl blieb dem noch nicht allseits geachteten und akzeptierten König zu diesem Zeitpunkt auch nicht. Jede andere Entscheidung wäre ihm von den Beamten seiner unmittelbaren Umgebung als Schwäche ausgelegt worden.

Da Friedrich Wilhelm um seine geringe Reputation wusste, signalisierte er jenen Beamten, von denen er annahm, dass sie nicht nur unter Friedrich II. gute Arbeit geleistet hatten, sondern auch ihm treu ergeben sein würden, seine Gunst, indem er sie zu Beginn seiner Regierung nobilitierte. Im Jahr 1786 wurden 23 Familien in den Grafenstand erhoben. Zu ihnen gehörten die adligen Familien von Arnim, Blumenthal, Dzylynski, Dyhern, Egloffstein, Eulenberg, Francken-Sierstorpff, Goltz, Gröben, Gurowski, Häseler, Haugwitz, Hertzberg, Howerden, Hoym, Kalckreuth, Kalnein, Krockow, Pfeil, Schlabrendorff, Schulenburg-Kehnert, Trenck und Waldersee. Weiterhin wurden die bürgerlichen Räte W. A. v. Klewitz, J. A. Sack, A. H. v Borgstede, C. L. Grothe, J. L. Albrecht, L. A. Dietrich und H. T. v. Schön[224] geadelt. Natürlich sollten diese Ehrenbezeigungen die Beamten nicht nur an den preußischen Staat, sondern 1786 zuerst einmal an den neuen König binden. Auch sein Nachfolger handelte so.

Friedrich Wilhelm versuchte mit großer Energie, sich in die Regierungsgeschäfte einzuarbeiten. Die wohlwollenden Beamten seines unmittelbaren Umfeldes wussten um die Nachteile, die Friedrich Wilhelm 1786 aus dem Verhalten seines Onkels erwuchsen. Während der König sich einen Überblick über die Lage des Staates verschaffte und schon morgens um 5.00 Uhr seine Kabinettsräte empfing, verbreitete der in seiner Eitelkeit gekränkte französische Adlige Mirabeau das Bild eines für die Liebe und die Kunst in den Tag hineinlebenden, willensschwachen Königs, der den Staat nur ruinieren konnte. Aber auch später wurde dieses Bild weiter gefestigt, ohne dass die besonderen Umstände der Regierungsjahre Friedrich Wilhelms in Betracht gezogen wurden.

Rolf Straubel konstatierte in seinem Buch über Carl August von Struensee hinsichtlich des Verhältnisses von König und Beamten Folgendes: „In dieser Beziehung haben sich zwischen 1786 und 1806 dann einschneidende Veränderungen vollzogen, und zwar in Form einer Kompetenzverlagerung vom Monarchen zu den Ministern, Kabinetts- und Finanzräten. Ausschlaggebend hierfür war der Umstand, daß weder Friedrich Wilhelm II. noch Friedrich Wilhelm III. solch ein geistiges Format besaßen, um die innen- und außenpolitischen Geschicke der preußischen Monarchie in gleicher Weise zu lenken wie ihr großer Vorgänger."[225] Der große Vorgänger hatte das geistige Format seiner Nachfolger bewusst eingegrenzt. Außerdem hatte sich mit der Französischen Revolution und der weiteren territorialen Erweiterung eine gänzlich neue und schwierige Lage für die Monarchie ergeben, die die Anforderungen an den Herrscher über das bisher bekannte Maß hinaus potenzierten. Weder Friedrich Wilhelms Ausbildung noch das in der Dynastie der Hohenzollern bis dahin tradierte Herrschaftsverständnis stellten das erforderliche Rüstzeug dar, um zeitgemäß auf diese Herausforderungen zu reagieren. Mit Blick auf die Bourdieusche Kapitaltheorie ließe sich schlussfolgern, dass gerade sein soziales und kulturelles Kapital ihn hinderte, neue Wege zu beschreiten. Bedenkt man, dass Friedrich Wilhelm im Jahr 1783 am Dessauer Hof des jungen Fürsten Leopold Friedrich Franz von Anhalt-Dessau auch den erfolgreichen Reformfürsten Karl Friedrich von Baden, der zwei Jahre jünger war als der Thronprinz, näher kennen lernte und dieser hatte gerade in seinem Land die Leibeigenschaft abgeschafft, so kann man erahnen, welche Themen u. a. von den anwesenden Herren diskutiert wurden.[226] Doch in einem kleinen und überschaubaren Fürstentum wie Baden ließen sich auch leichter Reformen durchführen, vielleicht gerade weil der von der Aufklärung geprägte Fürst dort autokratisch, d. h. allein und ohne „Zwischengewalten" (Montesquieu) regieren konnte und er sich der Achtung und Wertschätzung seiner Untertanen sicher sein konnte. Friedrich Wilhelm wusste jedoch 1786 eben nicht, wie sich der schlechte Ruf, den sein Vorgänger von ihm verbreitet hatte, auf das Verhalten und Denken seiner Untertanen und der „Zwischengewalten" auswirken würde.

Die Orientierungsphase, in der sich Friedrich Wilhelm in die Regierungsgeschäfte einarbeitete, nutzten die Minister von Hoym, Struensee, von Heinitz und von Schrötter, um ihre Positionen zu fundieren.[227] Friedrich Wilhelm hingegen sah sich einem Verwaltungsapparat gegenüber, den er erst einmal überblicken musste, bevor er ihn dirigieren konnte. Offenbar hatten einige Beamte diesen König nicht ernst genommen. Dieser ließ aber keine Zweifel aufkommen, dass er selbst regieren und viele Modalitäten seines Vorgängers übernehmen würde. In einem Brief an Heinitz vom 13. Dezember 1786 betonte Friedrich Wilhelm: „Es seiet in dem preußischen Dienst neben der Ehrlichkeit und Thätigkeit auch noch eine nothwendige Pflicht, gehorsam zu sein. Denn ich fordere bei dem Civildienst von meinen Ministres eben die Folgsamkeit und den strengen Gehorsam, als ich von Meinen Generals bei der Armee fordere. Ich unterziehe mich der Regierungs-Geschäfte selbst, und werde daher Niemand erlauben in den Departements eigenhändige Verfügungen zu machen, sondern Ich will von allem vorher unterrichtet sein und verlange, daß man meine Befehle abwartet. Von diesen meinen Grundsätzen werde ich niemals abgehen und will es keinen rathen, er sei wer er sei, solche aus den Augen zu setzen."[228] Friedrich Wilhelm beabsichtigte, sich die letzte Entscheidung nicht aus der Hand nehmen zu lassen. Seinen Beamten musste er dies klar und deutlich vermitteln, da er sich ihre Achtung und ihren Respekt erst erkämpfen musste.

Friedrich II. konnte seinen Neffen zwar diffamieren und ihm die Arbeit mit seinem Beamten erschweren, aber er konnte ihm nicht das Selbstverständnis nehmen, eben für den Thron bestimmt zu sein und die Herrschaft souverän auszuüben. Alle Äußerungen, die dem König unterstellten, er wäre zu faul und wankelmütig gewesen, um selbst zu regieren, verkennen die Berufung dieses Königs, die er seit seinen Kindertagen verinnerlicht hatte. Ihm war sehr wohl bewusst, dass er die Fäden der Macht jetzt in seinen Händen hielt. Diese Macht teilte auch er nicht mit seinen Untergebenen. Das schloss jedoch nicht aus, dass er sich beriet und andere Meinungen überdachte bzw. Aufgaben delegierte. Die preußische Bürokratie witterte jedoch ein Machtvakuum und so musste der König einmal jenen, die dieses Vakuum ausfüllen wollten, ihre Grenzen aufzeigen und zum anderen musste er sich fachlich kompetente Berater suchen. Dies war keine leichte Aufgabe für den neuen König, von dem täglich Entscheidungen erwartet wurden.

Das Generaldirektorium

Unter Friedrich II. hatten in der Regel gut ausgebildete Beamte agiert, die fachlich kompetent ihre Aufgaben erfüllten[229] und die Autorität des Königs anerkannten, weil sie wussten, dass offener Widerspruch hart bestraft wurde. Dennoch zweifelte Friedrich an der Loyalität seiner Beamten. Unter seiner Regentschaft kam es in den 46 Jahren zu Verkrustungen und speziell nach 1763 auch zu einem Reformstau, weil Friedrich nicht mehr bereit war, Altbewährtes zu verändern. Friedrich Wilhelm II. übernahm die Beamten seines Vorgängers und ersetzte nur vakante Stellen mit Leuten, die ihm besonders geeignet erschienen. So kann es auch nicht verwundern, dass zum Beispiel der Umbau der Zentralbehörde, das Generaldirektorium, letztendlich an den Kompetenzstreitigkeiten der einzelnen Minister scheiterte, die auf ihre alten Rechte und Handlungsspielräume bestanden und gar nicht einsahen, warum sie sich mit den anderen Ministern absprechen sollten.[230] Diese Verhaltensweisen hatten sie ja nicht erst 1786/87 ausgeprägt, sondern hier wurde nur eine Sichtweise artikuliert, die sie seit langem vertraten. Wie sollte ein König mit einem derart beschädigten Ruf und so geringer Reputation dagegen angehen?

Natürlich hatten die Rosenkreuzer Wöllner und Bischoffwerder für den Regierungswechsel vorgearbeitet. So legte Wöllner Friedrich Wilhelm einen Plan zur Umgestaltung des Generaldirektoriums vor, der die Kompetenzen, die Eigenverantwortung und die Kollegialität der Behörde wieder stärken sollte.[231] Allein die Diskussion um die Aufhebung der Tabakverwaltung und die Senkung der Akzisegefälle für Kaffee zeigte sehr deutlich, dass eine kollegiale Verständigung letztendlich doch an den separaten Interessen der einzelnen Minister scheiterte.[232] Der Minister von Heinitz beschwerte sich beim König darüber, dass die neue Kaffee- und Tabaksteuer nicht im Generaldirektorium beraten worden war. Einigkeit bestand darin, dass man das Kaffee- und Tabakmonopol aufheben wollte, aber nicht darüber, wie die fehlenden Einnahmen dann zu kompensieren wären. Die Debatte verdeutlichte dem König auch, wie sehr die einzelnen Ressortchefs ihre Interessen im Blick hatten. Letztendlich wurden dann die Abgaben auf andere Konsumartikel erhöht, um die Haushaltsbilanz nicht zu gefährden.[233]

Die Reform des Generaldirektoriums 1786 wollte ja alle Fachressorts wieder unter einem Dach vereinen. Insofern bleibt es unverständlich, dass der König im selben Jahr dem Forst- und dem Oberbaudepartement eine neue Instruktion gab, die die Herauslösung aus dem Generaldirektorium vorsah. Als die beiden Minister Leopold Otto von Gaudi und Joachim Christian von Blumenthal den König auf diese Probleme innerhalb der Oberbehörde aufmerksam machten, erwirkten sie den Kabinettsbefehl vom 19. Oktober 1787.[234]

Der König musste immer wieder zur Kenntnis nehmen, dass seinen Anordnungen nur bedingt Folge geleistet wurde und die einzelnen Minister ihre separaten Interessen fast verbissen verteidigten. So heißt es in dem Befehl, dass verschiedene „Ministres aus Eigensinn oder aus privat Absichten, da sich immer einer vor dem anderen vordrängen und den Premier-Ministre spielen wollen, ihre Departements von den Ganzen mehr oder weniger abgerissen, aus aller collegialischen Verbindung gesezt …“ Nun sollten von Gaudi und von Blumenthal versuchen, die Spezialinstruktionen der einzelnen Departements mit dem Generaldirektorium abzustimmen. Eine schwierige Aufgabe hatten die beiden hier zu lösen, denn kein Minister wollte wirklich auf seinen Einfluss und seine Entscheidungsfreiheit zugunsten des vermeintlichen Ganzen verzichten. Die Minister wussten, dass der König auf ihre Arbeit angewiesen war und sie trauten ihm nicht zu – selbstherrlich, wie es Friedrich II. tat, wenn ihm etwas an ihrer Arbeit missfiel –, zu radikalen Maßnahmen zu greifen, sie zu entlassen oder zu verhaften. Die altgediente Ministerriege saß diesen Konflikt einfach aus. Friedrich Wilhelm hingegen fehlten angesichts der Kriege mit den bekannten Folgen für seine Gesundheit sehr bald die Zeit und die Kraft, seine Interessen gegenüber den Ministern rigoros durchzusetzen.

Um die Arbeit des Generaldirektoriums effektiver zu gestalten, sollten auch zukünftig keine Vorschläge einzelner Minister, ohne zuvor im Generaldirektorium beraten und abgestimmt zu werden, an den König gesandt werden. So wollte man verhindern, dass einzelne Provinzen oder Ressorts sich Vorteile vor anderen verschaffften. Blumenthal und Gaudi luden dann die Minister zu einer Beratung über die Arbeit der Behörde ein. Es erschienen die Minister von Heinitz, von Werder, von Arnim und von Mauschwitz.[235] Damit waren sechs der sieben Minister anwesend. Nur der Minister von Schulenburg-Blumenberg fehlte.[236] Doch die Minister konnten sich nicht zu einem einheitlichen Vorgehen und für die Unterstützung der zur Diskussion stehenden Vorschläge durchringen. Vielmehr hielten sowohl von Arnim, der sein Forstministerium ohne kollegiale Absprache verwalten wollte, als auch von Werder, der keine Einmischung in seinem Fabriken- und Akzisedepartement wünschte, die Vorschläge für nicht realisierbar. Besonders das Verhalten von Arnims dürfte Wöllner verärgert haben, denn dieser war als Rosenkreuzer ein Wunschkandidat Wöllners gewesen. Arnim zählte zu den 100 von Wöllner empfohlenen Beamten und wurde wie folgt beschrieben: „Kenntnisse: Ein Mann von Kopf u. vielem Verstande, auch ziemlichen Einsichten im Finanzwesen; kann einmal einen guten Ministre abgeben. Charakter: Hat Religion u. sein Herz ist im Grunde gut, wird aber durch einen unbändigen Stolz u. Neigung zur Härte öfters irre geführt; er ist ehrlich u. erkennet alle seine Fehler selbst."[237] Offenbar siegte bei dieser Auseinandersetzung Arnims Stolz, sich nichts vorschreiben zu lassen. Wöllner hätte wohl etwas mehr Dankbarkeit erwarten können.

Nach weiteren Zusammenkünften, denen von Arnim fernblieb, einigten sich die Minister dann doch und legten ihre Ergebnisse am 1. Dezember 1787 dem König vor. Die Instruktion verlangte dann, dass alle Vorgänge, „so auf das allgemeine Interesse des Staats, und die allgemeine Wohlfarth der Unterthanen abzwecken, oder in die Verhältnisse besonderer Provinzien einschlagen … öffentlich vorgetragen, und nach der Mehrheit der Stimmen, die Conclusa deshalb veranlasst werden …"[238] Diese verordnete kollegiale Beratung der Minister, der ein durchaus demokratischer Grundgedanke zugrunde lag, erschwerte wohl die Arbeit insgesamt so sehr, dass der König sich noch 1787 veranlasst sah, den Wünschen seiner Minister entgegenzukommen. In seinen näheren Anweisungen legte er fest, dass nur Themen von allgemeinem Interesse im Plenum zu beraten sind. „Dagegen aber können und sollen, von den Geschäften der Provincial- und Spezial-Departements, solche Sachen, welche auf andere Provinzien und Departements gar keinen Einfluss und Bezug haben, und lediglich nach bestimmten Principiis regulativis zu beurtheilen, und zu entscheiden sind, … bey jedem Departement besonders in Vortrag gebracht werden."[239] Mit Wankelmut oder mangelnder Durchsetzungskraft hatte diese Entscheidung wohl kaum etwas zu tun. Vielmehr sah der König ein, dass angesichts der Spezialisierung innerhalb der Bürokratie nur so effektives Arbeiten möglich war. Man könnte auch sagen, der Klügere gab nach. Denn unendliche, zeitraubende Debatten im Plenum der Minister ohne greifbare Ergebnisse hätten niemandem genutzt.

Ein weiterer Vorschlag kam aus den Reihen der Minister. Um die Auseinandersetzungen zwischen der Wirtschaft und dem Handel mit dem Zuständigen für das Zoll- und Akzisewesen zu reduzieren, rieten sie zur Zusammenlegung der Departements unter einem Minister. Dies geschah dann auch im Januar 1787. Das IV. und V. Departement wurde mit der Generalakzise- und Zollverwaltung zu einem kombinierte Departement für Fabriken-Commerzien-, Zoll- und Akzise vereint, das von Werder dann noch bis 1791 verwaltete. Da der Minister den Aufgaben eines so großen und umfassenden Arbeitsgebietes jedoch nicht gewachsen war, erhielt der bürgerliche Aufsteiger Struensee 1791 diese Aufgabe.[240] Die Personalpolitik Friedrich Wilhelms zeigt nicht nur bei dieser Wahl, dass er fähige Beamte durchaus zu schätzen wusste. Doch auch hier musste er erst einmal mit dem Erbe seines Vorgängers leben.

Das Kabinett

Friedrich II. hatte seinem Neffen in seinem Testament von 1769 insbesondere seine ihm seit vielen Jahren eng verbundenen Mitarbeiter des Kabinetts ans Herz gelegt. Schon seit Friedrich Wilhelm I. wurde in Preußen aus dem königlichen Kabinett heraus regiert. Diese spezifisch preußische Kabinettsregierung hat nun nichts mit einer kollegial beratenen Ministerrunde zu tun, sondern der König versammelte hier um sich einige wenige fähige Mitarbeiter, mit denen er sich beriet und die die Korrespondenz mit den Behörden und Ministern aufbereiteten. Der König musste sich also nicht direkt mit den Meinungen seiner Minister auseinandersetzen, sondern er verkehrte mit ihnen nur noch schriftlich. Die Kabinettsordern und Kabinettsdekrete wurden kurz und knapp, dafür aber präzise formuliert und rationalisierten den Verwaltungsbetrieb. Friedrich II. übernahm diese Behördenorganisation seines Vaters und auch dessen Personal einschließlich der Organisation des Kabinetts mit dem Kabinettssekretär Eichel. Ohne August Friedrich Eichel hätte Friedrich wohl kaum regieren können, denn er kannte alle Interna und Personen. Dieser bürgerliche Titularkriegsrat hielt alsbald alle Machtfäden in seinen Händen, weil ihm der König bedingungslos vertraute und weil es die Regierungspraxis – die Kabinettsregierung – ermöglichte. „Die Regierung aus dem Kabinett durchbrach die gewöhnliche Behördenhierarchie, machte die Verwaltungspraxis unmittelbarer, persönlicher, aber auch unberechenbarer, was Friedrich der Große in seinem ständigen Misstrauen gegen die Kollegien, insbesondere gegen das Generaldirektorium, offenbar beabsichtigte.“[241] Sicher konnte diese Regierungsform nur reibungslos funktionieren, wenn der König und seine

„bürgerliche Gegenelite“[242] eine Vertrauensbasis hatten, die durch fachliche Kompetenz, ständige Einsatzbereitschaft und strikte Achtung der Souveränität des Königs seitens der Räte und Sekretäre manifestiert wurde.

Friedrich Wilhelm II. übernahm das preußische Kabinett seines Onkels. Doch konnte er sich auch auf die Loyalität dieser Beamten stützen? Schließlich waren jene Herren, wie keine anderen Beamten sonst, unmittelbar mit den Auffassungen Friedrichs II. über den unfähigen Nachfolger konfrontiert worden. Musste der neue König hier nicht zu Recht fürchten, dass es jenen Beamten an Achtung und Distanz fehlte? Zumal er in jeder Hinsicht auf sie angewiesen war, denn auch die Akten des Kabinetts befanden sich in den Häusern und Wohnungen der Räte und Sekretäre. Nur was sie ihm also freiwillig zur Kenntnis gaben, erfuhr der König. Umso wichtiger war es also für Friedrich Wilhelm, das Kabinett für sich zu gewinnen. Der verlangte Treueeid verpflichtete sie zwar zur Verschwiegenheit und Gehorsamkeit, aber reichte dies aus, um auch dem Nachfolger die erforderliche Loyalität der Beamten zu sichern?[243]

Am 17. August 1786, also noch am Todestag Friedrichs II., wurden die sieben Kabinettsbeamten auf den neuen König vereidigt: „Ich gelobe und schwöre hiermit meinen körperl. Eid, daß nachdem S^{n} jetzt regierende König. Majestät von Preußen mich zu dero Cabinets-Geschäften gnädigst zu employiren geruhen wollen, ich Höchst derselben und dero Königl. Hause treu und hold seyn; die mir aufgetragenen Arbeiten mit dem größten Fleiß und Gewißenhaftigkeit verrichten, darüber sowohl als was … Staatsangelegenheiten zu meiner Kenntniß kommen möchte, die strengste Verschwiegenheit beobachten, und mich überall so betragen will als es einem rechtschaffenen und gewissen haften königl. Diener eignet und gebühret. So wahr mir Gott zur Seligkeit verhelfe durch Jesum Christum, amen.“[244]

1788 gehörten der Geheimen Kabinetts-Expedition folgende Geheime Kriegsräte an: Friedrich Wilhelm Müller, der seit 1740 in der Geheimen Staatskanzlei tätig war und seit 1768 als Geheimer Kriegsrat im Kabinett wirkte,[245] erhielt 268 Reichstaler Gehalt und für den Unterhalt eines Schreibers weitere 200 Reichstaler.[246] 1769 wurde dann Theodor Etienne Laspeyres, „ein ebenso tüchtiger Beamter als liebenswürdiger Charakter,[247] Geheimer Kriegsrat im Kabinett und erhielt 1788 700 Reichstaler Gehalt.[248] Das höchste Gehalt mit 1900 Reichstaler und 168 Reichstaler Fouragegelder sowie weiteren 300 Reichstalern für einen Schreiber[249] bekam Julius Wilhelm Heinrich von Beyer, der Bruder des Geheimen Finanzrats Beyer aus dem Generaldirektorium, der 1773 ins Kabinett geholt wurde.[250] Weiterhin arbeiteten im Kabinett Ludwig August Friedrich Mörs (300 Reichstaler Gehalt), Jean Francois von Perrot (700 Reichstaler Gehalt) sowie Anastasius Ludwig Mencken (1500 Reichstaler Gehalt). Dieser war der einstige Gesandtschaftssekretär in Stockholm und wurde 1782 ins

Kabinett aufgenommen, weil er als ein sehr fähiger, gelehrter und verschwiegener Beamter galt, der auch von der Schwester Friedrichs II., der schwedischen Königin Luise Ulrike, geschätzt wurde. Der Chiffrierdienst und die diplomatische Korrespondenz sollten seine Aufgabenfelder werden.[251]

Als junger Kabinettskanzlist erhielt 1786 Johann Wilhelm Lombard eine Chance im Kabinett; am 7. Dezember wurde er zum Geheimen Sekretär ernannt. Die Herren Perrot und Mencken waren am 7. November 1786 zum Geheimen Kriegsrat befördert worden.[252]

Dem neuen Kabinett gehörte Johann Christian Friedrich Stelter, der 1775 als Finanzexperte in diese Expedition kam, nicht mehr an. Stelter hatte bei der Arbeit am 29. Mai 1786 der Schlagfluss getroffen. Die Kabinettsräte mussten stehend in einer unbequemen Amtstracht ihre Arbeit verrichten und für ältere Beamte war diese Arbeitsweise zunehmend eine Strapaze.[253] Auch der 75-jährige Müller erlag während der Arbeit einem Schlagfluss.[254]

Der Kabinettsbeamte Mencken hatte sehr schnell die Grenzen der Leistungsfähigkeit des Kabinetts erkannt und schon zu Zeiten Friedrichs II. darauf hingewiesen, dass sich die Probleme der entlegenen Provinzen nicht aus dem Kabinett heraus beurteilen lassen.[255] Die unter Friedrich Wilhelm erfolgte territoriale Erweiterung vergrößerte daher nur ein bereits vorhandenes Problem der Kabinettsregierung.

Friedrich II. hatte die Kabinettsräte je nachdem, wo er sich befand – in der Sommerresidenz Sanssouci oder im Neuen Palais oder im Potsdamer Stadtschloss –, am frühen Morgen zwischen 4 und 6 Uhr empfangen, die eingegangene Post gesichtet und die anfallenden Aufgaben an die Räte und Sekretäre verteilt. Auch diese Tradition setzte sein Neffe fort, wenn er auch nicht mit der Schnelligkeit Entscheidungen traf wie sein Vorgänger, da er nicht dessen langjährige Erfahrungen und den daraus resultierenden Kenntnisstand besaß. „Wenn die Geheimen Räte expediert waren, gingen selbige nach ihren Wohnungen zurück und fertigten die Kabinettsschreiben und Orders aus, wozu sie den Befehl erhalten, damit solche den Nachmittag um 3 Uhr dem König zur Unterschrift vorgelegt werden konnten, zu welchem Ende um 2 Uhr ein reitender Jäger zu dem ersten Geheimen Rat kam und das versiegelte Paket, worin erstgenannte Kabinettsschreiben waren, an den Kämmerer überbrachte und nach vollendeter Unterschrift des Königs es dem Geheimen Kabinettsrat wieder übergab, der dann die Schreiben kuvertieren und siegeln und entweder durch die Post in Potsdam oder durch einen Feldjäger…“[256] an sein Ziel brachte. Diese Regierungspraxis funktionierte nur, wenn sich der König auf seine Beamten und ihre Verschwiegenheit verlassen konnte.

Doch kehren wir noch einmal zum königlichen Kabinett und seiner Organisation zurück. Am 5. November 1786 erhielt es eine neue Geschäftsordnung, die auf Vorschläge Wöllners zurückging[257] und die aus der Konzentration der gesamten Staatsverwaltung im Kabinett Friedrichs II. resultierte. Wörtlich heißt es dort: „Müller … besorgt alle geschlossenen Briefe ins Schloß; rücksichtlich der offenen an seine Adresse eingesendeten Briefe der Dikasterien bearbeitet er alle Justiz-, Lehen- und geistlichen Sachen, auch die Militärangelegenheiten, nur nicht die Militär-Finanz-Angelegenheiten. Laspeyres bearbeitet die auswärtigen Sachen und einen Teil der Extrakte aus den Bittschriften, Beyer alle Finanzsachen ohne Unterschied, auch die militärischen. Mörs behält die Direktion von Wusterhausen und die mecklenburgischen Pfandämter, und die offenen Bittschriften werden an ihn abgegeben. Perrot behält nach wie vor die Chiffres und hilft bei den französischen Expeditionen. Mencken soll die übrigen Gnadensachen, davon Laspeyres einen Teil bearbeitet, extrahieren und expedieren und übrigens dem Lombard zu dessen Unterricht anfänglich bei dem Chiffre assistieren. Wegen der Gnadensachen muß Mencken künftighin sich auf dem Schlosse bei der gewöhnlichen Zusammenkunft des Kabinetts einfinden. Perrot und Mencken erhalten gratis das Patent als Geheime Kriegsräte. Lombard bearbeitet mit dem von Perrot den Chiffre konjunktim und expediert die kleinen französischen Briefe.“[258] Diese klare Aufgabenteilung sicherte einen reibungslosen Ablauf der anfallenden Geschäfte.

In das Kabinett wurde im Jahr 1787 noch der Generaladjutant der Infanterie von Bischoffwerder aufgenommen, der für die militärischen Angelegenheiten zuständig war, die früher der Kabinettssekretär Müller, der schon an die 70 Jahre alt war, bearbeitet hatte.[259] Natürlich fehlte es nicht an Stimmen, die meinten, nach dem Regierungswechsel wurde in diesem Kabinett nicht mehr solide und effizient gearbeitet, weil der neue König die Zügel nicht straff in seiner Hand hatte. Beschwerden der Untertanen gelangten nicht mehr sicher in das Kabinett, sondern wurden von den Günstlingen schon vorher kassiert. Und natürlich hatte sich Wöllner auch im Kabinett seine Position gesichert. Von ihm verfasste Kabinettsordern gelangten direkt zur Unterschrift auf den Tisch des Königs.[260] Ob Friedrich Wilhelm diese dann wirklich ungeprüft, wie suggeriert wurde, unterschrieb, bleibt fraglich.

Perrot verließ 1789 das Kabinett und kehrte in seine Heimat nach Neufchâtel zurück, um dort ein Staatsamt zu übernehmen. Sein Nachfolger wurde Jean Coulon, der am 28. April 1789 als Kabinettssekretär vereidigt wurde.[261] Als der Kabinettssekretär Müller am 11. Dezember 1794 im Alter von 75 Jahren verstarb, ordneten der nunmehr dienstälteste Laspeyres und Beyer dessen Nachlass. In den 55 Dienstjahren hatten sich viele Kisten an Archivmaterial angesammelt, die nun an das Archiv des Generaldirektoriums übersandt wurden. Die Ratsstelle Müllers wurde nicht neu besetzt. Stattdessen wurde ein neuer Sekretär namens Alloucheri ins Kabinett genommen. Ob es sich hier um den Hofmeister Allouchery handelt, den Ritz 1794 für seinen Sohn Friedrich Wilhelm anstellte, ist nicht bekannt.[262] Der Verzicht auf einen neuen Kabinettsrat und die Tatsache, dass die übrigen Beamten kaum noch Einfluss auf die Politik des Königs nahmen, spricht laut Hüffer dafür, dass die Bedeutung des Kabinetts unter Friedrich Wilhelm abnahm. Nach 43-jähriger Dienstzeit wollte Laspeyres in den Ruhestand gehen, Mörs kümmerte sich fast nur noch um die Landwirtschaft und Wusterhausen. Mencken war in Ungnade gefallen.[263]

Das Kabinett konnte vermutlich in den 1790er-Jahren den erweiterten Anforderungen an eine effiziente Verwaltung dieses vergrößerten Staatsgebietes unter den kriegerischen Verhältnissen nicht mehr gerecht werden. Was Mencken schon zu Friedrichs II. Zeiten befürchtete, war nun, als Friedrich Wilhelm auf verschiedenen Kriegsschauplätzen weilen musste, eingetreten. Die geordneten Arbeitsabläufe waren durch die Abwesenheit des Königs, der erst im Westen und dann im Osten Krieg führte, derart durcheinandergeraten, dass bald niemand mehr die Übersicht hatte. Hinzu kamen dann noch die vielen Entscheidungen, die die Verwaltung der ererbten und eroberten neuen Gebiete und deren Integration in den Staat betrafen. Jetzt hätte der gesundheitlich angeschlagene König hoch qualifizierte und erfahrene Beamte benötigt, die in der Lage gewesen wären, diese schwierige Übergangszeit effizient zu meistern.

In einer Denkschrift für den Thronfolger heißt es 1797: „Zu Anfang seiner Regierung erbrach der König alle Briefe selbst, schrieb auf sie, deren Inhalt klar zu Tage lag, kurz seine Entscheidung und verteilte sie zu gleichen Teilen zur Expedition an die Kabinettsräte. Üeber solche, die eine nähere Beleuchtung erforderten, ließ er sich von dem Kabinettsrat von Beyer mündlichen Vortrag halten; über Justizsachen wurde auch zuweilen der Kabinettsrat Mencken zum Vortrag gezogen. Alle Militärangelegenheiten wurden den Generaladjutanten (Bischoffwerder und Zastrow) teils durch Dekret, teils um darüber mündlichen Vortrag zu halten, zugeschickt. Der Kabinettsekretär Lombard hatte das Dechiffrement, alle auswärtigen Angelegenheiten und die französische Korrespondenz zu besorgen. Der mündliche Vortrag der Kabinettsräte unterblieb indes allmählich; ...“[264] Von den einst sieben Kabinettsbeamten erledigten 1797 nur noch Beyer, Lombard und Coulon die Arbeit des Kabinetts. So kann es nicht verwundern, wenn es zu Verzögerungen kam oder Schreiben unbeantwortet blieben. Die Beamten waren ebenso überfordert wie der König, der immer seltener vor Ort war. Die Defizite der Verwaltung, die später so aufgebauscht wurden, resultierten nicht aus dem mangelnden Elan der Beamten, die der König nicht im Griff hatte, sondern aus den veränderten Anforderungen an die Staatsverwaltung.

Angesichts der gesellschaftlichen und politischen Veränderungen nach der Französischen Revolution, der französische König war bereits enthauptet worden, nahm offenbar auch die Hemmschwelle der Untertanen zum preußischen

König ab. Die Art und Weise, wie in der Öffentlichkeit nun ungeniert debattiert wurde, beunruhigte den König ebenso wie die zunehmende Zahl der unmittelbar vorgebrachten Bittgesuche und Beschwerden. Der König ging auf Distanz zum Volk und ließ am 17. März 1796 ein Publikandum verbreiten, das die Untertanen doch auf den Dienstweg über die zuständigen Beamten und den Postweg verwies und sie von persönlichen Gesuchen beim König abbringen sollte. „So wurde das Kabinett mehr und mehr von dem Immediatbüro des Monarchen zum Zwecke unmittelbar-persönlicher Herrschaftsausübung zu einer extraministeriellen Oberbehörde mit mehreren Kabinettsräten, Geheimen Kabinettssekretären, Kabinettssekretären und -journalisten."[265] Für das Jahr 1798 waren wieder neun Kabinettsbeamte nachweisbar, von denen nur noch der wieder rehabilitierte Mencken und Lombard, der sich durch die Fürsprache des Grafen Haugwitz hielt, im neuen Kabinett vertreten.[266] Allzu vorschnell wurden den alten Kabinettsräten Korruption und Vetternwirtschaft unterstellt. Diese Anschuldigung gab es ja auch schon unter Friedrich II. Während sich der 54-jährige Beyer dagegen nicht mehr wehrte, erkämpfte sich Lombard seine Wiedereinstellung. Unter Friedrich Wilhelm II. gab es im Kabinett nicht mehr oder weniger Beamtenbestechungen wie unter seinen Vorgängern. Doch sein Sohn witterte überall die Netzwerke der väterlichen Günstlinge und wollte daher Leute um sich haben, denen er vertrauen konnte. So verständlich der damit verbundene Personalwechsel war, rückblickend wurde er stets zuungunsten Friedrich Wilhelms II., der nur von unfähigen Beamten umgeben gewesen sein sollte, gedeutet. Zeitgenossen wie beispielsweise von Cölln sahen in der personellen Entwicklung des Kabinetts und dem vermeintlichen großen Einfluss der bürgerlichen Kabinettsräte eine bedenkliche Machtverschiebung von der ursprünglichen adligen Vorherrschaft hin zur Repräsentanz des „dritten Standes" in der unmittelbaren Nähe des Königs. Cölln meinte sogar: „Von diesem Augenblick an war es um die Autorität des Staatsraths, des Generaldirektoriums und des Adels geschehen."[267] Obwohl Friedrich Wilhelm den Bürgerlichen gegenüber aufgeschlossener war als sein Vorgänger, rüttelte er nicht an der besonderen Stellung des Adels im Staate. Cölln übertrieb hier und drückte gleichzeitig eine zeitgenössische Stimmung aus, die in der zunehmenden Professionalisierung der Bürokratie auch eine Gefahr für den Adelsstand sah.

Wolfgang Neugebauer fasste das Resümee seiner Untersuchung des preußischen Kabinetts im 18. Jahrhundert in folgende Worte: „Die Organisation des preußischen Kabinetts zeigt eine auffällige Häufung vormoderner Charakteristika an der Spitze der preußischen Monarchie. Gewiß, das preußische Kabinett, es wirkte in Potsdam, aber nicht als Behörde im modernen Sinne, sondern als vormoderner Funktionsorganismus."[268] Das Kabinett zog nicht nur mit dem Monarchen von Standort zu Standort, sondern auch die Archivierung und die Praxis, dass die Räte zu Hause ihre Arbeit erledigten, deuten auf eine unzeit-

August Wilhelm, Prinz von Preußen (1722–1758), Bruder Friedrichs II., König von Preußen (1740–1786) und Vater Friedrich Wilhelms II., König von Preußen (1786–1797). – Kupferstich, 1750.

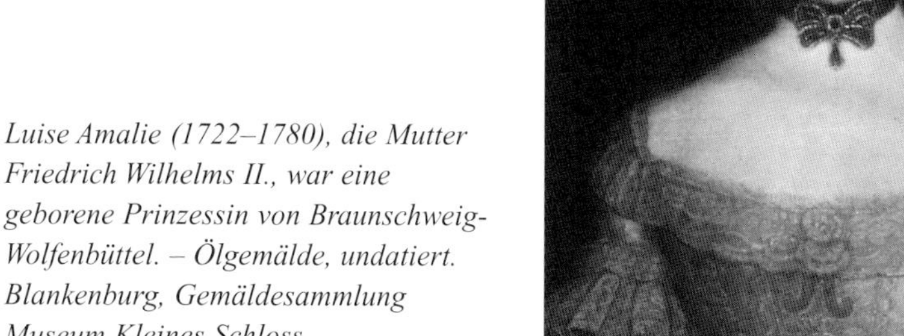

Luise Amalie (1722–1780), die Mutter Friedrich Wilhelms II., war eine geborene Prinzessin von Braunschweig-Wolfenbüttel. – Ölgemälde, undatiert. Blankenburg, Gemäldesammlung Museum Kleines Schloss.

Nicolaus de Beguelin (1714–1789), Schweizer Gelehrter, seit 1747 Erzieher und Vertrauter Friedrich Wilhelms. Er war Mitglied der Königlichen Akademie der Wissenschaften zu Berlin, 1764 wurde er von Friedrich II. als Prinzenerzieher entlassen. – Ölgemälde von Anton Graff, 1774. Potsdam, Park Sanssouci Neue Kammern.

Heinrich Adrian Graf von Borcke (1715–1788), preußischer Offizier und seit 1751 militärischer Erzieher Friedrich Wilhelms. Wie Beguelin fiel er bei Friedrich II. in Ungnade und wurde ebenfalls 1764 entlassen. – Kupferstich von Benjamin Glassbach, 1780.

Der 26-jährige Thronfolger Friedrich Wilhelm mit seinem Onkel Friedrich II., König von Preußen und seinem Onkel Heinrich, Prinz von Preußen (1726–1802). – Miniatur auf Elfenbein von Anton König, um 1770.

Die schöne Wilhelmine Encke (1744–1820), Mätresse und Vertraute Friedrich Wilhelms. Sie wurde mit Johann Friedrich Ritz (1755–1809) verheiratet und 1796 als Gräfin von Lichtenau in den Adelsstand erhoben. – Ölgemälde von Anna Dorothea Therbusch, 1776.

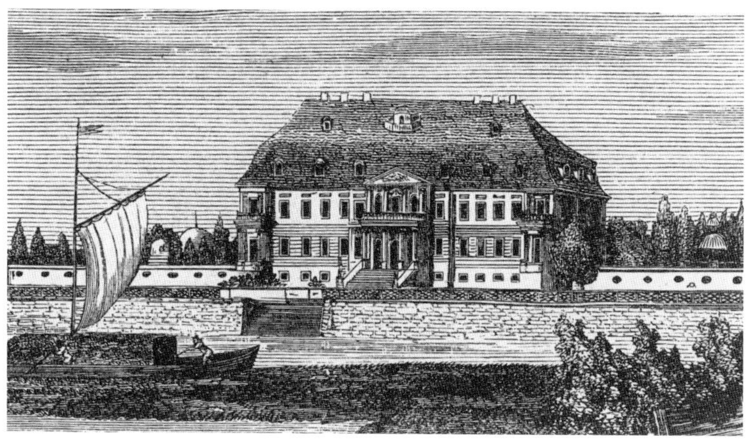

Das Palais von Wilhelmine Encke, verh. Ritz, der Geliebten Friedrich Wilhelms II. Es befand sich in der Nähe von Schloss Charlottenburg. – Kupferstich, um 1790.

Das Grabmal des Alexander von der Mark (1778–1787). Alexander war der uneheliche Sohn Friedrich Wilhelms und Wilhelmine Enckes. – Marmorsarg von Johann Gottfried Schadow, 1790. Nationalgalerie, Staatliche Museen zu Berlin.

Elisabeth von Braunschweig-Wolfenbüttel (1746–1840) heiratete 1765 Friedrich Wilhelm, Prinz von Preußen. Die Ehe wurde jedoch schon 1769 wegen der Untreue Elisabeths geschieden. Im Scheidungsjahr kam die Tochter Friederike zur Welt. Elisabeth wurde vom Hof verbannt und starb 1840 in Stettin. – Ölgemälde von Johann Georg Ziesenis, um 1765.

Friederike Luise von Hessen-Darmstadt (1751–1805) wurde 1769 die zweite Frau Friedrich Wilhelms. Sie gebar sieben Kinder. Ihr erstgeborener Sohn Friedrich Wilhelm wurde 1797 preußischer König. – Nach einem Ölgemälde von Anton Graff, undatiert.

Friedrich Wilhelm II., König von Preußen und Nachfolger Friedrichs II. von 1786 bis 1797. – Ölgemälde von Anton Graff, 1788. (Von diesem Porträt existieren mehrere Varianten.) Berlin, Schloss Charlottenburg.

Julie von Voss (1766–1789). Friedrich Wilhelm II. nahm sie 1787 zu seiner ersten morganatischen Gemahlin und erhob sie zur Gräfin Ingenheim. Sie starb kurz nach der Geburt des Sohnes Gustav Adolph 1789 an der Schwindsucht. – Kupferstich von Johann Friedrich Bolt, um 1787.

Sophie Friederike Gräfin von Dönhoff (1768–1834) nahm Friedrich Wilhelm II. 1790 zur zweiten morganatischen Gemahlin. Sie gebar zwei Kinder (Wilhelm und Sophie von Brandenburg). Da sie sich in die Politik einmischte, trennte er sich 1792 von ihr. – Bildnismedaillon von Heinrich Sintzenich nach Louise Labroue, um 1796. Kupferstichkabinett, Staatliche Museen zu Berlin.

Johann Christoph von Wöllner (1732–1800). Der Pfarrerssohn studierte Theologie und arbeitete dann als Gutspächter beim General von Itzenplitz, dessen Tochter er 1768 heiratete. Friedrich Wilhelm II. beförderte ihn in den Adelsstand und beschäftigte ihn zuerst als Geheimen Oberfinanzkriegsrat und seit 1788 als Minister. 1794 fiel er in Ungnade. – Kupferstich von Johann Friedrich Schleuen, um 1780.

Johann Rudolf von Bischoffwerder (1741–1803). Seit 1778 Major in der preußischen Armee und nach 1786 Generaladjutant und Vertrauter Friedrich Wilhelms II. – Der unsignierte Stich ähnelt dem Porträt, das Henriette Félicité Tassaert 1793 nach Johann Heinrich Schröder „in schwarzer Kunst" anfertigte.

Friedrich Wilhelm II. (1744–1797), König von Preußen. – Punktierstich von Heinrich Sintzenich nach einem Pastell von Johann Heinrich Schröder, undatiert. Ähnlich dem von Joseph Friedrich August Darbes 1797 geschaffenen Pastellbildnis, das den zu jener Zeit schon sehr kranken König pietätvoll darstellt.

Ansicht der Langen Brücke und des Königlichen Schlosses zu Berlin. Im Schloss ließ Friedrich Wilhelm II. für sich und die Königin ansprechende Räume mit viel Gespür für zeitgemäße Neuerungen einrichten. – Kolorierter Kupferstich, um 1806.

Friedrich Wilhelm III., König von Preußen (1770–1840),
ältester ehelicher Sohn Friedrich Wilhelms II. Er regierte von 1797 bis 1840. –
Lithographie von Friedrich Jentzen nach einem Gemälde von Ernst Gebauer, 1831.

Das Mamorpalais im Neuen Garten zu Potsdam. Der Bau wurde 1787 von Carl von Gontard entworfen und 1790 fertig gestellt. Für den Innenausbau war Langhans zuständig. 1797 wurden dem Palais von Michael Philipp Daniel Boumann zwei eingeschossige Seitenflügel hinzugefügt. – Aquatinta von Meyer, um 1800.

Die Gotische Bibliothek am Eingang des Neuen Gartens zu Potsdam. Sie wurde zwischen 1792 und 1794 aus Sandstein errichtet.

Ansicht der Propyläen in Athen (oben) und des Brandenburger Tores (unten) in Berlin. Das Brandenburger Tor wurde von 1788 bis 1791 von Carl Gotthard Langhans erbaut. Die Quadriga von Gottfried Schadow krönte das Bauwerk ab 1794. – Kolorierter Kupferstich von Johann Carl Richter, um 1800. Berlin, Berlin Museum.

Neues Denkmal Friedrich Wilhelms II. König von Preußen auf dem Schulplatz in Neuruppin. Das alte Denkmal wurde von Carl Friedrich Schinkel und Friedrich Tieck geschaffen und 1829 eingeweiht, 1947 verschwand es. Erst 1998 wurde ein Neuguss der Skulptur wieder feierlich am alten Platz errichtet.

gemäße Arbeitsweise hin. Wöllner hatte diese Praxis bereits 1786 beklagt und dafür plädiert, dass zukünftig im Schloss ein Raum für die Arbeit der Kabinettsräte eingerichtet werden sollte, wo sich dann auch die Kabinettsregistratur befinden könnte.[269]

An Ideen und gutem Willen mangelte es den preußischen Beamten in jener schwierigen Epoche nicht. Doch die meisten Minister und Räte konzentrierten sich zu sehr auf ihre Ressorts, so dass es ein übergreifendes und koordiniertes Agieren für das Gesamtwohl des Staates nicht gab und auch nicht geben konnte. Zu unterschiedlich waren die Bedürfnisse und die Erfahrungen der Westfalen im Vergleich mit denen der Ostpreußen oder gar denen der Neu-Ostpreußen. Die territoriale Ausdehnung des preußischen Staates mit seinen unterschiedlichen Gewerbe-, Verwaltungs- und Kulturverfassungen hätte auch in friedlicheren Zeiten die alte Regierungspraxis an ihre Grenzen geführt. Friedrich Wilhelm II. konnte und wollte diese Regierungspraxis nicht radikal verändern. Doch um diesen expandierenden Staat verwalten zu können, brauchte er ein geschultes Fachpersonal, das sich ja erst allmählich herausbildete.[270] Trotz aller gegenteiligen Äußerungen verfügte der König durchaus über fleißige und fähige Beamte, die jedoch mit ihren Initiativen nicht selten im Sumpf der Zuständigkeiten von Provinzial- und Fachdepartement stecken blieben. Zumal gerade die Interessen des Akzisechefs mit denen der Provinzialminister konkurrierten und man sich gegenseitig behinderte. Rolf Straubel hat dieses Problem sehr detailliert und anschaulich beschrieben.[271] Struensee wollte die staatlichen Kassen der Akzise- und Zolleinnahmen füllen und die Provinzialminister von Hoym, von Voß und von Schrötter hatten den Wohlstand ihrer Provinzen im Auge. Die Steuererhöhungen Struensees schadeten aber der Entwicklung von Gewerbe und Handel in Schlesien oder Ost- und Westpreußen. So versuchte ein jeder für sich, den König von der Notwendigkeit seiner Maßnahmen zu überzeugen. Der geforderte Dialog oder die kollegiale Abstimmung im Generaldirektorium blieben ein Wunsch des Königs. Nur vereinzelt kam es zu einer guten und produktiven Zusammenarbeit einzelner Minister, die von Interessen geleitet sein konnte oder auf privaten Sympathien basierte.

Die Vertrauten des Königs

Johann Friedrich Ritz

Man kann es Friedrich Wilhelm II. jedoch nicht verdenken, dass er diesen Räten seines Onkels erst einmal nicht über den Weg traute und lieber auf Leute zurückgriff, die ihm in den letzten Jahren seiner Kronprinzenzeit zuverlässig zur

Seite standen. Um Irritationen zu vermeiden und auch, weil Friedrich II. ihm in seinem Testament von 1769 die Mitarbeiter seines Kabinetts wärmstens empfohlen hatte, übernahm er die Beamten aus dem Kabinett. Zusätzlich stellte er aber für seine persönlichen Bedürfnisse Privatsekretäre ein. Was Eichel für Friedrich II. war, wurde nun Johann Friedrich Ritz für den neuen König. Er erhielt laut Etat 1000 Reichstaler Gehalt und damit doppelt so viel wie der zweite Geheime Kämmerer Gericke.[272] Der Ritz-Nachlass, der oben schon erwähnt wurde, offenbart, wie schnell die damalige Gesellschaft diese Schlüsselstellung des Ritz realisierte und akzeptierte. Die Bittschriften und die übermittelten Geschenke sprechen für sich. Alle glaubten, dass er ihnen die Türen zum König öffnen könnte.[273] Das kann auch nicht weiter verwundern, denn man ging davon aus, dass sich die Funktionsmechanismen nicht veränderten und man über gewisse Personen mit seinen Anliegen schneller zum Ziel kam. Nur die Namen waren andere und ihre Titel hatten sich geändert.[274] Dem „dreisten und gefährlichen" Eichel wurden ja auch schon Korruption und Bestechlichkeit nachgesagt. Das zeittypische Verhalten der Bittsteller sollte ihm ein beträchtliches Vermögen beschert haben.[275] Die Vertrauensstellung der Kabinettsmitarbeiter prädestinierte die Inhaber geradezu dazu, dass sie sich den besonderen Einfluss auf den Monarchen auch honorieren ließen. Im Falle des Kabinettsbeamten Stelter nutzte dessen Frau die Stellung ihres Gatten, um damit gesellschaftlich Furore zu machen, weil sie öffentlich ihre Protektion zur Schau stellte.[276] Doch die Mehrzahl der Beamten verrichtete pflichtgetreu ihre Arbeit, ohne persönlichen Nutzen aus den intimen Kenntnissen und ihrer Schlüsselstellung zu ziehen.

Ob der Privatsekretär Ritz nun wirklich mehr Einfluss auf den König ausübte als der Sachvortrag der Kabinettsräte, bliebe zu untersuchen. Immerhin hatte auch der Kabinettsrat Lombard sehr schnell eine gute Beziehung zu Friedrich Wilhelm aufgebaut. Er mietete sich 1790 eine Wohnung in Potsdam, um in der Nähe des Königs zu sein. Dieser Kabinettsrat begleitete den Monarchen dann auch auf dessen Reisen.[277] Doch der Vertraute des Königs blieb in jeder Hinsicht Johann Friedrich Ritz, der laut Madame Chappuis ein „edler Biedermann" und die „allgemeine Stimme des Volkes" gewesen war. Was ist diesem Gärtnersohn nicht alles unterstellt und angedichtet worden? Intrigant, bestechlich und machtbesessen soll er gewesen sein. Keine dieser Unterstellungen lässt sich belegen. Ritz hielt sich in der Nähe des Königs nur, weil er diplomatisches Geschick besaß, seinen König liebte und verehrte und sich eben nicht bestechen ließ. Da sich der König auf Ritz schon als Kronprinz immer verlassen konnte, erklärte er am 17. August 1786: „Mein lieber Ritz, ich werde also Ihren Eifer und Ihre Ergebenheit entlohnen können, ich ernenne Sie zum Kämmerer meines Hauses und meiner Schatulle."[278] In weiser Voraussicht führte Ritz über alle Ausgaben genau Buch und konnte so später alle Anschuldigungen widerlegen. Er selber beschrieb seinen Arbeitsalltag wie folgt: „Fast alle öffentlichen Angelegenheiten des K. M. sind durch meine Hände gegangen und alle einkommenden Sachen ausgenommen Briefe von der Gräfin (Lichtenau – C. W.), vom General von Bischoffwerder, vom Min: v. Woellner, vom Min: Grafen Haugwitz und von Rath Oswaldt, habe ich eröffnen, des K. Mst. Vortragen und dere Befehle theils selbst expediren, theile an die Cabinetts-Räthe dazu oder zur Remission abgeben müssen. Die Briefe der obgenannten Personen aber, ingleichen die Familien- und Dames-Briefe von der Gräfin Dönhoff und Ingenheim, mußte ich uneröffnet des K. M. einhändigen, welche dann, außer etwan ganz gewöhnliche Sachen, allzeit selbst eigenhändig darauf antworteten …“[279] Des Weiteren unterhielten sich der König und Ritz in friedlichen Zeiten täglich eine Stunde über Kunst sowie über die Gärten und Schlösser des Königs.

Der vielseitig interessierte und gebildete Kämmerer hatte die Funktionsmechanismen der höfischen Gesellschaft genau studiert und er wusste sehr wohl, dass er auf einem sehr wackeligen Stuhl saß und im Rang der höfischen Gesellschaft eigentlich gar nicht existierte. Seine viel beschriebene und überzeichnete Macht beschränkte sich allein auf die unmittelbare Nähe zum König und sie war stets abhängig von dessen Wohlverhalten. Ob Ritz das Staatswohl oder nur das Wohl des Königs im Sinne hatte, wenn er die vielfältigen Aufgaben gewissenhaft erledigte und sich geschickt an der Spitze der Macht bewegte, bleibt fragwürdig. Natürlich wandten sich immer wieder die verschiedensten Personen mit Bitten an ihn und auch an seine Frau Wilhelmine. Beide werden je nach persönlichem Interesse entschieden haben, ob sie dem Bittenden helfen oder nicht. Vom 29. März 1790 datiert zum Beispiel ein Schreiben des Priors Ludwig Greinemann des Dominikanerklosters in Halberstadt an die Frau Geheime Kämmerin, in dem sich der Prior für die Fürsprache der Ritz bedankt. Dank ihrer Hilfe erhielt das Kloster „ausgefertigte Erlaubniß, in unserer hiesigen Klosterkirche die actus ministeriales oder die geistlichen Handlungen der Taufe und Trauung wieder ausüben zu dürfen, zu meiner und des ganzen Convents größter Freude …“[280] Diese Gnade gewährte „Sr. Königlichen Majestät unseres Vielgeliebten Landesherren“[281] zur Freude der Mönche zu einer Zeit, als die Aufklärer den katholischen Geistlichen durchaus nicht über den Weg trauten und die katholische Kirche bekämpften. Umso dankbarer waren die Dominikaner, endlich wieder in ihrer Kirche Kinder taufen und Paare trauen zu dürfen. Diese Fürsprache Wilhelmines war nicht unproblematisch, da man den Katholiken doch zuallererst unterstellte, dass sie Protestanten abwerben würden. Offenbar folgte der König der Bitte seiner Wilhelmine hier auch, weil es eben seinem Grundverständnis, jeder möge seinem wahren Glauben nachgehen, entsprach.

Ähnlich wie Wilhelmine schien Ritz sich nur für jemanden eingesetzt zu haben, wenn das Anliegen berechtigt war und den königlichen Intentionen entsprach. Denn Ritz betonte auch gegenüber Wilhelmine des Öfteren, dass er seinem König „diene". In einem Brief an sie vom 14. Mai 1794 heißt es u. a. „Gott! Erhalte Dich, u Unseren Sohn, u gebe Dir u Ihn täglich den Gedanken ein, an einen Mann, u Vater zu gedenken, der für nichts in der Welt lebt, u es sich sauer werden lässt, als zum wohl gefallen Seiner Frau u Kind, u zur Zufriedenheit des Königs!"[282] Dieses Pflichtgefühl determinierte die Denk- und Verhaltensweisen dieses engsten Vertrauten des Königs, der stets die erforderliche Distanz zu wahren wusste und sich der subalternen Stellung, die er eigentlich laut Rangreglement innehatte, auch bewusst war.

Offenbar hielt er seine Dienststellung in der obersten Machtzentrale nicht für so erstrebenswert, dass er sie seinem Sohn, den ihm Wilhelmine Ritz/Lichtenau geboren hatte, empfehlen wollte. Seine alltäglichen Erfahrungen schürten auch sein Misstrauen und so empfahl er seiner Frau am 22. Mai 1794 beispielsweise: „Eines bitte ich Dich liebes Kindchen, das ist, sey vorsichtig gegen alles was Freunde ist, eben auch so mit Einheimischen, denn die Welt ist heut zu Tage so beschaffen daß mann bey Gott! Keinem Menschen trauen darf, hüte dergleichen die Kinder dafür …"[283]

Ritz blieb in seiner Grundüberzeugung ein pflichttreuer Bürger, der den Aufstieg in den Adelsstand nicht für erstrebenswert hielt. Als Wilhelmine den Grafenstand anpeilte und danach auch in den Briefen leicht abhob, bekundete Ritz sein Desinteresse an dieser Art von sozialem Aufstieg. Wörtlich schrieb er an Wilhelmine am 24. März 1796: „Deinen Wunsch, gute Frau, in Erfüllung zu sehen und zu wissen, ist auch mein Wunsch, nur um alles in der Welt muß ich nicht dabey sein. Es war meine Angst seit mehrerer Zeit, ich sahe dies kommen, fürchtete mich beständig in der Stille dafür. Der König muß Deiner Tochter wegen was für Dich thun, sie sey zum Inlande oder zum Auslande bestimt, wie es Gott! will … nur mir muß dies Schicksall nicht treffen, Du weißt, ich bin arbeitssam in den Posten, worinn ich jetzt bin, ich würde es dann nicht mehr seyn können, ich will arbeiten, solange ich kann, und solange meine Dienste dem König nicht missfallen, alsdann aber wünsche ich nichts mehr als ganz ruhig das Ende meiner Tage hier bey Potsdam, meinen Geburtsort, in meinem Garten zu beschließen, wozu ich alle Anstalten treffe … Jeder andere Stand würde mir beunruhigen und mich unglücklich machen: laß mir, ich bitte Dich um alles in der Welt, diesen Trost, und vergiß mich nie."[284]

Diese Worte verdeutlichen, dass der Kämmerer keine Karriere in diesem Hofstaat machen wollte, sondern seine Berufung darin sah, diesem ihm seit Kindertagen vertrauten König zu dienen. Aus Dankbarkeit für die jahrelangen treuen Dienste und weil er auf die Nobilitierung verzichtete, bezahlte der König ihm den Bau der Villa auf dem Grundstück Behlertstraße 31/30 in Potsdam, die er im Sommer 1797 feierlich einweihen konnte.[285] Diesen Lohn hatte Ritz sich wahrlich verdient, denn das Lavieren zwischen den verschiedenen Interessen und den Beamten erforderte viel Kraft und Geschick. Als er seinem Sohn von einer diplomatischen Laufbahn abriet, begründete er das so: „Dieser Stand, den ich seit fast elf Jahren täglich durchgangen, ist so schlümpfig, daß selten ein Mann festen Fuß darauf findet, es ist mit zu vielen Widerwärtigkeiten verknüpft und ich möchte sagen, der aller Ingrateste auf Erden. Das Finanz Fach dagegen im Staate bietet jeden fleißigen und gutt gesinnten Mann eher Gelegenheit das Nützlich zu seyn ...“[286] Ritz war alles andere als ein devoter Höfling, der nur seinen eigenen Vorteil im Blick hatte. Vielmehr war er ein gebildeter und stolzer Bürger, der sich im Hexenkessel der Machtspitze sehr souverän bewegte, weil er die Grenzen seines Einflusses und seiner Macht kannte. Zu dieser Personalwahl kann man Friedrich Wilhelm nur beglückwünschen.

Wöllner und die altgedienten adligen Minister

Natürlich ging es den Beamten bei ihrer Arbeit auch um die Anerkennung ihrer Leistungen durch den König. Selbstdarstellungen paarten sich hier mit unterschwelligen Verleumdungen von Kollegen. Gerade in diesem Zusammenhang nutzte Wöllner seine Stellung im nahen Umfeld des Königs aus. Bekannt ist seine Antipathie gegen den Minister von Schulenburg-Kehnert. Schon vor dem Regierungswechsel konterte Wöllner gegen diesen Minister, der seit 1771 als Etatsminister agierte und der mit den Departements Magdeburg, Halberstadt, der Grafschaft Hohenstein sowie den Banksachen und den Berg- und Hüttensachen betraut war. Ab 1782 unterstand ihm auch die Seehandlung. Friedrich II. hatte diesen Minister mit dem Schwarzen Adlerorden ausgezeichnet und Friedrich Wilhelm erhob ihn im Oktober 1786 gemeinsam mit den Ministern Friedrich Wilhelm von Arnim, Joachim Christian von Blumenthal und Alexander Friedrich von Schulenburg-Blumberg in den Grafenstand.[287] Bei aller Anerkennung seiner Verdienste zog es Schulenburg-Kehnert dennoch vor, am 3. Dezember 1786 den Abschied zu nehmen. Wöllner hatte schon in seinen Prinzenvorträgen gegen ihn gewettert. Er meinte dort: „Man sollte einen solchen elenden Menschen der ein Finanz-Ministre sein will, und der aus tausend interessirten Absichten dazu anräth (zur Vergabe bzw. Errichtung von Monopolen – R. S.) als den ärgsten Feind des Staates zum Lande hinausjagen.“[288] 1790 wurde er dann als Chef der Mobilmachung wieder berufen und 1791 agierte er als Geheimer Kabinettsminister. Im Jahr darauf fiel er in Ungnade und 1796 wurde er mit der Regelung der Staatsschulden beauftragt. Dieses Auf und Ab in der beruflichen Karriere Schulenburg-Kehnerts soll insbesondere Wöllner bewirkt haben, der den Minister nicht mochte.[289]

Doch solche Animositäten gab es auch zwischen anderen Beamten. So hatten viele Minister große Probleme mit dem schlesischen Provinzialminister von Hoym, der relativ unabhängig in Schlesien agierte und immerhin die Gunst von drei Königen zu erringen wusste. Auch der bürgerliche Aufsteiger Struensee, der einen dänischen Adelstitel erhielt, wurde von den altpreußischen adligen Ministern mehr oder weniger offen angefeindet.[290] Anders als Schulenburg-Kehnert sorgte er jedoch dafür, dass er sich als Finanzexperte und somit auf Grund seiner Leistungen als unentbehrlich erwies. So überlebte er nicht nur die Intrigen seiner Kollegen, sondern auch den Regierungswechsel 1797. Struensee, der für seine Vorschläge oft die Zustimmung des Königs erhielt, scheiterte dann nicht selten bei der Umsetzung seiner Initiativen am ablehnenden Verhalten der altadligen Minister. Gerade die steuerpolitische Trennung von Stadt und Land, die, wie Struensee am Beispiel der Kleinstädte Schlesiens nachwies, zu einer Überbelastung der städtischen Gewerbetreibenden im Vergleich zu den Landhandwerkern führte, erforderte eine Neuordnung des Steuersystems. Doch von einer zeitgemäßen Änderung dieser historisch überlebten Stadt-Land-Trennung wollten seine Kollegen nichts wissen.[291] Allein wenn man bedenkt, wie viel Reformpotenzial durch solche Zwistigkeiten, durch Neid und Missgunst verschenkt wurden, relativiert sich auch das Urteil über Friedrich Wilhelm. Denn erst die große Katastrophe 1806 und die leeren Kassen ließen die Beamten über ihren Schatten springen und das große Reformwerk wurde möglich. Selbst wenn der König die Weitsicht gehabt hätte und einzelne Ministerien eingerichtet, die Verwaltung straff geordnet und rationalisiert hätte, wären all diese Reformen letztendlich an dem renitenten Verhalten seiner Beamten gescheitert, die an dem Althergebrachten hingen, weil es ihnen vertraut war und weil es doch so lange den Anforderungen genügt hatte.

Sicherlich stützte sich Friedrich Wilhelm unmittelbar nach dem Regierungswechsel auf Personalempfehlungen Wöllners und natürlich nutzte dieser seine Stellung in der Nähe des Königs aus, um ihm genehme Kandidaten unterzubringen. Dieser Einfluss ist oft beschrieben und ausgeschmückt worden. Rolf Straubel wies jedoch auch nach, wie differenziert die personellen Empfehlungen zu bewerten sind und dass nicht alle protegierten Kandidaten nur Rosenkreuzer oder unfähige Günstlinge waren.[292] Trotz aller Differenzierungen suggerieren seine Ausführungen dem Leser jedoch, dass Wöllner den König wie eine Marionette bewegen konnte und genau dieses Bild stimmt nicht. Denn der König merkte sehr schnell, welche Absichten wer wie verfolgte. Stützte er sich anfänglich hauptsächlich auf Wöllner, so tat er das der Not gehorchend. Wem konnte er auch sonst vertrauen? Doch mit der Zeit erbat er sich fachlichen und personellen Rat auch bei anderen Beamten. Der Intimfeind Wöllners, der Minister von Schulenburg-Kehnert, wurde von Friedrich Wilhelm wiederholt aufgefordert, zu Personalfragen Stellung zu nehmen. Auch ungefragt beteiligte sich der Beamte an Personaldiskussionen, wohl wissend, dass seine Meinung erwünscht war.[293]

Mit der in der Literatur immer wieder heraufbeschworenen Übermacht Wöllners wurde der kontroverse Diskurs, den es zu allen Zeiten über Inhalte und Personalentscheidungen am preußischen Hofstaat gab, auf ein Minimum reduziert. Wichtige Personalentscheidungen und stückhafte Reformvorhaben wurden Wöllner, dem Pfarrerssohn und Theologen, zugeschrieben. Natürlich konnte Wöllner seine Machtposition nach 1786 nur ausbauen, weil der König unfähig, ungebildet und leicht zu beeinflussen war. Gegen diese gängige Meinung wurden oben schon einige Argumente und Tatsachen angeführt. Wobei hier betont werden soll, dass Wöllner im Umfeld des Königs durchaus eine besondere Stellung innehatte. Doch diese konnte sich Wöllner nur sichern, weil es zu jener Zeit nur sehr wenige altpreußische adlige Beamte gab, die den König fachlich und personell fundiert beraten konnten und wollten. In der Bürokratie herrschte seit langem eine unerträgliche Schwerfälligkeit, die eigentlich nur Außenseitern ermöglichte, neue Wege zu beschreiten. Wöllner sah als kritischer und vielseitig interessierter Zeitgenosse viele Mängel des herrschenden Wirtschafts- und Gesellschaftssystems, und er versuchte, diese zu bekämpfen. Da er nicht Kameralwissenschaften, sondern Theologie studiert hatte, und sich die Fachkenntnisse auf den Gebieten der Verwaltung und der Wirtschaft als Autodidakt aneignete, stellten sie natürlich kein bis ins Kleinste durchdachtes ganzheitliches Konzept dar. Dennoch versuchte er als Außenseiter, den Bauern Erleichterungen zu verschaffen, die Monopole zu reduzieren, die unter den starren Vorgaben des Merkantilismus ächzende Wirtschaft neu zu beleben und den Menschen wieder Glaubensgrundsätze für ihren Alltag zu vermitteln. Was war an diesen Zielen so verwerflich, dass er als intriganter Emporkömmling lange Zeit nur Verachtung erntete? Warum wurden ihm personelle Fehlgriffe stärker zu Last gelegt als anderen Beamten? Warum wurde bei ihm nur ein Handlungsmotiv – seine eigene Karriere – vermutet?

Über Generationen wurde das Bild dieses Pfarrers und preußischen Beamten bewusst deformiert, um mit ihm auch Friedrich Wilhelm II. als unwürdigen Nachfolger des großen Friedrich disqualifizieren zu können. Warum hatte Friedrich II. seinem Neffen nicht fähigere Berater zur Seite gestellt, sondern still und leise geduldet, dass Wöllner Einfluss auf seinen Neffen gewinnen konnte? Wöllner, der von 1753 bis 1762 erst als Hauslehrer und dann als Pfarrer auf den Gütern der Familie Itzenplitz arbeitete, pachtete 1762 das Gut Groß-Behnitz bei Wustermark von der Witwe Charlotte Sophie von Itzenplitz und beschäftigte sich theoretisch und praktisch mit wirtschaftlichen Problemen der Zeit. Schon die Tatsache, dass ein Pfarrerssohn, der von 1750 bis 1753 in Halle Theologie studiert hatte, die Familientradition brach und sich als Landwirt betätigte, zeugt von unkonventionellen Denk- und Verhaltensweisen. Inspiriert von der Aufklärung setzte er sich für Reformen ein und arbeitete auch für Nicolais Allgemeine Deutsche Bibliothek. Seine seit 1766 erschienenen Schriften, die sich mit der Aufhebung der Leibeigenschaft beschäftigten, zielten auch auf die „Bildung" der Bauern. Der agile Seiteneinsteiger glaubte, dass er auf Grund seiner landwirtschaftlichen Erfolge und seiner Veröffentlichungen in dieser Ständegesellschaft allgemein Anerkennung finden würde. Doch das Verhalten Friedrichs II. anlässlich Wöllners unstandesgemäßer Heirat mit der Tochter des Generals von Itzenplitz 1768, die zwar die Gräfin Itzenplitz befürwortete, aber nicht der König, holte ihn dann sehr schnell in die Realität des Ständestaates zurück. Diese Missallianz, ein bürgerlicher Pfarrer heiratete eine Gräfin, wurde Friedrich II. durch den Minister Michaelis angezeigt.[294] Der Denunziant wusste, dass der König keine Ehen zwischen dem Adel und Bürgerlichen wollte. Die Reaktion des Königs, der die Ehe nicht annullieren konnte, zeigte Wöllner sehr deutlich, dass er mit seinen persönlichen Leistungen eben nicht den Makel seiner bürgerlichen Herkunft kaschieren konnte. Friedrich II. ließ wütend das Vermögen der jungen Gräfin beschlagnahmen, weil er Wöllner natürlich unterstellte, dass dieser die Gräfin nur aus finanziellen Gründen geheiratet hatte. Die erbetene Nobilitierung wurde ebenfalls abgeschlagen. Für Friedrich war Wöllner nun ein „intriganter und betrügerischer Pfaffe". Dennoch zog er ihn zur Beratung landwirtschaftlicher Probleme heran und sein Bruder, der experimentierfreudige Prinz Heinrich, stellte ihn 1770 sogar als Kammerrat bei der Domänenverwaltung an.

Zu dieser Zeit war Wöllner schon Mitglied der Berliner Freimaurerloge „Zur Eintracht", in die er 1766 aufgenommen worden war und in der er sehr schnell eine angesehene hohe Position erhielt. 1772 wurde er auch Mitglied der Mutterloge „Zu den drei Weltkugeln", wo er dann den Prinzen Friedrich August von Braunschweig (-Oels) näher kennen lernte und Kontakte zu anderen Adligen aufbauen konnte. Diese Logenarbeit inspirierte nicht nur Wöllner zu Diskussionen über Gott und die Welt, sondern auch zur Suche nach den Geheimnissen des Universums. In Nicolais Allgemeiner Deutschen Bibliothek formulierte Wöllner seine Erwartungen wie folgt: „Wer dieß lieset, der merke darauf. Wenige Jahre werden uns in der Philosophie überhaupt, und besonders in der Geisterlehre, vielleicht ein weit helleres Licht aufstecken."[295] „Zu erkennen, was die Welt im Innersten zusammenhält …", das trieb auch Wöllner zu den Rosenkreuzern. Natürlich wollte der vielseitig engagierte Laien-Landwirt gestalterisch wirken, seine Ideen umsetzen und Einfluss auf die Gesellschaft nehmen. Da ihm seine gesellschaftliche Stellung von Friedrich II. allzu drastisch zugewiesen wurde, ist es nur zu verständlich, wenn er nun über den Orden versuchte, auf den Nachfolger Friedrichs II. Einfluss zu nehmen.

Wie zielstrebig und vor allem wie wirksam diese Einflussnahme wirklich war, darüber lässt sich trefflich streiten. Das Geheimnisvolle regte die Phantasie der Zeitgenossen und der Nachwelt an. In letzter Zeit wird der einstige Pfarrer und Rosenkreuzer Wöllner[296] jedoch etwas differenzierter gesehen und sein Einfluss auf Friedrich Wilhelm II. kontrovers diskutiert.[297] Nur wenige Forscher fragten jedoch wie Wilhelm Bringmann, warum dieser Günstling, wenn sein Einfluss angeblich so groß und er die „Seele des Ganzen“ war, doch fast zwei Jahre brauchte, um den von ihm so heiß begehrten Ministerposten – er wollte das geistliche Ministerium leiten – zu erhalten?

Friedrich Wilhelm II. setzte den Kultusminister und Chef des Geistlichen Departements, Karl Abraham von Zedlitz, nicht ab, wie es Wöllner gern gesehen hätte. Stattdessen wurde Wöllner 1786 nur Geheimer Oberfinanz-Kriegs- und Domänenrat in der neu geschaffenen Königlichen Ober-Hof-Bau-Amts-Direktion[298] sowie Direktor des 1770 geschaffenen Oberbaudepartements und Intendant der königlichen Gärten in Berlin und Potsdam.[299] Wöllner wurde mit diesen Posten lediglich versorgt, aber eine Schlüsselstellung im Machtgefüge am preußischen Hof nahm er damit nicht ein. Doch diese Sichtweise ist in der Forschung umstritten.[300] Die Aufgabe des Oberbaudepartments bestand darin, sämtliche Bauanträge zu prüfen und das Niveau des Bauwesens zu heben. Schließlich repräsentierten die Könige ihre Macht auch über ihre Bauten, deren Symbolwert nicht unterschätzt werden darf. Neben Wöllner arbeiteten dort noch ein Direktor und acht Oberbauräte. Da diese Behörde schon zu Zeiten Friedrichs II. permanent überfordert war, hatte sie Friedrich Wilhelm personell erweitert und die Gehälter der dort Tätigen erhöht. Durch die Schaffung neuer Stellen ergab sich die Möglichkeit, Wöllner unterzubringen. Ob er die erforderliche Qualifikation hatte, bleibt zweifelhaft. Interessant ist jedenfalls, dass der Minister Freiherr von Arnim 1787 den Chefsessel erhielt und nicht Wöllner. Wirkliche Fachkompetenz wies dann der am 3. Januar 1788 als Geheimer Oberbaurat und Mitglied des Oberbaudepartements berufene David Gilly auf.[301]

Für die bloße Versorgung Wöllners spricht außerdem die Tatsache, dass er in den Jahren 1786 bis 1788 praktisch als Kabinettsrat arbeitete und für den König Vorlagen aus dem Generaldirektorium sichtete, die ihm des Morgens um 7 Uhr gebracht wurden und die er dann am Nachmittag um 4 Uhr referieren musste.[302] Zeit für die Arbeit im Oberbaudepartement blieb ihm da wahrlich nicht, zumal er noch andere Pöstchen bekleidete.[303] Anderseits hatte er in diesen Jahren dann doch intensiven Kontakt zum König, der sich so auch eine Meinung von seinem Beamten bilden konnte. Sicherlich war Wöllner gebildet und vielseitig interessiert, wie schon seine Vorträge der Jahre 1784 und 1785 zeigten, die er dem König überreichte. Aber über punktuelle und sehr zeitgemäße Vorstellungen der wirtschaftlichen, bürokratischen und kulturellen Entwicklung am Ende der Regierungszeit Friedrichs II. gingen seine Überlegungen nicht hinaus.[304] Auch als er dann am 3. Juli 1788 zum Wirklichen Geheimen Staats- und Justizminister und Chef des Geistlichen Departements ernannt wurde, war er nur ein Minister von vielen. Sein vermeintlich großer Einfluss auf Friedrich Wilhelm hatte nicht ausgereicht, den allseits beliebten und geachteten aufgeklärten Minister von Zedlitz aus seinem Amt zu jagen. Mühsam suchte Wöllner nach einer Lösung und nur die sich aus verschiedenen Gründen als notwendig erweisende Neugestaltung der Amtsgeschäfte innerhalb des Justizdepartements brachte dann endlich die Gelegenheit für Wöllner, den begehrten Ministerposten zu erklimmen.[305]

Die oft beschriebene innige Freundschaft oder die Abhängigkeit des Monarchen von seinem Günstling gehören in das Reich der Legenden.[306] Als die Meinungen der beiden häufiger auseinandergingen, Friedrich Wilhelm entgegen dem Rat Wöllners den Krieg gegen Frankreich führte oder sich auch auf dem Gebiet der Religion ihre Auffassung nicht mehr deckte, fiel der Minister 1794 in Ungnade. Friedrich Wilhelm regierte längst ohne dessen intimen Einflüsterungen. Das Standesbewusstsein und das Selbstverständnis Friedrich Wilhelms ließen diese Vertraulichkeit zu einem bürgerlichen Aufsteiger, wie es Wöllner nun einmal war, kaum zu. Wenn es der Wirtschaft und der Verwaltung, also dem Wohl des Staates diente, griff Friedrich Wilhelm unvoreingenommener auf Bürgerliche zurück. Die Zahl der Wirklichen Geheimen Räte in der zentralen Innenverwaltung wurde zu Beginn seiner Regierungszeit fast verdoppelt und die Neuberufenen gehörten nicht dem Adel an. Darüber hinaus wurden verdienstvolle bürgerliche Beamte nobilitiert.[307] Aber an seinem Standesdünkel und seinem Gesellschaftsverständnis, in dem der Adel immer noch der erste Stand war, änderte dieses Verhalten nichts.

Wöllner war ein preußischer Beamter, der mit viel Elan und Ehrgeiz seine Karriere vorantrieb, der aber wie Struensee auch nur ein bürgerlicher Aufsteiger im Reigen der erfahrenen und altadligen Ministerriege blieb, den seine Kollegen misstrauisch beäugten und den selbst die kleinen Beamten in den Provinzen wegen seiner Religions- und Zensurpolitik vehement bekämpften. Der agile Minister verfügte über nicht mehr und nicht weniger Einfluss auf die Entscheidungen des Königs wie die anderen Minister und die Beamten seines unmittelbaren Umfeldes auch. Dass dennoch der Eindruck entstand, dass Wöllner den König zu einem rigorosen Kämpfer gegen die Aufklärung „machte“, liegt an der Gleichzeitigkeit ihrer Intentionen und der oben schon erwähnten Tatsache, dass man diesem König eben keine eigenständigen Überlegungen und Handlungen zutraute. Seine Intelligenz wurde stets unterschätzt. Während jedoch die anderen Minister gelassen ihrer Arbeit nachgingen und bei Unstimmigkeiten mit dem König auch eine Demissionierung in Kauf nahmen, versuchte Wöllner stets ganz im Sinne seines Herren zu agieren, um seine Position nicht zu gefährden. Dieser vorweggenommene Gehorsam begründete dann die vermeintliche Symbiose zwischen dem König und seinem Minister, die es aber real nicht gab. Der König ließ sich nur auf Wöllners Vorschläge ein, wenn er sie für richtig hielt und das schloss nicht aus, dass er auch noch andere Beamte um Rat bat.

Friedrich Wilhelm hatte vier Jahrzehnte Zeit gehabt, um die Funktionsmechanismen am Hofe zu studieren. Wenn er nach der Regierungsübernahme weiterhin eigentlich nur Wilhelmine und Johann Friedrich Ritz vertraute, so spricht das für sich. Den „Maklern der Macht" (Stefan Brakensiek)[308] schenkte der König wohl nur bedingt sein Vertrauen. Er holte ihren Rat ein und da spielte ihre soziale Herkunft keine Rolle, denn ihr Sachverstand war gefragt. Doch näheren Umgang pflegte er nur mit altpreußischen adligen Beamten. Wenn also jemand in privaten Stunden Einfluss auf den König nehmen konnte, dann waren das Bischoffwerder oder sein Vetter Karl Wilhelm Ferdinand von Braunschweig.

Nicht der Einfluss Wöllners oder der Rosenkreuzer verhinderte in der Innenpolitik, dass hier längst fällige Reformen zielstrebig umgesetzt wurden, sondern die mangelhafte Ausbildung des Monarchen auf diesem Gebiet. Es ist heute kaum verständlich, dass dieser Thronfolger nicht einmal die zeitgenössischen Kenntnisse auf den Gebieten der Wirtschaft und Verwaltung vermittelt bekam und er auf keine Universität geschickt wurde, um sich zu bilden. Doch die Kronprinzenerziehung sah das nicht vor. So reduzierte die Zugehörigkeit des Prinzen zur königlichen Familie sein kulturelles Kapital nachhaltig im Vergleich zu jenen Adligen, die ihre Söhne studieren ließen und auf Bildungsreise schickten. Diese Bildungslücke hätte der Monarch durch die Zusammenarbeit mit fähigen Beamten ausgleichen können. Doch hier standen ihm wiederum seine soziale Herkunft und seine Erfahrungen mit dieser von Intrigen durchsetzten Hofgesellschaft im Wege. Der Monarch wollte sich nicht manipulieren lassen und blieb Einflüsterungen aus seinem Umfeld gegenüber misstrauisch. Seine eigene fachliche Unsicherheit führte dazu, dass er auf den Rat der zuständigen Beamten angewiesen war. Doch, um nicht in die Abhängigkeit eines Beamten zu geraten, suchte er den Rat vieler und geriet so in die kontroverse Debatte der traditionell denkenden und der reformfreudigen Beamten. Als König in einer Zeit des gesellschaftlichen Umbruchs fand er nicht die erforderliche Zeit, sich selbst in die einzelnen Wirtschaftszweige und Verwaltungsebenen so einzuarbeiten, um sicher eigene zukunftsträchtige Entscheidungen fällen zu können.

Personalwechsel auf Ministerebene

Hertzberg

Die Erfahrungen im Umgang mit den vertrauten Ministern der ersten Regierungsjahre und die Erkenntnis, jenen Beamten zu leichtgläubig vertraut zu haben, führten dazu, dass Friedrich Wilhelm II. zunehmend eigene Vorstellungen verfolgte. Beamte, die dieser Neuorientierung im Weg standen oder andere Ziele verfolgten, verloren wie Wöllner dann an Einfluss oder sie mussten wie Hertzberg ihren Posten räumen. Der Minister von Hertzberg unterrichtete, wie oben beschrieben wurde, schon den Kronprinzen, obwohl Friedrich II. ja derartige Aktivitäten seiner Minister untersagt hatte. Doch der gelehrte und erfahrene Beamte setzte sich darüber hinweg. Der studierte Jurist, der 1756 den Einmarsch Friedrichs II. in Sachsen und die preußische Politik während des Siebenjährigen Krieges in einer Schrift verteidigt hatte, der Ehrenmitglied der Akademie der Wissenschaften war und dort zwischen 1780 und 1793 in seinen jährlichen Festvorträgen den preußischen Staat lobte, zählte ohne Frage zu den fähigen Beamten, die stolz auf ihre Leistungen waren und dennoch stets loyal zu ihrem König standen. Hertzberg verfolgte in der Außenpolitik seinen „Großen Plan“, der auf dem österreichisch-preußischen Gegensatz beruhte und einen großen Ländertausch zwischen Österreich, Polen, Bayern und Preußen beinhaltete. Die innen- und außenpolitischen Vorstellungen Hertzbergs kamen Friedrich Wilhelm bereits seit 1779 zur Kenntnis. Nach dem Regierungswechsel gehörte der Kabinettsminister Hertzberg dann auch zu jenen Beamten, denen Friedrich Wilhelm II. vertraute. Er erhielt vom neuen König sozusagen als Belohnung oder als Vorschuss für dieses Vertrauen den Grafentitel und den Schwarzen Adlerorden, die höchste zivile Auszeichnung des preußischen Staates.

In der Zeit von 1786 bis 1791 gestaltete sich die Zusammenarbeit des Ministers und des Königs so, dass Hertzberg ihn zumeist von seinen Vorstellungen überzeugen konnte. Beide verfolgten das alte außenpolitische Ziel, den Erzfeind Preußens, Österreich, möglichst präventiv zu bekämpfen. Doch als der König sich im Jahr 1790 mit der Konvention von Reichenbach Österreich annäherte, musste Hertzberg erkennen, dass dieser nun andere Wege ging. Im Juli 1791 reichte er sein Abschiedsgesuch ein, und Friedrich Wilhelm stimmte dem zu.[309] An Ernst Ludwig Posselt schrieb Hertzberg, enttäuscht von der Reaktion des Königs: „Für mein Personel kann es mir auch nicht gleichgiltig seyn, daß ich, nachdem ich 46 Jahre dem Staate mit so vieler Ehre und desselben Vortheil gedient, mich auch in der besten Gesundheit und mit einer Kraft von Körper und Seele, so wie im 30sten Jahr befinde, nun einen Staat, den ich als mein Eigenthum angesehen, verlassen, mich von andern, die gewiß nicht mehr thun können, ausgeschlossen sehen, und bei einem Theile des unwissenden Publicums für einen disgracirten und congedirten Minister passiren soll. Sed sic fata volunt!“[310] Die Verbitterung Hertzbergs ist allzu verständlich. Angesichts der Leistungen, auf die er mit Stolz blicken konnte, musste er den König jetzt für undankbar halten. Außerdem ging eine Entlassung auch immer mit einer Ehrverletzung einher. Dennoch war es aus der Sicht des Königs nur konsequent, sich von Hertzberg zu trennen. Mit dem Bündnis mit dem einstigen Erzfeind Österreich endete zugleich eine langjährige Etappe der preußischen Außenpolitik, die natürlich mit dem Namen Hertzberg eng verwoben war.

Carmer

Wie Hertzberg so zählte auch der Großkanzler Johann Heinrich Casimir Carmer, der schon seit 1779 in diesem Amt tätig war, zu den verlässlichen und achtbaren Wegbegleitern Friedrich Wilhelms II. in den ersten Regierungsjahren. Der König wusste die Bildung, die Sachkompetenz und die Aufrichtigkeit dieses von der Aufklärung geprägten Beamten anfänglich durchaus zu schätzen. An den Großkanzler von Carmer schrieb der König am 16. Dezember 1787 Folgendes:

„Mein lieber Groß-Canzler von Carmer! Ich sende Euch zwar die Bestellung für den neuen Vice-Präsidenten zu Breslau den von Schlechtendahl anliegend vollzogen zurück, die Instruction für selbigen aber habe Ich noch an Mir behalten bis Ihr Mir über folgende Punkte näher Auskunft gebet:

1. Warum soll der Vice-Präsident annoch die Functiones eines Raths verwalten? Dis wird für den von Schlechtendahl unangenehm und kränkend sein.
2. Warum soll der Steudener alle übrigen Functiones des Direktorii wahrnehmen? Hierdurch werden Collosiones und Zänkereien entstehen.
3. …

Ihr müßet Mir also hierüber entweder eine nähere Erläuterung geben, oder aber, welches ich lieber sehe, eine andere Instruction zur Vollziehung rüberschicken …

Übrigens aber thut es Mir leid daß Ihr noch immer unruhig seid, und Euch für die Cabale Eurer Feinde fürchtet. Wenn Euch dergleichen schaden könnte, so müßte es vielleicht längst geschehen sein; Ich kenne Euch aber als einen rechtschaffenden Mann, und weiß Eure Verdienste zu schätzen. Ich bin von Euch versichert daß Ihr Euren Pflichten treu bleibt, und Ihr könnet dagegen von Mir versichert sein, daß Ich meinen Grundsätzen ebenso treu bleibe und den ehrlichen Mann gegen alle niedrigen Verläumder zu schützen weiß. Ich bin Euer wohl affectionirter König.“[311]

Carmer, der zu Friedrichs II. Zeiten mehrmals erleben durfte, wie der König wider geltendes Recht handelte, und der den Mut fand, gegen dessen unrechtmäßige Entscheidungen Widerspruch einzulegen,[312] hatte mit seinem berufsständischen Selbstverständnis, dem die Unabhängigkeit der Rechtssprechung zugrunde lag, und seinem konsequenten Einsatz für die Justizreform natürlich mit Anfeindungen von Reformgegnern zu rechnen. Christian Ludwig von Rebeur, der Präsident des Kammergerichts, bekämpfte beispielsweise die Carmersche Justizreform.[313] Die Intrigen innerhalb der Beamtenschaft erschwerten jedoch nicht nur Carmer das Leben. Sie gehörten zum Alltag der Beamten und resultierten aus den unterschiedlichen Karrierewegen, Amtsauffassungen und den Funktionsmechanismen am Hof. Immerhin bezeugte der König in dem oben erwähnten Brief dem Großkanzler seine Wertschätzung, die er 1788 mit der Erhebung Carmers in den Adelsstand, mit der Verleihung des Schwarzen Adlerordens für die Vorlage des zweiten Teils des Allgemeinen Landrechts und 1791 mit der Aufnahme in den Freiherrenstand für alle sichtbar unterstrich.[314] Der erfahrene und prinzipienfeste Jurist erhielt jedoch nur so lange das Vertrauen seines Königs, wie dieser bereit war, den Prämissen einer aufgeklärten Justizreform und Rechtsprechung zu folgen. Das unrechtmäßige Amtsenthebungsverfahren gegen den Pfarrer Johann Heinrich Schulz, auch Zopfschulzen-Affäre genannt (siehe auch S. 211), deutete dann das veränderte Verhalten des Königs augenfällig an. Dem widerborstigen Pfarrer, der sich dem Religionsedikt nicht unterwerfen wollte, wurde der Prozess gemacht und jene Räte, die gegen dessen Entlassung gestimmt hatten, wurden bestraft. Obwohl Carmer dem willkürlichen königlichen Strafbefehl nicht entgegentrat, sondern sich dem König gegenüber loyal verhielt, kann er dessen Vorgehen wohl kaum mit seiner Auffassung von der Unabhängigkeit der Justiz in Einklang gebracht haben. Als dann nach 1792 noch der Machtspruch des Königs im Rahmen des Allgemeinen Landrechts erneut diskutiert wurde und eine Revision der ursprünglichen Vorlage erfolgte, teilte er dem König seinen Unmut darüber deutlich mit.[315]

Die Entlassung Carmers aus dem Amt des Großkanzlers 1795 ergab sich aus den zunehmend differierenden Auffassungen der beiden. Während Carmer seinen Grundsätzen treu blieb, konnte der König immer weniger mit dem aufgeklärten Gedankengut seiner Beamten anfangen. Angesichts der Vorbildwirkung der Französischen Revolution reagierte Friedrich Wilhelm II. zunehmend ängstlicher auf den vermeintlichen Ungehorsam seiner Beamten. So ließ er während der Auseinandersetzungen mit den Räten, die sich seinem Rechtsspruch gegenüber dem Pfarrer Schulz widersetzten, verlauten, „daß die Justizbedienten seit kurzem einen Ton annehmen, … als ob sie eine Art von Parlament vorstellen wollten.“[316] Von Adolph Freiherr von Danckelmann, der 1793 mit der Organisation der südpreußischen Regierung beauftragt war, hoffte der König, dass dieser Räte wählen werde, „so nicht mit Democratie angesteckt sind.“[317]

Hardenberg

Das renitente Verhalten einiger Beamter, die sich ihrem Amt stärker als ihrem Monarchen verpflichtet fühlten, und das große Interesse einer aufmerksamen und lautstark debattierenden Öffentlichkeit an der fragwürdigen Regierungsweise des Königs veranlassten den alles andere als selbstsicheren Monarchen immer kompromissloser auf sein „Gottesgnadentum“ zu bestehen. Seit

1786 hatte er sich bemüht, gemeinsam mit den aufgeklärten Beamten Reformen zu initiieren, die Lebenslage seines Volkes zu verbessern, die Einnahmen des Staates zu mehren und dem rechten Glauben eine Bahn zu brechen, und musste nun feststellen, dass viele Reformen im Sumpf der Bürokratie versanken, die Staatskassen sich rasant leerten und der verordnete rechte Glaube den Unmut der aufgeklärten Pfarrer und Bürger hervorrief. Der König zweifelte an der Loyalität und der Leistungsfähigkeit einiger Wegbegleiter der ersten Regierungsjahre. Die kritische innen- und außenpolitische Lage des Staates 1795 sprach für sich und so suchte Friedrich Wilhelm fast krampfhaft nach verlässlichen Beamten, die Auswege aus der Misere wiesen, die sich mit seinem monarchischen Selbstverständnis in Einklang bringen ließen. Gerade die Bewältigung der schwierigen Situation, die sich für die Verwaltungsarbeit angesichts des Krieges und der Abwesenheit des Königs von der eigentlichen Machtzentrale in Berlin ergab, bedurfte selbstständiger und diplomatisch fähiger Beamter die zwischen den unterschiedlichen Interessen geschickt vermitteln konnten. Von der Qualität der Arbeit dieser „Makler der Macht“ hing die Stabilisierung der Herrschaft im Allgemeinen, aber auch die erfolgreiche Integration der neu gewonnenen Territorien im Speziellen ab.

In diesem Zusammenhang erwies sich die personelle Entscheidung, den erfahrenen und gebildeten Karl August von Hardenberg als wirklichen dirigierenden Staats- und Finanzminister für Ansbach einzusetzen und ihn gleichzeitig zum Preußischen Geheimen Staatsminister zu ernennen, als eine gute Wahl. Hardenberg wurde auf Anraten von Hertzberg aus dem braunschweigischen Verwaltungsdienst abgeworben. Ansbach und Bayreuth fielen 1791 auf Wunsch des Markgrafen Friedrich Karl Alexander von Ansbach vertraglich an Preußen, weil sich der Markgraf mit seiner Mätresse nach England zurückziehen wollte. Der neue Minister vermochte es, durch eine sehr geschickte Innenpolitik die regionalen Interessen der Landstände mit denen des preußischen Staates in Einklang zu bringen, so dass die beiden Fürstentümer Ansbach und Bayreuth zur Zufriedenheit aller Beteiligten in das preußische Verwaltungssystem integriert wurden. Im fernen Ansbach blieben dem fähigen Beamten Hardenberg schon auf Grund seiner Sonderstellung, er gehörte nicht dem „schwerfälligem“ Generaldirektorium an, sondern wurde dem Kabinettsministerium unterstellt, die mühsamen Auseinandersetzungen mit seinen Ministerkollegen weitestgehend erspart. So nahm er eine „vicekönigliche Stellung“ ein, die seinen Handlungsspielraum kaum einengte. Der wirtschaftliche und kulturelle Aufschwung der Fürstentümer sprach dann für sich.[318]

Integration Südpreußens

Weit weniger erfolgreich agierte das Generaldirektorium, das für die Integration Südpreußens mit Danzig und Thorn 1793 verantwortlich war. Natürlich war auch die Ausgangssituation eine gänzlich andere. Südpreußen war ein sehr armes Land mit einer polnischen Bevölkerung, die nicht gerade erfreut war, nun zum preußischen Staat zu gehören. Friedrich Wilhelm II. folgte seinem Herrschaftsverständnis, als er hoffte, durch eine freundliche und tolerante Behandlung den polnischen Adel und die Geistlichkeit für sich gewinnen zu können. So teilte er seinem General von Möllendorff im Dezember 1792 mit: „Das Pohlnische Militair wird bey allen Gelegenheiten mit zuvorkommender Freundschaft, Artig- und Höflichkeit behandelt, und es ist kein Grund vorhanden, von ihnen eine gegentheilige Handlung zu vermuthen … Die Erwerbung des Zutrauens und der Liebe der Pohlnischen Nation zu Uns ist nicht allein für Uns nützlich und nothwendig, sondern sie macht Uns auch Ehre und Unseren Aufenthalt in Pohlen angenehmer und erträglicher. Das beste und sicherste Mittel, sich dieses zu verschaffen, ist: wenn man derselben auf eine höfliche, freundschaftliche und gute Art umgegangen, und alle Handlungen, welche den Einwohnern nur den entferntesten Argwohn einer Bedrückung oder Härte beibringen könnten, auf das Sorgfältigste vermieden werden.“[319] Diesem humanistischen Grundsatz folgte dann auch die Regelung, dass bei Wohlverhalten gegenüber dem neuen Herrn und geregelter Steuerzahlung die Starosten die Staatsgüter auf Lebenszeit und die Geistlichen die Kirchengüter für immer erhalten sollten. Der König wollte anfänglich diese Staatsgüter also nicht als Eigentum der preußischen Krone einziehen, sondern sie als Vertrauensvorschuss in den Händen des polnischen Adels lassen.

Nach diesen ersten grundsätzlichen Überlegungen blieb jedoch die Frage bestehen, wie sollte nun dieses Südpreußen verwaltet werden, um es einmal ohne größere Probleme in den Staat zu integrieren und zum anderen dessen Wirtschaft, Kultur und Infrastruktur möglichst schnell zu entwickeln. Am Beispiel Südpreußens zeigte sich dann, dass der König, noch im Krieg gegen Frankreich stehend, gar nicht die Zeit hatte, sich detailliert mit der zukünftigen Entwicklung dieser Provinz, die er wie Westpreußen behandeln wollte, zu befassen. Nur unzureichend informiert, denn der König wusste nicht, wie Friedrich II. Westpreußen verwalten ließ, und ohne eigene konkrete Vorstellungen blieb er auf seine Minister angewiesen. Diese verfolgten jedoch unterschiedliche Ideen, wie das strukturschwache Land zu verwalten und zu entwickeln sei. Schon die Behandlung der 130 Starosteien (Kronlehen) und der geistlichen Güter sowie ihre Besteuerung führten zu einem Disput zwischen Möllendorff, der den ersten Überlegungen des Königs Glauben geschenkt und daher den Besitz unter den oben beschriebenen Bedingungen garantiert hatte, während der neue Provinzialminister Otto Carl von Voß, der Bruder der 1789 verstorbenen Zweitfrau Friedrich Wilhelms, für eine Enteignung der geistlichen Güter zugunsten der Krone plädierte. Nachdem Möllendorff seinen Rücktritt anbot, da er den Geistlichen die Besitzstandsgarantie bereits gegeben hatte und nun um seine Ehre fürchtete, änderte der König seine Meinung und erneuerte seinen einstigen Befehl. Neben Voß sollten sich der schlesische Provinzialminister von Hoym und der amtierende Oberpräsident der Kammern von Ost- und Westpreußen gemeinsam um den Verwaltungsaufbau in Südpreußen kümmern.

Als der König im Herbst 1793 Südpreußen bereiste, erkannte er, dass seine Beamten, die zur Bestandsaufnahme das Land visitiert hatten, recht hatten und Preußen in den nächsten Jahren erhebliche Mittel in die Entwicklung der Provinz investieren musste. Die Mehrheit der Bevölkerung bestand aus leibeigenen polnischen Bauern, die in sehr ärmlichen Verhältnissen lebten und dem katholischen Glauben angehörten. Lediglich im Kammerbezirk Posen wurde deutsch gesprochen. Der polnische Adel hatte bislang seine Woiwodschaften selbst verwaltet. Nun sollten sich alle nach dem preußischen Verwaltungssystem richten. Südpreußen wurde in drei Kriegs- und Domänenkammern, 44 Kreise, 13 steuerrätliche Inspektionen und 12 Zolldistrikte gegliedert. Als Landräte wurden polnische Adlige eingesetzt, und auch die anderen polnischen Beamten wurden in den preußischen Dienst übernommen. Zusätzlich wurden preußische Räte eingesetzt. Der schlesische Justizminister Danckelmann sollte sich um den Aufbau der Justizverwaltung kümmern, und Struensee erhielt den Auftrag, die Zoll- und Akziseverwaltung einzurichten. Das Rekrutendasein wurde den polnischen Bauern erspart. Der reibungslose Übergang von der polnischen zur preußischen Verwaltung ließ sich mit den wenigen Räten, die den verantwortlichen Ministern zur Verfügung standen, kaum bewerkstelligen.

Um eine aktive Mitwirkung der polnischen Untertanen zu ermöglichen und das Konfliktpotenzial zu minimieren, forderte der König seine Beamten auf, „den Cammern einzuschärfen, dass sie, die Fälle ausgenommen, wo Ernst und Nachdruck notwendig sind, und unzeitige Nachsicht von üblen Folgen sein würde, mit Geduld, Bescheidenheit und Sanftmuth zu Werke gehen (sollten – B. M.). Gütliche mit Gründen unterstützte Vorstellungen führten gemeiniglich sicherer zum Zweck, als unzeitige Härte und Strenge. Ich habe das Zutrauen, dass die Collegia die ihnen verliehene Autorität nicht missbrauchen werden. Insbesondere muss aber dahin gesehen werden, dass sich die Unter-Offizianten alles rüden und despotischen Verfahrens enthalten müssen.“[320] An diesen löblichen Verhaltensrichtlinien orientierten sich in diesem fremden Land, wo sich die meisten Räte nur mit Hilfe von Dolmetschern verständigen konnten, natürlich nicht alle „Unter-Offizianten“. Zumal Südpreußen nicht gerade zu den attraktiven Arbeitsorten Preußens gehörte.

Während nun die subalternen Beamten für die Verwaltungsarbeit vor Ort wichtig waren, weil von ihrer Arbeitsweise und ihrem Umgangston, wie der König zu Recht betonte, auch die Akzeptanz des preußischen Herrschaft seitens der neuen Untertanen abhing, determinierte die Art und Weise, wie die einzelnen Minister ihre Aufgaben erfüllten, den Integrationsprozess und den Entwicklungsstand der Provinz.

Struensee hielt es für zeitgemäß, in Südpreußen eine Steuerreform zu erproben, die die lästige Trennung von Stadt und Land beseitigen sollte. Die unterschiedliche Besteuerung der Stadt- und Landbewohner, die teilweise wie oben schon beschrieben wurde, auch zu ungerechten Belastungen der in der Stadt lebenden kleinen Handwerker führte, hemmte auch die wirtschaftliche Entwicklung. Gewerbe, die im ländlichen Raum viel preiswerter produzieren könnten, hatten in den altpreußischen Provinzen keine Chance, ihre Betriebe zu verlagern. Hier wurde erhebliches wirtschaftliches Entwicklungspotenzial verschenkt, nur weil die meisten preußischen Beamten noch immer dem friderizianischen Grundsatz folgten, dass das Land mit der Kontribution und die Stadt mit der Akzise den Wohlstand des Staates sicherten.

Struensee versuchte nun, den König von einer Steuerreform zu überzeugen. Doch von Voß, von Hoym und von Schrötter positionierten sich gegen die Auffassungen von Struensee und dem König fehlte mal wieder die Zeit und wohl auch die Weitsicht, sich auf dieses Experiment einzulassen. Ähnlich verhielt es sich bei den Einfuhr- und Ausfuhrbestimmungen, die Südpreußen eben keinen freien Handel insbesondere mit Getreide bescherten, sondern auch hier agierte die dem Merkantilismus verbundene Bürokratie gegen jegliche liberalisierende Veränderung der wirtschaftlichen Verhältnisse. Wenn das preußische Akzisesystem und einige Binnenzölle auch nicht eingeführt wurden, so lag das nicht an der Einsicht der zuständigen Beamten, dass diese überaltert und unzeitgemäß waren, sondern daran, dass man keine Möglichkeit sah, binnen kurzer Zeit die Städte zu ummauern, um diese spezifische Steuer erheben zu können. Darüber hinaus hätte das dafür erforderliche Personal weitere Kosten verursacht.[321] Schon die ersten Maßnahmen, mit denen Voß das Ziel verfolgte, Südpreußen den altpreußischen Verhältnissen anzugleichen, verschlechterten die Situation der dortigen Untertanen. Obwohl die geringen Einnahmen der Provinz auch wieder in diese investiert wurden, bemerkte man dort kaum etwas davon.[322] Den Menschen ging es unter der preußischen Verwaltung nicht besser, sondern schlechter.

In dieser für alle unbefriedigenden Situation wehrte sich das unter russischer Vormundschaft stehende (Rest)-Polen 1794 mit einem Aufstand, in den auch Südpreußen und somit Preußen hineingezogen wurde. Obwohl Friedrich Wilhelm II. ursprünglich lediglich seine Grenze in Südpreußen gegen die Aufständischen sichern wollte, zwang ihn der Verlauf des polnischen Aufstandes in einen Krieg, den sich Preußen zu diesem Zeitpunkt finanziell schon nicht mehr leisten konnte. Trotz schlechter Ausrüstung standen die preußischen Soldaten zu ihrem König. Dieser schrieb an Wilhelmine: „Truppen sind genug da, aber wir müssen die ganze Grenze decken; es wird eine recht difficile Sache werden; nur Gott kann helfen, auf den baue und vertraue (ich), aber menschlichen Ansehens ist die Lage nicht sonderlich …"[323] Die Ahnung des Königs sollte sich in mehrfacher Hinsicht bestätigen. Da die preußisch-russische Zusammenarbeit im Kampf gegen die Aufständischen alles andere als gut war, erlitt das preußische Heer nach anfänglichen Erfolgen große Verluste. In dieser Situation dehnte sich der polnische Aufstand auch auf Südpreußen und Teile Westpreußens aus, so dass der Nachschub und die Verpflegung der preußischen Armee gefährdet wurden und zudem ein Gebietverlust drohte.[324] Noch bevor die Aufständischen besiegt waren, legte Hoym am 22. September 1794 dem König einen Organisationsplan für Südpreußen vor. Zwei Tage später erfuhr der eigentlich zuständige Minister Voß von seiner bevorstehenden Entlassung. Dem Bruder der Gräfin Ingenheim wurde eine verfehlte Innenpolitik zur Last gelegt, die den Unmut der südpreußischen Untertanen hervorrief und die Unzufriedenen mehr oder weniger in die Arme der Aufständischen trieb. Dabei hatte Voß nur versucht, Südpreußen nach dem Vorbild Westpreußens zu organisieren.

Natürlich war es für Voß wenig schmeichelhaft, nun sehen zu müssen, wie der König Hoym mit der Verwaltung Südpreußens beauftragte. Hoym, der Schlesien schon seit 1770 erfolgreich verwaltete und dort relativ unabhängig Entscheidungen treffen konnte, sollte sein schlesisches Erfolgsmodell jetzt auf Südpreußen übertragen. Da der neue Minister flexibler auf die Besonderheiten der Provinz einging bzw. eingehen konnte, weil er nur dem König, nicht aber dem Generaldirektorium unterstellt wurde, blieben die ersten Erfolge auch nicht aus.[325] Voß hingegen geriet immer häufiger in Konflikte mit den Auffassungen und Anordnungen des Königs, so dass er 1795 von den anderen Ämtern, er war ja noch Minister für die Kurmark usw. sowie für Stempelsachen, ebenfalls zurücktrat. Auch Voß zählte zu jenen Beamten, die Friedrich Wilhelm II. die ersten Regierungsjahre begleiteten und dessen Vertrauen er genoss. Allein wenn man bedenkt, welche wichtige Mittlerrolle der Minister beim modernisierten Wiederaufbau Neuruppins (siehe Seite 234) eben wegen seiner guten Beziehungen zum König übernehmen konnte, wird der enge und vertraute Kontakt zwischen dem Monarchen und seinem Beamten abermals augenfällig. Dennoch trennte sich Friedrich Wilhelm auch von diesem Minister, der erst wieder unter seinem Nachfolger in die Politik zurückkehrte.[326]

Weitere Forschungen werden vielleicht zeigen können, ob diese Entlassungen altgedienter Beamter zum einen mit der zunehmenden Distanzierung des Königs von seiner anfänglichen Reformeuphorie und zum anderen wenigstens innerlich mit der Politik seines Onkels korrelierten. Allein mit der Gesinnung der Beamten scheinen diese personellen Veränderungen nichts zu tun zu haben. Vielmehr kristallisieren sich kurzzeitige Differenzen in Sachfragen oder im Amtsverständnis als Entlassungsgründe heraus. Wobei wiederum der oben schon erwähnte Kabinettsrat Mencken trotz seiner unverhohlen geäußerten Sympathie für einzelne Errungenschaften der Französischen Revolution nicht in Ungnade fiel. Er selbst schrieb 1799 rückblickend: „Ich habe unter sehr entgegengesetzten Verhältnissen jederzeit meine Selbständigkeit zu behaupten und mich in dem Gefühl meiner eigenen Würde zu erhalten gewußt … Ich bin nie gekrochen, habe mich nie weggeworfen, allein ich habe mich in Rücksicht meiner politischen Lage immer in den Verhältnissen eines Menschen betrachtet, der als Passagier eine Seereise macht … denn er muß durchaus lernen, seine Bewegungen nach dem Schwanken des Schiffes anzupassen.“[327]

Diese nüchternde Bilanz dürfte für viele aufrechte Beamte zutreffen, die trotz divergierender Auffassungen stets loyal zu ihrem Monarchen standen und eben wegen ihrer Sachkompetenz geschätzt wurden. Dazu zählte beispielsweise Hoym. Denn der oft angefeindete Minister wahrte auch in heiklen Situationen durchaus seine Loyalität. Als es nach der dritten Teilung Polens um die Besitzwechsel in Süd- und Neuostpreußen ging, auf die ich unten noch näher eingehen werde, wandten sich natürlich auch viele Interessenten an Hoym. Zu jenen Bittstellern gehörte der Geheime Finanzrat Baumann, der die Gräfin Lichtenau als Fürsprecherin gewinnen konnte. Baumann fragte Hoym, ob er ihm nicht auf Empfehlung der Gräfin „sogleich einhie Güter in Südpreußen anweisen …“ könne. Worauf Hoym erklärte: „Da mir aber die einmal in dieser Sache vorgeschriebenen Regeln entgegenstehen: So kann ich vor der Hand in der Sache mit dem besten Willen nichts thun, als Ew. Hochwohlgeboren mit der wahren Lage dieser Sache bekannt zu machen. Nach dem Sr. Majestät des Königs Ordres sollen alle geistlichen und königlichen Güter eingezogen und nach Bestand der Sache entweder administriert oder in Zeit- und Erbpacht plus Licitandi ausgethan werden. Ich bin jetzt bemüht die Güter einzuziehen, die Anschläge davon anfertigen zu lassen, und als dann darüber weiter neue Vorschläge thun zu können.“[328] Dieser Brief datiert vom 4. April 1797 und seit 1795 wurde um diese Güter „verhandelt“. Immerhin betont Hoym hier auch, dass sich ein Gut ohnehin nicht rechnet, man also mehrere Güter übernehmen müsste, wenn sich der Besitz finanziell lohnen sollte. Dann empfiehlt er Baumann noch, sich um eine königliche Kabinettsorder zu bemühen, dann könne er ihm weiterhelfen, wenn der Bestand aufgenommen sein wird. Dieser Briefwechsel verdeutlicht zum einen die Loyalität des Ministers gegenüber seinem König und zum anderen die großen Schwierigkeiten, die die Verwaltung der neu gewonnenen polnischen Gebiete mit sich brachten.

Während Schulenburg-Blumberg sich 1790 in einer ausweglosen Situation wähnte und sich aus Pflichtbewusstsein seinem Herren und seinem Land gegenüber lieber umbrachte als zurücktrat, zog sich Schulenburg-Kehnert bei unüberbrückbaren Differenzen mit dem König und den anderen Beamten auf seine Güter zurück, wo er geduldig warten konnte, bis sein Sachverstand wieder gefragt war. Jene in der Ferne agierenden Minister wie Karl August von Hardenberg in Ansbach-Bayreuth,[329] Hoym in Schlesien und Südpreußen oder auch der preußische Gesandte Dohm konnten indessen ihre Positionen ausbauen. Friedrich Leopold von Schrötter erhielt 1795 in den neu eroberten Gebieten Ost-, West- und Neuostpreußen eine fast souveräne Machtstellung, um die nötigen Integrationsaufgaben schnell und ohne lähmende Rücksprache mit der hauptstädtischen Bürokratie lösen zu können.

Die Meinungsverschiedenheiten zwischen dem König und seinen Beamten resultierten jedoch nicht aus grundsätzlich verschiedenen Staatsauffassungen, sondern es handelte sich, wie Hans Martin Sieg in seiner Arbeit „Staatsdienst, Staatsdenken und Dienstgesinnung …“ resümierend festhielt, „hauptsächlich um tatsächliche Injurien“.[330] Die Mehrzahl der Beamten hielt die preußische Monarchie mit ihrer Gesetzgebung und der Verwaltung für die optimale Regierungsform ihrer Zeit. Gerade mit Blick auf die Französische Revolution, die der Jurist Ferdinand Klein auch als die „Lection für die Könige“ bezeichnete, die schlecht regierten, hoben die preußischen Beamten stets die Andersartigkeit der preußischen Verhältnisse hervor.

Die veränderten gesellschaftlichen und politischen Bedingungen am Ende des 18. Jahrhunderts erforderten nicht nur vom König, sondern auch von seinen Beamten Flexibilität und die Bereitschaft, Neues zu wagen. In dieser besonderen Epoche, die von der Erosion der altständischen Gesellschaft geprägt wurde, stets das Richtige zu tun, war zu jener Zeit weder dem König noch seinen Beamten gegeben. Denn was war das Richtige? Die Ablösung einzelner Minister und Beamter wurde dem König meist als Wankelmütigkeit ausgelegt. Mal hörte er auf jenen mal auf diesen Berater. Doch angesichts der schwierigen Situation versuchte der König lediglich auf die veränderten Bedingungen einzugehen und verprellte damit auch Vertraute seines nahen Umfeldes. Ähnlich wie Friedrich II., so mied auch Friedrich Wilhelm eine kontroverse Debatte mit seinen Beamten über spezielle Probleme. Eine kollektive Beratung mit dem Ziel einer gemeinsamen Meinungsbildung hätte ja die Bereitschaft des Königs vorausgesetzt, von seinem

Alleinvertretungsanspruch abzurücken. Doch Friedrich Wilhelm II. hatte nach den Erfahrungen der ersten Regierungsjahre, den dann folgenden Kriegen und der revolutionären Bedrohung durch Frankreich kein Interesse an Veränderungen der Staatsverfassung. Vielmehr setzte er sich für die Festigung der Monarchie ein, in der den „Maklern der Macht“ eine beratende und eine ausführende Funktion zugebilligt wurde. Je nach Persönlichkeitsstruktur, Bildungsgrad und Pflichtbewusstsein nahmen sie diese Funktionen wahr. Folgt man der Argumentation von Sieg, so waren zur Regierungszeit Friedrich Wilhelms II. weder die internen noch die externen Rahmenbedingungen für grundlegende Verfassungs- und Verwaltungsreformen gegeben.

Staatsbildung und Staatsauffassungen

„Das Nichtabsolutistische des preußischen Absolutismus war für die Zeitgenossen des 18. Jahrhunderts in Preußen allgegenwärtig, der Starke Staat war es noch nicht.“[331] Dieses Resümee Wolfgang Neugebauers trifft auch auf die Regierungszeit Friedrich Wilhelms II. zu. Der König hatte ja durch die Angliederung von Ansbach und Bayreuth 1792 und die polnischen Eroberungen 1793 (Danzig, Thorn nebst Südpreußen mit Posen, Gnesen und Kalisch) und 1795 (Warschau und Umgebung)[332] erhebliche Probleme, die neuen Gebiete in den preußischen Staat zu integrieren und das Staatsgebilde zu konsolidieren. Doch schon seine Vorgänger vermochten nicht, alle ihre Neuerwerbungen vollständig in den Staat zu integrieren. In Ost- und Westpreußen blieben die alten ständischen Traditionen erhalten trotz aller Bemühungen, die dortigen Verhältnisse dem Kerngebiet Preußens anzugleichen.[333] Der ostpreußische Huldigungslandtag wurde ja schon erwähnt und auch die Bemühungen Friedrich Wilhelms II., Macht zu demonstrieren und eben nicht auf die Wünsche der dortigen Stände einzugehen. Angesichts des Gebiets- und Bevölkerungszuwachses stand Friedrich Wilhelm II. vor verwaltungstechnischen Herausforderungen, denen weder er noch seine Beamten gewachsen waren und auch nicht sein konnten. Dennoch ging der König davon aus, dass er auch den neuen Untertanen ein „guter König“ sein werde und bemühte sich, ihnen die mit dem Herrschaftswechsel verbundenen Veränderungen so angenehm und so verständlich, wie es nur möglich war, zu vermitteln. Dabei kam der Bürokratie eine Schlüsselfunktion zu, die beispielsweise Hardenberg mit besonderem Geschick zu meistern wusste, während Voß weniger erfolgreich agierte. Für Friedrich Wilhelm II. waren diese „friedlichen“ Eroberungen in jeder Hinsicht wichtige Erfolge seiner Politik und Ausdruck seiner Staatsauffassung. Auch am Ende des 18. Jahrhunderts legitimierte sich der König durch die territoriale Erweiterung seines Staatesgebildes und durch das Bemühen,

Bedingungen zu schaffen, die allein der Wohlfahrt des Staates dienten. Gerade die Diskussion um das Allgemeine Landrecht zeigte noch einmal sehr deutlich, dass Friedrich Wilhelm an dem Selbstverständnis seiner Vorfahren festhielt. Nicht der Sachverstand der Bürokraten sollte entscheidend sein, sondern der Machtspruch des Herrschers. Eine Veränderung der monarchischen Staatsverfassung stand nicht zur Diskussion.

Aufgewachsen im Selbstverständnis des preußischen Königshauses und erzogen im Zeitgeist der Aufklärung verfügte Friedrich Wilhelm II. zwar über eine umfassende Allgemeinbildung und eine fundierte künstlerische Ausbildung, aber mit seinen kameralistischen und ökonomischen Kenntnissen konnte er den Anforderungen seiner Zeit nicht gerecht werden. Hinzu kam dann noch, dass sein symbolisches Kapital von seinem Vorgänger so stark reduziert worden war, dass er einen mühsamen Kampf mit der Bürokratie führen musste, um eigene Ideen und Vorstellung realisieren zu können. Der schlechte Ruf des Königs überschattete sein Handeln ebenso wie seine zu einseitige Bildung, so dass der Eindruck entstand, dass hier ein „willensschwacher“, „wankelmütiger“ und übermäßig stolzer Monarch agierte. Dieser König konnte nur an der Alleinherrschaft festhalten. Jegliche Verfassungsdiskussion wäre ihm als Schwäche ausgelegt worden und hätte das Staatswohl gefährdet. Dieses Risiko scheute Friedrich Wilhelm wohl wissend, wie der preußische Hochadel über ihn dachte und dass es ihm an den erforderlichen Bündnispartnern mangelte. In den elf Regierungsjahren gelang es dem Monarchen dennoch, trotz der massiven innen- und außenpolitischen Herausforderungen, dieses sehr heterogene Staatsgebilde so zu konsolidieren, dass es im Jahr seines Todes zwar hoch verschuldet war, aber im europäischen Staatenkonkurrenzkampf durchaus einen geachteten Platz einnahm.

Das geistig-kulturelle Leben eines »neuständischen« Monarchen

Gottfried Schadow, der seine berufliche Karriere unter Friedrich Wilhelm II. begann und erhebliche Reformen im Bauwesen realisieren konnte, schilderte rückblickend Folgendes über diesen König: „Zur Zeit Friedrich Wilhelms des Zweiten herrschte die größte Liederlichkeit, alles besoff sich in Champagner, fraß die größten Leckereien, frönte allen Lüsten. Ganz Potsdam war ein Bordell; alle Familien dort suchten nur mit dem Könige, mit dem Hof zu tun zu haben, Frauen und Töchter bot man um die Wette an, die größten Adlichen waren am eifrigsten. Die Leute, die das wüste Leben mitgemacht haben, sind alle früh gestorben, zum Teil elendiglich, der König an der Spitze.“[1]

Warum Schadow gerade dieses verruchte Bild über das Leben zur Zeit Friedrich Wilhelms II. verbreitete, lässt sich nur erahnen. Unter Friedrich Wilhelm III. ziemte es sich nicht, die großen Leistungen, die dessen Vorgänger auf künstlerischem Gebiet erzielte, zu rühmen. Dennoch hätte gerade Schadow genau diesen Wandel des Stils beurteilen und auch schätzen können. Immerhin vertraute ihm dieser „liederliche“ König 1788 die Leitung des 1746 in Berlin gegründeten Hofbildhauerateliers an und damit kam dieses „französische Atelier“ nach über 40 Jahren erstmals in die Hände eines einheimischen Künstlers. Vielleicht war aber auch gekränkte Eitelkeit im Spiel, denn Schadow, der ja schon früh die Wertschätzung Friedrich Wilhelms II. erfuhr und auch das Grabmal des „Anderchen“ schaffen durfte, überzeugte ihn nicht mit seinen Entwürfen für die Außenfassaden des Marmorpalais.[2] Was auch immer Schadow bewog, derart schlecht über den König zu schreiben, es entsprach nicht der Realität. Gerade auf künstlerischem Gebiet, in der Architektur, der Landschaftsgestaltung, der Inneneinrichtung, der Musik und im Theater engagierte sich dieser Monarch besonders erfolgreich. Er verhalf der deutschen Oper und dem deutschen Nationaltheater ebenso zum Durchbruch wie der Historienmalerei. Doch bevor wir uns diesen erfreulichen Themen zuwenden, sei noch ein kurzer Blick auf jene kulturelle Entwicklung gestattet, die gern als Beweis für den Rückschritt dieses Königs im Vergleich zu seinem aufgeklärten Vorgänger angesehen wird.

Kultur und Gesellschaft

Die Reformation hatte das Leben der Menschen verändert, geordnet und institutionalisiert. Mit der Reformation waren die Gläubigen vor das Problem gestellt worden, die Zwietracht der Konfessionen akzeptieren zu müssen, um einander tolerieren zu können. Allein die Akzeptanz der anderen Konfession bedurfte viel Zeit und großer Mühen.[3] Der konfessionelle Dualismus wurde, um mit Thomas Nipperdey zu sprechen, „eine der fundamentalen alltäglichen und vitalen Grundtatsachen des deutschen Lebens."[4] Doch die Menschen mussten erst lernen, mit dieser Grundtatsache umzugehen.

Die innere Erbauung blieb bei all den Reformbemühungen dennoch auf der Strecke. „Was die protestantische Predigt samt allen Visitationen und Kirchenordnungen an Reform der christlichen Lebensführung zuwege gebracht hatte, war bedauernswert wenig."[5] Die protestantischen Gläubigen erlebten nun gerade auch in Brandenburg-Preußen, wie der Staat zunehmend reglementierend in das alltägliche Leben der Menschen eingriff und so stärker die Gesellschaft gestaltete als es der protestantischen Kirche möglich war. Die innere Erbauung ging zu Lasten der Institutionalisierung verloren. Die Konfessionskriege erschütterten die christliche Gesellschaft nachhaltig und sie nährten die Sehnsucht nach Harmonie und innerer Erbauung des Individuums.[6] Die vom Staat verordnete konfessionelle Eintracht konnte langfristig gesehen die Suche nach der religiösen individuellen Erbauung nicht aufhalten. Diese wiederum bedurfte der Toleranz der Andersgläubigen oder der Privatisierung des Glaubens.[7] Wie sollte sich aber nun das Zusammenleben der Menschen gestalten, wenn jeder seiner Religion anhing?

Die Bruderschaften boten hier eine Alternative an. „Alles Trennende – die Konfession, die unterschiedlichen politischen Optionen sowie auch die aus differenten gesellschaftlichen Statuspositionen resultierenden Gegensätze der Interessen – sollte ausgespart werden, indem man es vor der Logentür ablegte. All seiner Gesellschaftlichkeit bis auf die Conditio humana entkleidet, unternahm der Bruder als bloßer Mensch die Arbeit am Tempel."[8] In der Gemeinschaft für die Gesellschaft zu wirken und diese von Innen heraus zu verbessern – für diese Ziele vereinten sich nicht nur die Freimaurer, sondern später auch noch Illuminaten und Philaleten.

Die hohen Ziele der Aufklärungsgesellschaften standen meist im Kontrast zum Alltag der Menschen. Zwar lebten in Brandenburg-Preußen in der zweiten Hälfte des 18. Jahrhunderts die Angehörigen der verschiedenen Konfessionen relativ friedlich miteinander. Dennoch fiel es den Menschen, fest eingebunden in ein altständisches Ordnungsgefüge und in ein kirchliches Wertesystem, in der Frühen Neuzeit nicht leicht, von ihrer eigenen Religion und Kultur abweichende

Vorstellungen und Verhaltensweisen zu dulden. Die Duldung von religiösen Minderheiten resultierte nicht allein aus der gewährten Gewissensfreiheit und somit aus der religiösen Toleranz der Könige, sondern auch aus der ökonomischen Notwendigkeit, die wirtschaftliche Entwicklung des Landes voranzutreiben.

Diese Symbiose von religiöser und staatspolitisch notwendiger Toleranz stellte dennoch eine wichtige Grundlage für die allmählich zunehmende Duldung des anderen im Denken und Verhalten der lutherischen Mehrheit dieses Königsreichs dar. Aus der anfänglich staatlich erzwungenen und passiven Duldung wurde unter dem Einfluss der alltäglichen Erfahrung im Umgang mit dem Fremden und den vielfältigen Prozessen der Aufklärung eine bewusste Duldung. Im Übergang vom 18. zum 19. Jahrhundert entwickelte sich aus dieser bewussten Duldung, wenn auch sozial und regional sehr differenziert, eine fast schon unbewusste Akzeptanz des anderen. D. h. es bildeten sich Verhaltensmuster heraus, die dem Einzelnen gar nicht mehr unmittelbar bewusst waren. Die verschiedenen Formen der Kommunikation und der Medien taten das Ihre, diesen Prozess zu befördern und zu festigen. Allerdings haben ja schon die Enzyklopädisten mit Recht auf den großen Unterschied hingewiesen, der zwischen der Duldung einer Religion und ihrer Billigung besteht.[9] Der Weg bis zur Anerkennung des Fremden wurde auch in Brandenburg-Preußen nicht kontinuierlich und problemlos beschritten.

Der neue Stellenwert der Religion

Das nur kurze Zeit nach Friedrich Wilhelms Regierungsantritt erlassene Religionsedikt gilt bis heute als Markstein der so genannten Gegenaufklärung, einer „höchst heterogenen Bewegung". „Ihr einigendes Moment erwächst aus dem permanenten Versuch, den aus ihrer Sicht ‚falschen' oder überhaupt pauschal *den* Aufklärern anzulasten, sie wollten die Grundpfeiler des gesellschaftlichen Gefüges (unbedingte Frömmigkeit, Untertänigkeit, Sittsamkeit) unterminieren und hätten zu diesem Zweck einen weltweiten Verschwörerbund gegründet. Damit legitimieren nahezu alle Gegenaufklärer ihr Hauptziel, den Aufklärungsprozess aufzuhalten und einzudämmen oder gar zu vernichten und seine Resultate rückgängig zu machen. … Das unterscheidet sie von demjenigen bedingt reformorientierten oder rationalistischen Konservativismus, dessen Repräsentanten in ihren eigenständigen Theorien und alternativen Gesellschaftskonzepten Aufklärerisches verarbeiten, um es für den Erhalt und die graduelle Erneuerung des Ständestaates zu nutzen."[10] Doch so klar lassen sich die Fronten zwischen den Aufklärern auf der einen Seite und den Gegenaufklärern auf der anderen Seite in der gesellschaftlichen Realität am Ende des 18. Jahrhunderts eben nicht trennen.

Friedrich Wilhelm II. und seine Günstlinge wurden natürlich nicht zu den reformorientierten Vertretern der Gegenaufklärung gerechnet, da ihr Wirken lediglich auf den Kampf gegen die Aufklärung verengt wird. „Durch Wöllners Geheimaktivitäten wurde Gegenaufklärung gleich nach der Thronbesteigung Friedrich Wilhelms II. und mehr noch als in Bayern Staatspolitik – wohlbedacht eingeleitet durch das Religionsedikt, das eine der größten Binnenkontroversen innerhalb der Aufklärungsdebatte auslöste."[11] Diese Aussage Wolfgang Albrechts über das Wirken Wöllners und Friedrich Wilhelms II. reduziert eine sehr komplexe Entwicklung auf den einfachen Nenner, dass diese beiden Herren zielstrebig und systematisch die Aufklärung bekämpften. Taten sie das wirklich?

Freimaurer und Rosenkreuzer

Für den Zeitgenossen Philipp Steinheil war die Maurerei 1742 eine „Verbindung einsichtsvoller Männer, die vereinigt durch das Band der Bruderliebe, geleitet durch die Grundsätze der Moral, sich bestreben, eine vernünftige Gesellschaft zu bilden, zu welcher jedes Mitglied alle Eigenschaften mitbringen soll, welche die Gesellschaft nützlich und angenehm machen."[12] Die Brüder sollten wissend ihre Leidenschaften zügeln und dann moralisch gestärkt der Zivilgesellschaft „dienen". Die Logen engagierten sich im sozialen und kulturellen Bereich und sie sorgten sich um die Bildung ihrer Mitglieder.[13] Die ihr oft zugeschriebene Zersetzung der bestehenden Ständegesellschaft, die mit ihrer angestrebten Gleichheit aller Mitglieder erklärt wird, konnte in der Forschung nicht belegt werden. Die Geheimgesellschaften strebten keinen „revolutionären" Umsturz an. Es ist ihnen nur schwer überhaupt eine politische Zielstellung nachzuweisen und das sah nicht nur Adolf Freiherr von Knigge so.[14] Ihre Aktivitäten trugen daher eher zur Stabilisierung der bestehenden Gesellschaft bei. Doch für die Kirche waren diese Geheimgesellschaften in jedem Fall eine unliebsame Konkurrenz, die sie bekämpften.[15] Die Freimaurer etablierten sich aber dennoch in der aufgeklärten bürgerlichen und adligen Gesellschaft. Sie wurden ein Teil von ihr und als solcher drohte ihre Gruppenidentität, die sich auf der Gemeinschaft der Wissenden gründete, allmählich verloren zu gehen. Innere Reformbemühungen und moralisch verwerfliches Verhalten hoher Ordensoberer führten zu Spaltungen innerhalb der Freimaurerbewegung und zum Hinwenden einiger Freimaurer zum Rosenkreuzerorden. Diese Entwicklungen tangierten auch den Kronprinzen Friedrich Wilhelm.

Der Kronprinz hatte, als er den Kinderschuhen entwachsen war, im höfischen Mikrokosmos von Friedrich II. aus den oben schon diskutierten Gründen nur eine „Randstellung" zugewiesen bekommen. Die Funktionsweise des höfischen Lebens brachte es daher mit sich, dass der Kronprinz sich gezwungenermaßen eine eigene Klientel von vertrauenswürdigen Personen zusammensuchen musste. Zu jenen Vertrauten zählte der Major Hans Rudolf von Bischoffwerder, ein sächsischer Freimaurer. Bischoffwerder wiederum gehörte zu jener kleinen Gruppe von Freimaurern, die in den internen Diskurs um die Ursprünge des Ordens verwickelt waren: Sollten sich die Freimaurer mehr auf den maurerischen Ursprung im bürgerlichen England oder im kreuzritterlichen Tempelritterorden berufen?[16] Die Strikte Observanz, eine Organisation zur Verwirklichung der politischen Utopie – einer ritterschaftlichen Adelsrepublik – hatte diese Sinnkrise verursacht. Ursprünglich hatte die Strikte Observanz, die um 1743 entstand und mit dem Wirken des 1722 geborenen Reichsfreiherrn Karl Gotthelf von Hund und Altengrotkau aus dem Sächsischen eng verbunden war, nichts mit dem Freimaurerorden zu tun. Erst als das von ihr diskutierte Verfassungsprojekt – Labrador – und andere Kolonialprojekte scheiterten, begann man deutsche und ausländische Freimaurerlogen zu übernehmen und für die eigenen Zwecke zu benutzen. Die Strikte Observanz wurde zu einem freimaurerischen Hochgradsystem, das sich im Besitz der „wahren" Geheimnisse des Ordens wähnte. „Mit diesem ‚Propagandatrick' gelang es ihr, in kurzer Zeit die Vorrangstellung innerhalb der kontinentalen Freimaurerei zu gewinnen. Die Organisation verfügte damit über das größte nicht-staatliche bzw. nicht-kirchliche Netz an Kommunikations-, Informations-, Verkehrs- und Finanzverbindungen der Zeit."[17]

Dennoch ließen sich nicht alle Freimaurer auf die Richtung der Strikten Observanz einschwören. Die Auseinandersetzungen führten Ende der 70er-Jahre zum Bruch der großen National-Mutterloge „Zu den drei Weltkugeln" mit der Strikten Observanz. Enttäuschte Hochgradmaurer schlossen sich daraufhin, wie es Karlheinz Gerlach beschrieb, der Brüderschaft der Gold- und Rosenkreuzer an, unter ihnen waren der Nationalgroßmeister Friedrich August von Braunschweig, preußischer General und Neffe Friedrichs II.,[18] der schottische Obermeister Johann Christoph Wöllner, Kammerherr des Prinzen Heinrich, und Bischoffwerder. Dieser General hatte Friedrich Wilhelm während des Bayerischen Erbfolgekrieges 1778 getroffen, wo sie Ende September/Anfang Oktober zwei Wochen im preußischen Lager in der Nähe des nordböhmischen Ortes Schatzlar gemeinsam verlebten. Hier hatte Friedrich Wilhelm bekanntlich sein erstes religiöses Berufungserlebnis, als ihn angeblich eine unsichtbare Hand an die Schulter fasste und eine unbekannte Stimme „Jesus" flüsterte.[19] Für Paul Schwartz wurde diese Erscheinung von den Rosenkreuzern inszeniert. Friedrich Wilhelm bewegte dieses Erlebnis zutiefst. Er ließ sich, wie Wilhelmine Encke später zu Protokoll gab, nun bereitwillig in den Bann der Rosenkreuzer ziehen.

Zwischen 1779 und 1784 entstanden in Berlin und Potsdam fünf Zirkel des mystisch-alchemistischen Geheimordens der Gold- und Rosenkreuzer. Wöllner (Ordensname *Heliconus*), der 1779 den ersten Rosenkreuzerzirkel in Berlin gründete und der seit 1780 als Ordensoberhaupt in Mittel- und Norddeutschland und in Russland die dort angesiedelten Gruppen der „Wahren Freymaurer alten Systems" koordinierte, hatte ca. 320 Freimaurer in 37 Orden in seinem Verantwortungsbereich. Diese Zahlen deuten den elitären Charakter der kleinen Vereinigung bereits an. Als Vergleich sei erwähnt, dass allein die Illuminaten 2500 Mitglieder aufweisen konnten. Die Mehrzahl der Rosenkreuzer entstammte dem Adel (43 %) und dem Militär (49 %). Lediglich eine ganz kleine Gruppe des Wirtschaftsbürgertums fand sich unter den Rosenkreuzern.[20]

In diesen erlauchten Kreis nahm dann Wöllner gemeinsam mit Bischoffwerder (Ordensname *Farferus*) am 8. August 1781 den Kronprinzen Friedrich Wilhelm (Ordensname *Ormesus Magnus*) auf.[21] Das Ereignis ist oft beschrieben und hinreichend ausgeschmückt worden.[22] Doch was war an der Aufnahme des Thronfolgers in diesen Orden so alarmierend?

Der 37-jährige Friedrich Wilhelm, der viel Zeit hatte, die Welt um sich herum zu beobachten, da ihn ja Friedrich II. von allen wichtigen politischen und gesellschaftlichen Aufgaben fernhielt, konnte doch sehen, wie sich das Land nach dem Siebenjährigen Krieg veränderte, und er hatte vielleicht eine Ahnung davon, wie sehr die Prozesse der Aufklärung die Lebensgrundlagen der Menschen beeinflusst hatten, ohne sie zufriedener und glücklicher zu machen. Die wirtschaftlichen Probleme des Landes, die Enge der Zünfte und der Studierstuben ließen die Menschen nach Alternativen Ausschau halten. Die Religionsfreiheit und der Rationalismus hatten längst ihre Schattenseiten offenbart, die der abseitsstehende Thronfolger aus der Distanz eher wahrnahm als der König, der mit dem Fassadenbau seines Nachruhmes zu intensiv beschäftigt war.

Rudolf Schlögl, der der Frage des Praktischwerdens der Utopie bei Rosenkreuzern und Freimaurern nachging, betonte zu Recht, dass der Gedanke gewachsen ist, „eine durch Gesinnung, Freundschaft und möglicherweise durch Schwur verbundene Gemeinschaft könne zum Kern der erhofften gesellschaftlichen Veränderung werden und die Zukunft im eigenen Kreis bereits vorwegnehmen, aus dem Bemühen um eine christliche Durchdringung der Gesellschaft seit der Reformation."[23] Auch bei Johann Valentin Andreae und seinen Rosenkreuzerschriften lässt sich diese Utopie nachweisen. Der Rosenkreuzermythos der „Fama Fraternitatis" (Manifest des Ordens) behielt bis zum Ende des 18. Jahrhunderts seine Anziehungskraft. Ein keusches, eheloses Leben, das dem ärztlichen Dienst am Nächsten verpflichtet ist, zog die Brüder in den Bann der Gemeinschaft. Jährliche Treffen und die gezielte Werbung von Nachfolgern sicherten den Zusammenhalt der Gemeinschaft. Über den besseren, wissenden Menschen sollte die Welt verändert werden und dabei kamen ihnen die Brüder der weltlichen Macht nicht in die Quere. „Der Rosenkreuzer ‚schickt sich' in die Zeit, in der er lebt."[24]

Die neu zu gestaltende Welt wäre dann eine Welt ohne Hunger, Armut und Krankheit, Raum und Zeit wären für den Einzelnen bedeutungslos, und die Herrschenden folgten den Wissenden. Diese Utopie zog den humanistisch gesinnten und im höfischen Mikrokosmos vereinsamten Friedrich Wilhelm in ihren Bann. Den Wissenden, denen er folgte, das waren Bischoffwerder und sein Cousin Friedrich August von Braunschweig.

Für den vom inneren Machtzirkel seines Onkels Friedrich II. ausgegrenzten Friedrich Wilhelm war diese Gemeinschaft mit reformwilligen Adligen und Beamten nicht nur als kommunikativer Zirkel wichtig, sondern sie gab ihm auch den ersehnten inneren seelischen Halt. Dort konnte er nun gemeinsam mit Gleichgesinnten lernen, die Natur und die Bibel richtig zu lesen. Voraussetzung für die angestrebte Erleuchtung war jedoch ein christliches Leben. Für den der Liebe huldigenden Friedrich Wilhelm bedeutete das einmal, dass er Enthaltsamkeit üben und zum anderen, dass er die von seinem Onkel aufgegebenen christlichen Werte wieder stärker zur Geltung bringen musste. „Die Anziehungskraft der Gold- und Rosenkreuzer lag jedoch vermutlich weniger in der von Wöllner organisierten direkten politischen Option als darin, daß der Orden in dieser Zeit beschleunigten Wandels die Konservierung bekannter Ordnungsvorstellungen in deutlicher Abgrenzung von der Aufklärung verband mit der im wirklichen Sinn utopischen Gewißheit von der Gestaltbarkeit der Welt aus dem Individuum heraus.“[25]

Anders als die Freimaurer sagten die Gold- und Rosenkreuzer dem weit verbreiteten Unglauben den Kampf an. Sie „verstanden sich als Christusorden, weil sie das Dritte Zeitalter in naher Zukunft erwarteten.“[26] Die Rosenkreuzer waren Auserwählte, die sich durch ihren beständigen Kampf gegen Wollust und Stolz auch dieser Auserwähltheit als würdig erweisen wollten. Der Erfüllung dieser Aufgaben und der Askese stand die Frau quasi im Wege, wie schon die Schöpfungsgeschichte lehrte.[27] In diesem nur für Männer prädestinierten Bund störte die Frau und daher sollte das Mitglied unbedingt Enthaltsamkeit üben. Für Friedrich Wilhelm bedeutete die Aufnahme in den Orden, dass er sich verpflichten musste, den weiblichen Reizen seiner Lebensgefährtin Wilhelmine Encke zu widerstehen. Das gelang ihm anfänglich durchaus nicht, und später schlossen sie einen Kompromiss, der die sexuelle Enthaltsamkeit beinhaltete.[28] Die Reflexion des eigenen Verhaltens sollte zur Selbsterziehung führen. Für den Thronfolger schien gerade dieser Part der christlichen Lehre weniger einsichtig zu sein. Inwieweit er sich für die anderen Ordensregeln und Inhalte wirklich begeisterte, bleibt fragwürdig. Seiner persönlichen und durchaus nicht gefestigten Stellung in dieser sich allmählich auflösenden altständischen Gesellschaft kam die Achtung der bestehenden gesellschaftlichen und politischen Verhältnisse seitens des Ordens sehr entgegen. Schließlich garantierte der Orden die Anerkennung des Gottesgnadentums der Monarchie und den Kampf gegen die Freigeisterei, die mit einem Sitten- und Kulturverfall einherging. In diesem Geheimbund fand sich also die Avantgarde der Gesellschaft zusammen, um durch eine gottgefällige Lebensweise und unter Nutzung der Alchimie und der Gnosis für die Verbesserung der Gesellschaft zu sorgen. Die Hierarchie der Rosenkreuzer führte am Ende des 18. Jahrhunderts auch zu strikteren Kontrollen, die den Einzelnen in seinem normgerechten Verhalten disziplinieren sollten.

Bis vor Kurzem gingen sowohl die ältere wie die neuere Forschung davon aus, dass dieser preußische König natürlich unter den Fuchteln der Rosenkreuzer stand. Denn er galt als willensschwach und leicht manipulierbar. Konnten die Ordenbrüder den Monarchen wirklich in ihrem Sinne indoktrinieren?

Die Verteidigungsschrift seiner Geliebten Wilhelmine bestätigte immerhin, dass es Wöllner und Bischoffwerder gelang, eine kurzzeitige Trennung des Königs von Wilhelmine Encke zu erwirken. Darüber hinaus beschrieb sie etliche Beispiele der überirdischen Kommunikation, also der Gespräche mit Verstorbenen, auf deren Rat der König wartete. Wilhelmine hatte bekanntlich den 1787 verstorbenen Sohn – das Anderchen – als Geist bemüht, um ihren Einfluss auf den König im Konkurrenzkampf mit Wöllner und Bischoffwerder zu sichern. Das Urteil der Untersuchungskommission war jedoch eindeutig. Der Gräfin Lichtenau konnten kein Machtmissbrauch, keine politische Manipulation des Königs zum Schaden des Staates und kein Verrat von Staatsgeheimnisse bzw. eine Zusammenarbeit mit ausländischen Mächten nachgewiesen werden. Die Lichtenau hatte ja auch lediglich um ihr ganz persönliches Verhältnis zum König gekämpft und dabei die esoterische Neigung Friedrich Wilhelms als Kommunikationsmittel benutzt. Politischen Einfluss wollte sie nicht nehmen, denn ihr war das Frauenbild ihres Geliebten sehr vertraut. Friedrich Wilhelm lehnte politisierende Frauen in seinem Umfeld ab.

Wenn nun seine Geliebte ihn nicht politisch manipulierte, dann blieben da ja noch Wöllner und Bischoffwerder, die Rosenkreuzer. Bereits ein Jahr nach dem Herrschaftswechsel in Preußen wurde jedoch die eigentliche Ordensarbeit der Bruderschaft „Friedrich zum goldenen Löwen“ beendet. Das Selbstverständnis der Rosenkreuzer hatte sich überlebt und der Orden verschwand fast ganz aus der Öffentlichkeit der letzten Jahrzehnte des 18. Jahrhunderts. Die versprochenen Wunder und das Eindringen in Naturgeheimnisse waren ausgeblieben. So nahm auch das Interesse ihrer Mitglieder an alchemistischen Versuchen ab. Schon die alle 10 Jahre fällige Reformation und die General-Konvention blieben im Jahr 1787 aus. Der Orden verfügte daher in diesem Jahr das „Silanum“, den Stillstand der Zirkelarbeit.[29]

Wenn das Ende des Rosenkreuzerordens 1787 auch in der Forschung nicht umstritten ist,[30] so wird der politische Einfluss einzelner Rosenkreuzer auf Friedrich Wilhelm II. bis heute kontrovers diskutiert. Für viele Historiker sprechen die politischen Aktivitäten von Wöllner und Bischoffwerder nach 1786 für die Realisierung von Ordensinteressen trotz des „Silanums“. Das würde jedoch bedeuten, dass diese beiden preußischen Beamten zielstrebig ihre Ordenslehren in der Praxis des preußischen Staates umsetzen wollten, obwohl es keine Zirkelarbeit mehr gab, weil die Mehrheit der Mitglieder das Interesse daran verloren hatte. Diese simple Kausalität von Personalpolitik und der Wirkungsmöglichkeit einzelner Beamter scheint mir dann doch wenig überzeugend zu sein. Obwohl beispielsweise Horst Möller für den politischen Einfluss der Rosenkreuzer auf Friedrich Wilhelm II. spricht und diesen teilweise sogar als Modernisierung fasst, betont er auch, dass sich der politische Erfolg auf den Kampf gegen die Aufklärung beschränkte.[31] Doch auch dieser Erfolg relativiert sich in dieser „neuständischen“ Gesellschaft.

Der Landesvater als Wohltäter und Zensor

Friedrich Wilhelm II. hatte sich in den ersten Wochen seiner Herrschaft die Sympathie seiner Untertanen durch sein zutiefst menschliches Verhalten gesichert. Die Hofmeisterin von Voß schrieb daher: „Der neue König tut nichts als Gutes, gibt mit beiden Händen den Armen. Er ist unglaublich, wie beliebt er ist.“ Das so genannte Bad in der Menge war für den großen und kräftigen Mann kein Problem. Er ging freundlich auf seine Untertanen zu und er hatte als Besitzer so prächtiger und schöner Parks und Gartenanlagen nichts dagegen, wenn die Untertanen diese während seiner Abwesenheit besuchten.

Friedrich II. hatte bekanntlich kurz nach seinem Regierungsantritt die Zensurvorschriften etwas liberalisiert und dann angesichts der innen- und außenpolitischen Lage wieder erheblich verschärft.[32] Friedrich Wilhelm II. lockerte ebenfalls die Handhabung der Zensur in den ersten beiden Regierungsjahren. Die Berlinische Monatsschrift beispielsweise pries in jenen Jahren die Wohltaten des neuen Königs, der ja auch mit der Rehabilitierung der von Friedrich II. entlassenen Richter des Müller-Arnold-Prozesses signalisierte, dass er sich für das Recht und die Gerechtigkeit einsetzen werde. In einem Aufsatz von Struensee über den Getreidehandel 1787 konnten die Leser der Berlinischen Monatsschrift Folgendes über den neuen Monarchen lesen: „… Friedrich Wilhelm, der Gütige, der Menschenfreundliche, will seinem Volk diese so sehr gewünschte Handelsfreiheit geben. … Es hat mir in der Seele weh getan, daß man dem ersten wohltätigen Schritt, welchen der beste König zu mehreren Verbreitung eines allgemein freien Verkehrs getan hat, so schief und so kurzsichtig urteilet.“[33] Friedrich Wilhelm II. nahm diese durchaus auch kritische Presse wahr und schickte für den Jahrgang 1787 ein huldvolles Anerkennungsschreiben.

Wenn der Monarch auch die Arbeit dieses Aufklärungsorgans würdigte, so teilte er trotzdem nicht alle aufklärerischen Überzeugungen. Doch in den ersten reformorientierten Jahren setzte sich der König gerade im Bildungsbereich noch für Reformen ein. So genehmigte er die Einrichtung eines Oberschulkollegiums als einer von der Kirche unabhängigen Zentralbehörde, für die von Zedlitz seit Langem gekämpft hatte. Das Oberschulkollegium, in dem fünf aufklärerisch gesinnte Männer und Wöllner vertreten waren, legte im Dezember 1787 seine „Gedanken und Vorschläge über die Verbesserung der städtischen Bürgerschulen" vor. Die Einführung des Fachlehrersystems, die Beseitigung konfessionell exklusiver Schulen und des dogmatischen Religionsunterrichts spornten natürlich die Gegner der Aufklärung zu Abwehrmaßnahmen an. Diese sehr modernen Auffassungen von einem von der Kirche unabhängigen Schulsystem waren zwar zeitgemäß, aber sie überforderten die Vorstellungswelt des gutherzigen und gläubigen Königs. Sicherlich wollte er für seine Untertanen auch eine bessere Bildung, doch so ganz ohne kirchlichen Einfluss schien ihm dies dann doch bedenklich. Angesichts der neuen Zentralbehörde hielt es Theodor Gottlieb Hippel, seit 1786 Stadtpräsident von Königsberg, für angebracht, dem Gremium einen reformorientierten Schulplan einzureichen, der Wöllner zu einem Protest gegen die Zustimmung des Oberschulkollegiums provozierte. Schließlich hieß es in dem Schulplan: „Treffend und wahr ist der von Zedlitzsche Gedanke, die Schulen der Aufsicht der Geistlichkeit zu entziehen, und von diesem Gedanken ist mehr Aufklärung und Fortschritt als von einer ganzen Bibliothek zu erwarten."[34]

Der König sah das anders und beschloss, seine Untertanen vor Irrlehren zu schützen. Am 3. Juli 1788 trat Wöllner sein Ministeramt an und am 9. Juli wurde das Religionsedikt auf Veranlassung Friedrich Wilhelms II. erlassen. In 14 Paragraphen wurde die Rückkehr zur reinen Religion und ihren symbolischen Büchern (Luthers großer und kleiner Kathechismus, die Augsburger Konfession und ihre Apologie, die Schmalkaldischen Artikel und die Konkordienformel) Schritt für Schritt festgelegt. Nur wer sich daran hielt, sollte im Amt bleiben dürfen. Alle anderen sollten entlassen werden. Die Rückkehr zum wahren protestantischen Glauben schien die beste Garantie dafür zu sein, den sittlich-moralischen Verfallserscheinungen entgegenzuwirken. Der Staat fungierte hier als Ordnungsmacht und die Geistlichen wurden zu seinen Funktionsträgern. Der Auffassung Biesters, des Herausgebers der Berlinischen Monatsschrift, und anderer, dass die Geistlichen Beauftragte privater Religionsgemeinschaften seien, stand das Edikt entgegen. Die Adressaten des Ediktes waren die Angehörigen der lutherisch-protestantischen Bevölkerungsmehrheit des Landes. Alle anderen christlichen Konfessionen und die jüdische Religion sollten jedoch geduldet werden, solange sie nicht auf die Idee kamen, beispielsweise durch Abwerbung

(Proselytenmacherei) von Lutheranern zur katholischen Kirche den Toleranzbonus zu verlieren.[35]

Dieses Edikt garantierte also den anderen Religionen die unbehelligte Ausübung ihres Glaubens und zeugt auch, weil es explizit die Juden mit einschloss, von einer Toleranz, wie sie zu jener Zeit in nicht vielen Staaten anzutreffen war. Während die anderen Konfessionen unabhängig von staatlicher Kontrolle als private Religionsgemeinschaften agieren konnten, mussten die protestantischen Pfarrer ihren rechten Glauben beeiden. Sie wurden gezwungen, sich per Unterschrift für die Verwendung der symbolischen Bücher zu verpflichten. Dieser Gewissenszwang löste eine Kontroverse in der Öffentlichkeit aus, die bis dahin einzigartig war. Glauben und Nichtglauben per Eid und Unterschrift festzulegen, das ließ sich mit Vernunft und religiöser Selbstbestimmung ganz und gar nicht vereinbaren und rief geradezu nach Widerspruch und Meinungsfreiheit.

Der heftige Disput über das Religionsgesetz konnte dem König nicht gefallen. Die Gegner dieses Edikts äußerten sich ja nicht nur schriftlich, sondern Vertreter des von Aufklärern durchsetzten Oberkonsistoriums trugen dem König ihre Bedenken persönlich vor. Unter ihnen waren solche Autoritäten und verdienstvolle Geistliche wie Johann Joachim Spalding und Wilhelm Abraham Teller, die dem König bestens bekannt waren. Doch der Monarch wollte sich nicht verunsichern und Zweifel an seiner königlichen Autorität schon im zweiten Regierungsjahr aufkommen lassen. Daher wies er seinen Justizminister Johann Heinrich Carmer an: „Da ich auch vernehme, daß die Preßfreiheit in Berlin in Preßfrechheit ausartet und die Bücherzensur völlig eingeschlafen ist, mithin gegen das (Religions-)Edikt allerlei aufrührerische Schateken gedruckt werden: So habt Ihr gegen die Buchdrucker und Buchhändler sofort Fiscum zu erzitieren und Mir übrigens Vorschlage zu tun, wie die Bücherzensur auf einem besserem Fuß eingerichtet werden kann. Ich will meinen Untertanen alle erlaubten Freiheiten gern akkodieren, aber ich will auch Ordnung im Lande halten, welche durch die Zügellosigkeit der jetzigen sogenannten Aufklärer, die sich über alles wegsetzen, gar sehr gelitten hat.“[36]

So kam es zum Erlass des Zensuredikts am 19. Dezember 1788, das alle in Preußen herausgegebenen Bücher und Schriften betraf. Davon waren lediglich die Akademieveröffentlichungen ausgenommen. Wer also die Grundsätze der Religion, des Staates, die moralische und bürgerliche Ordnung und die persönliche Ehre „angriff“, erhielt keine Druckerlaubnis und musste bei Zuwiderhandlungen mit Strafen rechnen. Ausgeübt wurde die Zensur fachlich gruppiert von jeweils zuständigen Behörden (Oberkonsistorium, Konsistorium; Universität und Justizkollegien). Diese fachlich geordnete Zensur diente der besseren Beurteilung der Werke und sollte der bisherigen Willkür bei der Begutachtung der Druckerzeugnisse durch unkundige Zensoren vorbeugen. Hier ging es den beiden Verfassern – dem Großkanzler Carmer und seinem Mitarbeiter Svarez, um eine größere Rechtssicherheit.

Weil sich aber nur wenige Mittelsmänner fanden, die sich für die Umsetzung beider Edikte einsetzten, geschah vorerst nur wenig. Dieses Zensuredikt unterschied sich kaum von den zahlreichen Edikten, die Friedrich II. und andere Herrscher im Heiligen Römischen Reich Deutscher Nation erlassen hatten, und so gingen wohl die zuständigen Beamten davon aus, dass die Handhabung auch ähnlich sein würde. Sie legten das Edikt sehr großzügig aus. Doch Friedrich Wilhelm II. wollte, dass sein Zensuredikt genau befolgt wurde. Am 5. März 1791 schrieb er: „Ich bin gewis tolerant gewis ebenso als meine vorfahren und habe solches öffentlich in dem Religions-Edict erklärt, ich will keinen gewißenszwang und las einem jeden glauben was er will. Aber das kann und werde (ich) nie leiden das das gemeine Volk durch irr lehren von der alten wahren christlichen Religion abgeleitet, und das schriften die solches befördern, öffentlich in meinem Lande gedruckt werden, und hieraus mus die Bücher-Censur schärfer und attenter seindt.“[37] Ohne Frage glaubte der König, gerade seine weniger gebildeten Untertanen vor diesen Irrlehren schützen zu müssen. Im Umkehrschluss hieß das: Nur wer den wahren Glauben verinnerlicht hatte und die protestantischen Werte akzeptierte, war ein friedlicher und zufriedener Untertan, der in seinem Stand arbeit- und sittsam lebte. Die Unzufriedenheit mit den sozialen und ökonomischen Verhältnissen resultierte demnach aus der religiösen Entwurzelung der Untertanen, während die Glaubensgemeinschaft im ursprünglichen Sinne Halt und Festigkeit versprach. Mit dieser Sichtweise stand Friedrich Wilhelm zu jener Zeit nicht allein da.

Im Mai 1791 wurden eine Immediat-Examinations-Kommission (IEK) und ihre Unterkommissionen in den Provinzen eingesetzt, die nun endlich dafür sorgen sollten, dass die Edikte auch Realität wurden. Prominente Mitglieder wurden die beiden Vertrauten Wöllners, der Breslauer Prediger Hermann Daniel Hermes und der Lehrer, Tutor und Reisebegleiter Gottlob Friedrich Hillmer.[38] Diese beiden Herren sollten insbesondere die theologischen Schriften überwachen. Ihre erste spektakuläre Überprüfung musste der Gielsdorfer Prediger Johann Heinrich Schulz über sich ergehen lassen. Der so genannte „Zopfschulze“ war ein Vertreter der Aufklärung und sein auffälliges Vergehen bestand darin, keine ordentliche Perücke zu tragen und sich in seinen Büchern einer philosophisch-moralischen Betrachtung über die Religion hinzugeben. Außerdem verwies er auf den Unterschied zwischen dem Schriftsteller, der allein dem Leser Rechenschaft schuldet, und dem Pfarrer, der seine Gemeinde führt und daher dem Konsistorium unterstand. Entgegen der Entscheidung des Berliner Kammergerichts wurde Schulz 1792 aus seinem Amt entfernt.[39] Der König setzte sich über den Richterspruch hinweg und verhielt sich hier eigentlich nicht anders als sein Vorgänger im

Müller-Arnold-Prozess. Deren Richter hatte er zu Beginn seiner Regierungszeit jedoch noch rehabilitiert.

Die Reaktion in der Berlinischen Monatsschrift auf dieses Edikt offenbart sich in zwei anonymen Aufsätzen, deren Titel für sich sprechen: „Fragments eines Gesprächs vom Maskentragen“ und „Über die Pflicht der Ergebung, in Zeiten wann die Wahrheit verfolgt wird.“[40] Natürlich hatten die Verschärfung der Zensur und der Kampf um die richtige Religion zu jener Zeit einen sehr aktuellen Hintergrund. Denn seit der Französischen Revolution rückte auch das Agieren der Aufklärer in ein anderes Licht und der Monarch wurde empfänglicher für die Einflüsse der Vertreter der Gegenaufklärung. Wenn auch die Ursachen für die Französische Revolution in der Willkür gesehen wurden, mit der Ludwig XVI. in seinem Land regierte, und nicht in der Staatsverfassung der Monarchie an sich, so blieb dennoch eine gewisse Verunsicherung. So wie Hermann von Boyen beurteilten wohl viele Beamte im Jahr 1789 die Situation: „Im Ganzen waren die Bewohner des preußischen Staates bey ihren wohlgeordneten Landes-Einrichtungen in einer behaglichen Lage und betrachteten mit sehr wenigen Ausnahmen diese Ereignisse nur als angenehme Gegenstände ihrer Neugier.“[41] Natürlich gab es gerade in der Schicht der Intellektuellen auch viele Bewunderer und Befürworter der Revolution.[42]

Für Friedrich Wilhelm II., der im dritten Regierungsjahr innenpolitisch genug zu tun hatte, stellten das ferne Frankreich und seine Revolution erst einmal keine direkte Bedrohung seiner Monarchie dar. Schließlich versuchte er ja, gerade durch Reformen die Lebensbedingungen seiner Untertanen zu verbessern. Vielleicht war er etwas irritiert darüber, wie einige Untertanen auf seine Bemühungen, die Religion zu schützen, reagierten. Sein Ziel war ein friedliches, harmonisches Zusammenleben aller Bewohner seines Landes. Jeder sollte in seinem Stand sein Auskommen haben und seinem Glauben entsprechend leben können. Ihm war durchaus bewusst, dass die öffentliche Meinung durch die Presse und die Bücher beeinflusst wurden. Daher trat er im Jahr 1791 für eine Verschärfung der Zensurbestimmungen gegen aufrührerische Schriften ein. Die Beamten des Generaldirektoriums, des Justizdepartements, des Kabinettsministeriums und „das gesamte Staatsministerium“ vertraten jedoch die Meinung: „es gäbe nicht die mindeste Spur oder Neigung zu einer pflichtwidrigen Empörung. Angesichts der wohleingerichteten Regierungs- und Verwaltungsanstalten sei von dem Exempel der in Aufruhr befangenen Völker nichts zu befürchten.“[43] Ob diese Argumentation den König überzeugte, bleibt zweifelhaft. Immerhin musste Nicolai 1793 seine Allgemeine Deutsche Bibliothek in Altona drucken, da er Schwierigkeiten mit der preußischen Zensur hatte. Im königlichem Schreiben vom 17. April 1794 hieß es, dass die Zeitschrift verboten sei, weil sie „als ein gefährliches Buch gegen die christliche Religion in Meinen Staaten …“ anzusehen sei. Auch die andere große Berliner Aufklärungszeitschrift, die Berlinische Monatsschrift, verlegte ihren Druckort ins Ausland. Doch in den anderen Staaten häuften sich in jener Zeit die Zeitschriftenverbote ebenfalls.[44]

Die Hinrichtung des französischen Königspaares und die Terrorherrschaft 1794 in Frankreich führten auch dem preußischen König vor Augen, wie schnell sich eine Gewaltherrschaft etablieren konnte. Friedrich Wilhelm wollte dem vorbeugen und dies schien ihm nur durch schärfere Zensurbestimmungen möglich zu sein. Die kurmärkische Kammer schrieb „in einem Gutachten zu den Zensurbestimmungen(, dass – B. M.) mit der Befürwortung einer ‚allgemeinen Preßfreiheit, wodurch Aufklärung im besten Sinne genommen, befördert, Aberglaube und Unterdrückung besiegt‘ werden“,[45] viel mehr erreicht werden würde. Hans Martin Sieg betont zu Recht, dass die altpreußischen Beamten doch eher für die Pressefreiheit waren als für eine Verschärfung des Zensurediktes, dessen Wirkung ohnehin zweifelhaft blieb. Christian Ludwig Paalzow erklärte schon 1780: „Es gibt viele Bücher, die uns Langeweile machen, aber ich kenne kein einziges, das wirklichen Schaden gethan hätte. Und lasset lesen und lasset tanzen. Diese beiden Ergözungen werden niemals der Welt Schaden thun.“[46]

Der König musste zu jener Zeit zur Kenntnis nehmen, dass das legitime Königspaar Frankreichs umgebracht wurde und viele Adlige auf dem Schafott starben. Urplötzlich schien die altständische Ordnung aus dem Gleichgewicht geraten zu sein. Als Vertreter einer monarchischen Staatsauffassung sah er hier sicherlich wirre Köpfe am Wirken, die sich von „umstürzlerischen Schriften“ aufhetzen ließen. Friedrich Wilhelm II. wollte seine Untertanen davor bewahren und somit seiner Schutzfunktion als Landesvater gerecht werden. Wie hieß es doch im Allgemeinen Landrecht, das 1794 Gesetzeskraft erhielt, so treffend: „Alle Rechte und Pflichten des Staates gegen seine Bürger und Schutzverwandten vereinigen sich in dem Oberhaupte desselben.“[47] Zu seinen Pflichten zählten ohne Frage das Wohl der Untertanen und der Schutz des rechten Glaubens.

Die Zensoren Hermes und Hillmer sorgten dann auch wirklich für eine strikte Einhaltung des Ediktes. Immanuel Kant, der Rektor der Königsberger Universität, hatte 1791 mit seiner Abhandlung „Über das Misslingen aller philosophischen Versuche in der Theodizee“, in der sich Wöllner, Hermes und Hiller als dogmatische Verfechter des Glaubens durchaus wiederfinden konnten, die besondere Aufmerksamkeit der Zensoren auf sich gezogen. Für 1792 plante er dann eine Serie, in der er über die natürliche Religion, den christlichen Glauben und die praktische Vernunft schreiben wollte. Während die Abhandlung „Über das radikal Böse in der menschlichen Vernunft“ 1792 noch in der Berlinischen Monatsschrift erscheinen konnte, wurde dem Beitrag „Von dem Kampf des guten Prinzips, mit dem Bösen, um die Herrschaft über den Menschen“ dann im April 1792 die Druckerlaubnis verwehrt. Biester, der Herausgeber der Berlinischen

Monatsschrift, war empört, dass Hermes und Hillmer darüber entschieden, wer Kant lesen dürfe und wer nicht. Kant holte sich dann die Druckerlaubnis von der Theologischen Fakultät in Königsberg und von der Fakultät der Universität Jena. So konnte zur Ostermesse 1793 seine Aufsatzsammlung „Die Religion innerhalb der Grenzen der bloßen Vernunft" außerhalb Preußens erscheinen.

Diese Religionsschrift ist ein Meilenstein der europäischen Aufklärung,[48] und es spricht natürlich nicht für Friedrich Wilhelm II., gerade die Werke dieses berühmten Aufklärers der Zensur von Hermes und Hillmer überlassen zu haben. Der König, dem Kant bei den Huldigungsfeierlichkeiten 1786 in Königsberg als Rektor der Universität vorgestellt worden war, schien den Philosophen durchaus zu schätzen. Er stimmte im Jahr 1789 der Aufnahme Kants als Mitglied der Königlichen Akademie der Wissenschaften zu und er erhöhte sein Gehalt. Doch Kants Versuch, die Religion innerhalb der Grenzen der bloßen Vernunft zu diskutieren, fand keine königliche Gnade. Nach Kant ist die „Heilige Schrift eben kein göttliches Dogma, dem man bedingungslos zu folgen hat. Sie ist ein Text, der an den Maßstäben der theoretischen und praktischen Vernunft gemessen werden kann."[49] Diese Ansichten widersprachen nicht nur dem Religionsedikt, sondern sie waren auch ihrer Zeit voraus. Religiöse Rituale wie Beten, Kirchgang, Opfern, Kasteien oder Wallfahrten standen auf dem Prüfstand – denn „Alles, was, außer dem guten Lebenswandel, der Mensch noch tun zu können vermeint, um Gott wohlgefällig zu werden, ist bloßer Religionswahn und Afterdienst Gottes."[50]

Für den gläubigen König mit einem Hang zur Spiritualität dürften diese Sätze, wenn er sie denn las, schwer verdaubar gewesen sein. So kann es auch nicht verwundern, dass er sich entschloss, den Philosophen in Königsberg in seine Schranken zu weisen. Am 1. Oktober. 1794 erging eine Kabinettsorder an Kant, die ihn 11 Tage später erreichte und von ihm verlangte, dass er sich der Herabwürdigung der christlichen Religion und der Lehren der Heiligen Schrift zu enthalten habe. Der 70-jährige Kant ließ sich jedoch auch von einem König nicht mehr einfach maßregeln. Er antwortete sehr sachlich argumentierend, dass er sich als Gelehrter allein der wissenschaftlichen Vernunft unterwerfe. Allerdings war Kant auch ein Realist und so hielt er sich mit weiteren Veröffentlichungen zum Thema Religion bis zum Tod Friedrich Wilhelms II. zurück.[51]

In der überlieferten Liste der Bücher der Gotischen Bibliothek fanden sich keine Werke Kants, was ja nicht bedeutet, dass der König sie nicht doch gelesen hat. Anderseits erschienen die Religionsschriften in der Zeit der außenpolitischen Turbulenzen und so bleibt die Frage, ob der König überhaupt die Muße hatte, sich in Kants Schriften hineinzulesen und hineinzudenken bzw. ob er dies angesichts der vermeintlichen Bedrohung des rechten Glaubens überhaupt noch wollte. Aus heutiger Sicht mag man darüber die Nase rümpfen, dass Friedrich Wilhelm II. das Genie Kants nicht erkannte und den Druck einiger Schriften verbot. Doch angesichts der damaligen Zeitereignisse hielt er Kants Religionsdiskussion natürlich für eine ernsthafte Bedrohung des rechten Glaubens, die seinen Untertanen nur schaden konnte.

Die jüdische Minderheit und der preußische Staat

Die Lebensbedingungen der jüdischen Minderheit hatten sich während der 46 Regierungsjahre Friedrichs II. im Allgemeinen verschlechtert, obwohl es einige wenige erfolgreiche jüdische Unternehmer in dieser Zeit zu großem Reichtum brachten. Friedrich II., dessen Staatsauffassung den Juden in seinem Land eine genau umschriebene Position zugestand, manifestierte diese unter anderem in dem Judenreglement von 1750 und in seinem Politischen Testament von 1752. Der Monarch bediente sich des jüdischen Kapitals, wenn es seinen wirtschaftlichen Interessen geraten schien und er duldete die Juden nur solange, wie sie dem Wohl des Staates seiner Meinung nach nicht schadeten. Für den französischen Politiker Mirabeau war das Judenreglement von 1750 ein „Gesetz würdig eines Kannibalen“ (loi digne d'un cannibale) und auch die Betroffenen selbst empfanden das Gesetz als eine Demütigung.

Als Friedrich 1740 den Thron bestieg, lebten in Berlin 203 jüdische Familien und insgesamt 1945 vergleitete Juden, d. h. Juden mit einem Schutzbrief.[52] Der Monarch ließ die preußische Judengesetzgebung dann von seinen Beamten 1747/48 überarbeiten. Für Einwände und Hinweise auf die wirtschaftlichen Folgen der geplanten Gesetzesänderungen seitens einiger weitblickender Beamter zeigte der Monarch vorerst kein Verständnis. „Das Revidierte General-Privilegium und Reglement der Judenschaft“ erhielt am 25. Mai 1750 mit der Unterschrift des Königs Gesetzeskraft und wurde unter den jüdischen Gemeinden des Landes verteilt.[53] Das Hauptziel dieses Gesetzes bestand in der Verringerung der jüdischen „Konkurrenz“ für die christlichen Untertanen. Der Anteil der Juden an der Zivilbevölkerung Berlins sank von 3,74 Prozent im Jahr 1765 auf 2,37 Prozent im Jahr 1799.[54] Jeder „Ordentliche Schutzjude“ durfte seinen Schutzbrief nur auf maximal zwei Kinder übertragen. Die „Außerordentlichen Schutzjuden“ hatten nur ein Bleiberecht auf Lebenszeit und konnten das Aufenthaltsrecht für ein einziges Kind beantragen, wenn sie ein gewisses Kapital nachwiesen. Die anderen Kinder mussten sehen, wo sie unterkamen. Sie durften keinen selbstständigen Hausstand gründen. Die unvergleiteten Juden wurden nur geduldet und konnten, da sie rechtlos waren, jederzeit ausgewiesen werden.[55]

In dem revidierten Generalprivileg der Judenschaft wurde auch ganz detailliert festgelegt, womit die Juden handeln durften und womit nicht. Neben ausgewählten Produkten, zu denen auch Tee, Kaffee, Schokolade und Tabak gehörten, erhielten sie für alte Kleider, alte oder gebrauchte Möbel, Haus- und Küchengeräte die Handelserlaubnis. Die Ausübung eines Handwerks war nur im Rahmen der jüdischen Gemeinde, quasi zur Selbstversorgung, zulässig. Natürlich waren sie von den Zünften ausgeschlossen und durften auch keinen Grund und Boden erwerben. Unter Vorbehalt garantierte Friedrich II. die Gültigkeit der bereits erteilten besonderen Konzessionen und Sonderrechte. Aber er fügte hinzu, dass „diejenigen Schutz-Juden, welche von Uns besondere Concession haben, in den Städten, worin sie vergleitet sind, oder wohnen, offene Läden und Buden zu halten, mithin ihre Waaren an dem Ort wo sie wohnen, oder auf öffentlichen Meßen und Jahr Märkten Stück- oder Ellen-Weiße zu verkaufen, soll solches zwar auch ferner erlaubet seyn; Sie müßen aber hinführo so wenig auf inländische Meßen und auf Jahr Märkten wie es sich bisher zum Nachtheil der Christen-Kaufleute verschiedentlich angemaßen …“[56] haben, den Handel dominieren. Die Juden sollten also möglichst nur mit Waren handeln, die nicht von christlichen Kaufleuten vertrieben wurden. Friedrich wollte die jüdische Konkurrenz minimieren.

Mit der Kabinettsorder vom 10. Mai 1752 wurde den jüdischen Händlern der Großhandel verboten, weil sie vom Monarchen für die wirtschaftliche Schwäche der christlichen Kaufleute und den mangelnden Absatz der heimischen Fabrikate verantwortlich gemacht wurden. Auch hier begnügte sich der König nicht mit der Anordnung des Verbots, sondern fügte diesem eine Drohung an: „Sollte sich sodann hervorthun, daß jemand aus der Judenschaft seinen Handel weiter extendiret, als solchen das Juden-Privilegium erlaubet, oder auch wider vorgedachte königliche Verordnung einen Seidenhandel en gros zum Schaden und Präjudiz der Kaufmannschaft und Landesfabriquen betreibe, so soll ein solcher Jude sofort seines Schutzprivilegii verlustig erkannt und dessen Schutzprivilegium cassiret, mithin keine neue Judenfamilie dagegen etabliret werden.“[57] Der Monarch war davon überzeugt, dass sich die Probleme der christlichen Kaufleute durch dieses Verbot lösen ließen. Andere Ursachen für das wenig erfolgreiche Agieren der christlichen Kaufleute zog er kaum in Erwägung. Die Herren des Generaldirektoriums, Viereck, Hoppe, Boden, Blumenthal und Fäsch, hatten es daher mit ihrer Argumentation für eine Verbesserung der wirtschaftlichen Bedingungen der Juden nicht leicht, bei Friedrich Gehör zu finden

Angesichts der bedrückenden Gesetzgebung und der willkürlichen Handlungen Friedrichs II. hofften die jüdischen Untertanen wie alle anderen Bewohner dieses Landes auch, dass sich ihre Lage unter der Regierung des neuen Königs nach 1786 verbessern würde. Immerhin gab es erste Anzeichen für ein verändertes Verhalten, als Friedrich Wilhelm II. der Familie des populären und allseits geachteten Philosophen und erfolgreichen Seidenunternehmers Moses Mendelssohn das Bleiberecht gewährte. Friedrich II. hatte das nur Moses Mendelssohn selbst zugestanden. Auch dieses außerordentliche Schutzpatent gewährte der Förderer der Aufklärung nicht gleich, sondern nur nachdem ein Akademiemitglied ihn von der Wichtigkeit dieser Entscheidung überzeugt hatte. Der Vertraute des Königs, d'Argens, setzte sich 1763 dafür ein, dass der als Angestellter eines Seidenunternehmers nur geduldete Moses Mendelssohn, der nun schon zwanzig Jahre in Berlin lebte, endlich ein eigenes Schutzprivileg erhielt. Dazu musste Moses Mendelssohn eine zweite Bittschrift an Friedrich II. richten und diese kommentierte der französische Gelehrte dann so: „Ein nicht sehr katholischer Philosoph, bittet einen nicht sehr protestantischen Philosophen, einem nicht sehr jüdischen Philosophen das Schutzprivilegium zu geben. Es ist so viel Philosophie dabay, daß es die Vernunft gewiß billigt.“ (Übersetzung von Nicolai)[58] Dieses außerordentliche Schutzpatent bekam Mendelssohn 1763, doch zur Absicherung seiner Kinder benötigte er das Generalschutzpatent. Angesichts seiner allgemein geachteten Leistungen als jüdischer Aufklärer und seiner Erfolge als Seidenunternehmer[59] bat er den König um dieses Patent. Friedrich, der schon die Wahl dieses Juden in die Königliche Akademie der Wissenschaften nicht bestätigte, hielt Mendelssohn nicht für würdig, dieses Generalschutzpatent zu erhalten. Als Fürsprecher für die Aufnahme Mendelssohns in die Akademie agierte damals übrigens Beguelin, der vertraute Lehrer Friedrich Wilhelms. Friedrich II. nahm dem allseits geachteten Lehrer und Wissenschaftler diese Initiative sehr übel und überging ihn bei der nächsten Beförderung. Erst nach dem Thronwechsel wurde Beguelin Direktor der philosophischen Klasse und er erhielt für sich und seine Nachkommen das Adelspatent sowie das Gut Lichterfelde als Belohnung für treue Dienste.[60]

Nach dem Tod ihres Mannes, Moses Mendelssohn starb am 4. Januar 1786, wagte Fromet nicht, Friedrich II. erneut um das Generalschutzpatent zu bitten. Erst nach dem Regierungswechsel ersuchte sie Friedrich Wilhelm II. um die Gnade, ihr und den sechs Kindern das Generalprivileg „mit den Rechten der Christen“ gebührenfrei zu verleihen. Am 21. März 1787 erhielt Fromet das Generalschutz- und Handlungsprivileg mit den Rechten christlicher Kaufleute,[61] und damit sicherte der neue König ihr und ihren Nachkommen nicht nur das Bleiberecht in Preußen, sondern insbesondere auch den Kindern eine wirtschaftliche Perspektive. Natürlich ist aus den Akten heute nicht mehr zu rekonstruieren, ob der König hier auf Anraten der ihm bekannten deutschen Aufklärer zustimmte, oder ob er selbst von den Leistungen Moses Mendelssohns, von denen in seinem Schreiben die Rede war, beeindruckt war. Vielleicht hielt er es auch nur für richtig, dass jemand, der sich so sehr um die Bildung der Juden und die religiöse Toleranz verdient gemacht hatte, wenigstens nach seinem Tod mit diesem Sonderprivileg geehrt wird. Andererseits werden Dohm, Ramler und von Zedlitz, sie waren ja mit Mendelssohn befreundet bzw. sehr gut bekannt, es auch nicht versäumt haben, dessen Leistungen hervorzuheben. Es ist doch bemerkenswert, dass der große Aufklärer Friedrich II. dem jüdischen Aufklärer Mendelssohn diese Ehre verweigerte, während der vermeintliche „Gegenaufklärer“ sie ihm wegen dessen Verdienste als Aufklärer zubilligte. Friedrich Wilhelm II. stellte auch eine Büste Moses Mendelssohns in seinem Ankleidezimmer im Berliner Schloss auf.[62]

Wie Fromet hatten viele Juden die Hoffnung, dass nun für sie eine neue Zeit anbrechen würde. Immerhin erging schon am 28. September 1786 eine Instruktion an das Generaldirektorium, die empfahl, den Umgang mit den Juden zu verbessern und „mit Nachdruck darauf zu halten, daß die ohnedem gedrückte jüdische Nation, soweit es möglich, soulagiret und von dem General-Fiscal nicht so gräulich gequälet werde.“[63] Wie bei anderen Reformprojekten auch, so ernannte Friedrich Wilhelm II. in diesem Fall am 6. Februar 1787 eine Kommission, die Vorschläge zur Verbesserung der Lage der Juden erarbeiten sollte. An dieser Diskussion beteiligten sich natürlich auch die Vertreter der jüdischen Gemeinden. Die Deputierten sämtlicher jüdischer Kolonien in den preußischen Staaten verfassten am 17. März 1787 ein Schreiben mit der Bitte: „alle diese Edicte und Reglements, namentlich das General Juden Reglement von 1750 als nicht gegeben anzusehen, bey der Beratschlagung über unsere Würdigkeit, und über die Mittel unserer Verbesserung, sie als nicht existierend zu betrachten, vielleicht findet eine hohe Commission als dann ratsam und notwendig, sie aufzuheben, für unbrauchbar und auf den zu verbessernden Zustand der Nation unanwendbar zu erklären, in welchem Fall wir von Ihrer Weisheit und Ihrem Edelmuth erwarten, daß Sie mit Zuziehung einiger redlicher Männer aus unserer Mitte, ein neues Reglement entwerfen, daß auf Grundsätzen der Menschenachtung und Duldung gegründet, dem Flor des Staats und den Talenten und Kräften der Colonien angemeßen ist.“[64]

Der Wunsch nach einem neuen Judenreglement, das die jüdische Minderheit nicht mehr in ihrer wirtschaftlichen und kulturellen Entwicklung radikal beschränkte, wie es das Reglement von 1750 tat, resultierte zu jener Zeit aus der Hoffnung, dass dieser humanistisch gesinnte König, der ja alle Religionen in seinem Land dulden wollte, auch den Juden Bedingungen zugestand, die es ihnen ermöglichten, dem Staat mehr von Nutzen sein zu können als es die bisherige Gesetzgebung mit ihren vielfältigen wirtschaftlichen Beschränkungen gestattete.

Schon wenige Monate später, am 12. Dezember 1787, wurde der für die Juden so lästige und demütigende Leibzoll gegen eine Entschädigung von 400 000 Talern aufgehoben. Nunmehr konnten sich die jüdischen Händler freier im Lande bewegen, da sie bei einem Ortswechsel nicht mehr ständig diesen Leibzoll entrichten mussten. Ähnlich diskriminierend wirkten die Zwangskäufe der Judenschaft von königlichem Porzellan für alle konzessionsbedürftigen Handlungen

(Eheschließungen, Gründung von Niederlassungen, Gewerbeeinrichtungen und Grundstückerwerbungen). Friedrich II. hatte diese Zwangspflicht 1769 eingeführt, um den Absatz des königlichen Porzellans zu heben. Die Juden sollten das erworbene Porzellan im Ausland verkaufen. Das gelang aber nicht, da die Qualität der Produkte der Konkurrenz der besseren ausländischen Waren nicht gewachsen war. Im Jahre 1788 wurde diese Zwangspflicht gegen eine Entschädigungssumme annulliert. Im gleichen Jahr wurde auch die Zwangspflicht der Lotteriepacht-Societät aufgehoben. 1792 erhielten die Juden dann die vollständige Freiheit bei der Ausübung ihrer Gottesdienste und 1796 wurde die solidarische Haftung für Steuern und Abgaben aufgehoben.[65] Diese einzelnen Maßnahmen erleichterten das Leben der Juden. Dennoch blieb ja das bedrückende Generalprivileg von 1750 im Wesentlichen wirksam und engte den wirtschaftlichen Entfaltungsspielraum der jüdischen Minderheit weiterhin ein

In dem Schreiben von Liepmann Meyer Wulff, David Friedländer und Isaak Daniel Itzig vom 21. Mai 1787 plädierten diese jüdischen Deputierten daher für weitere Reformen. Wörtlich schrieben sie: „Die Juden heißt es, besitzen zwey der wesentlichsten Eigenschaften eines Kaufmanns, Klugheit und Muth in einem hohen Grade. Nimmt man dazu ihren Fleiß, ihre Sparsamkeit und die Verbindungen, in welche sie mit den ausländischen Kaufleuthen besonders mit den pohlnischen Juden zu treten verstehen, die angeblich den größten Theil von Preußens Zwischenhandel in Händen haben, so ist es ablesbar, daß sie sich in kurzer Zeit des ganzen Handels bemächtigen würden und niemand neben ihnen bestehen könnte.“[66] Mit diesen angeblichen Wahrheiten setzten sich die drei jüdischen Vertreter auseinander, um zu fragen, ob es dem Staat nicht nutzen würde, wenn der Handel florierte. Was spräche dagegen, den Juden die gleichen Handelsfreiheiten zu gewähren wie den christlichen Kaufleuten? Der Staat hätte mehr Einnahmen. „… was geht ihm (den Staat – B. M.) die uneingeschränkte Denkungsart des einzelnen an? Er hat auch die Seinigen, die anbey allen Gelegenheiten seines besonderen Schutzes, seiner besonderen Aufmerksamkeit würdig hält und dies sind seine tugendhaftesten, thätigsten, klügsten und fleißigsten Untertanen. Auch die Erfahrung widerlegt das Vorgehen. Als würde kein christlicher Kaufmann bestehen können, wenn die jüdische volle Freiheit des Handels genössen.“[67] Noch während die Juden der Kommission zuarbeiteten, erschien das neue Pfand- und Leihreglement im Druck und „wirft neue Schatten auf das ohnehin traurige Gemählde der National Verfassung.“[68] Das Reglement enthielt sehr drastische Strafen für die jüdischen Pfandverleiher bei Vergehen gegen das geltende Recht. Diese Strafen empfanden die drei Vertreter der Juden als entwürdigend und diskriminierend.

Der Wille Friedrich Wilhelms II., die Lebensbedingungen seiner jüdischen Untertanen zu verbessern, korrelierte mit den Vorurteilen vieler Beamter und der Mehrheit seiner christlichen Untertanen, die den wirtschaftlichen Aufschwung der Juden zum Beispiel in Berlin, Frankfurt an der Oder und Breslau mit Missgunst betrachteten. So zog sich auch die Arbeit der Kommission erheblich in die Länge. Erst 1790 verfasste sie ihren Abschlussbericht. Die Beamten plädierten für eine Milderung der solidarischen Haftung, eine Ausweitung der Erwerbsmöglichkeiten und eine rechtliche Besserstellung im Staat sowie für eine bessere Schulbildung. Im Prinzip gingen die Vorschläge dieser Reformkommission über die „Erziehungsemanzipation" Dohms und seiner 1781 gemachten Vorschläge „Zur bürgerlichen Verbesserung der Juden" nicht hinaus. Während Dohm forderte, den Juden alle Berufe zu öffnen, sahen die Vorschläge der Kommission nur eine kleine Erweiterung des Berufsspektrums vor. Neu war jetzt jedoch, dass der König von seinen Ministern verlangte, dass sie ein neues Edikt erarbeiten sollten, das die rechtliche, ökonomische und soziale Situation der Juden zeitgemäß verbessern sollte. Doch das Generaldirektorium verschleppte diese Aufgabe, da es kein Interesse an dieser Reform hatte.[69]

Am 9. März 1790 wandten sich die Generaldeputierten der sämtlichen Judenschaft, David Friedländer und Isaak Daniel Itzig, erneut an Friedrich Wilhelm II.: „Euer Königliche Majestät haben seit dem Tagen Ihrer glorreichen Thronbesteigung mehrere Mahlen allerhöchst Dero Jüdische Unterthanen Ihres besonderen Schutzes zu versichern geruhet." Und daher baten sie ihn, dass er ihnen „in diesem Zeitpunkt, der unser und unserer Nachkommen Schutzfall auf ewig entscheiden soll, allerhöchst Dero Vaterhand uns nicht zu entziehen, damit wir in den Stand gesetzt werden, durch die treueste Erfüllung aller Pflichten, mit Allerhöchst Dero anderen Untertanen zu wetteifern."[70] Sie überreichten ein neun Seiten langes Schreiben, in dem sie sich gegen die gängigen Vorurteile wandten und für die „angekündigten" Reformen warben. Der König musste mehrmals mahnende Briefe an das Generaldirektorium schicken, bis seiner Weisung, nun endlich das neue Edikt vorzulegen, Folge geleistet wurde. Auch hier zeigt sich wieder, wie die Bürokratie unliebsame Reformen einfach blockierte und den Unmut des Königs in Kauf nahm. Die Minister trauten ihm keine radikale Bestrafung ihrer Verzögerungstaktik zu. Als am 16. Mai 1792 nun endlich das neue Reglement vorlag und Friedrich Wilhelm dieses in Kraft setzen wollte, rieten ihm seine Minister, damit bis nach der militärischen Operation gegen Frankreich zu warten. Zu diesem Zeitpunkt ahnte man am preußischen Hof noch nicht, wie lange der König fortan an den verschiedenen Kriegsschauplätzen weilen würde.

Als Friedrich Wilhelm im Jahr 1795 nach dem Friedensschluss von Basel wieder etwas mehr Muße für Reformprojekte hatte, fehlten dem jetzt kranken und von den Auseinandersetzungen mit seinen Ministern auch ermüdeten König die Kraft und der Durchsetzungswille, um das einmal begonnene Werk nun zu vollenden. Auch die leeren Kassen sorgten für Bedenken, durch eine wirtschaftliche und gesellschaftliche Gleichstellung der Juden auf altbewährte Einnahmen zu verzichten. So bezeugte der König vorerst einzelnen jüdischen Familien seine Anerkennung, indem er zum Beispiel dem erfolgreichen und sehr reichen Unternehmer Daniel Itzig 1791 das Neutralitätspatent verlieh oder 1795 weitere jüdische Familien damit auszeichnete. Die Juden der neu erworbenen Provinzen erhielten am 17. April 1797 das „Generaljudenreglement für Süd- und Neuostpreußen“, das ihnen zwar die freie Religionsausübung sicherte und ihnen auch gestattete, Grundstücke zu erwerben und Häuser zu bauen, aber ansonsten den Bestimmungen des alten Reglements glich.[71]

Während der König versuchte, die politisch-rechtlichen Rahmenbedingungen für das Leben der Juden in seinem Land etwas zu verändern, trug die jüdische Aufklärung auch dazu bei, dass sich das Zusammenleben der jüdischen Minderheit und der christlichen Mehrheit der Bevölkerung verbesserte. „Die jüdische Nation sollte sich auf der Basis ihrer Vernunftreligion, die die traditionelle jüdische Lebensweise durchaus ermöglichte, wie Mendelssohn zeigte, zu moralisch hochstehenden Bürgern und guten Untertanen entwickeln und dem Staat nützlich sein. Sie sollten sich in ihrer Sprache der Allgemeingesellschaft anpassen, weshalb Mendelssohn gegen den Widerstand zahlreicher orthodoxer Rabbiner eine deutsche Bibelübersetzung schuf. Der Akt der Taufe erübrigte sich, da ja das Judentum als Vernunftreligion mit seiner gereinigten Moral dem Christentum nicht nachstand.“[72] Für viele erfolgreiche jüdische Unternehmer und Intellektuelle gestaltete sich das alltägliche Leben während der Regierungsjahre dieses Königs durchaus freier und unbeschwerter. Sie fühlten sich beachtet und mit ihren Problemen ernst genommen. Die oben ausgewählten Zitate der jüdischen Deputierten offenbaren dies ebenso wie ihr Bewusstsein und ihre Überzeugung, ihrerseits etwas für das Staatswohl und die Nation tun zu wollen. Gerade die jüngere Generation, die Söhne der reichen Kaufleute und Unternehmer der ersten Hälfte des 18. Jahrhunderts, die Hirschs, Itzigs, Wulffs, Bernhards, Mendelssohns, Isaak Moses oder Ephraims, die ja von den guten Beziehungen ihrer Eltern zur preußischen Bürokratie profitierten, vertraten nunmehr selbstbewusst ihre Interessen und pochten auch auf ihre Rechte.[73]

Doch alle Reformbemühungen und Emanzipationsbestrebungen können nicht darüber hinwegtäuschen, dass diese Prozesse sowohl auf jüdischer wie auf christlicher Seite lediglich eine kleine Elite tangierten. „Die Juden auf dem Land und wohl auch die jüdischen Unterschichten in den Städten lebten weiterhin orthodox-konservativ in ihren Gemeinden und beachteten streng die religiösen Gebote, soweit es die sozialen und politischen Veränderungen zuließen.“[74] Dementsprechend baute auch die Mehrheit der christlichen Nachbarn ihre tradierten Vorurteile den Juden gegenüber kaum ab. Das war dem König nicht unbekannt und dennoch wollte er mit seinen Maßnahmen bewusst Zeichen der Toleranz setzen, da für ihn die jüdischen Untertanen ebenso das Recht hatten, ihren Glauben zu leben wie die anderen Religionen. Eine staatsbürgerliche Gleichstellung der Juden, wie sie das Emanzipationsgesetz vom 11. März 1812 dann wenigstens auf wirtschaftlichem Gebiet garantierte,[75] hätte während der Regierung Friedrich Wilhelms II. allerdings keine reale Chance zur Umsetzung gehabt, da es dafür weder in der Bürokratie noch in der Gesellschaft einen Konsens gab und es dem König selbst an Reputation mangelte, um ein solch heikles Gesetz allein durchzukämpfen. Nicht die Willensschwäche verhinderte auch auf diesem Gebiet radikale Reformen, sondern eher die Einsicht in die Komplexität der Prozesse, die Geduld und Feingefühl erforderten, um sowohl die christlichen Untertanen als auch die Bürokratie von einer Gleichstellung der jüdischen Minderheit mit den Christen zu überzeugen. Die dafür erforderliche Zeit hatte dieser König nicht.

Kultur im Wandel der Epoche

Architektur

Schon in seiner Kronprinzenzeit hatte sich Friedrich Wilhelm intensiv mit Kunst und Architektur beschäftigt. Gemeinsam mit Wilhelmine Encke/Ritz studierte er die zeitgenössischen Werke bedeutender Architekten, wie unter anderem der Ausbau des Charlottenburger Anwesens der Lebensgefährtin zu einem Palais zeigte. Wilhelmine beschaffte aktuelle Werke zur Architekturtheorie und Kupferstiche, die sie gemeinsam durchsahen. Aber auch Fachleute wurden zurate gezogen.[76] Dieses künstlerische Interesse gehörte ganz selbstverständlich zum höfischen Alltag. Die Höfe der Geschwister Friedrichs II. und insbesondere die seiner Brüder Heinrich in Rheinsberg oder Ferdinand, der das Schloss Bellevue 1785 bauen ließ, bezeugen dies sehr anschaulich. In der Kronprinzenzeit nahm Friedrich Wilhelm jedoch nicht nur aktiven Anteil an den künstlerischen Diskussionen der königlichen Familie, sondern auf seinen wenigen Reisen überzeugte er sich auch selbst vom aktuellen Trend auf diesen Gebieten. Besonders inspirierten ihn die Bauten und Parkanlagen des Fürsten Leopold Friedrich Franz von Anhalt-Dessau (1740–1817) und dessen noch heute berühmter Wörlitzer Park. Schon 1783 und 1784 konnte er sich am Dessauer Hof selbst ein Bild vom „neuen Stil des englischen Landschaftsgartens mit seinen klassizistischen und neugotischen Architekturen“ machen.[77] Die gegenseitigen Besuche zwischen dem König und dem Fürsten von Anhalt-Dessau bezeugen ebenso wie die „Abwerbung“ bekannter Dessauer Architekten und Gärtner die freundschaftlichen Beziehungen dieser beiden Fürsten. Die neuen Ideen und auch die technischen Errungenschaften des Wörlitzer Schlosses, die schon der Prinz Ferdinand beim Bau von Bellevue 1785 als Vorbild nahm, fanden mit dem Wirken von Friedrich Wilhelm von Erdmannsdorff (1736–1800) und Johann August von Eyserbeck (1762–1801) in Berlin und Potsdam Eingang in die Architektur und Landschaftsgestaltung der preußischen Residenzlandschaft. Eyserbeck erhielt die Stelle eines Hofgärtners in Charlottenburg und Erdmannsdorff arbeitete als freier Architekt von 1786 bis 1789 in Preußen.[78] Dieser Ortswechsel der Dessauer Spezialisten erfolgte einvernehmlich.

Der Dessauer Fürst besuchte Friedrich Wilhelm II. im Oktober 1786 in Sanssouci und vermutlich wurde u. a. auch über die Neugestaltung des verwahrlosten Schlaf- und Arbeitszimmers Friedrichs II. gesprochen. Der Philosoph auf dem Thron hatte in den letzten Lebensjahren kaum noch Wert auf sein Äußeres und das seines Schlaf- und Arbeitszimmers gelegt, in dem auch seine Hunde lebten. Der natürliche Verschleiß der Wände und der Einrichtung wurden durch die hundespezifischen Abnutzungserscheinungen noch verstärkt, so dass der Zustand des Raumes alles andere als sehenswert oder für die Nachwelt bewahrenswert war. Schon aus diesem Grund musste der neue König an eine Renovierung denken. Andernfalls hätte man ihm wohl unterstellt, dass er seinen Vorgänger diffamieren wollte. So erhielt Erdmannsdorff den Auftrag, das Schlaf- und Arbeitszimmer Friedrichs II. neu zu gestalten. Natürlich wurde Friedrich Wilhelm II. später Pietätlosigkeit vorgeworfen, da er den Raum nicht nur renovieren, sondern bis auf den Kamin alles im neuen Stil einrichten ließ. Für seinen Nachruhm hatte Friedrich II. ohnehin allein gesorgt, und warum sollte ihm sein ungeliebter Neffe nun noch das Fritzische Refugium als Museum erhalten? Diese Art von Gedenken entsprach auch nicht der Zeit. Außerdem verbrachte der neue König die ersten Sommer in diesem Schloss, und wer will es ihm verdenken, dass er dort nicht auf Schritt und Tritt an seinen Vorgänger erinnert werden wollte.[79]

Friedrich Wilhelm II. beschritt auf dem Gebiet der Architektur und der Kunst selbstbewusst und zielstrebig eigene Wege. Hier kamen ihm auch seine wenigen Reisen und die Kontakte zu anderen Fürstenhöfen sehr zugute. Ein Anknüpfen an die Tradition seines Onkels und das Rokoko verbot sich von selbst, denn Friedrich hatte auf diesem Gebiet in den letzten Jahrzehnten seiner Regentschaft kaum Neuerungen zur Kenntnis genommen. Erdmannsdoff fasste seinen Eindruck von der Architektur Friedrichs II. in einem Brief an den Fürsten von Dessau 1788 in folgende Worte: „Alles was hier im Fach des Bauwesens seit Knobelsdorffs Zeiten für so viele Millionen gemacht worden ist, kommt einem, wenn mans genau betrachtet, so vor, als wenn’s nur Brouillon (Entwurf – B. M.) der Sache wäre, die es hätte werden können.“[80] Das Auge des Architekten hatte sich bereits an das Neue seiner Zeit gewöhnt und erklärt so vielleicht diese Sichtweise auf die Berlin-Potsdamer Residenzlandschaft. Außerdem kam Erdmannsdorff nicht ganz freiwillig nach Preußen. Das steifere und intrigantere Hofleben in Berlin/Potsdam behagte ihm nicht. Am Dessauer Hof herrschte längst eine liberalere Atmosphäre im Umgang miteinander. Die Achtung, die Fürst Franz als treu sorgender Landesvater im Lande genoss, und die Überschaubarkeit des Hofes bewirkten in Dessau freiere Umgangsformen und Verhaltensweisen. Auch Friedrich Wilhelm II. genoss die dortige Aufgeschlossenheit und weilte gern am Dessauer Hof. Da der Gastgeber ebenfalls mit einer Frau zur Linken verheiratet war – und diese war nicht einmal standesgemäß, da es sich um die Gärtnerstochter Luise Schoch handelte –, konnte der König dorthin ganz selbstverständlich auch seine Frau zur Linken, Julie von Voß, und natürlich in den Jahren als Kronprinz schon seine geliebte Wilhelmine mitnehmen.[81] Anhalt-Dessau wirkte also in vieler Hinsicht inspirierend auf den Monarchen.

Während jedoch mentale Veränderungen eine längere Inkubationszeit benötigten und Friedrich Wilhelms Stellung am preußischen Hof nicht mit der des Fürsten Franz verglichen werden kann, konnte er mit seinen architektonischen Prämissen gleich neue Akzente setzen. Christoph Martin Vogtherr betonte zu Recht, dass der Blick der Nachwelt auf die Schinkelepoche die Leistungen Friedrich Wilhelms II. lange Zeit verstellte. Doch schon Friedrich Nicolai fasste 1793 diese Leistungen in folgende Worte: „K.(önig) Friedrich Wilhelm hat seit dem Antritt seiner Regierung noch stärkere Summen zum bauen in Berlin aufgewendet, als K.(önig) Friedrich II. Er hat viele neue Häuser bauen lassen, und mit Königl. Milde verschenkt. Verschiedene neue Tore, besonders das neue prächtige Brandenburger Tor, der erwähnte Theil der Stadtmauer, und zwey steinerne Brücken wurden unter seiner Regierung gebauet.“[82]

Friedrich II. hatte in Potsdam residiert und regiert. Sein Nachfolger Friedrich Wilhelm II. verlegte das politische und repräsentative Zentrum des Landes bewusst wieder nach Berlin und begründete damit den Hauptstadtcharakter Berlins zur Freude der Künstler, Gewerbetreibenden und Unternehmer neu. Das Berliner Schloss wurde wieder zum eigentlichen Machtzentrum. Friedrich Wilhelm von Erdmannsdorff, Gottfried Schadow, Carl von Gontard (1731–1791), Carl Gotthard Langhans (1732–1808) und Carl Ludwig Bauer (1750–1808) schufen die Königskammern für Friedrich Wilhelm und die Königinkammern für seine Gemahlin Friederike Luise. Das königliche Appartement, „das sich sowohl im Stil als auch in seiner künstlerischen Qualität mit keiner anderen zeitgenössischen Raumausstattung in Deutschland vergleichen lässt“[83], verdeutlicht den Anspruch des neuen Königs an eine zeitgemäße Wohnqualität, die er so lange Zeit entbehren musste.

Die von Erdmannsdorff geschaffene Bibliothek vereinte des Königs private Bibliothek und die seines Vaters mit den Beständen, die sich im Schloss befanden. Erdmannsdorf hatte die fast fünf Meter hohen verglasten Ädikulen entworfen, in denen ca. 3500 Bände untergebracht wurden. Geschmückt wurde der mit Mahagonifurnier getäfelte Raum mit antiken Büsten und ägyptischen Basaltidolen. Um die oberen Buchreihen erreichen zu können, konnte sich der König einer modern anmutenden Leiter bedienen, die, wenn sie zusammengeklappt war, ein Mahagonitischchen ergab. Die Kronprinzessin Luise und die Herzogin von Cumberland verehrten dem König jeweils eine Stickerei, die die beiden Lehnstühle aus Mahagoni zierten. Neben den Musen zählte die kunstvolle Stickerei zu den zeitgemäßen Beschäftigungen der weiblichen Mitglieder des Hofes. Gern wurde mit einer Stickerei nicht nur ein besonderer Gunstbeweis erbracht, sondern auch das Können der Damen zur Schau gestellt.[84] Im Berliner Schloss bewohnte der König 29 Zimmer, Säle und Kammern, die sich im linken Flügel befanden.[85]

Friedrich Wilhelms II. baulichen Aktivitäten verbesserten nicht nur die eigene Lebensqualität, sondern sie dienten gerade in Berlin der Beherbergung wichtiger neuer und bereits vorhandener Institutionen, die den Ruf Berlins als Hauptstadt weit über die Stadtgrenzen hinaustrugen. Als Beispiele seien hier die Akademie der Künste und mechanischen Wissenschaften, die Vorbereitung der Gründung der Bauakademie, die Königliche Akademie der Wissenschaften zu Berlin, die Medizinisch-Chirurgische Unterrichtsanstalt und die Tierarzneischule erwähnt. Jede dieser Institutionen erhielt während der Regierungszeit Friedrich Wilhelms wichtige Impulse, die ihre weitere Entwicklung nach 1797 wesentlich förderten. Es ist doch kein Zufall, dass der vielseitig begabte Anton Friedrich von Heinitz, der seit 1777 in preußischen Diensten war, erst unter Friedrich Wilhelm die Gelegenheit erhielt, die schon 1696 gegründete Akademie der Künste und mechanischen Wissenschaften grundlegend zu reformieren, so dass sie die zeitgemäßen Aufgaben nun auch wirklich erfüllen konnte. Die Akademie entwickelte sich zu einem „leistungsfähigen Ausbildungsinstitut und einem Forum für die entstehende bürgerliche Kunstöffentlichkeit".[86] Der König öffnete seine Depots und somit konnten die Akademiemitglieder und ihre Schüler die königliche Kunstsammlung besichtigen und für ihre Arbeit nutzen. Die Akademie organisierte regelmäßig öffentliche Kunstausstellungen und sie baute eine Vorbildersammlung auf, die für die Schüler von großer Bedeutung wurde. Auch die Sicherung des Urheberrechts stellte ein Novum dar. Die Zeichenschule für Kunsthandwerker und eine fundierte Architektenausbildung gehörten ebenfalls fortan zur reformierten Akademie. Auf dieser Grundlage entwickelte sich die Berliner Kunstszene rasant und sorgte schon bald international für Furore.

Hinter dieser Erfolgsgeschichte standen als Initiator der agile und vielseitige Heinitz und Friedrich Wilhelm II., dessen Kunstinteresse auch die deutschen

Werke zu schätzen wusste und dessen Weitblick der Minister seinen Handlungsspielraum verdankte. Heinitz bewarb sich 1786 um die Stelle des Kurators der Akademie der Künste und erhielt diese Funktion. Um eine hochwertige Arbeit leisten und für einen niveauvollen künstlerischen Nachwuchs sorgen zu können, bedurfte die Akademie jedoch nicht nur guter, in die Zukunft weisender Ideen, sondern auch des nötigen Geldes. Heinitz verschaffte der Akademie regelmäßige Einkünfte aus der Bergwerkskasse, insbesondere von der staatlichen Königlich-Preußischen Porzellanmanufaktur (KPM), und als Gegenleistung bildete fortan die Akademie die Künstler der KPM unentgeltlich aus.[87]

Neben der soliden Ausbildung von Künstlern und Kunsthandwerkern sorgte die Akademie gerade als Kommunikationsforum für einen bemerkenswerten künstlerischen Aufschwung. Denn die regelmäßigen Kunstausstellungen förderten den Diskurs unter den Künstlern und etablierten die Kunstkritik, von der alle Beteiligten profitierten. Nicht nur die Malerei und die Skulpturen fanden in den Ausstellungen ein interessiertes Publikum, sondern zunehmend auch die Architektur. Langhans' Modell des Brandenburger Tores sorgte in der Kunstausstellung des Jahres 1789 für großes Aufsehen, ebenso wie seine Modelle des Marienkirchturms und der Tierarzneischule. Die Produktivität dieser Ausstellungen basierte jedoch nicht nur auf der aus der Besichtigung resultierenden Diskussion, sondern auch auf der künstlerischen Begleitung der Bauvorhaben und dem Gedankenaustausch. Das beste Beispiel hierfür ist die Entstehungsgeschichte des Brandenburger Tores. „Über den Bauschmuck des Tores bestimmte sie (die Akademie – B. M.) als künstlerisches Entscheidungsgremium. Während einer Versammlung auf dem Pariser Platz legte die Akademie im Jahr 1789 anhand von gemalten Pferden Edward Francis Cunninghams (1741/42–1793) die Größe von Schadows Quadriga fest. Und zwei Jahre später beurteilte sie Rodes (1725–1797) Entwürfe für die Reliefs am Tor. Bei dieser Gelegenheit schlug Heinitz vor, dass Rode seine Entwürfe für die Reliefserie der Herkulestaten anhand antiker Gemmen überarbeiten sollte."[88] Heinitz zweifelte zu jener Zeit noch an den Fähigkeiten der Künstler, die Gestaltung des Tores in der Tradition der griechischen Antike auszuführen. Wer kannte den Ausbildungsstand der heimischen Künstler besser als Heinitz? Durch gemeinsame Kraftanstrengungen wurde das Brandenburger Tor dann das Symbol einer neuen Zeit in der Architektur der Hauptstadt Berlin. „Das Brandenburger Tor ist in seiner Form ein direkter Rückgriff auf die Athener Propyläen und damit ein besonders augenfälliges Beispiel für die normsetzende Kraft der Antike, aber auch für deren Funktion als Reservoir künstlerischer Formen und Kenntnisse."[89] „Die Propyläen (Säulenvorhalle, Eingang – B. M.) waren im letzten Drittel des 18. Jahrhunderts zu einer allgemein verständlichen Metapher für eine ‚höhere Sphäre' (der Gesinnung, der Gesittung, des Geschmacks) geworden …"[90]

Nur wenige Künstler konnten sich direkt vor Ort in Griechenland oder Italien inspirieren lassen. Für alle anderen sann man nach Wegen, ihnen in der Ausbildung vorbildliche Kunstwerke zugänglich zu machen. Dies war durchaus ein europäisches Problem. In Berlin entschloss man sich dann schon 1786, die königlichen Bildersammlungen in Berlin und Potsdam der Akademie zu unterstellen und sie so für die Ausbildung nutzbar zu machen. Heinitz führte die spürbare Verbesserung der Qualität der Akademieausbildung schon 1788 auf diese Möglichkeit des anschaulichen Unterrichts zurück. Das Anliegen der anschaulichen Ausbildung der Künstler lag auch dem letzten Projekt des Königs zugrunde.

Italien zählte zu jenen Reiseländern, die nicht nur Friedrich Wilhelm II. zeit seines Lebens gern besucht hätte. Seine Sehnsucht nach Italien wurde sicherlich durch die Erlebnisberichte seines Freundes, des Fürsten Franz von Anhalt-Dessau, weiter geschürt, der sich die Freiheit nahm und mit seinem Architekten Erdmannsdorff 1765 dorthin reiste. Angesichts dieser Erlebnisberichte und der beeindruckenden Bilder des Archäologen Winckelmann spielte der schwerkranke Friedrich Wilhelm um 1795 mit dem Gedanken, abzudanken und im milden Klima Italiens wieder neue Kräfte zu tanken.[91] Doch die kluge Wilhelmine Ritz hielt ihn von der Entscheidung ab, da sie mit Recht fürchtete, dass der König dies sicherlich in Italien bereuen bzw. dass er gesundheitlich die Strapazen der Reise nicht mehr verkraften würde. Und so blieb dem König nur die lebhafte Anteilnahme an der Reise seiner Lebensgefährtin. Nach langem Zaudern hatte er Wilhelmine 1795 endlich eine Kur in den Bädern von Pisa zugestanden, da ihre Gesundheit arg angegriffen war.

Am 13. Mai 1795 begab sich Wilhelmine in Begleitung des italienisch sprechenden Hofpoeten Filistri, ihres Sekretärs Steinberg und ihrer Gesellschafterin Chappuis sowie der erforderlichen Dienerschaft auf den Weg nach Italien. Unterwegs lernte sie Prag, Wien, St. Pölten, Linz, Salzburg und Zürich kennen. In Zürich traf sie den berühmten Theologen und Physiognomen Johann Caspar Lavater und beauftragte ihn, nach Kunstwerken, die Friedrich Wilhelm erwerben wollte, Ausschau zu halten.[92] Lavaters Werk „Physiognomische Fragmente zur Beförderung der Menschenkenntnis und Menschliebe" erregte allgemein Aufsehen in der Gelehrtenwelt, weil er eine Beziehung herstellte zwischen dem Äußeren eines Menschen und seinem Inneren. Darüber hinaus erwarb er sich unter den Intellektellen seiner Zeit eine gewisse internationale Beachtung, als er den berühmten Popularphilosophen Moses Mendelssohn zur Konvertierung zum christlichen Glauben aufforderte. Mendelssohn brachte er damit in eine heikle Lage, da dieser nun öffentlich seine Vernunftreligion begründen und seine Religionstreue beweisen musste. Die europäische „Gelehrtenrepublik" nahm in dieser auch politisch brisanten Auseinandersetzung für den Juden Partei. Offenbar fand Friedrich Wilhelm II. Gefallen an diesem Theologen und seinen Schriften, von denen sich etliche in seinen Bibliotheksbeständen fanden.[93]

Auf ihrer Weiterreise lernte Wilhelmine die angesagten Kulturstätten Italiens kennen. Ihre Eindrücke und Erlebnisse schilderte sie dem König, der stets um das Wohlergehen seiner Freundin besorgt war. Wie sehr er sich mit der Materie beschäftigt hatte, zeigen seine Briefe an Wilhelmine, die genaue Anweisungen enthalten, was sie tun und lassen sollte. Am 7. Dezember 1795 schrieb er: „… was werden Sie erst in Rom fühlen wen Sie diese Hauptstadt der alten Weltbezwinger … sehn; … werden Sie mir nur nicht krank von der gar zu starken motion …, halten Sie sich nur nicht in gräber unterirdische genge … auf/ ich kenne ihren Gusto/ das laßen Sie nur bleiben/ es kann Ihnen viel schaden thun wegen der übelen Luft; wan Sie nach Neapel komen werden so nehmen Sie sich für der Königin (Maria Karolina, eine Habsburgerin – B. M.) in acht die alles hast was Preusisch ist, und sein Sie nicht so dreist auf dem Vesuvius und laufen nicht da zu viel herum … und komen Sie denen Öfnungen nicht zu nahe wo der beständige rauch und auch das feuer heraus kömt; ich bin von dem Schutz Gotlob genug überzeugt der Ihnen umgiebet man muss aber kein waagehals seindt …“[94] Außer um die Gesundheit Wilhelmines sorgte sich der König besonders um ihre gute Aufnahme bei den Herrschaften vor Ort und gab ihr entsprechende Verhaltensregeln. Da er ja selbst nie sehr weit in der Welt herumgekommen war, bezog er diese Spezialkenntnisse u. a. aus der üblichen Kommunikation bei Hofe, wo er mit Gesandten sprach oder aus der Korrespondenz mit anderen Fürsten. Im Falle der Königin von Neapel musste er jedoch nur seine Kenntnisse der zeitgenössischen Herrscherkunde bemühen. Die Königin von Neapel war eine österreichische Erbherzogin, die Ferdinand IV., König von Neapel, geheiratet hatte. Sie dürfte die antipreußische Haltung sozusagen mit der Muttermilch aufgesogen haben.

Der Briefwechsel zwischen Wilhelmine und Friedrich Wilhelm zeugt außerdem von den soliden Kenntnissen, die Friedrich Wilhelm sich über Italien und dessen Kunstschätze erworben hatte und die er seiner Freundin weitergegeben hatte, wofür diese ihm dankbar war.[95] Auf dieser Italienreise 1795/96 hatte Wilhelmine ja nicht nur die berühmten Stätten antiker Kultur besichtigt, sondern sie sollte auch Kunstwerke gezielt erwerben und Kontakte herstellen. Eine Liste der gekauften bzw. in Auftrag gegebenen Kunstwerke, Möbel, Vasen und anderer Sachen findet sich in den Vernehmungsprotokollen der von Friedrich Wilhelm III. initiierten Untersuchungskommission, die die Vergehen der Gräfin Lichtenau nachweisen sollte. Evelyn Zimmermann stellte für ihren Aufsatz einige Bestellungen zusammen, die einen Eindruck von dem Umfang und den Interessen des königlichen Kunstsammlers und seiner Freundin vermitteln.[96] Nicht mehr alle erworbenen Kunstwerke konnte der König noch selbst in Augenschein nehmen. Die nach seinem Tod eingetroffenen italienischen Erzeugnisse kamen auf Befehl Friedrich Wilhelms III. zu den Beständen der Akademie der Künste.[97]

In Rom lernte Wilhelmine den Archäologen Aloys Ludwig Hirt kennen und überredete ihn zu einem Aufenthalt in Berlin. Wilhelmine hatte den König davon überzeugt, Hirt als Hofmeister für den Prinzen Wilhelm (1783–1851) anzustellen. Gleichzeitig wurde er Mitglied der Akademie der Künste.[98] Hirt unterbreitete 1797 dem König den Vorschlag, ein Kunstmuseum zu errichten: „in einem schlichten, palladianischen Gebäude auf dem Grundstück der heutigen Neuen Wache – an zentraler Stelle der Hauptstadt – sollten die Antiken und die besten Gemälde der königlichen Kunstsammlung in kleinen, durch helles, hohes Seitenlicht beleuchteten Räumen für das genaue Studium der Künstler und des Publikums bereitstehen. Mit diesem von der Gräfin Lichtenau unterstützten Plan rückte Berlin in den Kreis der Städte auf, denen für die Entwicklung der neuen Institution des öffentlichen Kunstmuseums entscheidende Bedeutung zukam.“[99] Der schon todkranke König begeisterte sich für Hirts Plan. „Endlich haben des Höchstseligen Königs Majestät noch ganz kürzlich durch den Hofrath Hirt der Academie zu erkennen gegeben: daß Höchstdieselben eine Auswahl Ihrer, an verschiedenen Orten zerstreuten Antiquen und andere vollendeten Kunstwerken veranstalteten laßen und solche in einer einzigen großen Sammlung, wie in ein Museum, für Künstler und Kunst-Freunde, zu Berlin, vereinigt wißen wollten …“[100] Dem König fehlte jedoch auch hier wieder die Zeit, diesen Plan zu realisieren und sein Nachfolger wusste mit diesem avantgardistischen Ziel schon deswegen nichts anzufangen, weil er mit dem Namen der Lichtenau verbunden war.

Obwohl Friedrich Wilhelm II. gern vorschnell in das Lager der Gegenaufklärer gestellt wird, widmete er der professionellen Bildung seiner Untertanen große Beachtung. Die Architektenausbildung wurde infolge der Akademiereform 1790 wesentlich verbessert. Der Architekt Friedrich Becherer (1746–1823) hatte im April 1790 eine Denkschrift eingereicht, die dann zur Grundlage der Neugestaltung der Architektenausbildung genommen wurde. Von deren Qualität zeugen die Arbeiten der ersten Schüler Heinrich Gentz (1766–1811) und Friedrich Gilly (1772–1800), der Sohn David Gillys.[101] Damit waren zur Zeit Friedrich Wilhelms II. die Grundlagen dafür gelegt worden, dass dann 1799 mit der Verselbstständigung der Bauakademie und deren imposanter Entwicklung, die mit dem Wirken von Friedrich Gilly und Karl Friedrich Schinkel (1781–1841) auf das Engste verbunden ist, Preußen einen ansehnlichen Platz in der Architekturgeschichte erringen konnte.

Ein weiteres Bauwerk zeugt von dem Anspruch des Königs, Inhalt und Form zeitgemäß in Einklang zu bringen. Wie oben schon beschrieben wurde, erhielt die Pferdezucht während der Regierungszeit Friedrich Wilhelms einen wichtigen Stellenwert. Um auf diesem Gebiet erfolgreich sein zu können, benötigte man auch gute Tierärzte. 1790 wurde daher die Königliche Tierarzneischule eröffnet, die Tierärzte für die Kavallerie und die königlichen Gestüte ausbilden sollte. Dieser Bildungsgedanke fand dann seine Entsprechung in dem von Carl Gotthard Langhans entworfenen Anatomiegebäude mit dem beeindruckenden Deckengemälde Christian Bernhard Rodes (1725–1797). „Die Architektur des Anatomiegebäudes war für ihre Zeit auch technisch höchst modern. David Gilly bildete sie in seiner Schrift „Über Erfindungen, Construction und Vortheile der Bohlen-Dächer“ als Beispiel für das materialsparende Bohlendach ab, das er auf der Grundlage von Entwürfen Philibert de l'Ormes (1512/15–1570) in Preußen verbreiten wollte.“[102]

Der Neue Garten

Wie der Park von Sanssouci mit dem Namen Friedrichs II. verbunden ist, so ist es der Neue Garten mit dem Friedrich Wilhelms II. Diese Parkanlage wurde nach 1787 gestaltet und befindet sich nordöstlich von Potsdam an den Ufern des Heiligen Sees und des Jungfernsees. Früher diente das Gelände dem Obstanbau. Schon 1783 erwarb Friedrich Wilhelm diese Obstgärten und beauftragte dann 1787 den Landschaftsgärtner Johann August Eyserbeck, der schon in Wörlitz sein Können unter Beweis gestellt hatte, mit der Gestaltung der Parkanlage.

Neben dem Marmorpalais schmückten zahlreiche Bauten im ägyptischen, maurischen, gotischen und holländischen Stil den Neuen Garten. Die einzelnen Gebäude erfüllten sehr nützlichen Aufgaben. Die Pyramide wurde zum Eiskeller, die Küche verbarg sich in der Ruine eines absinkenden römischen Tempels und der „Neu-Gotische Turm“ diente als Bibliothek. Der Turm wurde zwischen 1792 und 1794 aus Sandstein am Ausgang des Kanals errichtet, von wo man einen schönen Überblick über den Heiligen See und den Neuen Garten hat. 1897 nahm man die Bücher aus dem Gebäude und brachte sie mit den Schränken ins Berliner Schloss. Es folgte eine lange Zeit des Leerstands, bis sich dort zwischen den beiden Weltkriegen ein Potsdamer Maler einmietete. Nach dem Krieg verfiel der Neu-Gotische Turm zusehends und verdankt erst einer Initiative aus dem Jahr 1993 seine Rettung. Heute erstrahlt das restaurierte Gebäude wieder in alter Schönheit.[103] Ebenso beeindruckend wurde auch das Marmorpalais in den letzten Jahren in seiner alten Pracht wiederhergestellt.

„Friedrich Wilhelm hatte an der Stelle des Marmorpalais bereits 1783 als Thronfolger ein Landhaus in den ‚unteren Weinbergen‘ am Heiligen See erworben. Das Punschelsche Haus, zweigeschossig mit Mansardendach und einem Saal, der früher von den Potsdamer Offizieren als Festsaal genutzt wurde, war vor allem durch seine zentrale Lage am Ufer mit freier Aussicht über den See ausgezeichnet. Nach seiner Thronbesteigung dachte der König zunächst offenbar nicht an einen Neubau. Noch im Spätherbst 1786 ließ er am Ufer ein Bootshaus errichten, das nach einigen Monaten wieder abgerissen werden mußte, um dem neuen ‚Haus' oder ‚Gartenhaus' des Königs, wie es zunächst bezeichnet wurde, Platz zu machen. Mit der Planung war seit Anfang 1787 Carl von Gontard betraut, der Entwürfe für einen zweigeschossigen Kubus mit flachem Dach und Belvedere vorlegte."[104] „Das neue ‚Haus' war somit als freistehende Villa gedacht, die eine allseitige Ansicht und vielseitige Aussichten auf den Neuen Garten, den See und die offene Landschaft bieten sollte. Marmorbänder, als Sockel, Gurtgesims und Attika um die Fassade geführt, gaben dem Kubus trotz zweier Hauptgeschosse einen breitgelagerten Charakter. Die Mittelachsen der Fassaden sollten durch Rundbogenfenster sowie leicht vor- und zurücktretende Wandflächen aus Marmor betont werden. Nur im Erdgeschoss waren toskanische Pilaster, an der Vestibülseite eingestellte Säulen und an der Seeseite ein Balkon mit gekuppelten Säulen vorgesehen. Auf Sockelgeschoss, Tempelfront oder Kolossalordnung, die klassischen Kennzeichen der ‚Herrschaftsarchitektur', wurde somit verzichtet.

Der Außenbau sollte auf ‚holländische Art' aus roten Backsteinen gemauert werden, womit man an eine Potsdamer Bautradition anknüpfte, die auf die Verbindung des preußischen Königshauses mit dem Haus Oranien verweisen konnte. … Säulen, Architekturglieder und Fassadenverkleidung aus weißem, rötlichem und graublauen Marmor nobilitierten die Ziegelfassade und verwandelten das ‚Gartenhaus' des Königs in ein königliches ‚Marmorpalais'. Die exklusive Verwendung von Marmor aus der preußischen Provinz Schlesien entsprach, ebenso wie die Bevorzugung einheimischer Hölzer im Innern, offenbar der ‚vaterländischen' Gesinnung des Königs."[105] Warum sollte der König nicht auf einheimische Rohstoffe zurückgreifen, wenn er damit der Wirtschaft nutzte und für Arbeit und Absatz sorgte? Dieses Verhalten entsprach seinem Verantwortungsgefühl für seine Untertanen.

Der Bau des Palais begann im April 1787 und zog sich bis zum Sommer 1790 hin, weil unter anderem die Beschaffung des Marmors und des Sandsteins Probleme bereitete. Für den Innenausbau war Langhans zuständig, da Gontard vom König für die Bauverzögerung verantwortlich gemacht wurde. In den Innenausbau flossen viele Ideen von Wilhelmine Ritz ein. Auch das Zusammentreffen Wilhelmines in Italien mit Lord Bristol scheint für den weiteren Ausbau des Marmorpalais nicht ohne Folgen gewesen zu sein. Denn 1797 wurde das Palais unter Leitung von Michael Philipp Daniel Boumann um zwei eingeschossige Seitenflügel erweitert. Ähnlich wollte Bristol seinen Landsitz in Ickworth in Suffolk erweitern. An den Planungen der Flügelbauten und des Neuen Gartens war Wilhelmine – inzwischen Gräfin Lichtenau – maßgeblich beteiligt. Um dem Engpass an qualitativ hochwertigem Marmor zu begegnen, schlug Johann Friedrich Ritz vor, die Marmorkolonnaden im Park von Sanssouci, die ein Werk Knobelsdorffs waren, dafür zu verwenden. So gelangte im April 1797 der Kolonnadenmarmor in das Gemäuer der Seitenflügel des Marmorpalais. Der Innenausbau dieser Seitenflügel profitierte dann besonders von der Italienreise der Gräfin Lichtenau, da Hirt neben Boumann an der Gestaltung beteiligt war und beide Rücksprache mit der Gräfin hielten. Zu dieser Zeit war der König schon schwer krank, so dass er auch die Fertigstellung der Seitenflügel gar nicht mehr erlebte. Sein Sohn Friedrich Wilhelm III. zeigte an der Vollendung dieser begonnenen Arbeiten kein Interesse. Zu sehr war dieser Bau mit dem angeblichen Lotterleben seines Vaters verknüpft, um sein Interesse zu finden. Erst dessen Sohn Friedrich Wilhelm IV. vollendete nach vierzig Jahren das Werk seines Großvaters und dessen Lebensgefährtin.[106]

Friedrich Wilhelm II. bewohnte also nur das eigentliche Palais. Dessen Innenausstattung entsprach daher auch in besonderem Maße den Wünschen des Königs. „Möbel, Kaminaufsätze und Beleuchtungskörper waren nicht nur durch ihre neue künstlerische Eigenständigkeit ausgezeichnet, sondern auch durch vorher in Preußen nicht gebräuchliche Materialien. Tische und Kommoden aus Mahagoni mit Bronzebeschlägen, schwarze Rosshaarbezüge auf Stühlen aus Edelhölzern, Jasper und Black Basalt Ware aus der englischen Wedgwood-Manufaktur sowie glockenförmige Glaslaternen seien hier als Beispiele genannt. … Von herausragender Qualität waren die größtenteils verlorenen Kronleuchter und Laternen des Marmorpalais. Diese vielfältige und variationsreiche Sammlung frühklassizistischer Beleuchtungskörper war in den damaligen deutschen Staaten einzigartig.“[107]

Das Interesse an architektonischen und künstlerischen neuen Entwicklungen teilte der König schon viele Jahre mit seiner Geliebten Wilhelmine Ritz, Gräfin Lichtenau. In dem Ausstellungskatalog „Friedrich Wilhelm II. und die Künste“ mit dem wichtigen Untertitel „Preußens Weg zum Klassizismus“ finden sich für die künstlerische Zusammenarbeit viele Beispiele. Die Anregungen zu ihren Bauten und Sammlungen holten sich die beiden Kunstliebhaber aus der Literatur. Dank der gründlichen und mühevollen Recherchen der Autoren erfährt man in diesem Ausstellungskatalog sehr viele Details über den Prozess der Ideenfindung, die europäischen Vorbilder der einzelnen Bauten sowie deren Ausstattung und über die Gartengestaltung. Gartenhäuser und Landschaftsgärten lagen im Trend und natürlich schaute, wer was auf sich hielt, nach England. Wie schön so ein Garten aussehen konnte, davon hatte sich Friedrich Wilhelm ja schon als Kronprinz bei seinen Besuchen in Dessau und im Wörlitzer Park überzeugen können.

Auf der Suche nach einem guten Standort für ein „römisches Landhaus" wählten der König und Wilhelmine die Spitze der Pfaueninsel. Von hier hatten sie einen schönen Blick auf den Neuen Garten. Die beiden kannten sich nun schon dreißig Jahre und es mangelte ihnen immer noch nicht an gemeinsamen Projekten. Der Bau begann 1794 und da es sich um eine Fachwerkbauweise handelte, konnte das Haus im Verlaufe des Jahres fertiggestellt werden. Die Arbeiten wurden vom Potsdamer Hofzimmermeister Johann Gottlieb Brendel ausgeführt, während sich die großen Architekten wie Boumann oder Langhans um den Brunnen oder die Gestaltung des Saales in der Meierei auf der Pfaueninsel kümmerten. In der Bauphase korrespondierten der König, Wilhelmine und Johann Friedrich Ritz sowie Brendel sehr häufig miteinander, um genaue Absprachen zu treffen. Schließlich weilte der König in jenem Jahr auf verschiedenen Kriegsschauplätzen und konnte den Fortgang der Arbeiten nur aus der Ferne verfolgen. Das änderte sich bei der Innenausgestaltung. Denn Wilhelmine brach im Mai 1795 zu ihrer großen Reise nach Italien auf, so dass der König den Innenausbau überwachte, während Wilhelmine aus der Ferne Anregungen gab. Wie schon bei den Bauarbeiten des Marmorpalais so wurden auch hier wieder vorwiegend einheimische Materialien verwendet und auch die Möbel bei den Künstlern und Handwerkern der Region bestellt. Noch heute kann man diese Zeugnisse ihres Könnens in dem Landhaus auf der Pfaueninsel bewundern.[108]

Will man die Wirksamkeit Friedrich Wilhelms II. auf dem Gebiet der Kunst resümieren, so kann man nicht umhin festzustellen, dass er hier sehr erfolgreich und vor allem auch zukunftweisend agierte. Obwohl nicht eindeutig belegt werden kann, dass der König das Bauprogramm nach 1786 initiierte.[109] Dennoch gewährte er den Künstlern jenen Handlungsspielraum, den sie brauchten, um Neues zu schaffen. „Die enge Ehe zwischen künstlerischen und wirtschaftlichen Nutzen war ein wichtiges Kennzeichen der Epoche Friedrich Wilhelm II. Angespornt durch die erfolgversprechenden Vorbilder Frankreichs, besonders aber auch Englands, vertrat man die optimistische, durch die historische Entwicklung jedoch gerechtfertige Überzeugung, an der Schwelle zu einer neuen Blütezeit der Kunst zu stehen, wie sie im Brandenburger Tor schon als ein Versprechen auch für Preußen vor Augen stand."[110] Ulrich Reinisch betont zu Recht, dass die bauliche und künstlerische Gestaltung dieses Tores auf das sich verändernde Freizeitverhalten und Öffentlichkeitsverständnis am Ende des 18. Jahrhunderts hinweist. Der öffentliche Spaziergang führte den Berliner nun nicht mehr Unter den Linden, also in der Stadt entlang, sondern das Tor verband ihn jetzt mit der Natur, dem Tiergarten. Das Brandenburger Tor hatte also in mehrfacher Hinsicht eine symbolische Bedeutung: „Umland und Stadt, Natur und Geist sind versöhnt, dies war die Botschaft des neuen Brandenburger Tores, die jeder selbst erfahren konnte."[111]

Der Wiederaufbau Neuruppins und die Dankbarkeit der Neuruppiner

Bis in die Gegenwart hinein dürfte es ein Traum der Architekten sein, gleich eine ganze Stadt nach eigenen Vorstellungen zu entwerfen und diese dann auch zu realisieren. Dem König und seinen Beamten bot sich eine derartig einzigartige Gelegenheit, als die kurmärkische Garnison- und Handwerkerstadt Neuruppin, der Geburtsort Theodor Fontanes und Karl Friedrich Schinkels,[112] am 26. August 1787 von einem heftigen Feuer zum großen Teil in Schutt und Asche gelegt wurde. Die Hiobsbotschaft verbreitete sich in Windeseile. Während die Neuruppiner noch fassungslos vor ihren Trümmern standen, gingen schon die ersten Berichte an den König. Dieser reagierte sofort und beauftragte die zuständigen Beamten, das Erforderliche in die Wege zu leiten. Nun zählten Stadtbrände ja fast zum städtischen Alltag jener Zeit und so setzte sich auch in diesem Fall die übliche Welle der Solidarität in Gang. Spenden wurden gesammelt, Kleidung und Nahrungsmittel verteilt und moralisch-seelische Unterstützung versprochen. Doch als alle Beteiligten realisierten, wie groß das Ausmaß der Vernichtung in Neuruppin wirklich war, dämmerte allmählich die Einsicht, dass in diesem Fall wohl professionellere Hilfe und ein gutes Management gefragt waren. Der Präsident der kurmärkischen Kammer, Otto Carl Friedrich von Voß, der sein Amt gerade erst ein Jahr innehatte, fuhr nach Neuruppin, um vor Ort das Ausmaß der Katastrophe zu besichtigen und die nötigen Maßnahmen zu koordinieren. Nach dem ersten Krisenmanagement, das sich mit der Unterbringung und der Versorgung der abgebrannten Einwohner beschäftigte, galt es nun zu überlegen, wie der Wiederaufbau erfolgen sollte.

Wer wann die Idee zu diesem erweiterten Retablissement (typische zeitgemäße Bezeichnung für einen Wiederaufbau nach einem Stadtbrand)[113] hatte, konnte auch der Kunsthistoriker Ulrich Reinisch, der das Neuruppiner Retablissement aus den Akten gewissenhaft rekonstruierte, nicht genau eruieren.[114] Die Analyse der Briefwechsel und die Auswertung der einzelnen Schreiben zwischen Voß, dem Generaldirektorium und dem König deuten ohne Frage, wie Reinisch es überzeugend darlegte, auf die besondere Rolle des Präsidenten der Kurmärkischen Kammer bei der Initiative hin, Neuruppin nicht im alten Gewande und auf den alten Fundamenten wieder zu erbauen, sondern eine moderne Stadt zu errichten.[115] Voß könnte eine Skizze mit der Hauptstraße und drei großen Plätzen an Bernhard Matthias Brasch und den Baukondukteur Schlegel weitergereicht haben und diese berechneten danach den Plan des erweiterten Wiederaufbaus der Stadt.[116] Doch wird Voß diesen Neubau einer ganzen Stadt ohne Rücksprache mit dem König geplant haben? Am Hof wussten wohl alle, dass Friedrich Wilhelm eine Vorliebe für Kunst und Architektur hatte und dass er sich besonders für die Arbeiten des Architekten Erdmannsdorff in Anhalt-Dessau interessierte. Voß war zu jener Zeit ein junger Beamter, der seinen Aufstieg in die preußische Bürokratie nicht nur seinen besonderen Fähigkeiten verdankte, sondern vom König protegiert wurde, weil er der Bruder seiner ersten morganatischen Ehefrau Julie von Voß war. Der junge Adlige hatte damit auch einen anderen Zugang zum König als andere Beamte in ähnlicher Stellung. So ist es auch möglich, dass der Plan zum Neuaufbau in gemütlicher Runde oder am Rande eines gesellschaftlichen Ereignisses entstand. Da sowohl der König als auch der junge Voß wussten, dass ihre Idee sehr kühn war und wohl kaum den Beifall der zuständigen Beamten finden würde, überlegten sie sich eine sehr geschickte Vorgehensweise, die heute den Eindruck entstehen lässt, als verfolgte hier nur Voß seinen Plan.

Das erklärt dann auch das Schreiben von Voß an den König, wo er von der Hoffnung spricht, dass seine Maßnahmen und Vorschläge die höchste Zustimmung des Königs finden werden. Wörtlich heißt es: „... habe ich bereits die Aufnahme der Stadt zu geräumigeren u. regelmäßigeren Wiederaufbau derselben veranlasst."[117] Da er hier keine näheren Erläuterungen vornahm und die Wortwahl das Einverständnis des Königs voraussetzt, muss davon ausgegangen werden, dass dieser zuvor von diesem Plan Kenntnis erhalten hatte. Der König wiederum hatte in seinem ersten Regierungsjahr schon sehr oft erfahren, wie gering seine Reputation gerade im Beamtenapparat war, und wie zäh er um Veränderungen kämpfen musste, so dass es in diesem Fall taktisch klüger war, Voß agieren zu lassen. Aber es ist wohl unwahrscheinlich, dass ein junger, noch unerfahrener Beamter zu diesem Zeitpunkt allein eine derartig weitreichende Entscheidung traf, ohne zuvor wenigstens die mündliche Zustimmung des Königs einzuholen. Im ersten Jahr nach der Regierungsübernahme sahen sowohl Voß wie auch Friedrich Wilhelm hier eine Chance, etwas Neues zu schaffen. Dabei hatte der König, wie bei allen seinen Bauvorhaben, das heimische Gewerbe vor Augen, dem er Arbeit verschaffen wollte, und in diesem speziellen Fall natürlich auch die Bewohner Neuruppins, die fortan in sichereren und moderneren Häusern leben sollten. Dem ganzen Plan lag jedoch auch eine neue Idee zugrunde, die sich in der Gestaltung der neuen städtischen Mitte offenbart.

Die weitere Vorgehensweise des Präsidenten von Voß, der ja nun die gemeinsame Idee und die damit verbundenen gewaltigen Kosten durch die einzelnen Instanzen der preußischen Bürokratie bringen musste, zeugt von dem einvernehmlichen Wunsch der beiden, nicht nur die Grundfläche der Stadt zu erweitern und die Häuser massiv zu errichten, sondern auch symbolisch neue Akzente zu setzen. „Neuruppin wurde in den Jahren zwischen 1788 und 1806 zur modernsten Stadt der Monarchie ausgebaut, aber das Wiederaufbauprogramm wuchs sich, mit erheblichen Konsequenzen für die Retablissementspolitik in allen Provinzen des Königsreichs, zum Fiasko sämtlicher beteiligter Fonds aus."[118] Allein dass der König 1787 ein so großes Bauvorhaben plante bzw. planen ließ, und dieses auch über sehr schwierige Jahre hinweg begleitete und unterstützte, zeugt von dem Gestaltungswillen dieses zu Unrecht geschmähten Königs.[119] In der Kabinettsorder vom 7. Januar 1788, die das wagemutige Bauvorhaben in Gang setzte, ohne dass die Finanzierung geklärt war, heißt es: „Wir laßen Euch die mit Eurem Bericht … eingereichten beyden Riße von der Stadt Ruppin, wie solche vor dem unglücklichen Brande gewesen und wie am Besten wieder aufzubauen seyn würde anbey zurücksenden, und das Wir Allerhöchst Selbst auf den Antrag Unseres Generaldirektorii laut einer an daßselbe unterm 30. m. p. erlaßenen gnädigsten Cabinets-Ordre, den Aufbau gedachter Stadt nach dem zuletzt erwehnten Anschläge verbeßerten Plan zu approbiren geruhet haben; so werdet Ihr nunmehr die Anfertigung darauf möglichst zu beschleunigen haben."[120] Die Beamten erhielten also den Auftrag, Neuruppin wesentlich größer und sicherer neu aufzubauen und sie sollten nun ohne weitere Verzögerung tatkräftig ans Werk gehen.

Eine Stadterweiterung ging logischerweise mit Veränderungen der Besitzverhältnisse einher. Die Hauseigentümer mussten akzeptieren, dass sich ihr neues Haus nicht mehr an der ursprünglichen Stelle befinden würde. Zur rechtlichen Absicherung des Bauplanes wurde daher der Großkanzler von Carmer als juristischer Berater herangezogen und ein Baureglement entworfen, das alle Details einvernehmlich regeln sollte. Nach diesen Vorarbeiten konnte dann dank des besonderen Engagements des Justizrates und Neuruppiner Bürgermeisters Noeldechen und des Präsidenten der Kurmärkischen Kammer von Voß, zweier couragierter Beamter, die zur rechten Zeit am rechten Ort wirkten, Neuruppin im neuen architektonischen Gewand gemäß dem Leitgedanken „Civibus Aevi Futuri" (Den Bürgern der künftigen Zeit) erbaut werden. Ihnen zur Seite standen der Bauinspektor Bernhard Brasch sowie der Architekt Bernhard Philipp François Berson (1754–1835).

In den architektonischen Entwürfen und Plänen dieses Neuaufbaus und in den Denk- und Verhaltensweisen einzelner am Neuaufbau beteiligter Beamter spiegelten sich nicht nur die Einflüsse der europäischen Aufklärung. Zu jener Zeit spielten auch die vielfältigen Kommunikationsformen innerhalb der geistigen Elite und der Beamtenschaft eine wichtige Rolle. Auf Grund von „Bekanntschaften" bildeten sich soziale Netzwerke heraus, die nicht nur für die Besetzung von Stellen eine wichtige Voraussetzung darstellten. In diesem Zusammenhang ist auch die Arbeit von David Gilly bedeutsam. Gilly wurde 1788 Geheimer Baurat im Oberbaudepartement. Seine umfangreichen Arbeiten zur Bau- und Ingenieurkunst beeinflussten ja nicht nur den Architekten Berson, sondern auch seinen Sohn Friedrich Gilly und später Karl Friedrich Schinkel. Berson wiederum hatte, bevor er zum Oberbaudepartement kam, als Bauinspektor beim Hofbauamt in Potsdam und Berlin gearbeitet, wo er – davon geht Ulrich Reinisch aus – vermutlich auch den Architekten Erdmannsdorff kennen gelernt hatte.[121] Die politischen und künstlerischen Akteure dieses Retablissements agierten in einer Zeit des gesellschaftlichen Umbruchs. Der zeitgenössische Diskurs über die Städteplanung und über die Gestaltung öffentlicher Räume, in den auch die verantwortlichen Beamten für den Neuaufbau Neuruppins involviert waren, dokumentiert sich bis heute im Stadtbild dieser märkischen Mittelstadt.

Ob man nun die räumliche Gestaltung der drei großen Plätze nimmt oder die Architektur der Bürgerhäuser betrachtet, der Neuaufbau Neuruppins kann den Übergangscharakter seiner Entstehungszeit nicht leugnen. Die Neuruppiner Bürgerhäuser können dank der Forschungen von Ulrich Reinisch kaum noch als ein typisches Beispiel für den Frühklassizismus betrachtet werden, sondern sind Ausdruck einer spezifischen Architektur der Transformation, in der sich verschiedene Formen, Gestaltungsmittel des Barocks, der Gotik und klassizistische Strömungen vermischten. Diese architektonische Neuverortung dürfte zukünftig den entsprechenden Diskurs bestimmen.

Doch noch bemerkenswerter als die Bauweise und die Fassaden ist die Platzgestaltung. Auf jenem oben erwähnten Zettel waren drei große Plätze gezeichnet worden. Auf einer späteren Skizze ist erkennbar, dass die beiden äußeren Plätze für die beiden großen Kirchen der lutherischen und der reformierten Gemeinde vorgesehen waren,[122] und auf dem Platz in der Mitte die Schule stehen sollte. Nicht das Rathaus oder die Hauptkirche wurden in das Zentrum der Stadt gerückt, sondern das Schulgebäude. Die Botschaft, die von dieser Stadtplanung ausging, ist eindeutig und spiegelt die Denkweise jener noch von der Aufklärung geprägten, aber schon einer anderen „Epoche" angehörenden neuständischen Gesellschaft wider.[123] Sicherlich lässt sich nicht eindeutig nachweisen, dass der König diese Idee in die Planung einbrachte. Doch er hatte sie mitgetragen, und er hatte jenen berühmten Architekten nach Berlin geholt, dessen Arbeiten zum Vorbild für die Neuruppiner Schule wurden. Die Stadt erhielt so 1789 nicht irgendein Schulgebäude, sondern das dreiflügelige, zweigeschossige Bauwerk erinnerte wohl bewusst an ein Schloss. „Das wichtigste öffentliche Gebäude Neuruppins orientierte sich vorsichtig an der Architektursprache, die Friedrich Wilhelm v. Erdmannsdorff 1769 dem Wörlitzer Schloss gegeben hatte, wenn es sich auch, vor allem durch den geringeren Abstand der Fensterachsen, durch die auffällige Reduktion der Wandfläche, ‚barocker' als sein Vorbild darbietet."[124] Der König schätzte Erdmannsdorff sehr und so kann man das Neuruppiner „Schulschloss" auch als Reminiszenz an den Architekten sehen. Weder Voß noch die hier involvierten Architekten hatten einen Grund, das Schaffen Erdmannsdorffs, der sich ohnehin unter ihnen nicht sehr wohlfühlte, sozusagen mit diesem

Bau zu würdigen. Daran konnte nur der König wirklich ein Interesse haben. Das Neuruppiner „Schulschloss" mit imposantem Glockenturm verkörpert aber auch eine neue Sichtweise auf die Bildungsfähigkeit der Untertanen. Ging Friedrich II. noch davon aus, dass die Masse seiner Untertanen ohnehin nicht aufzuklären sei, so zeugt die Baugeschichte des Neuruppiner Retablissements davon, wie wichtig Friedrich Wilhelm II. die Förderung der Bildung seiner Untertanen war. Schon am 7. November 1787 teilte er dem Neuruppiner Justizrat Noeldechen sein besonderes Interesse an dieser durch die Aufklärer und Schulreformer Julius Lieberkühn und Johann Stuve so vortrefflich eingerichteten Lehranstalt mit. Er bedauerte den Brandschaden und versicherte, „daß mein unbestimmter Beytrag vorzüglich zur Herstellung dieses Instituts möge verwendet werden. Übrigens nehme ich die mir geschickten Schriften, wodurch jene erste Lehrerschaft bemeldter Erziehungs Anstalt sich vorzüglich bekannt gemacht haben, mit Vergnügen in meine Bibliothek auf …"[125] Noeldechen hatte den König an die großen Leistungen der Schulreformer erinnert, die 1777 die alte Lateinschule in eine neuartige Bürger- und Gelehrtenschule umwandelten, die unter den großen Aufklärern jener Zeit, erwähnt sei nur Friedrich Nicolai, große Beachtung und Anerkennung fand.[126]

Während das Schulschloss bereits am 24. November 1791 feierlich eingeweiht werden konnte und fortan Lehrern und Schülern gute Arbeitsmöglichkeiten bot,[127] erfolgte die feierliche Einweihung der neuen Kirche St. Marien erst am 23. März 1806 und beendete das mächtige Aufbauwerk Neuruppins.[128] Allein die zeitliche Differenz dieser beiden wichtigen Bauten der Stadt – der Schule und der Hauptkirche – spricht für sich. Wenn der König wirklich so konservativ war, wie ihn viele Historiker gern sehen, dann hätte er wohl kaum die architektonische Neugestaltung Neuruppins gestattet und er hätte auch nicht die Schule vor der Kirche erbauen lassen. Er wollte mit diesem Retablissement gemeinsam mit fähigen und engagierten Beamten neue Akzente setzen und das ist ihm trotz zunehmend leerer Kassen und außenpolitischer Herausforderungen auch gelungen. Obwohl sein Sohn, Friedrich Wilhelm III., nach dem Tod des Vaters dieses Werk beenden musste und die Kosten dafür übernahm, kann man, ohne die mühsame und wichtige Arbeit von Voß und der Architekten zu unterschätzen, doch davon ausgehen, dass Friedrich Wilhelm II. durch die Billigung und die indirekte Unterstützung des Retablissements einen großen Anteil an der Neugestaltung Neuruppins hatte. Das sahen wohl auch die Bewohner der Stadt so.

Als in Stadt und Land schon seit langem das Bild vom faulen, liebestollen und wenig geistvollen König Friedrich Wilhelm II. alle anderen Sichtweisen dominierte, und kaum jemand – August von der Marwitz zählte zu den wenigen Ausnahmen – am Wahrheitsgehalt dieser Legendenbildung zweifelte, hielten es die Neuruppiner Stadtverordneten für wichtig, gerade diesem König, dem sie das neue Retablissement verdankten, ein Denkmal zu setzen. Nirgendwo sonst schien man bis dahin an eine Ehrung Friedrich Wilhelms II. gedacht zu haben. In der Stadtverordnetenversammlung vom 13. Juli 1828, an der 29 der 36 Mitglieder teilnahmen, beschäftigte sich der dritte Vortrag mit dem geplanten Denkmal. Schinkel, als gebürtiger Neuruppiner, sollte es entwerfen und er bat nun um einen Kostenanschlag für die Tafel und das Gitter.[129] Am 27. Juli wurde dann im achten Vortrag auf das Schreiben des Professors Friedrich Ludwig Tieck (1776–1851) eingegangen, der die Skulptur nach den Entwürfen von Schinkel schaffen sollte. Tieck teilte den Herren Stadtverordneten mit, „daß der Guß Sr. Majetät Friedr. Wilh. des 2ten nun vollendet ist …“[130] Für seine Arbeit stellte er der Stadt 1000 Reichstaler in Rechnung. Schinkel unterbreitete dann den Vorschlag, „das Denkmahl, welches die Stadt Sr. Majestät König Fr. Wilh. den 2ten am besten auf dem jetzigen Marktplatz dem Gymnasium gegenüber aufgestellt werde …“[131] Die Stadtverordneten stimmten ab und genehmigten den Platz, den anzulegenden Garten um das Denkmal und die dadurch erforderliche Umfassung. Schinkel sollte sich nun noch zu den Terminen äußern. Geplant waren die Grundsteinlegung am 3. August und die feierliche Aufstellung und Enthüllung am 26. August, dem Tag des großen Stadtbrandes von 1787.

Offenbar gab es jedoch in der Stadt eine kontroverse Diskussion um den Standort. Einige Anwohner und Kaufleute fürchteten, dass das Denkmal dem Markttreiben hinderlich sein könnte. Die Stadtverordneten baten daher Schinkel, „daß die Anlagen von Gärten usw. welche neben das Denkmahl anlegt werden sollten, unterbleiben mögen, jedoch das Denkmahl auf dem Marktplatz, dem Portal des Gymnasiums gerade gegenüber aufgestellt, mit einem Gitter umschlossen, und mit Linden umpflanzt werde. Da hierdurch der Marktplatz wenig verkleinert wird, so kann immerhin der Mittwochs Kornmarkt abgehalten werden …“[132], wenn man dafür sorgt, dass die Wagen Platz sparend aufgestellt werden. Am 26. August 1829 fand dann die feierliche Enthüllung des Denkmals statt.

Die sonst so sparsamen Stadtverordneten bewilligten für dieses Denkmal 3000 Taler, fast die Hälfte der Kämmereieinnahmen, und das in wirtschaftlich schwierigen Zeiten. Vermutlich teilten nicht alle Stadtbewohner die Auffassung der Stadtverordneten, denn in ihrer Sitzung am 21. Februar 1830 waren sie um den sozialen Frieden in der Stadt besorgt, da viele Einwohner mit großen wirtschaftlichen Problemen zu kämpfen hatten. Gestellte finanzielle Ansprüche von Arbeitern wurden mit folgender Begründung bewilligt: „damit nicht einige sich hart darüber äußern können als sey die Stadt nur darauf bedacht, den ärmeren von seinen Verdienst etwas zu entziehen, dagegen aber bey der großen Ausgabe zur Ausführung des Denkmals weniger sparsam, und so könnte hierdurch die gute Absicht gewißermaßen verdunkelt werden …“[133] Dies wollten sie auf jeden Fall verhindern. Die Handwerker, Kaufleute, Lehrer und Beamte, die sich in

Neuruppin für dieses erste Denkmal Friedrich Wilhelms II. einsetzten, lagen mit ihrem Vorhaben der Würdigung des Verschwenders und des von Geistersehern abhängigen Königs nicht ganz im Trend ihrer Zeit. Denkmäler für Friedrich den Großen oder für die preußischen Generäle der Befreiungskriege zählten eigentlich zu den Favoriten der Auftraggeber jener Jahre. Die Neuruppiner Initiatoren wollten jedoch in diesen Krisenjahren ganz bewusst den Blick auf das besondere städtebauliche Engagement des vierten Hohenzollernkönigs für ihre Stadt lenken. Die „gute Absicht" bestand also darin, nach drei Jahrzehnten wechselvoller Geschichte den König zu ehren, dem die Stadt ihre moderne Gestalt verdankte.

Dieses Denkmal wurde 1946 demontiert. Der Platz vor dem „Schulschloss" wurde danach mehrmals umgestaltet und mit anderen Denkmälern versehen. Nach 1989 bemühten sich Neuruppiner Bürger erneut um die Errichtung eines Denkmals für Friedrich Wilhelm II. und um die Neugestaltung des Schulplatzes im Zentrum der Stadt. Das neue Denkmal, das nun wieder am von Schinkel vorgesehenen Platz steht, konnte am 22. November 1998 feierlich enthüllt werden und symbolisiert heute weit mehr als preußische Traditionen.

Deutsche Literatur und das deutsche Nationaltheater

Während seiner Kronprinzenzeit war Friedrich Wilhelm nicht zuletzt von seinem Lehrer Beguelin inspiriert worden, sich mit deutscher Literatur zu beschäftigen. Beguelin, der mit Sulzer, Kleist und Ramler vertraulichen Umgang pflegte, weckte die Neugier des Prinzen an den zeitgenössischen Werken deutscher Dichter. Darüber hinaus beriet ihn sein Onkel Heinrich in literarischen Fragen. Die Literatur spielte ohnehin am Hof eine wichtige Rolle. Hertzbergs Vorliebe für die deutschen Schriftsteller blieb Friedrich Wilhelm ebenfalls nicht verborgen. Außerdem ergab sich bei seiner Tante, Königin Elisabeth Christine, in Niederschönhausen häufig die Gelegenheit, die eine oder andere Debatte über die Werke deutscher Schriftsteller zu verfolgen. Neben dem Musizieren hatte das Lesen einen festen Platz im täglichen Lebensrhythmus Friedrich Wilhelms. In den Gesprächen und Briefen mit Wilhelmine Encke spielten Bücher ebenfalls eine große Rolle. Darüber hinaus pflegte er Kontakte mit dem Weimarer und Dessauer Fürsten, die bekanntlich beide der deutschen Literatur gegenüber sehr aufgeschlossen waren. Zwischen 1792 und 1794 ließ er von Carl Gotthard Langhans an der Westspitze des Neuen Gartens eine Bibliothek erbauen, die einen reichhaltigen Bestand an deutschen und europäischen Büchern aufwies. Dort waren Werke von Lessing, Lavater, Goethe, Schiller, Wieland, Winckelmann, Ossian oder Shakespeare vertreten ebenso wie zeitgemäße Unterhaltungsromane oder Werke der Rosenkreuzer und Fachliteratur der verschiedensten Art.[134]

Als Friedrich II. die Augen geschlossen hatte, wusste der neue König, dass die Oper und das Theater längst nicht mehr den zeitgemäßen Anforderungen genügten. Die einst moderne Oper war in den letzten Regierungsjahren Friedrichs mehr oder weniger verfallen und das Schauspiel spielte am Hof kaum noch eine Rolle. Sehnsüchtig schauten also die betroffenen Künstler auf den neuen Monarchen und hofften auf positive Veränderungen. Friedrich Wilhelm II. entsprach diesen Erwartungen.

Schon am 12. September 1786 konnten die Berliner Folgendes in der Zeitung lesen: „Se. König. Majestät haben dem generalprivilegierten Direktor der deutschen Bühne Hrn. Doebbelin, das ehemalige französische, von nun an Nationaltheater, mit allen denen darin befindlichen Dekorationen und Maschinen auch der dabei vorhandenen Garderobe nebst 5.000 Rthlr. jährlichen Gehalts, außer der öffentlichen Einnahmen, allergnädigst zu ertheilen geruhet, auch ihm erlaubt, die Komparsenkleider bei Stükken, wo solche nötig, aus dem Königl. Opernhause zu leihen.“[135] Die Idee, ein berühmtes und anerkanntes Wanderbühnenensemble mit einer festen Spielstätte zu domestieren, erwies sich allerdings als realitätsfern. Der nicht mehr ganz junge Schauspieler Carl Theophil Doebbelin hatte sich große Verdienste um das deutsche Schau- und Singspiel erworben, doch ein modernes Theater aufzubauen und wirtschaftlich erfolgreich zu leiten, das überforderte ihn. So musste der König schon nach wenigen Monaten, am 31. Juli 1787, den „Königlich preußischen Allergnädigst Generalprivilegierten Schauspieler“ als Theaterdirektor absetzen. Wie immer, wenn ein Problem nicht gleich zu lösen war, setzte man eine Kommission ein, die nun die Neugestaltung des deutschen Nationaltheaters organisieren sollte. Zu ihren Mitgliedern zählten Johann Jacob Engel, Lehrer am Joachimsthalschen Gymnasium, Karl Wilhelm Ramler, Lehrer an der Kadettenanstalt, und der Geheime Ober-Finanz-Kriegs- und Domänenrat Johann August von Beyer, der für die Finanzen zuständig sein sollte. Im Berliner Adresskalender von 1788 erschienen noch die Sekretäre Christian August Bertram und Christian Leonhard Jacobi als weitere Kommissionsmitglieder. Die Herren Engel und Ramler waren in der Gelehrtenwelt ihrer Zeit sehr angesehen und gehörten zu den Ordentlichen Mitgliedern der Königlichen Akademie der Wissenschaften zu Berlin und der Akademie der Künste und mechanischen Wissenschaften. Die anderen drei Kommissionsmitglieder hatten sich durch Sachkenntnisse und Engagement innerhalb der Bürokratie eine gute Reputation erworben.

Der Aufbau eines modernen Theaters mit einem Budget von 5000 Talern erwies sich auch unter der Verantwortlichkeit dieser hoch motivierten Beamten als schwierig. Der König verlangte die Aufführung moderner Stücke mit aufwändigem Bühnenbild und Kostümen und natürlich erwartete er von diesen Herren auch binnen kurzer Zeit erste Erfolge. Diese Arbeitsbelastung und auch die unterschiedlichen Charaktere führten zu erheblichen Auseinandersetzungen in der Verwaltungsspitze des Theaters und dennoch, oder vielleicht gerade deswegen, erreichten sie in wenigen Jahren sehr viel. Der Finanzexperte Beyer sorgte für sichere Einnahmen, und die Herren Engel und Ramler widmeten sich der künstlerischen Nachwuchsförderung. Neben den anerkannt guten Schauspielern der Doebbelinschen Truppe, die sie übernommen hatten, suchten sie neue begabte Darsteller. Das gute Gespür der Generaldirektion zeigte sich bei der Wahl des Schauspielers Johann Ferdinand Fleck (1757–1801), der insbesondere die Schillerschen Figuren hervorragend darzustellen wusste. Der König ernannte ihn 1790 zum ersten Regisseur am Theater. „Als Schauspieler von wahrhaft schöpferischer Gestaltungskraft gelang es ihm, die Wesenzüge einer Figur lebendig werden zu lassen. So verlieh er seinen klassischen Rollen ein hohes Pathos; den oft blutleeren und verlogenen Gestalten in den bürgerlichen Rührstücken eines Kotzebue (1761–1819) und Iffland (1759–1814) gab er die Züge echter Menschlichkeit, denen diese Stücke nicht zuletzt ihren Publikumserfolg zu verdanken hatten. Wenn neben Fleck Künstler wie Carl Czechitzky, Henriette Baranius, Karl Wilhelm Ferdinand Unzelmann, vor allem aber Friederike Unzelmann – ‚das schöne Kind', wie sie die Berliner nannten – im Spiel vereint waren, so erlebte Berlin im letzten Jahrzehnt des 18. Jahrhunderts Höhepunkte der damaligen Schauspielkunst."[136]

Schillers „Don Carlos" wurde am 22. November 1788 erstmals in Berlin aufgeführt. Im Jahr darauf konnten die Berliner den „Kaufmann von Venedig" in deutscher Sprache erleben. Als dann Iffland im Jahr 1796 nach Berlin kam und das Theaterleben nachhaltig prägte, wurden viele Stücke von Goethe und Schiller gespielt. Die Berliner erlebten „Egmont" oder „Iphigenie", „Wallenstein" oder „Maria Stuart" als beeindruckende Theateraufführungen.[137] Zur Profilierung Berlins als kulturelles Zentrum des Landes und somit als moderne Residenzstadt trug die Entwicklung der Theater Wesentliches bei.

Neben dieser öffentlichen Theaterszene gab es auch noch das so genannte „Hoftheater", das waren Theaterinszenierungen der königlichen Familie zur Unterhaltung des Hofes. Schon als Kind hatte Friedrich Wilhelm daran teilgenommen und seinen Vater und dessen Geschwister als Schauspieler erlebt. Diese Tradition pflegte der Hof auch während der Regierungszeit Friedrich Wilhelms II. Die Aufführungen sorgten für eine willkommene Abwechslung im gewohnten gesellschaftlichen Einerlei. Die Mitglieder der königlichen Familie beschäftigten sich so sehr intensiv mit einzelnen literarischen Werken. Darüber hinaus diente diese künstlerische Arbeit natürlich auch der internen Kommunikation und Sozialisation. „Die große Vorliebe des Hofes für theatralische Aufführungen aller Art, ja, wir mögen sagen, die Unersättlichkeit in dieser Beziehung zeigt sich darin, daß nicht nur die italienische Oper, Opera buffa und deutsches Theater mit einander abwechselten, sondern daß auch noch durch einen Grafen Nugent, Kavalier des Prinzen Heinrich in Rheinsberg, welcher selbst eine geschickter Schauspieler war, eine französische Liebhaberkomödie unter der Leitung der Prinzessin Friederike zu Stande kam, bei welcher nur Personen des Hofes spielten und die Oberhofmeisterin die Billets an die ‚haute volée' vergab."[138] Bei allem Bemühen um die Bildung seiner Untertanen, dem ja auch die Öffnung der königlichen Gemälde- und Kunstsammlungen, der Gärten, der Theater und Opern diente, pflegte der König dennoch eine standesgemäße, exklusive gesellschaftliche Kommunikation. Diese gehörte zur Privatsphäre des Königs und blieb dem gemeinen Mann verschlossen.

Nun setzten sich Ramler und Engel nicht nur das Ziel, das deutsche Theater als anerkannte Institution in Berlin zu etablieren, sondern sie wollten auch der deutschen Oper zum Durchbruch verhelfen. Traditionell dominierte in Berlin bis dahin die italienische Oper mit ihren italienischen Künstlern. Friedrich Wilhelm II. hatte der Oper mit Carl Friedrich Freiherr von der Reck einen neuen Generaldirektor gegeben und 1788 die dringend erforderliche Renovierung des Opernhauses angeordnet. „Carl Gotthard Langhans brach mit seiner Betonung des Bühnenportals und einer stärkeren Ausrichtung der Logen auf die Bühne mit den bisher unantastbaren Prinzipien des barocken Theaterbaus und wagte den ersten zaghaften Schritt hin zu der sich dem breiten Publikum öffnenden Guckkastenbühne."[139] Das Opernhaus Unter den Linden erhielt jedoch nicht nur eine neue Innenausstattung, sondern auch eine moderne Bühnentechnik (1843 wurde sie durch den großen Brand zerstört). Die Neugestaltung der einzelnen Aufführungen verlief allerdings konfliktreicher als der Innenausbau des Opernhauses, da die angestrebten personellen Veränderungen sich nur mühsam realisieren ließen. Die Anforderungen an die Künstler veränderten sich, und das eine oder andere Ensemblemitglied genügte den neuen qualitativen Anforderungen nicht. Soziale Konflikte blieben da nicht aus. Beschwerden der Künstler über die Direktoren und umgekehrt der Direktoren über den Starrsinn einiger Künstler landeten auf dem Tisch des Königs. Schließlich hatte der König bei allen Entscheidungen das letzte Wort, so dass es zwischen allen Beteiligten eine rege Kommunikation gab. Dies wiederum offenbart das große Interesse, das der König an der künstlerischen Entwicklung der Residenzlandschaft nahm.[140]

Nach seinem Regierungsantritt vereinte Friedrich Wilhelm II. seine kleine private Musikkapelle, die aus 23 Mitglieder bestand und bis dahin meist in der alten Orangerie am Potsdamer Lustgarten gespielt hatte, mit der geerbten Hofkapelle von Friedrich II. zum stattlichen Orchester von 70 Personen, das in Europa hinsichtlich der Größe und der Qualität seinesgleichen suchte.[141] Als Mozart 1789 in Berlin weilte und gemeinsam mit dem König im Quartett spielte, forderte Friedrich Wilhelm ihn auf, sein Orchester zu beurteilen. Der Komponist wollte ihm sicherlich schmeicheln, als er meinte, der König verfüge über die „größte Sammlung von Virtuosen der Welt."[142] Der König belebte die Berlin-Potsdamer Musikszene nicht nur neu, sondern er setzte auch neue Akzente. Hier agierte ja nicht nur ein hervorragender Kenner der Materie, der das Cello meisterhaft zu spielen wusste und eine Vorliebe für Streichquartette hatte. Schließlich war Friedrich Wilhelm von dem berühmten Cellisten Jean-Pierre Duport unterrichtet worden, der auch der Glanzpunkt der Privatkapelle des Thronfolgers war.

Neben der Kammermusik setzte sich Friedrich Wilhelm schon als Kronprinz erfolgreich für eine andere Musikrichtung ein: die geistliche Musik. Mit 190 Musikern und ca. 100 Laiensängern, die den Opernchor verstärkten, führte er im Berliner Dom Händels Messias auf und sorgte so für dessen zunehmende Popularität im Lande.[143]

Wie in anderen Bereichen auch, so übernahm Friedrich Wilhelm schon aus sozialen Gründen das Personal Friedrichs II. Daher blieb der Komponist und Kapellmeister Johann Friedrich Reichardt bis 1791 im Amt. Ihm folgte der Italiener Vincenzo Righini und dann Friedrich Heinrich Himmel. Während sich Engel und Ramler für die deutsche Oper einsetzten, verschwand die italienische Oper natürlich nicht völlig von den Bühnen der Residenzlandschaft. Im Opernhaus Unter den Linden kamen daher weiterhin die traditionellen Opern zur Aufführung, während sich im Nationaltheater allmählich die deutsche Oper erfolgreich durchsetzte. Der König begleitete diesen Weg wohlwollend, denn gerade in der Auseinandersetzung mit den Schauspielern, die sonst immer auch die Gesangsrolle übernommen hatten, war die Generaldirektion auf seine Hilfe und Vermittlung angewiesen. So wandte sich Ramler am 15. Juli 1795 mit folgender Bitte an den König: „Allerdurchlauchtigster Großmächtigster König … Um das Vergnügen des Publikums zu vermehren haben wir statt des Schauspieler Unzelmann zu den Sing-Rollen den Sänger Ellmenreich aus Franckfurth am Mayn engagiert. Einige unbedeutende junge Leute aber bestärken den Unzelmann in dem Wahn, daß er der rechte Sänger sei, und hindern uns durch beständige Unruhe, den Ellmenreich in mehreren Opern auftreten zu lassen. Nach denen drei Beilagen … werden Ew. Königliche Majestät sich zu überzeugen geruhen, daß wir den Unzelmann mit aller möglichen Schonung und Gelindigkeit behandelt, nach der dritten Beilage aber sind seine Forderungen und Zudringlichkeiten von der Beschaffenheit, daß wir uns unmöglich, wenn nicht alle Ordnung und Subordination aufhören soll, darauf einlassen können. Da nun der Unzelmann uns vorsetzlich hinderlich ist, … so bitten Ew. Königliche Majestät wir allerunterthänigst: uns durch eine allerhöchste Cabinets-Ordre besonders zu authorisieren, den Unzelmann gleich dimittieren zu können, und in denen Sing-Rollen in soferne solche dem Vortrag und dem Spiel des Ellmenreich angemessen sind, diesen auftreten zu lassen …"[144] Dieses Schreiben verdeutlicht die großen

Schwierigkeiten im Umgang mit den Künstlern, die natürlich um ihr Einkommen fürchteten und auch nicht einsahen, warum sie sich der neuen Mode beugen sollten.

Der König unterstützte die Direktion des Nationaltheaters in ihrem Bemühen, dort niveauvolle deutsche Opern aufzuführen. Dies schloss auch den Umbau des dortigen Orchesters ein, dass ja auf Opernaufführungen gar nicht ausgerichtet war. Bisher spielten sie die Zwischenmusik und unterhielten die Zuschauer vor dem Beginn der Aufführung. Der Musikdirektor und Kapellmeister Bernhard Anselm Weber bemühte sich dann redlich gemeinsam mit dem König und durch Umsetzungen der Musiker, ein Orchester zu schaffen, das den neuen Anforderungen gewachsen war. Die Erfolge der nächsten Jahre sprachen für sich. 1787 wurde die Oper „Doktor und Apotheker" des Wiener Komponisten von Dittersdorf aufgeführt, der auch sehr gute Beziehungen zu Wilhelmine Ritz hatte und von deren Anwesen in Charlottenburg schwärmte.[145] Mozarts „Belmonte und Constanze" (Entführung aus dem Serail) folgte 1788, und zwei Jahre später applaudierten die Berliner „Figaros Hochzeit" und „Don Juan". 1792 erfreuten sie sich an „Cosi fan tutte" und der „Zauberflöte". Die deutsche Oper hatte sich einen anerkannten Platz im Berliner Kulturleben erobert und sie wurde vom Publikum dankend angenommen. Allein die Zauberflöte musste im Mai zehn Mal und im Juni noch einmal vierzehn Mal aufgeführt werden, um der Nachfrage gerecht werden zu können. 1795 wurde dann Glucks „Iphigenie in Tauris" in deutscher Sprache gegeben und überzeugte ebenfalls sein Publikum.[146] Für die Entwicklung der bürgerlichen Kultur erwiesen sich die neu gestalteten und im neuen Gewand erstrahlenden Theater und Opernhäuser als sehr wichtig. Längst saß ja nicht mehr nur der Adel in den Vorstellungen, sondern die erfolgreichen Bürger wollten an der Kulturszene Berlins zunehmend partizipieren. Theater- und Opernbesuche gehörten ganz selbstverständlich zur Freizeitgestaltung jener Zeit und nicht nur des Adels.

Das große Musikensemble, das mal in Berlin und mal in Potsdam zu spielen hatte, konnte sich über Arbeitsmangel nicht beklagen. Bei Empfängen, Hochzeiten, Bällen und natürlich bei intimeren Aufführungen in den zahlreichen Schlosstheatern waren die Künstler gefragt. Einige von ihnen wohnten auch in Potsdam, wo die hohen Lebenshaltungskosten zu Beschwerden der Künstler führten. Zwischen Berlin und Potsdam pendelnde Musiker oder Schauspieler erhielten schon zu Zeiten Friedrichs II. eine Diätzulage, die die erhöhten Ausgaben für Unterkunft und Verpflegung etwas mildern sollte, denn die Gagen bzw. die Gehälter waren meist nicht sehr üppig.

Neben der Oper Unter den Linden, dem Nationaltheater, das sich im „Comödienhaus auf dem Gens d'Arme Platz" befand, zählte noch das Schlosstheater im Potsdamer Stadtschloss und im Schloss Charlottenburg zu den renovierungsbedürftigen Spielstätten, die Friedrich Wilhelm zeitgemäß erneuerte. Darüber hinaus schuf er neue Spielstätten. Das Stadttheater in Potsdam entstand Anfang der 1790er-Jahre. Im Marmorpalais wurde der obere Saal für Kammermusiken und die Orangerie im Sommer für Konzerte genutzt. Am 7. Oktober 1796 wurde das Schauspielhaus in Potsdam eröffnet und im Jahr darauf um einen großen Konzertsaal erweitert. Da der erkrankte König nach 1795 meist in Potsdam weilte, fand er dort nun eine Vielzahl von Spielstätten vor, die seinen künstlerischen Ansprüchen genügten und einem breiten Publikum zur Verfügung standen. Ritz berichtete seiner Frau Wilhelmine am 9. Oktober 1795 aus Potsdam: „jetzt ist das Neue Stadt Theater hierselbst fertig, Sontags ist Italienische Operette, und Mittwochs Deutsche, einen Mittwoch Comedie, den anderen Mittwoch Operette. Du kanst nicht glauben wie schön es ist, ich habe die Vertheilung der Plätze, und einigermaßen die Aufsicht, ich kann sagen die Theater Leute haben mich gern …“[147]

In seinen nur elf Regierungsjahren leistete der König für die Durchsetzung der deutschsprachigen Kunst auf den Bühnen in Berlin und Potsdam sehr viel. Er war offen für Neues und ließ den kreativen Beamten und Künstler genügend Freiraum zur Entfaltung ihrer Talente und Anliegen. Auswärtige Künstler wie Haydn, Boccherini oder Mozart und Beethoven wurden von ihm unterstützt oder komponierten für ihn besondere Werke.[148] Auch die Witwe Mozarts kam nach Berlin, dabei besuchte sie den Kämmerer Ritz. Der schrieb seiner Frau am 25. Februar 1796: „die Wittwe Mozard (ist – B. M.) hier, sie ist oft bey mir, sie reiset um die Musique ihres verstorbenen Mannes zu produciren, giebt Sontag ein Concert im Opern hause, wo es recht voll seyn wird …“[149] Das allgemeine Interesse an der Musik und den Theateraufführungen nahm in diesen elf Jahren der Regierungszeit Friedrich Wilhelms beständig zu. Für die kulturelle Entwicklung dieser besonderen Epoche sollte das künstlerische Engagement Friedrich Wilhelms II. nicht unterschätzt werden.

Die königliche Akademie der Wissenschaften zu Berlin

Unter Friedrich II. hatte die Akademie im Vergleich zu dessen Vorgänger wieder mehr Beachtung erfahren. Der König bemühte sich insbesondere um bedeutende französische Gelehrte, um der Akademie nach den spartanischen Jahren während der Herrschaft des Soldatenkönigs wieder mehr Glanz zu verleihen. In den letzten Lebensjahren Friedrich II. wurden jedoch kaum neue Mitglieder aufgenommen. Friedrich Wilhelm bemühte sich daher nach 1786 erst einmal um die Aufnahme geachteter Wissenschaftler. Allein von September bis Dezember 1786 wurden dann 14 neue ordentliche Mitglieder gewählt. Unter den auswärtigen neuen Mitgliedern waren der Mathematiker Marie-Jean Antonie de Condorcet (1743–1794), der als Anhänger der Französischen Revolution 1793 allerdings wieder ausgeschlossen wurde, sowie die Naturforscher Georg und Johann Reinhold Forster (1754–1794 und 1729–1798), der Botaniker Nikolaus Joseph von Jacquin (1727–1817), der Königsberger Philosoph Immanuel Kant, der Physiker Alessandro Volta (1745–1827) und der zum Weimarer Musenhof gehörende Schriftsteller Christoph Martin Wieland (1733–1813). Weiterhin wurden der Dichter und Theaterdirektor Karl Wilhelm Ramler (1725–1798) oder der „Begründer“ der wissenschaftshistorischen Forschungen Johann Karl Wilhelm Moehsen (1722–1795) in die Reihen der Akademie aufgenommen. 1791 wurde dann noch der deutsche Autor des Entwicklungsromans „Anton Reiser“, Karl Philipp Moritz (1756–1793), in die Akademie gewählt.

Kurz nach dem Tod Friedrichs II. ernannte Friedrich Wilhelm den ihm vertrauten Minister Ewald Friedrich Graf von Hertzberg zum Kurator der Akademie, der dort schon 1752 als außerordentliches Mitglied aufgenommen worden war. Hertzberg wollte die Bedeutung der Berliner Akademie wieder stärker ins Bewusstsein der europäischen Wissenschaftslandschaft rücken. Die Gelehrtengesellschaft sollte fortan zu den ersten Adressen in Europa gehören. So bemühte er sich redlich um deren Reorganisation. Insbesondere mit den Preisaufgaben – die Akademie schrieb wissenschaftliche Fragen zur Beantwortung aus und prämierte dann die beste Antwort – versuchte Hertzberg aktuelle Probleme der Zeit zu diskutieren und für die erforderlichen inneren Reformen der Gesellschaft vorzuarbeiten.[150] Doch die Französische Revolution 1789 und die Kräfte zehrenden Kriege ließen auch auf dem Gebiet der Wissenschaft viele gute Reformansätze im Sande verlaufen.

Bildungswesen

Friedrich Wilhelm II., der im Geist der Aufklärung erzogen worden war, wollte auch im Bereich der Bildung neue Akzente setzten. Sowohl sein Großvater wie auch Friedrich II. schenkten der Bildung der Untertanen durchaus ihre Aufmerksamkeit und erließen immer wieder Edikte, die dem Schulbesuch gerade auch der ländlichen Bevölkerung mehr Nachdruck verleihen sollten. Doch es mangelte noch immer an den ökonomischen Voraussetzungen. So erließ Friedrich Wilhelm I. zwar im Jahr 1717 das Edikt zur Einführung der allgemeinen Schulpflicht, doch für den Unterhalt der erforderlichen Lehrer und die Freistellung der Schüler von der lebensnotwendigen Arbeit konnte er nicht sorgen.[151] Sowohl Wolfgang Neugebauer als auch Norbert Winnige sowie andere Forscher kommen in ihren Untersuchungen zu dem Ergebnis, dass bei allem Wohlwollen der staatlichen Bemühungen „eine Wirksamkeit staatlicher Schulpolitik im 18. Jahrhundert nicht bestand."[152] Das niedere Schulwesen blieb unter der Aufsicht der Kirche und die lokalen Initiativen prägten das Niveau. Daran änderte auch die Einrichtung des Oberschulkollegiums 1787 nichts.

Bei aller berechtigten Kritik an der fehlenden staatlichen Aktivität oder, wie es Wolfgang Neugebauer formulierte, dem „Omnipotenzverzicht"[153] des preußischen Staates im Bereich der Elementarschulbildung lassen sich dennoch Fortschritte verzeichnen, die die Lehrer, Pfarrer und Stadträte vor Ort meist im zähen Ringen mit den staatlichen Behörden erreichten. Das sollte sich nun mit der Einrichtung des Oberschulkollegiums ändern, da diese Behörde allein für die Unterrichtsangelegenheiten und die Universitäten zuständig sein sollte. Entsprechend ihren beruflichen Perspektiven sollten die Kinder eine berufsorientierte und fachspezifische Ausbildung erhalten. Zedlitz gedachte das Schulwesen in Landschulen, Bürgerschulen und Gelehrtenschulen zu gliedern. Friedrich Wilhelm ließ sich die Reformvorschläge von Zedlitz erläutern und stimmte dann der Reform zu. So begann das Oberschulkollegium am 26. September 1787 seine Arbeit, an der auch Wöllner teilnahm. Um für das Studium ein ansprechendes Niveau zu sichern, beschloss das Oberschulkollegium die Abiturprüfung einzuführen. Im Jahr 1789 wurden dann die ersten Abiturientenprüfungen an den Gymnasien durchgeführt.[154]

Nach der Neugliederung des Geschäftsbereichs von Zedlitz erhielt Wöllner im Jahr 1788 den Ministerposten für die geistlichen Angelegenheiten. Schon in der Kronprinzenzeit hatte der einstige Pfarrer auf diese Stellung hingearbeitet, weil er den Rationalismus für viele Fehlentwicklungen der letzten Jahrzehnte verantwortlich machte und nun den wahren Glauben wieder vermitteln lassen wollte. Wer wenn nicht die Kirche sollte die Schulen beaufsichtigen und dafür sorgen, dass dort der rechte Glaube gelehrt wurde? Die im Jahr 1791 eingesetzte Immediat-Examination-Kommission sollte daher auch die Gesinnung der Lehrer und Universitätsprofessoren kontrollieren. Bei aller materiellen und dank des Einflusses Wöllners auch geistiger Einengung blieb jedoch das Fernziel, das Bildungsniveau der Untertanen zu verbessern, erhalten. Kurz vor dem Tod des Königs im Jahr 1797 erhielt die allgemeine Schulbildung Gesetzeskraft.

Die Universitäten in Halle, Königsberg, Breslau und Frankfurt an der Oder bildeten nach wie vor den akademischen Nachwuchs aus. Friedrich Wilhelm II. bemühte sich schon in den ersten Wochen nach dem Regierungswechsel und unterstützt von Hertzberg um die Verbesserung des preußischen Universitätswesens. Er erhöhte die Etats der Universitäten und die Gehälter der Professoren. Darüber hinaus förderte er auch andere wissenschaftliche und kulturelle Einrichtungen. Neben den schon erwähnten neuen Ausbildungseinrichtungen der Offiziere, der Tierärzte, der Architekten und Kunsthandwerker unterstützte

Friedrich Wilhelm in besonderer Weise die Königliche Bibliothek, das Collegium medico-chirurgicum und die Charité.[155]

Natürlich sorgte der Ruhm Immanuel Kants für die besondere Anziehungskraft, die Königsberg genoss. Aber auch die Hallesche Universität erlangte insbesondere unter ihrem neuen Kanzler Karl Christoph (von) Hoffmann (1735–1801), der auch Mitglied des Oberschulkollegiums war, eine geachtete Reputation. Das hing damit zusammen, dass sich Hoffman sozusagen als Wissenschaftspolitiker hervortat und sich für zukunftweisende Reformen einsetzte, die die preußische Wissenschaftslandschaft generell betrafen. Unter Mitwirkung von Hoym konnten dann Mittel durch den Verkauf der schlesischen Jesuitengüter zur Verfügung gestellt werden. Von den so eingebrachten 10 000 Reichstalern erhielten 7000 die Fridericiana in Halle, 2000 die Universität in Königsberg und 1000 die Viadrina in Frankfurt an der Oder.[156] Die Gelder setzten die Universitäten ein, um wie in Halle Reformen durchzuführen oder wie in Königsberg die Gehälter der gering besoldeten Professoren zu erhöhen. Die Viadrina verwendete das Geld zur Schuldentilgung und zur Anschaffung mathematischer und naturwissenschaftlicher Instrumente. Die ursprüngliche Intention zielte ja darauf hin, dass alle diese Gelder für gemeinnützige Einrichtungen verwendet werden sollten, um die Forschung und Lehre zu beleben.[157]

Die bessere Ausstattung der vorhandenen Universitäten blieb trotz löblicher Ansätze sehr bald ein unerfüllter Wunsch der Beteiligten, denn mit den zunehmend leereren Staatskassen ließen sich keine großen Vorhaben mehr realisieren. Ähnlich sah es auch mit den Planungen für die wissenschaftliche Ausbildung der neuen, zumeist katholischen polnischen Untertanen aus. Natürlich wollte man gerade die zukünftigen Staatsdiener auch in den neu erworbenen Gebieten ausbilden. Die Gründung einer Universität in Thorn wurde diskutiert. Doch die dafür erforderlichen 12 000 Taler ließen sich nicht so ohne Weiteres beschaffen. Die Kriege hatten die Kassen geleert. Die sparsamere Variante für die wissenschaftliche Ausbildung der neuen Untertanen sah dann vor, die vorhandenen Universitäten zu nutzen. Speziell die Viadrina in Frankfurt an der Oder schien für die Ausbildung der katholischen Theologen bestens geeignet zu sein.[158] Auch auf diesem Gebiet verliefen viele Reformwünsche des Königs im Sande, weil es an Geld mangelte und weil sein früher Tod die Situation veränderte.

Die letzten Lebensjahre zwischen Hoffnung und Resignation

Der kranke König und sein redliches Bemühen um die Wohlfahrt des Landes

Nach den Kriegsjahren und dem Baseler Frieden 1795 wartete auf den König eine Vielzahl von innenpolitischen Aufgaben und Problemen. Doch seine Gesundheit hatte während der Feldzüge sehr gelitten, so dass er fortan nicht mehr wirklich belastbar war. Hinzu kam sicherlich noch, dass der König längst erkannt hatte, dass sein Reformeifer im Sumpf der Bürokratie stecken blieb und sein Handlungsspielraum begrenzt war. Seine humanistischen Grundsätze, die ihn unter anderem bewogen hatten, dem polnischen Adel bei der zweiten polnischen Teilung möglichst viele alte Rechte zu erhalten, wurden in den Krisenzeiten erschüttert. Die Erlebnisse im Kampf gegen die polnischen Aufständischen und das Verhalten von Teilen der neuen polnischen Untertanen veränderten die Denk- und Handlungsweise des Monarchen. Der König wurde im Allgemeinen misstrauischer und in seinen Forderungen unerbittlicher.

Zu den wenigen Beamten, denen er in jenen Jahren noch über den Weg traute, zählten der immer mal wieder entlassene Graf Schulenburg-Kehnert, der treue Wegbegleiter Bischoffwerder, zunehmend auch Struensee sowie in bewährter Weise von Haugwitz und von Zastrow. Die Vorschläge des Ministers von Struensee wurden in den 90er-Jahren vom König meist nur per Bleistift kurz kommentiert oder „genehmigt“. Lange freundliche Anschreiben, wie sie oben zitiert wurden, die den Verfasser lobten und seine Arbeit würdigten, sucht man nun vergeblich.[1]

Die Tragik Friedrich Wilhelms II. besteht eigentlich darin, dass er, als er all seine Kräfte und seine Energie benötigte, um den stark vergrößerten preußischen Staat nunmehr effizient zu konsolidieren, eben wirklich krank war und keine Kraftreserven mehr hatte. Auch mangelte es zu jener Zeit an fähigen und uneigennützigen Beamten, die für ihn diese schwierigen Aufgaben hätten erfüllen können. Zwischen 1786 und 1797 hatte sich der Staat flächenmäßig um mehr als ein Drittel vergrößert: von 194 891 qkm auf 305 669 qkm. Die Bevölkerung vermehrte sich im gleichen Zeitraum von 5 430 000 Einwohnern auf 8 687 000 Einwohner.[2] Die durch Erbschaft hinzugekommenen Gebiete von Ansbach und Bayreuth sowie die durch die Teilungen Polens einverleibten Territorien von Neu-Ostpreußen, Südpreußen, Neuschlesien, Thorn und Danzig galt es nun, in den preußischen Staat zu integrieren. Dort mussten Verwaltungen aufgebaut bzw. angepasst, der Adel untergeordnet, Schulen errichtet und die Wirtschaft angekurbelt werden. Diese Aufgabenvielfalt hätte auch den gesündesten Monarchen in dieser besonderen Epoche des Aufbruchs und des Beharrens überfordert. Doch Friedrich Wilhelm hatte nicht einmal eine Chance in diesen turbulenten Zeiten, seine ca. drei Millionen neuen Untertanen vereint mit jenen der altpreußischen Gebiete auf einen Erfolg versprechenden Weg zu führen. Denn erzogen und aufgewachsen in einer höfischen Gesellschaft, die die Monarchie für die einzig richtige Regierungsform hielt und die nur dem König – unterstützt von einer kleinen Elite – zutraute, für das Wohl des Landes zu sorgen, konnte er angesichts der Globalisierung und Kommerzialisierung, der Französischen Revolution und deren Folgen lediglich versuchen, das bestehende Gesellschaftssystem von innen zu erneuern.

Auch bei dem jetzigen Forschungsstand, der nur wenige verstreute Reformversuche dokumentiert, lässt sich dennoch sagen, dass dieser Monarch sehr wohl erkannt hatte, welche wirtschaftlichen, verwaltungsmäßigen, kulturellen und sozialen Veränderungen dringend erforderlich waren. Hier hatte er die zeitgenössische Diskussion und die Entwicklung in anderen Ländern durchaus verfolgt. Doch wie kein anderer Hohenzollernkönig kannte Friedrich Wilhelm II. seine Grenzen und agierte daher im vollen Bewusstsein, nur das in jener Zeit Mögliche zu realisieren. Wie sehr ihm die Umsetzung selbst der kleinen Reformen durch das renitente und passive Verhalten von Teilen der Bürokratie erschwert wurde, ist oben beschrieben worden. Er, der seit seiner Regierungsübernahme um seinen Machtanspruch kämpfen musste, konnte auch am Ende seiner Herrschaft nicht an einen relativen Machtverzicht denken. Eine Veränderung der monarchischen Verfassung stand daher außerhalb jeglicher Diskussion.

So sah auch Friedrich Wilhelm II. nicht anders als Friedrich II. in der erbrechtlichen Sicherung der Dynastie die zentrale Aufgabe eines monarchischen Herrschers. Mit der Geburt seines Enkels am 15. Oktober 1795, der mit dem Namen Friedrich Wilhelm die Familientradition fortsetzte, schien die Thronfolge auch in der nächsten Generation gesichert zu sein. Wenn auch die männliche Erbfolge für den Erhalt der Dynastie sorgte, so wusste der König auch, wie wichtig es darüber hinaus war, die leeren Staatskassen wieder zu füllen. Nun wurde aber gerade jenem König unterstellt, mit seiner Verschwendungssucht, seinen protzigen Bauten, seinen Mätressen und seiner Freigiebigkeit seinen Günstlingen gegenüber das von Friedrich II. so mühsam zusammengebrachte Staatsvermögen sinnlos verschleudert zu haben. Schon die Historiker Naudé und später Bissing, Bringmann und andere wiesen nach, dass dies eben nicht stimmte: Die Kriege leerten die Staatskasse.

Nach 1795 bemühte sich der König redlich, die aufgelaufenen Schulden zu tilgen und wieder Rücklagen für die Sicherung der staatlichen Interessen zu deponieren. Doch die Einkünfte aus den Domänen und den Steuern deckten gerade die jährlichen Ausgaben. An Überschüsse, die sonst immer in den Tresor flossen, mangelte es. Auch brachten die neuen Gebiete noch keine Gewinne, sondern der Verwaltungsaufbau verschlang zusätzliche Mittel. Aus Verzweiflung über die trostlose Lage, schließlich wollte auch Friedrich Wilhelm seinem Nachfolger keinen bankrotten Staat hinterlassen, führte er 1797 das Tabakmonopol wieder ein.[3] Der verteuerte Tabak aber erzürnte viele Untertanen, die sich diesen kleinen Luxus ohnehin kaum leisten konnten. Hatte sein Ansehen im Volk schon durch die Erhebung Wilhelmines zur Gräfin Lichtenau gelitten, so nahm es jetzt weiteren Schaden: Der gutmütige, aber kranke Monarch verschwendete das Geld und sie, die Untertanen, mussten diese Verschwendung bezahlen. Die negative Legendenbildung nahm ihren Lauf.

In den Provinzen bekam man den König nun nicht mehr zu Gesicht. Hielten ihn seine Mätressen und die rauschenden Feste in Potsdam fest? Wer wusste schon, wie es wirklich um den König stand und wie er trotz Krankheit seinen Regierungsaufgaben nachkam? Vom „Alten Fritz“ hatte man ganz einfach erwartet, dass er bis zum letzten Atemzug arbeitete. Für diese Sichtweise hatten Friedrich und auch sein Umfeld durch die Art und Weise seiner Regierungspraxis gesorgt. Doch Friedrich Wilhelm, dieser Lebemann auf dem Thron, zog sich in sein Marmorpalais und den Neuen Garten zurück und niemand erfuhr, was dort wirklich geschah. Hatte er gehofft, dass sein menschliches Verhalten und seine Leistungen als Feldherr und Regierungsoberhaupt allein seinen guten Ruf begründen und erhalten würden? Oder hatte er die öffentliche Repräsentation und die symbolische Manifestation von Macht gänzlich unterschätzt? Der Rückzug Friedrichs II. nach Sanssouci und sein dortiges Eremitendasein am Ende seines Lebens schadeten seiner Reputation nicht. Niemand zweifelte daran, dass er die Fäden der Macht auch als todkranker König noch in den Händen hielt. Das sah bei Friedrich Wilhelm II. ganz anders aus. Was passierte da im Marmorpalais? Der Gräfin Lichtenau und seinen Günstlingen wurde ganz selbstverständlich unterstellt, dass nun sie und nicht der kranke König regierten.

Doch auch Friedrich Wilhelm II. ging bis zum Schluss seinen Regierungsgeschäften nach. Erich Bleich beschrieb das Leben des an Wassersucht, Atemnot und Herzinsuffizienz erkrankten Königs, der sich ins Marmorpalais zurückgezogen hatte, wie folgt: „Die Vormittage gingen regelmäßig unter Geschäften hin;

der Dienstag war den Kabinettsministern vorbehalten. Die Erholungspausen führten den König in den Garten; dort erging er sich im Gespräch mit Vertrauten oder auch allein. Einfach gekleidet, ohne Orden und Abzeichen, auf einen kräftigen Stock gestützt, machte er seine Spaziergänge. So einfach wie er gekleidet war, so einfach lebte er. Man sah keinen königlichen Prunk, keine militärischen Wachen; seine einzige Bedeckung war sein Lieblingshund Ajax. Der Nachmittag verfiel unter leichterer Beschäftigung, unter Musizieren und Lesen."[4] Zu jenen Vertrauten zählten neben der Gräfin Lichtenau und Bischoffwerder, der den Kronprinzen fast täglich brieflich über den Zustand seines Vaters unterrichtete, auch französische adlige Emigranten, die für Unterhaltung und Abwechslung sorgten.

Schon im April 1796 teilte der König seiner Lebensbegleiterin Wilhelmine, die noch in Italien weilte, Folgendes mit: „Die Krankheit hat bei mir die Oberhand gewonnen. Schreckliches Kopfweh, alltägliches Fieber … Trophen und Pulver helfen nicht mehr … und immer traurig war ich und blieb ich, ich mochte anfangen, was ich wollte. Das üble Wetter der diesjährigen Exerzierzeit hat mir den Rest gegeben … ich bete nebst Besserung um Geduld … Heute schreibe ich sehr undeutlich, weil ich immer einschlafe beim Schreiben … Gott gebe, daß wir uns bald gesund wiedersehen."[5] In diesen sehr privaten Briefen berichtete der König unter anderem über seinen Alltag am Hof, über die Kinder, seine letzte Liebe, die schöne Sophie, sowie über die Sorgen, die er sich um das Wohlbefinden Wilhelmines machte. Seine eigene Krankheit, aber auch politische Ereignisse, die ihn beunruhigten, fanden ebenfalls ihren Niederschlag in diesen intimen Lebensberichten. Der Briefwechsel des Jahres 1796 verdeutlicht darüber hinaus noch einmal, wie sehr Wilhelmine ihm zur Vertrauten in allen Lebenslagen geworden war.

In der Literatur wurde „der Freund", der immer wieder erwähnt wird und den Wilhelmine befragen oder informieren sollte, immer als Beweis dafür genommen, dass der König bis zum Schluss in den Fängen der Mystik und der Geisterseherei verstrickt war. Doch war er das wirklich? Die Zeilen an Wilhelmine offenbaren zweifelsfrei doch nur seine tiefe Religiosität und sein Gottvertrauen. Könnte es nicht sein, dass „der Freund" in den Briefen der beiden, die sich nun schon 30 Jahre kannten, einfach nur ein Codewort für Wilhelmine geworden war? So konnte er eine Frau um Rat fragen, ohne ihre Beziehung zu belasten. Diese lieb gewordene Gewohnheit schützte ihn vor dem Vorwurf, von Wilhelmine beeinflusst zu werden, und Wilhelmine davor, den König politisch manipuliert zu haben. Denn das Intrigenspiel – sei es auf diplomatischem Parkett oder auch am Hof – wurde von Friedrich Wilhelm immer wieder angeprangert. Wenigstens der König dürfte geahnt haben, wie sein Sohn und die Nachwelt auf diese besondere, für sie unverständliche innige Beziehung nach seinem Tod reagieren werden.

Am 24. Februar 1796 schrieb er Wilhelmine: „Ihr so interessantes Journal vom 23. January habe ich erst vor vier tagen erhalten und mit der größten theilnahme durchgelesen Got wolle das wir bald hierüber mündlich uns unterhalten mögen die heilige Zeit werden (sie – B. M.) in Rom zubringen … Hier habe (ich – B. M.) viel Ermüden im Carneval gehabt so viel Politische Dinge ist wider schrecklich verworren es heißt Österreich will Feinde machen auch England und sie wollen Preußen zum mediateur haben, und in Aachen soll der friedens congress seindt."[6] Weiter berichtete der König dann von seiner angeschlagenen Gesundheit und resümiert „Doch wie Gott will! … hätte nach Italien kommen können hätte vielleicht Hülfe es kaum aber die Möglichkeit dieser weise übersteiget meine begriffe und sollte es noch Jahr und Tag bis zur Entscheidung dauern so würden meine Kräfte sehr ermatten ich bin doch nur ein Mensch."[7]

Der König hatte am 30. September 1795 Russland und Österreich mitgeteilt, dass sich sein Land neutral verhalten werde und kein preußisches Bündnis mit Frankreich zu erwarten sei. Daraufhin wurden Gesandte aus London, Paris, Wien und St. Petersburg nach Berlin geschickt, um den König von dieser Neutralitätspolitik abzubringen.[8] Der alljährliche Karneval bot ihnen die Gelegenheit, auf Friedrich Wilhelm einzuwirken. Genau darauf spielte der König in dem obigen Brief an. Angesichts dieser diplomatischen Bedrängnis und seiner angeschlagenen Gesundheit erklärt sich die Sehnsucht, nach Italien reisen zu wollen. Das dortige Klima – das natürliche und das kulturelle – hätten ihm sicherlich gutgetan. Doch er war schon viel zu krank, um eine derart anstrengende und lange Reise bewältigen zu können.

Während der Abwesenheit von Wilhelmine wurde der König von „meiner guten S+++ recht gut gepflegt …"[9] Die Tänzerin Sophie Schultzki erfreute ihn mit ihrer Grazie und ihrem Aussehen und erwärmte sein Herzen in diesen für ihn schweren Zeiten. Eine Vertrauensstellung wie Wilhelmine nahm jedoch keines seiner Liebesabenteuer ein. So fuhr er auch im regen Briefwechsel mit Wilhelmine unbekümmert fort. Am 22. März 1796 morgens um 10.00 Uhr ging er auf ihren Wunsch ein, in den Adelsstand erhoben zu werden[10]. Er teilte ihr am 27. April mit, dass sie den Titel Gräfin von Lichtenau[11] erhielt. In dem gleichen Brief kam er noch einmal auf den Plan seiner Reise nach Italien zurück: „… wegen der Italienischen Reise bin (ich – B. M.) gantz geduldig und fühle weiter keinen zwang zu der Reise als das die Absichten mehr als Ehrwürdigen freundes und so einige Bindungen dadurch erreicht werden dieses ist mein höchster wunsch und sie persönlich kennenzulernen …"[12] Der an Kunst stets sehr interessierte Monarch wollte in Italien „Freunde" treffen und natürlich die Kultur des Landes persönlich in Augenschein nehmen. Am 9. September 1796 schrieb er Wilhelmine, dass die russische Kaiserin Katharina II. „plötzlich am 17. vorigen Monats gestorben ist nach einer 24 stündigen Krankheit…"[13] Dieser schnelle und unerwartete Tod beschäftigte ihn, den schon Schwerkranken, natürlich besonders. Das Nachdenken über den Tod und die Vergänglichkeit fanden bei ihm jedoch keinen Niederschlag in philosophischen Abhandlungen, sondern sie bewirkten wohl eher eine Intensivierung des Glaubens.

Als sich der Zustand des Königs weiter verschlechterte, brach die Gräfin Lichtenau ihre Italientour ab und kehrte nach Berlin zurück. Am 18. September 1796 wurde die Gräfin dann auch ganz offiziell bei Hofe von der Gräfin Hacke eingeführt. Dieses gesellschaftliche Ereignis fand in Potsdam im Neuen Garten statt. Die betagte Gräfin Voß, die nun dem Hof der Prinzessin Luise, der späteren Königin, vorstand, berichtete über diese Ereignisse anfänglich zurückhaltend. Doch nachdem sie einmal nicht von Wilhelmine empfangen worden war, änderte sich der Ton. So hieß es dann: „... wenn man Alles bedenkt, wer diese Frau ist und wie verwerflich ihr Verhältnis, so ist es schrecklich, sie sehen zu müssen. ... Der König ist unwohl, die Lichtenau war bei mir und sprach viel von ihm. Diese Person sagt mehr, als sie wahr machen kann, sie ist schrecklich."[14] Diese Gräfin, deren Nichte ja die erste Zweitfrau Friedrich Wilhelms war und die so ganz unbeschwert mit ihm in Bigamie lebte, gab mit ihren Worten nur die allgemeine Stimmung am Hofe des Thronfolgers wieder. Weder der König noch die Lichtenau ahnten zu diesem Zeitpunkt, was sich schon in wenigen Monaten ereignen sollte. Die spätere Königin Luise schrieb am 6. Mai 1797 an ihren Vater: „Ich ... achte mich selbst zu hoch, um ihr (der Lichtenau) das geringste Entgegenkommen zu beweisen. Ich bin höflich zu ihr, und ich versuche zu vergessen welches Verhältnis uns diesen gesellschaftlichen Zuwachs verschafft hat. ... Es ist empörend."[15]

Wilhelmine erlag wohl dem äußeren Schein dieser Hofgesellschaft und bemerkte nicht, wie bereits die Fäden gezogen wurden, um sie nach dem Tod des Königs zu vernichten. Fast unbeschwert lud sie den Hof zu ihrem Geburtstag am 19. Dezember 1796 in ihr Berliner Palais Unter den Linden. Natürlich erschien die höfische Gesellschaft. Das gebot schließlich die Etikette, und der König erwartete das auch. Jedes andere Verhalten wäre ein Affront gegen ihn gewesen und das wollte kein Mitglied dieser scheinheiligen Hofgesellschaft riskieren. Aber diese Feste verbesserten weder Wilhelmines noch des Königs Ruf am Hof. Das Gegenteil war der Fall. Die Prinzen und Prinzessinnen fühlten sich unwohl in der Umgebung der bürgerlichen Außenseiterin und sie rächten sich auf ihre Art. Dank für die aufopferungsvolle Pflege Friedrich Wilhelms zollte ihr nur die Königin. Die anderen vermuteten unlautere Motive, die die noch immer schöne Wilhelmine an den schwerkranken König fesselten.

Der König indessen arbeitete weiter, so gut es ging. Die erlassenen Edikte und Verordnungen zeugen davon, dass er durchaus noch Reformen in Angriff nehmen wollte. Auf dem Gebiet der Domänenverwaltung folgte er den Verbesserungsvorschlägen des Finanzrates Johann Friedrich von Schütz für die Neumark,

Pommern und die Kurmark, die eine effektivere Bewirtschaftung des königlichen Besitzes zur Folge hatten. Als er 1796 dann den Reichsfreiherren Heinrich Friedrich Carl vom Stein zum ersten Oberpräsidenten der westlich der Weser gelegenen Provinzialkammern ernannte, legte er einen wichtigen Grundstein für dessen spätere Karriere, die mit den preußischen Reformen nach 1806 eng verbunden ist. Stein wurde 1804 preußischer Minister und einer der wichtigsten Reformer, der sich insbesondere für die Aufhebung der Binnenzölle, der Erbuntertänigkeit, des Zunftzwanges und für die städtische Selbstverwaltung sowie eine staatliche Verwaltungsreform einsetzte. Dieses Reformpaket ging als Steinsche Reformen in die Geschichte ein.

Während einer Kur in Bad Pyrmont wurde der König im Sommer 1797 auch mit dem Problem der unzufriedenen Bauern auf den Domänen konfrontiert. Bauern der königlichen Domänen in Westfalen baten den König, ihnen die Dienstpflicht gegen eine jährliche Abgabe zu erlassen. Die Probleme der Leibeigenschaft, Erbuntertänigkeit und der Unrentabilität der erzwungen Leistungen der Bauern waren dem König ja schon lange Zeit bekannt. Die Angst vor Einkommensverlusten und der Reaktion des Adels hatten ihn bislang jedoch immer davon abgehalten, die Leibeigenschaft wenigstens auf den Domänen aufzuheben. Nun ließ er die Bittschrift von Heinitz prüfen und „gewährte am 3. 8. 1797 in Pyrmont die Befreiung nicht nur – wie erbeten – für Minden und Ravensberg, sondern auch für die Grafschaften Tecklenburg und Lingen." Allerdings konnten die daraufhin erforderlichen Verhandlungen über die Höhe der Abgaben nicht mehr zu Lebzeiten Friedrich Wilhelms II. abgeschlossen werden. „Die Befreiung der Domänenbauern hat also genau genommen nicht erst 1799 begonnen."[16]

Zu seiner Kur in Pyrmont hatten den König, der inkognito als Graf Hohenstein reiste, natürlich Bischoffwerder, der Rittmeister von Gualtieri, Haugwitz, zuständig für die Außenpolitik, und der getreue Lombard als Kabinettsrat begleitet. Für die Gesundheit sollte der Arzt Rohde sorgen. Die Lichtenau und der gute Ritz waren für das allgemeine Wohlbefinden zuständig. Auch Duport und das Kammermusikquartett begaben sich nach Pyrmont.[17] Als der König nach Berlin zurückkehrte, feierte die Stadt seine vermeintliche Genesung mit einem großen Fest. Glockengeläut, Festessen, Theateraufführungen, Bälle und Opern sowie ein großes Feuerwerk und die bei diesen Anlässen übliche Illumination drückten für alle sichtbar die Freude über das Ereignis aus.[18]

Während Friedrich Wilhelms II. Aufenthalt in Pyrmont waren 20 Reichsfürsten in dieses Bad gereist, um dem Preußenkönig zu huldigen.[19] Diese Ehrerbietung tat ihm sicherlich gut und sie bezeugt die Stellung, die er sich im Reigen der deutschen Fürsten erarbeitet hatte. Doch wie sah es mit seiner Reputation im eigenen Land aus? Konnte er seine Untertanen von seinen Herrscherqualitäten überzeugen? Allein wenn man bedenkt, wie herablassend und entstellend Schadow über diesen König urteilte, der ihm alle nur erdenklichen Entwicklungschancen bot, bleibt es zweifelhaft, ob Friedrich Wilhelm je ins rechte Licht gerückt worden war. Die Anforderungen an einen Monarchen am Ende des 18. Jahrhunderts unterschieden sich erheblich von denen, die Friedrich II. noch als Maß aller Dinge galten, so dass der König, der zwar noch alte Überzeugungen und Werte teilte, aber dennoch dem Neuem gegenüber aufgeschlossen war, von den Zeitgenossen sehr widersprüchlich wahrgenommen wurde.

Für die Menschen seines Umfeldes und die nachfolgenden Historikergenerationen ergab sich ein Bild der Starre, die durch den Mangel an Sachkenntnissen und durch das unentschlossene Handeln des Königs verursacht worden sein soll. Bei diesem einseitigen Urteil wurde in der Regel völlig ausgeblendet, dass Friedrich Wilhelm II. auf jenen Gebieten, wo er sich selbst einen aktuellen Wissensstand angeeignet hatte, durchaus Innovationen durchsetzte und dafür auch verlässliche Partner fand. Unter Friedrich Wilhelm bahnte sich der Klassizismus seinen Weg in der Architektur, in der Innenausstattung der Schlösser und in der fachlich vorbildlichen Ausbildung der Architekten und Kunsthandwerker. Dieser Monarch verlegte das politische Machtzentrum wieder von Potsdam nach Berlin und er sorgte mit seiner Kunstförderung dafür, dass sich diese Stadt zu einer im europäischen Vergleich zunehmend akzeptierten, kulturell interessanten Hauptstadt entwickelte, die erlebnishungrige Reisende aus aller Herren Länder anzog.

Die 42 Jahre unter der widersprüchlichen Herrschaft Friedrichs II. und die über zwei Jahrzehnte des Potsdamer Garnisonsdienstes mit seinen starren Reglements prägten Friedrich Wilhelm nachhaltig und wohl auch stärker, als er sich selber zugestand. Seine tiefe Religiosität und die durchaus zeitgemäße Hinwendung zur Mystik halfen ihm, die Demütigungen und Ausgrenzungen am preußischen Hof zu ertragen. In der Liebe suchte er die Geborgenheit, die ihm in dieser höfischen Gesellschaft sonst niemand geben konnte.

Die schwierige Vater-Sohn-Beziehung – der König und der Thronfolger

Friedrich Wilhelm (II.), der von seinem Onkel mehrmals aufgefordert worden war, für den dynastischen Nachwuchs zu sorgen, kam seinen ehelichen Verpflichtungen in der zweiten Ehe zur Zufriedenheit Friedrichs II. nach. Am 3. August

1770 gebar Friederike Luise einen Sohn, der von der Großmutter, der Landgräfin Caroline von Hessen-Darmstadt, die wegen der Entbindung in Potsdam weilte, vom Großonkel Friedrich und auch vom Vater, der seiner Frau nach Einsetzen der rhythmischen Wehen nicht mehr von der Seite gewichen war, freudig begrüßt wurde.[20] Natürlich erhielt auch der kleine Prinz Friedrich Wilhelm, den man aber nur Friedrich rief, eine Amme, die für sein leibliches Wohl sorgte. Die ersten Lebensjahre lassen sich nur schwer rekonstruieren, wie Thomas Stamm-Kuhlmann zu Recht betont. Während er seine Mutter mit elf Jahren wohl regelmäßig zwischen sieben und neun Uhr abends besuchte, wird der Kontakt zu seinem Vater wohl nicht so regelmäßig gewesen sein.[21] Für die Bildung dieses erstgeborenen Prinzen, der für den Erhalt der Dynastie stand, war der regierende König zuständig, und so legte Friedrich II. fest, wer diesen Großneffen wie zu unterrichten hatte.

Die Bildung des Kronprinzen wurde dem Pastorensohn Christian Friedrich Gottlieb Behnisch 1773 übertragen. Behnisch war in diplomatischer Mission in Stockholm tätig gewesen und hatte aus finanziellen und gesundheitlichen Gründen um eine Rückberufung bei Friedrich II. nachgesucht. Der Monarch versah Behnisch mit einer ausführlichen Instruktion über die Erziehungsmaximen, die dieser zu beachten hatte und die sich kaum von der für dessen Vater unterschied.[22] Der Erzieher und sein Schützling kamen gut miteinander aus. Der einfühlsame Pädagoge verstand es wohl, das Vertrauen Friedrichs zu gewinnen. Der vierjährige Knabe wurde aus der Obhut der Eltern und Geschwister genommen und erhielt gemeinsam mit seinem Erzieher am 17. November 1774 eine Wohnung im Potsdamer Schloss, während seine Eltern noch immer im bürgerlichen Quartier in der Schwertfegerstraße an der Ecke zum Neuen Markt lebten. Ihm wurde auch ein eigener Etat bewilligt.[23] Allerdings hielt es Friedrich nicht für angebracht, dem vierjährigen Kind ein Taschengeld zu geben. Behnisch sollte sich mit dieser Frage noch einmal melden, wenn sein Zögling sechs Jahre sein würde. Erst 1777 wurde ihm dann ein Taschengeld von 10 Talern pro Woche zugestanden.[24] Dieser Erzieher und Weggefährte der Jugendtage des Kronprinzen – Behnisch – wurde von Zeitgenossen als eine düstere und grämliche Erscheinung geschildert. Ein Hypochonder, der mit seinen düsteren Stimmungen, der Schwarzseherei und seinem Hang zur „Geisterseherei" sicherlich nicht nur positiv auf den jungen Prinzen einwirkte.[25]

Selbstverständlich hatte der Prinz auch eine militärische Ausbildung zu durchlaufen. 1777 wurde er Fähnrich im 1. Bataillon Garde und 1781 erhielt er den 60-jährigen Oberst Karl August von Backhoff zum Gouverneur. In der Instruktion für Backhoff heißt es: „Auch muß der Obrist dem Prinzen, wenn die Lectiones vorbei sind, lassen herumreiten, und spazieren gehen, dass er mit Leuten gewohnt wird umzugehen, und auch Leute kennen zu lernen, und dadurch mit aufgemuntert wird, denn sonsten kann er die Leute nicht kennenlernen, wenn er immer in seiner Kammer eingesperrt sitzt."[26] Wie hätte der nun schon 11-jährige Prinz auch Sicherheit im Umgang mit Fremden und eine Lockerheit der Konversation erlernen können, da er doch kaum aus seinem engen Potsdamer Umfeld herauskam. Um seinem Onkel zu gefallen, entwickelte er eine Affinität zum Militär. Andererseits sah er ja auch in seinem Potsdamer Umfeld nichts anderes. Für Bücher oder für die notwendige geistige Nahrung mussten die Erzieher des Prinzen einen sehr mühsamen Kampf führen, da Friedrich II. das Geld zur Anschaffung häufig verweigerte und stets wissen wollte, was denn der Prinz lesen sollte. Geiz und diese königliche Zensur dessen, was er lernen durfte, engten hier den Bewegungsspielraum der Bildungsträger massiv ein. Friedrich II. verdrängte jetzt als König seine eigenen Erfahrungen, die er bei der heimlichen Anschaffung seiner eigenen Bibliothek im Kampf mit seinem Vater gesammelt hatte, völlig. Als Souverän bestimmte er, was sein Großneffe lesen durfte.

Für die Bestellung eines Philosophielehrers beratschlagte sich Friedrich mit dem Akademiemitglied Johann Bernhard Merian. Dieser empfahl zuerst den Lehrer Paul Erman, der am Französischen Gymnasium tätig war, und später Franz Michael Leuchsenring, der schon als Unterhofmeister des Erbprinzen von Hessen-Darmstadt gearbeitet hatte.[27] Die philosophischen Anschauungen Leuchsenrings erregten nicht nur den Widerspruch Behnischs, so dass der Philosoph 1785 Preußen verließ, und als er wieder zurückkam, löste er mit seinen Ansichten zum Katholizismus eine Kontroverse aus, die u. a. dazu führte, dass ihn Friedrich Wilhelm II. 1792 des Landes verwies.[28] 1784 wurde der Geheimrat Wilhelm Moulines, ein Pfarrer der französischen Gemeinde, dann als Philosophielehrer angestellt. Dieser schien zur Zufriedenheit von Onkel und Vater gewirkt zu haben. Friedrich Wilhelm II. erhob ihn in den Adelsstand und machte ihn zum Direktor des französischen Oberkonsistoriums.[29]

Als der 12-jährige Prinz aus seinen Sachen herausgewachsen war, beantragte man eine Erhöhung seines Etats. Friedrich II. verweigerte dies mit dem Hinweis, dass der Prinz lernen müsse, sparsam und gut zu wirtschaften, damit er kein Verschwender werde und wirtschaftlich handeln lerne. Einen Hofstaat für den Großneffen lehnte er völlig ab.[30] Für den separaten Haushalt seines Sohnes musste ohnehin sein Vater Friedrich Wilhelm aufkommen, dessen Etat allerdings auch nicht gerade üppig war.[31]

Der spätere Reformbeamte Karl August von Hardenberg, der erst seit 1790 auf eigene Beobachtungen zurückgreifen konnte, beurteilte 1808 – also rückblickend und auf mittelbare Informationen zurückgreifend – das Verhältnis des Monarchen zu seinen Nachfolgern so: „Alles hing von Friedrich ab, alles, was den Kronprinzen und seine Familie betraf, wurde mit größter Kargheit und zweckwidrig bestimmt. Während Friedrich die prächtigsten Paläste hatte und bewohnte, lebte der Kronprinz mit seiner Familie bis zu seinem Regierungsantritt in einem der schlechtesten bürgerlichen Häuser Potsdams … Furcht und Schrecken waren die Hauptgefühle, welche der große Mann im kronprinzlichen Haus einflößte. Schüchtern wurde dadurch Friedrich Wilhelm der Zweite, schüchtern und furchtsam Friedrich Wilhelm der Dritte. Das Selbstgefühl, das Vertrauen auf eigene Kraft wurden bei beiden so wie bei so vielen anderen Zeitgenossen Friedrichs erstickt."[32] Der übermächtige Großonkel prägte jedoch nicht nur das Verhalten des Großneffen nachhaltig, sondern auch die Beziehung des heranwachsenden Jungen zu seinem Vater. Wie sollte ein Kind seinen Vater achten und in seiner Vorbildfunktion annehmen, wenn Friedrich II. diesen vor aller Welt lächerlich machte?

Vielleicht versuchte Friedrich II. bei seinem Großneffen noch mehr zu reglementieren und die Bildungsinhalte noch stärker zu überwachen, um zu verhindern, dass dieser wie sein Vater werde. Von 1781 ist ein Tagebuch überliefert, das bis auf die Viertelstunde genau bezeugt, was der Junge wann gemacht hat.[33] Das schärfte sicherlich die Beobachtungsgabe des Kindes, aber auch den Hang zur Pedanterie und diente nicht der Erkenntnis größerer Zusammenhänge. Änderte sich an der Erziehung des Prinzen etwas, nachdem sein Vater König geworden war?

Zum 1. September 1786 erhöhte der neue König den Etat des Prinzen von 2400 Talern, die Friedrich 1774 festgesetzt hatte, auf 4232 Taler. Die finanzielle Besserung ging mit einer personellen Veränderung einher. Die alten Erzieher, die das Vertrauen Friedrichs II. gehabt hatten, wurden durch neue ersetzt. Behnischs Nachfolger wurde der Hauptmann Johann Georg von Schack, der schnell das Vertrauen des Prinzen gewann und um den dieser bei dessen Tod 1794 sehr trauerte, weil er mit ihm den verlässlichsten Ratgeber verlor. Zum Oberhofmeister ernannte Friedrich Wilhelm II. jedoch den Sohn des einstigen Erzfeindes seines Onkels, den Reichsgrafen Carl Adolph von Brühl, der für ein Jahresgehalt von 6000 Talern nach Berlin kam, wo ihm zusätzlich eine freie Wohnung und die Versorgung von acht Pferden gewährt wurde. Nur um die Relationen zu verdeutlichen, sei hier erwähnt, dass Friedrich II. 1745 einer von ihm sehr geschätzten Ballerina – „La Barbarina" (Barbara Campanini) – für die Anstellung an seinem Opernhaus 7000 Taler zahlte.[34] Der neue König honorierte den Oberhofmeister also durchaus standesgemäß. Schließlich erwartete der Monarch vom Grafen Brühl auch eine hervorragende Arbeit. An der weiteren Ausbildung des Thronfolgers wurde jedenfalls vorerst nicht gespart.

Der Kronprinz bekam nun eine angemessene Unterkunft im Kronprinzenpalais Unter den Linden, das sein Großonkel 1732 als Residenz erhalten hatte.[35] Im Hochparterre wohnte der Kronprinz, und in der oberen Etage zog der Oberhofmeister mit seiner Familie ein. Die Gräfin Brühl, die Tochter eines englischen

Kaufmanns und Consuls, verstand es, sich trotz ihrer unstandesgemäßen bürgerlichen Herkunft einen sehr geachteten Platz in der königlichen Hofgesellschaft zu erarbeiten. Ihre Weltgewandtheit und ihre Kultur wurde insbesondere vom Thronfolger Friedrich Wilhelm sehr geschätzt.[36]

Mit 17 Jahren trat dann der Kronprinz seinen Garnisonsdienst an. Im Mai 1787 erhielten er sowie sein jüngerer Bruder Louis Unterricht in Mathematik und Festungswesen durch den Oberstleutnant Georg Friedrich Ludwig von Tempelhoff. Wie sehr sich der Kronprinz mit militärischen Fragen beschäftigte, dokumentieren seine militärischen Ausarbeitungen der Jahre 1786 bis 1789.[37] Zum Berliner Alltag der Prinzen gehörte auch die religiöse Unterweisung, die seit Generationen von der reformierten Familie Sack erfolgte. Wie der Vater August Friedrich Sack so gehörte auch dessen Sohn Friedrich Samuel Gottfried Sack zu den Aufklärern, wobei Letzterer zur so genannten zweiten Generation der Aufklärer zählte, die pragmatisch und gemäßigt an die Aufgaben der Religionsgemeinschaft herangingen. Der jüngere Sack konfirmierte den Kronprinzen am 4. Juli 1787.

Neben der militärischen Ausbildung und der religiösen Unterweisung sollte der Kronprinz auch philosophische Kenntnisse erwerben. Erstaunlicherweise wählte der König hier keinen Vertreter der Gegenaufklärung, sondern mit Johann Jakob Engel, dem Professor des Joachimthalschen Gymnasiums und seit 1787 auch Direktor des Königlichen Nationaltheaters, einen Vertreter der Popularphilosophie und des gesunden Menschenverstandes. Engel, der gemeinsam mit Karl Wilhelm Ramler das Königliche Nationaltheater leitete, verkehrte u. a. mit Christian Garve, Moses Mendelssohn und David Friedländer. Diese pragmatischen Aufklärer waren dem König nicht unbekannt, denn Ramler weilte des Öfteren bei der Königinwitwe Elisabeth Christine im „Weiberhof“ in Niederschönhausen, und die anderen Herren pflegten untereinander eine rege Korrespondenz über mögliche Wege der deutschen und der jüdischen Aufklärung. Als sein Schüler schon als neuer König Friedrich Wilhelm III. regierte, verfasste Engel 1798 einen „Fürstenspiegel“, der sicherlich auf seinen persönlichen Erfahrungen im Umgang mit den Prinzen basierte, aber auch ganz zeitgemäße Reflexionen jener besonderen Epoche beinhaltete. Immerhin forderte er eine klare Aufgabenteilung und die bewusste Übernahme der Verantwortung für Entscheidungen. Dieser „Fürstenspiegel“ erregte die Gemüter, weil er seiner Zeit voraus war. Immerhin entwickelte Engel schon 1791 – also noch vor Beginn der Koalitionskriege gegen Frankreich – die Idee, eine internationale Schiedsgerichtsbarkeit zur Verhütung von Kriegen zu begründen.[38]

In die Staatsgeschäfte wurde der Kronprinz dann vom Geheimen Oberfinanzrat Carl Abraham Gerhard eingewiesen. Die Geschichte der Hohenzollern und der Mark Brandenburg vermittelte der Minister Hertzberg. In das Rechtswesen führte ihn Carl Gottlieb Svarez ein. Seit 1790 nahm der Prinz jeweils donnerstags auch an den Vorträgen der kurmärkischen Kammer teil.[39] Anders als Friedrich II. sorgte Friedrich Wilhelm II. also durch systematische Wissens- und Kenntnisvermittlung dafür, dass sein Nachfolger gut auf seine zukünftigen Aufgaben vorbereitet wurde. Ob der Sohn dieses Bemühen seines Vaters schätzte? Immerhin stellte ihm Svarez das neueste Gesetzeswerk Preußens vor. Er erhielt Einblicke in die Interna des Staates, aus denen Friedrich II. gegenüber seinem Nachfolger ein Geheimnis machte. In keiner Biografie Friedrich Wilhelms wird diese Ausbildungsstrategie gewürdigt. Der Kronprinz nahm auch an den Sitzungen des Generaldirektoriums und des Oberkriegskollegiums teil.[40] Brühl setzte sich dann nach der theoretischen juristischen Ausbildung dafür ein, dass der Kronprinz die Praxis ebenfalls kennen lernte. Er empfahl, die Sitzungen des Kammergerichts und des Tribunals zu besuchen, worauf der König bemerkte: „Ich approbiere dieses recht sehr und sollen die Ordres deshalb aufgesetzt werden.“[41]

Obwohl Friedrich Wilhelm II. seinem Sohn neue Erzieher und Lehrer zur Seite stellte, ihn zielgerichtet in die Praxis der Regierungsarbeit einführte und mehr Gewicht auf die deutsche Kultur legte, wahrte er hinsichtlich der Bildungsreisen die Traditionen des preußischen Königshauses. Denn auch er schickte seinen Thronfolger nicht in die weite Welt, um ihn mit anderen Kulturen und Lebensweisen vertraut zu machen. Die einzige Auslandsreise führte den Kronprinzen 1787/88 in die Niederlande, wo er zunächst mit seinem Vater dessen Schwester Wilhelmine in Schloss Het Loo bei Apeldoorn besuchte. Der Kronprinz reiste anschließend als Graf von Lingen, also inkognito, weiter nach Amsterdam.[42]

Wie seine Vorfahren hielt auch Friedrich Wilhelm II. seine Söhne aus den außenpolitischen Aktivitäten heraus und sah es nicht gern, wenn sie geselligen Umgang mit ausländischen Gesandten pflegten.[43] Die Außenpolitik war ein äußerst sensibles Gebiet, und der König fürchtete wohl, dass durch unachtsame Bemerkungen Staatsgeheimnisse ins Ausland geraten könnten.

Was sollte nun aber der Kronprinz Sinnvolles tun? Wie sein Vater, so hoffte auch Friedrich Wilhelm auf eine militärische Aufgabe, die ihm die Gelegenheit gab, Mut und militärisches Geschick zu beweisen. Schon im August 1791 hatte der 21-jährige Prinz in einem Brief an seinen Vater darum gebeten, dass er von der Aufsicht und Fürsorge seiner Hofmeister „befreit“ werde.[44] Der junge Mann wollte einfach etwas mehr Bewegungsfreiheit, ohne ständig alles mit den Gouverneuren absprechen zu müssen. Seine militärische Feuerprobe erhielt der Prinz dann 1792 im Feldzug gegen das revolutionäre Frankreich. Am 22. April 1792 wurde ihm ein eigenes Kommando über eine Brigade übertragen, die aus drei Bataillonen des Regiments Hertzberg bestand und dem General

Wilhelm René de l'Homme des Courbière zugeordnet war.[45] Der Aufmarsch der Truppen, die 81 000 Mann (Preußen, Österreicher, Hessen und französische Emigranten) zählten, begann am 30. Juli. Während der Oberbefehlshaber – der Herzog Karl Wilhelm Ferdinand von Braunschweig – eher skeptisch war, weil er die Erfolgsaussichten von der inneren Lage in Frankreich abhängig machte, hatte der König zum Angriff gedrängt und ihn schließlich befohlen. Der militärische Alltag war ernüchternd, wenn auch die Kapitulation Verduns einen ersten Erfolg darstellte. Die Wetterlage, die schwierige Organisation des Nachschubs, die Strategie und das Verhalten des Königs wurden vom Kronprinzen genau beobachtet und in seinen Reminiszenzen später noch einmal überdacht und kommentiert. Thomas Stamm-Kuhlmann beschreibt die Erlebnisse und das Verhalten des Prinzen sehr detailliert.[46] In der Kanonade von Valmy erlebte er die Brutalität der Schlacht, in der sein Vater durch persönlichen Mut seine Truppen zu motivieren wusste. Allerdings bemerkte der Prinz auch, dass es seinem Vater an strategischem Talent mangelte. Ob dem Urteilsvermögen des jungen Mannes, der mitten im Kampf nüchtern analysiert haben will, was da geschah, zu trauen ist, bleibt wohl Ansichtssache.

Das distanzierte Verhältnis von Vater und Sohn, wie es Stamm-Kuhlmann beschreibt, hatte auf beiden Seiten etwas mit Achtung und Anerkennung zu tun. Die versteckte Kritik des Sohnes am Verhalten des Vaters in diesem Feldzug resultierte doch zu keinem geringen Teil daher, dass er nicht die Wertschätzung und Beachtung vom König erfuhr, die er sich erhofft hatte. Natürlich wollte der junge Mann gelobt werden und vor allen anderen, insbesondere vor den Brüdern des französischen Königs, auch als Thronfolger näheren Umgang mit dem König, als der Leitfigur dieses Feldzuges, pflegen und aus dem Tross der anderen hervorgehoben werden. Der militärische Alltag sah das nicht vor und so schaute er von seiner Tafel hinüber zu der des Vaters, wo er nicht sitzen durfte. Der Kronprinz wartete geradezu auf ein persönliches Signal von ihm, eine Geste der Vertrautheit und der Anerkennung. Doch Friedrich Wilhelm nahm auf die Befindlichkeiten des Thronfolgers keine sichtbare Rücksicht. In dieser angespannten Situation erlebte der Kronprinz die Zurechtweisung der Königs, weil er die Petroleumausgabe versäumt hatte, als tiefe Kränkung.[47] Im Prinzip behandelte der König seinen Sohn, wie es dessen militärischer Rang vorsah: Es gab keine Sonderprivilegien und keine Vertrautheiten.

Der Feldzug endete schließlich mit einem Truppenrückzug, der wegen der schlechten Versorgung der Soldaten und den Witterungsverhältnissen besonders qualvoll war. Der Einsatz des Kronprinzen konnte nicht dessen Erwartungen und Wünschen entsprechen, da der König und die Generäle das Leben des Thronfolgers so weit wie möglich schonen mussten und ihn keiner direkten Gefahr aussetzen durften. Das grenzte den Aktionsradius zusätzlich ein. Als jedoch im

November 1792 die Armee neu strukturiert werden musste und der Kronprinz dadurch seine Brigade verlor, wandte er sich mit einer Bitte an den König: Der Kronprinz wollte eine Kavallerieabteilung führen. Immerhin wurde ihm dann der Befehl für die Reserve anvertraut. Der Oberbefehlshaber hielt es für besser, wenn er nicht an der Front, sondern dahinter agierte.[48]

Das Winterquartier bezog der König von Preußen in Frankfurt am Main und sein Sohn verarbeitete dort das Erlebte auf seine Weise. „Ich zähle mit Recht den in dieser Stadt zugebrachten Winter für eine der vergnüglichsten Zeiten meines Lebens, der unter mannigfaltigen Gesellschaftlichen Vergnügungen, die zum Wetteifer unter den angesehensten Häusern Anlaß gaben, schnell verging, und ich werde mich dessen stets mit dem wärmsten Dank erinnern."[49] Diese rückblickend geschriebenen Zeilen erklären sich dadurch, dass Friedrich Wilhelm hier seine einzig große Liebe fand und anders als es seinem Vater erging, diese auch heiraten durfte. Das dynastische Interesse des Königs zwang den Kronprinzen nicht zu einer Heirat mit einer ihm unbekannten Prinzessin.

Verlobung und Heirat des Kronprinzen

Das Fürstenhaus Mecklenburg-Strelitz war nicht reich, aber als Nachbar Preußens in jener Zeit nicht ohne Bedeutung. Der Ruf der beiden Mecklenburger Prinzessinnen Luise und Friederike als Schönheiten erregte die Neugier des Kronprinzen. Da die beiden jungen Frauen in Darmstadt lebten, ließ sich Anfang März 1793 eine Begegnung im Winterquartier organisieren. Der König erklärte seinem Sohn Friedrich Wilhelm dann, dass er zwischen Luise und Friederike wählen könne, oder sich mit seinem Bruder Ludwig einigen solle, wer wen heiraten möchte. Der Thronfolger entschied sich bekanntlich für Luise. Für den 24. April 1793 vereinbarten dann die beiden Väter, Karl II. von Mecklenburg-Strelitz und Friedrich Wilhelm II. von Preußen, die Verlobung ihrer Kinder.[50]

Zunächst aber hielt der Feldzug, der am 20. März 1793 erneut begann, auch für den Thronfolger neue Aufgaben bereit. Immerhin war Friedrich Wilhelm am 20. Dezember 1792 zum Generalmajor befördert worden. Damit hatte der 22-Jährige die höchste Stufe seiner militärischen Laufbahn als Kronprinz erreicht. Im Frühjahrsfeldzug wurde ihm wieder das Reservekorps anvertraut. Das Ziel bestand in der Rückeroberung von Mainz, wo sich inzwischen eine Republik gebildet hatte. Auf dem Weg dorthin eroberte der Kronprinz gemeinsam mit seinem Vater am 3. Mai die Schanze von Kostheim für kurze Zeit zurück. Bemerkenswert an diesem Ereignis ist, dass der Kronprinz, der seiner Braut ansonsten detailliert berichtete, was er so erlebte, von diesem Erfolg nichts mitteilte.[51] Am 23. Juli kapitulierte die Mainzer Festung, da den Franzosen freier Abzug zugesichert worden war. Der Kronprinz ritt mit den Truppen in die Stadt und reflektierte in seinen Briefen an Luise auch dieses bedeutsame welthistorische Ereignis, die Mainzer Republik musste aufgeben, mit keinem Wort. Karl Griewank resümierte diese Zeit in der von ihm herausgegebenen Briefsammlung wie folgt: „Seit der Verlobung wird seine, auch vorher nicht sonderlich starke geistige Aktivität vollends von den Gemütsregungen, welche die Liebe und die Aussicht auf friedlich-häusliches Leben erweckt, zurückgedrängt.“[52]

Als der König am 22. September 1793, ohne sich von seinen Söhnen zu verabschieden, in Richtung Polen aufbrach, übertrug er dem Kronprinzen das Kommando über das Belagerungskorps vor Landau. Doch dieser war von dieser „Ehre“ nicht begeistert, sondern fürchtete sich eher vor dem untätigen Warten. Am 25. September erklärte der König seinem Sohn dann in einem Brief kurz die Lage und was er zu tun hätte. Wenn das Heer ins Winterquartier ginge, sollte er mit dem Bruder nach Berlin kommen, um dort die Hochzeit vorzubereiten.[53] Der Kronprinz langweilte sich nicht nur, sondern er schien das Interesse an diesem Krieg verloren zu haben. Zwar nahm er noch die Hinrichtung Marie Antoinettes mit Abscheu wahr, aber welche Folgen der Tod des französischen Königspaares für die europäische Politik haben könnte, darüber dachte er nicht nach. Auch die Gefahren, die aus der zweiten Teilung Polens am 23. Januar 1793 für den preußischen Staat erwachsen könnten, schienen ihn nicht zu tangieren. Voreingenommen, was das Agieren seines Vaters anging, pessimistisch, was den Krieg überhaupt betraf, und desinteressiert an dem Weltgeschehen begab sich der Prinz am 28. November 1793 gemeinsam mit seinem Bruder auf die Heimreise nach Berlin.

Dort begannen dann sogleich die Vorbereitungen für die Hochzeit. Der König stellte 23 000 Taler für die Einrichtung des Kronprinzenpaares zur Verfügung[54] und der Prinz versicherte seiner Braut: „Unser Haus wird, ich wage es zu sagen, sehr hübsch, ich wage mich der Hoffnung hinzugeben, daß es Ihren Beifall finden wird.“[55] Die Hochzeit selbst hätte der Kronprinz gern ohne die lästigen öffentlichen Verpflichtungen gefeiert. Das jubelnde Volk bereitete ihm Unbehagen. Auch wollte er die Illumination der Stadt anlässlich der Vermählung verhindern. Er schlug seinem Vater vor, den Bürgern zu erklären, dass sie das Geld für die Festbeleuchtung doch lieber für die Kriegswitwen und -waisen spenden sollten.[56] Diese sehr praktischen Überlegungen bezeugen einmal die humanistische Gesinnung des bescheidenen Prinzen, aber sie zeigen auch, dass ihm die Funktionsweise der Monarchie in keiner Weise vertraut war. Gerade angesichts des unentschiedenen Krieges und der französischen Revolution brauchte das Volk eine symbolträchtige Hochzeitsfeier, die zur Identitätsstiftung und zur Gewinnung der Sympathien des einfachen Volkes wichtig waren. Er hatte das Selbstverständnis eines erbberechtigten Prinzen verinnerlicht. Doch über die Bedrohung der Monarchien angesichts der französischen Revolution schien er nicht nachgedacht zu haben.

Am 19. November 1793 schrieb Friedrich Wilhelm II. einen Brief an die Landgräfin Luise von Hessen-Darmstadt, die Großmutter von Luise und Friederike. Er teilte ihr mit, dass er sich über die Ankunft der beiden Prinzessinnen sehr freue. Die beiden jungen Frauen trafen dann am 21. Dezember 1793 in der neuen grünen Kutsche, die der König für diese besondere Fahrt seiner Schwiegertöchter anschaffen ließ, in Potsdam ein und wurden begeistert von der Bevölkerung begrüßt. Weihnachten fand dann die Hochzeit im Weißen Saal des Berliner Schlosses statt. Am 24. Dezember wurde der Kronprinz mit Luise getraut und am 26. sein Bruder Ludwig mit Friederike. Die Feierlichkeiten folgten den üblichen Reglements in solchen Fällen. Hier wahrte man die höfische Tradition ebenso wie bei der Gestaltung der Festivitäten des übrigen Jahres. Das Jahr 1794 begann dann für Luise und Friederike mit neuen Eindrücken vom prunkvollen Leben in der Berliner Residenz. Das Hofereignis – der Berliner Karneval – sorgte für Ablenkung und viel Spaß. Maskenbälle, Abendgesellschaften, Theateraufführungen und die zu jener Zeit berühmten „lebenden Bilder“ unterhielten die Neuvermählten inmitten der Berliner Hofgesellschaft vortrefflich.

Vorurteile

Angesichts dieser Leichtigkeit des Lebens verdross es den jungen Ehemann schon sehr, als die politische Situation in Polen das sofortige Eingreifen des preußischen Heeres erforderte und er das Kommando über eine Brigade erhielt. Der Kronprinz zog durch Südpreußen und war über die Armut und die schlechte wirtschaftliche Lage dort entsetzt, wie er Luise mitteilte. Für all diese Erlebnisse und die Trennung von seiner geliebten Frau machte er den König verantwortlich, bei dem er sich dieses Mal auch verbal beschwerte. Die Strapazen und die Trennung von Luise ließen ihn immer mürrischer werden und so verurteilte er die Strategie seines Vaters mit bissigen Kommentaren. In den Briefen an Luise reflektierte er nicht, warum sich die Krakauer Aufstandsbewegung 1794 unter General Tadeusz Kosciuszko (1746–1817) ausgebreitet hatte und warum die Polen gegen die völkerrechtswidrige Aufteilung ihres Landes ankämpften. Für ihn war dieser Feldzug nur lästig. Den berechtigten Freiheitskampf der Polen blendete der Prinz völlig aus. Für ihn war es viel wichtiger, sich nun endlich im Kampf an der Front beweisen zu können. Natürlich wollte er damit auch seiner Frau imponieren. Umso enttäuschter reagierte er, als er erfuhr, dass er auch dieses Mal nur in der zweiten Reihe agieren sollte. Er beschwerte sich daraufhin persönlich beim König und betonte: „Er wolle aber doch so gerne seine Erfahrungen erweitern, was ihm nur beim Hauptcorps möglich sei."[57] Der König blieb bei seinem Entschluss und betonte, dass er auch bei dieser rückwärtigen Operation viel lernen und Mut beweisen könne.

Die Mühsal des militärischen Alltags rief immer wieder seinen Protest und sein Wehklagen hervor. Auch meinte er dann angesichts des Elends und der Strapazen: „Und im Grunde was geht es uns denn eigentlich an, sind sie nicht Herren und Meister in ihrem Lande mögen sie doch thun was sie wollen, aber leider die verfluchte Allianz."[58] Hier ist die Allianz Preußens mit Russland gemeint. Die schlechte Behandlung Rest-Polens durch die Zarin Katharina II. führte 1794 zum polnischen Aufstand. Preußen wollte ursprünglich nur seine südpreußische Grenze schützen und wurde dann, da sich die Aufstandbewegung auf Südpreußen und Teilen Westpreußens ausdehnte, in einen Krieg hingezogen. Der Thronfolger war des Krieges überdrüssig und hatte offenbar auch keine Kenntnisse von den ureigensten preußischen Interessen an dieser zweiten Teilung Polens, die ja mit einer erheblichen Gebietserweiterung einherging. Die Stimmung des Kronprinzen wird sich nicht gerade gebessert haben, als er erfuhr, dass sein Vater gemeinsam mit den russischen Truppen am 6. Juni 1794 die Aufstandsarmee des Kosciuszko bei Chebdzie erfolgreich geschlagen hatte, ohne dass die Operation seines ältesten Sohnes erforderlich wurde. Zwar war der Prinz stolz auf diesen preußischen Sieg, dennoch fürchtete er, dass er sich nun wieder langweilen werde, bis es weitergehen würde. Der König blieb in diesem Feldzug seinem Ältesten gegenüber ruhig und er behandelte ihn nachsichtig. Auf der dienstlichen Korrespondenz finden sich immer wieder persönliche Bemerkungen des Königs für seinen Sohn. Auf einer Order vom 2. Juli 1794 ergänzte der König den Satz: „Ich bin mit Deinem Verhalten recht gut zufrieden, lebe wohl."[59]

Der König unterrichtete seinen Sohn über alles, was dieser zur Ausübung seiner Aufgaben wissen musste. Den offiziellen Schreiben fügte er hin und wieder eine persönliche Information an, die zeigte, dass er trotz aller Kriegswirren durchaus an einer persönlichen Kommunikation interessiert war und auch nachempfinden konnte, was der junge Mann angesichts der Strapazen empfand. Ihm war es damals in Breslau ja auch nicht anders ergangen. Wie der Thronfolger diese persönlichen Bemerkungen aufnahm, bleibt spekulativ. In den Briefen an Luise haderte er nur weiter mit seinem schweren Schicksal und der Langenweile. Immer wieder kritisierte er die militärische Strategie seines Vaters. Da der Feldzug im Juli anders als geplant verlief, steigerte sich das Selbstmitleid des Thronfolgers so weit, dass er das militärische Vorgehen nicht nur als falsch beschrieb, sondern auch meinte: „Die Polen werden uns recht auslachen, daß wir so ohne Wirkung schießen und vor ihrem Retranchements stehen und sie nicht anders als mit einer Belagerung anzugreifen riskieren wollen. Gott, was ist das wieder für ein elender Krieg!"[60] Ohne die außenpolitische Situation Preußens zu reflektieren, verurteilte er nun die Kriege seines Vaters überhaupt. Der junge Mann gefiel sich in der Märtyrerrolle als schlecht behandelter Sohn eines unfähigen Königs.

Seiner Luise gegenüber erklärte er dann die Tatsache, dass er seine Kritik an dem militärischen Vorgehen nicht anbringen konnte, indirekt mit Hinweisen auf den Umgang mit der Wahrheit im Hauptquartier: „Man muss wissen, daß alle diejenigen, die die Wahrheit sagen und nicht alles in rosigem Lichte sehen, als Intriganten gelten und als Schwarzseher. Leider ist nur nicht viel Rosenfarbiges zu erwarten.“[61] Natürlich war die Lage Preußens, das an der Rheinfront gegen die französische Revolutionsarmee und in Polen gegen die stolze Aufstandsarmee der Polen kämpfte, nicht leicht und diese revolutionäre Bedrohung beeinflusste auch die Stimmung im Hauptquartier. Wäre es dem Thronfolger wirklich um den Staat gegangen, hätte er doch direkt ein Gespräch mit dem König suchen können. So hätte er auch mehr von den Hintergründen für die Entscheidung, den Rückzug anzutreten, erfahren. Doch davon ist nichts überliefert. Stattdessen stichelte er weiter gegen alles, was sein Vater tat.

Der Kronprinz konnte dann im September 1794 mit seinem Bruder nach Berlin zurückkehren. Der Kosciuszko-Aufstand wurde durch den Angriff der russischen Truppen niedergeschlagen und der polnische Staat hörte auf zu existieren. In der dritten Teilung Polens gewann Preußen weitere Gebiete hinzu, so dass der Staat seine größte flächenmäßige Ausdehnung erreichte. Doch dieser Triumph ging angesichts der leeren Staatskassen mit einem für die Verbündeten nur schwer verständlichen Friedensschluss einher. Am 5. April 1795 unterzeichnete Hardenberg den Friedensvertrag von Basel, in dem Preußen die linksrheinischen Gebiete einschließlich der eigenen an Frankreich abtrat und sich aus den Koalitionskriegen zurückzog. Da der Erfolg des Königs mit einem Verzicht an Besitz und einem Imstichlassen der Bündnispartner einherging, war auch dieser Sieg nur ein halber Sieg und bestätigte den Sohn in seinen Vorurteilen.

Vorbereitung auf die Machtübernahme

Wie seinerzeit sein Vater, so bereitete sich auch Kronprinz Friedrich Wilhelm auf die Machtübernahme vor. Er hielt Ausschau nach fähigen und verlässlichen Beamten. Es war auch die Zeit der Denkschriften, da einige Beamte mit Sorge auf die letzten Regierungsjahre dieses nunmehr kränklichen Königs schauten und meinten, sie müssten den angehenden Monarchen auf die Schwächen der Regierungsweise seines Vorgängers hinweisen und die vermeintliche Misswirtschaft anprangern. Heinrich Ludwig von Buchholtz, Oberkammerpräsident von Südpreußen und Staatsminister, verfasste eine Denkschrift und er listete die als

„Gratialgüter verschenkten Staatsländereien" auf.[62] Buchholtz, der 1795 von seinem Amt zurückgetreten war, weil er sich mit dem Provinzialminister von Hoym nicht verständigen konnte, bat den Kronprinzen um Diskretion, denn der Inhalt hatte es in sich. „Mit den königlichen Domänen ist, wie mit den königlichen Geldern, übel gewirtschaftet worden. Beide werden vergeudet, zum Teil an Menschen ohne Verdienst, an Intrigen-Machern, selbst an offenbare Betrüger." Seine Vorschläge waren dann ganz praktischer Natur. Die besondere Verwaltung Südpreußens sollte aus der Zuständigkeit Hoyms genommen und dem Berliner Generaldirektorium unterstellt werden. Schließlich betonte er: „Diese hingeworfenen Ideen, das Resultat langjähriger und geprüfter Beobachtungen, verdienen die Beherzigung eines Fürsten, von dem Europa alles erwartet. Sie sind nicht geschrieben, um irgend eine Art von Publizität zu erhalten."[63]

Die Integration Südpreußens und der Gebiete, die Preußen infolge der dritten Teilung Polens 1795 erhielt, gestaltete sich schwierig, wie oben schon angedeutet wurde. Der König, der anfänglich hoffte, durch Milde und Toleranz die Sympathie seiner neuen Untertanen und insbesondere des polnischen Adels und der katholischen Geistlichkeit zu gewinnen, sah angesichts der Teilnahme südpreußischer Untertanen an dem polnischen Aufstand 1794 seine Strategie als gescheitert an. Schließlich hatte er darauf verzichtet, die Krongüter (Starosteien) und die geistlichen Güter einzuziehen und Besitzbestandsgarantien gewährt. Nach dem Aufstand 1794 und der dritten Teilung änderte er seine Strategie. Nunmehr zog er die Krongüter und die geistlichen Güter in Neuostpreußen ein und forderte die Starosteien jener polnischen Adligen zurück, die sich am Aufstand beteiligt hatte. Dass diese Güter nicht an korrupte Beamte und unter Preis verschleudert wurden, wie in der gängigen Literatur zu lesen ist, das belegen die Forschungen von Wilhelm Bringmann. Mit Blick auf die im 18. Jahrhundert übliche höfische Geschenkpraxis und die Belohnung von Staatsdienern kommt er zu anderen Ergebnissen als die borussischen Historiker.

„Die preußischen Gebietserweiterungen aus der dritten polnischen Teilung von 1795 reichte zwar im Wert weder an West- noch an Südpreußen heran, es waren aber viel mehr Staatsdiener beteiligt gewesen, weil die Niederschlagung des Aufstandes von 1794 vorausgegangen war. Zudem waren die militärischen Verdienste aus dem Krieg gegen Frankreich noch unbelohnt. Allerdings war 1795 ein erschreckender Mangel an Bargeld zu beklagen. Deshalb hätte Friedrich Wilhelm II. auf normalen Wegen seinen besten Dienern weder eine Pension noch einen Ersatz für ihre Aufwendungen während der Feldzüge verschaffen können. Die Einziehung der Güter in Süd- und Neuostpreußen gab dem König jedoch eine unendlich scheinende Menge Land in die Hand. Nichts lag näher, als diese Ressource zur Abtragung der königlichen Dankesschuld zu nutzen."[64] Eine Güterverschleuderung an Unwürdige und Günstlinge fand nicht statt. Mit königlichen Gratifikationen wurden zumeist verdiente höhere Offiziere bedacht, die sich wie der General Blücher teilweise selbst an den König wandten.

Aber auch Hardenberg zwang seine prekäre finanzielle Lage, den König um Land zu bitten. Am 13. Juli 1797 schrieb er an Bischoffwerder, der gerade mit dem König in Pyrmont weilte: „… Ihnen als meinen wahren Freunde … Voll Vertrauen würde ich mich selbst wenden, wenn ich für schicklich hielte, in einer solchen Angelegenheit die mich persönlich betrifft, geradezu zu bitten. Ich habe, wie Sie wissen, den Genuß meines eigenen Vermögens … ganz verloren … Mit Freuden verdiene ich meinen Unterhalt im Dienst des besten Königs, bin äußerst dankbar für den ansehnlichen Gehalt den ich ziehe, der aber jtzt, wo alles in Franken fast doppelt so theuer fast als im Jahre 1792, da ich ihn bekam … kaum hinreicht … Der König hat soviel Menschen glücklich und zufrieden gemacht, warum sollte ich nicht hoffen, daß auch ich diese Zahl vermehren würde? Wäre das nicht der Fall, hätten nicht so manche erst kürzlich Beweise der königl. Freygebigkeit erhalten, glaubte ich nicht Mittel vorschlagen zu können, wodurch mir ohne baare Ausgabe geholfen werden könnte, so würde ich jene Hoffnung nicht wagen … Mein diplomatische Carrière hat mir nichts eingebracht als unbrauchbares Porcellain-Servis. Andere haben Gelegenheit gehabt, sich bey ähnlichen Geschäften zu bereichern …“[65] Für seine außerordentlichen Aufwendungen wurden Hardenberg dann 5000 Taler angeboten.

Bringmann resümiert, dass bei der Gütervergabe in der Regel ein ausgewogenes Verhältnis zwischen Verdienst, der Größe und der Einnahmen des Gutes bestand. „Es kam in 23 Fällen zu Schenkungen südpreußischer Güter und zehn Fällen zu Schenkungen neuostpreußischer Güter an Militärs, wobei regelmäßig mehrere Güter an den Begünstigten vergeben wurden. Daneben wurden sieben Zivilisten, nämlich Hoym, Lucchesini, Haugwitz, ein von den Aufständischen verfolgter Graf Unruh auf Karge und andere mit südpreußischen Gütern beschenkt.“[66] Auch hier betont Bringmann, dass die Schenkungen im üblichen Rahmen waren und mit der erbrachten Leistung der Staatsdiener korrespondierten.

Buchholtz, der verbittert aus dem Staatsdienst schied und vom großen Kuchen nichts abbekam, rächte sich mit seiner Denkschrift auch für die Ehrverletzung, die mit seinem Rücktritt einherging. Andererseits zeugt sie von der Hoffnung, dass der neue König nun seine Leistungen würdigen wird. Man könnte aber auch sagen, dass der Ton am preußischen Hof nun ein anderer war. Die Angst, die Friedrich II. nicht nur in der Hofgesellschaft und unter seinen Beamten verbreitet hatte, war offenbar einer kritischeren Haltung der Bürokratie gewichen, die nicht mehr um ihre Existenz fürchtete, wie es Ursinus und andere Beamte noch tun mussten. Auch die späteren zweifelhaften Darstellungen dieser Güterübertragungen durch den einstigen südpreußischen Kriegs- und Domänenrat Zerboni di Spoletti und den Assessor Heinrich Ludwig von Held,[67] der bei der

Akzise- und Zollverwaltung in Posen tätig war, zeugen von einem neuen Selbstverständnis dieser Beamten, die ihre mit den Verurteilungen ihrer Handlungen verbundene Ehrverletzung nun durch fragwürdige Veröffentlichungen zu Verfehlungen unter der Regierung Friedrich Wilhelms II. rächten. Natürlich glaubten sie, dadurch ihre eigene Ehre wieder aufpolieren zu können. Es war ja weithin bekannt, dass Friedrich Wilhelm III. seinen Onkel Friedrich II. verehrte, während er von seinem Vater nicht allzu viel hielt. Darum dienten sich jene Beamten mit ihren Schriften dem neuen Herren nicht ohne Grund so an.[68]

Doch auf wen konnte sich der Thronfolger wirklich verlassen? Diese Frage bewegte den jungen Mann genau so sehr wie seinerzeit seinen Vater.

Zu einer Vertrauensperson wurde der preußische Feldmarschall Herzog Karl Wilhelm Ferdinand von Braunschweig, den Friedrich II. demonstrativ seinem Thronfolger gegenüber vorgezogen hatte. Christian von Massenbach hätte diesen erfahrenen und souverän agierenden Herzog, der in seinem Herzogtum Braunschweig-Oels auch verwaltungsmäßig hinreichende Erfahrungen gesammelt hatte, gern als Premierminister an der Seite des Thronfolgers gesehen. Tatsächlich wurde der Herzog nach dem Thronwechsel 1797 ein enger Berater des neuen Königs. Doch die eigentliche Vertrauensperson wurde der Major Karl Leopold von Köckritz, ein „Biedermann ohne Scharfblick“.[69] Während der Thronfolger Ausschau nach Vertrauenspersonen hielt, plagte sich der König mit zahlreichen körperlichen und staatspolitischen Leiden.

Die Erkrankung des Königs

Wie sehr die preußischen Könige auch am Ende des 18. Jahrhunderts noch ihre vordringliche Bestimmung in der eines erfolgreichen Feldherren sahen, zeigt die folgende Überlegung Friedrich Wilhelms II. Als er glaubte, nicht mehr an der Spitze seiner Armee und somit als Symbolfigur des Heeres agieren zu können, trug er sich mit dem Gedanken, seinem Sohn die Regierungsgeschäfte in die Hände zu legen und nach Italien, dem Traum aller kultivierten Menschen nicht nur der damaligen Zeit, zu reisen. Doch die Macht aus der Hand zu geben, das fiel auch diesem König nicht leicht. Ob seine Höflinge ihn davon abhielten, wie es unter anderem Thomas Stamm-Kuhlmann darstellte,[70] oder seine Staatsräson ihn von diesem Wunsch abrücken ließ, bleibt dahingestellt. Diesen territorial ausufernden preußischen Staat angesichts der revolutionären Veränderungen in Frankreich effizient zu verwalten, das erforderte nicht nur eine straffe Organisation, sondern auch eine Integrationsfigur an der Spitze der Bürokratie. Friedrich Wilhelm II., der sich redlich bemühte, seinem Land ein guter König zu sein, verlor mit den zunehmenden Problemen seiner Untertanen an der mühsam in den ersten Regierungsjahren trotz der Verleumdungen aufgebauten Reputation. Nicht die Vergrößerung seines Landes rückte in das Blickfeld seiner Kritiker und Gegner, sondern die vermeintliche Misswirtschaft, die Verschwendung des Staatsschatzes und natürlich der überschätzte Einfluss der Vertrauensperson an seiner Seite, Wilhelmine Encke, verheiratete Ritz und geadelte Gräfin Lichtenau. Für seinen Sohn und die Öffentlichkeit stand es fest: All die Prophezeiungen Friedrichs II. waren Realität geworden. Spätestens als der König Wilhelmine 1796 in den Adelsstand erhob, veränderte sich sein Ansehen, und all seine Verdienste um dieses Land wurden wegen des sozialen Aufstiegs dieser Musikertochter aus bescheidenen Verhältnissen ins Negative gewendet. Die Phantasie der Zeitgenossen, die kaum Einblicke in den internen Kreis um Friedrich Wilhelm II. und Wilhelmine hatten, ließ die wildesten Gerüchte aufkommen.

Die Erkrankung des Königs führte im Oktober 1797 zu Überlegungen, den Thronfolger vorübergehend als Stellvertreter mit entsprechenden Vollmachten einzusetzen. Der Kabinettsminister Philipp Karl von Alvensleben legte einen Entwurf vor, der die entsprechenden Modalitäten für diesen Fall enthielt.[71] Der Thronfolger fügte sich in diese Notwendigkeit, aber er betonte, dass er im Augenblick von Reform- und Verbesserungsvorschlägen verschont werden wollte,[72] da er wie andere auch annahm, dass der König genesen und dann wieder die Verantwortung übernehmen würde. Doch eine Besserung seines Gesundheitszustandes trat nicht ein. Der Thronfolger, aber auch seine Geschwister und andere Mitglieder der Hofgesellschaft besuchten den König, der sich kaum noch artikulieren konnte. Trotz dieser Besuche hielt sich später die Meinung, dass ausschließlich die Gräfin Lichtenau in den letzten Tagen um den König gewesen wäre und ihn beeinflusst hätte.[73]

Der Kronprinz wurde auch täglich von Bischoffwerder über den gesundheitlichen Zustand des Königs unterrichtet. Diese Briefe bezeugen den rapiden körperlichen Verfall des Monarchen. Es bestand kaum noch Hoffnung auf eine Besserung. Wie Hans-Joachim Neumann beschreibt, begab sich der König nun nicht etwa in die Hände studierter Ärzte, sondern in der auswegslosen Situation vertraute er „Quacksalbern, Adepten, Magnetiseuren, Geistheilern und sonstigen Wunderdoktoren."[74] Erst als all die gut gemeinten Kuren und Tinkturen nichts halfen, wurden am 12. Oktober die königlichen Leibärzte Christian Gottlieb Selle und Brown hinzugezogen. Nach dem Besuch bei dem schwerkranken König vermuteten sie einen Schlagfluss. An eine Heilung war zu diesem Zeitpunkt nicht mehr zu denken.

Am 8. November empfing er noch den russischen Gesandten zu einem kurzen Gespräch. Doch die Konversation fiel ihm immer schwerer. Am 13. November 1797 heißt es in dem Brief, den Bischoffwerder dem Kronprinzen schrieb: „Seit gestern ist in dem Befinden S. K. M. keine merkliche Veränderung vorgefallen, außer daß die Schwäche zunimt. Das Abscess der Fleisch Verhärtung eitert stark, und das Auslauffen des Gains continuiret gleichfalls. Aus einem Husten, welcher sich seit gestern eingefunden hat …"[75], ergaben sich weitere Qualen für den Kranken. Auch sammelte sich weiterhin Wasser in der Brust.[76] Zur Linderung der Schmerzen wurden die notwendigen Maßnahmen ergriffen. Um ihm das Sitzen trotz des Dekubitus (Druckgeschwür) zu ermöglichen, hatte ihm sein Vertrauter Ritz einen besonders gepolsterten Stuhl anfertigen lassen. Das Geschwür wurde dann vom Generalchirurg Johann Goercke behandelt bzw. es wurde täglich der Verband gewechselt. Der König quälte sich im Lehnstuhl sitzend und nach Luft ringend noch bis zum 16. November. Umsorgt wurde er in dieser Zeit von Wilhelmine, dem unterhaltsamen Chirurgen Goercke und Bischoffwerder. Natürlich schauten auch die Familienmitglieder vorbei.[77]

Am Morgen des 16. November erhielt der Thronfolger die Nachricht, dass der König im Sterben liege. Schon am Tag vorher hatte er bei seinem Besuch des Vaters gesehen, wie schlecht es ihm ging. Nun fuhr der junge Mann nicht gleich los, um den Sterbenden zu begleiten, sondern er ließ sich bis zum Mittag Zeit. Dieses Verhalten wurde dann in der Literatur als kaltherzig und distanziert bezeichnet. Thomas Stamm-Kuhlmann diskutiert diesen zögerlichen Aufbruch zum letzten Besuch beim König im Kontext der Persönlichkeit des Kronprinzen, der eben auch später wichtigen Entscheidungen eher aus dem Weg ging und in Nebenhandlungen floh.[78] Schließlich war ihm bewusst, dass nun auch für ihn eine neue Zeit anbrach und sein idyllisches Leben mit Luise durch die Regierungsgeschäfte bedroht wurde.

Der König war gegen neun Uhr verstorben, als sein Nachfolger noch zögerte, ins Marmorpalais aufzubrechen.[79] Welche Gedanken den Thronfolger auf dieser Fahrt bewegten, wissen wir nicht. Lediglich seine erste Amtshandlung lässt die Vermutung zu, dass er all seinen Unmut, den er mit seinem Vater in Verbindung brachte, auf die Gräfin Lichtenau projizierte und beschloss, sie dafür zu bestrafen.

Die Verhaftung der Gräfin Lichtenau

Wilhelmine, die bis zum 15. November nicht von der Seite des todkranken Königs gewichen war, sollte am 16. November auf Anraten des Geheimrates Selle in ihrem Quartier im Kavaliershaus ausschlafen. Dort erhielt sie dann die Nachricht vom Tod des Königs. Pietätlos wurde ihr die Gelegenheit, würdig von ihrem langjährigen Lebensgefährten Abschied nehmen zu dürfen, verwehrt. Der neue König Friedrich Wilhelm III. hatte nichts Besseres zu tun, als unmittelbar, nachdem er vom Tod seines Vaters erfahren hatte, den Generaladjutanten von Zastrow und den Major Friedrich Heinrich von Kleist ins Kavaliershaus zu senden, um der Gräfin mitzuteilen, dass sie unter Arrest stehe. Neugierige Beamte durchsuchten ihre Anwesen in Charlottenburg und Berlin nach belastenden Unterlagen. Ihr Besitz und ihr Vermögen wurden beschlagnahmt.

Der pedantische König ließ sich hier rein vom Hass leiten, denn auch nach den ersten Ermittlungen konnten keine soliden Anschuldigungen, die sich um Betrug, Erschleichung von Schenkungen und Landesverrat gruppierten, belegt werden. Friedrich Wilhelm III. verfügte in einer Kabinettsorder an den Justizminister von der Reck: „Da ich aus Gründen des Staatsinteresses mich bewogen gefunden habe, bei der Gräfin von Lichtenau die Versiegelung vorzunehmen und ihre Briefschaften ergreifen zu lassen, so trage ich Euch hierdurch auf, nach geendigter Inventur die Untersuchung dieser Briefschaften vorzunehmen und mir darüber zu berichten."[80]

Der Justizminister berief eine Untersuchungskommission ein, und es zeugt von der Naivität des neuen Königs oder von dessen Verblendung durch den Hofklatsch, dass er sich sicher war, dass diese Kommission Beweise für seine Verdächtigungen, die er später präzisierte, finden würde. Er glaubte schlichtweg, dass Wilhelmine seinen Vater politisch beeinflusst hatte und dass sie auch für die leeren Staatskassen mit verantwortlich war. Aber von der Reck holte sich gebildete und erfahrene Beamte in die Kommission (Friedrich Leopold von Kircheisen, den Vizepräsidenten des Kammergerichts, sowie den Kammergerichtsrat Karl Friedrich Beyme, den Major von Lützow und den Geheimrat Pitschel).[81] Die Hoffnung, die der König mit dieser sonderbaren Untersuchung verband, eine Schuldige für den schlechten Zustand des Staates dingfest zu machen, erfüllte sich nicht. Allzu gern hätte er der Gräfin auch noch die Niederlage gegen das französische Revolutionsheer angelastet. Unbändiger Hass ging hier eine Symbiose mit der ihm eigenen Unsicherheit ein und ließ für nüchterne Betrachtungen der besonderen Beziehung seines Vaters zu dieser Frau keinen Platz.

Obwohl der Gräfin keine strafbare Handlung nachgewiesen werden konnte, verfügte der König, dass sie nach Glogau gebracht werden sollte, wo sie sich in der Stadt frei bewegen konnte. Vom Vermögen ließ der König ihr nur das Haus in der Berliner Mohrenstraße und eine Pension von 4000 Talern. Das andere Vermögen zog er zugunsten des Staates und gemeinnütziger Anstalten ein. Einen ordentlichen Prozess gab es nicht. Diese Art von Rechtsbeugung passt eigentlich nicht zur Herrscherpersönlichkeit Friedrich Wilhelms III. Doch die damalige Stimmung im Lande war gegen die Gräfin, und der Hofklatsch tat das Übrige und so wollte der neue König ein Exempel statuieren. Jahre später fand er die Kraft, das Unrecht etwas zu revidieren. An Hardenberg schrieb er am 25. Februar 1811: „Den Angelegenheiten der Gräfin Lichtenau eine für sie günstigere und beßere ihren Wünschen angemeßenere Wendung zu geben, scheint wohl nach den hierbei zurück erfolgenden Berichten, so gerecht als billig zu seyn. Vorläufig mache ich Ihnen dieß bekannt, und erwarte darüber Ihre ferneren Vorschläge. Oft schon hat es mich gekümmert daß diese Angelegenheit durch einen Drang verdrießlicher Umstände zu leidenschaftlich behandelt worden ist, und eigentlich wie man sagt, übers Knie gebrochen wurde."[82] Die Gräfin erhielt die Güter Lichtenau und Breitwerder in der Neumark zurück und konnte von nun an mit Wohlwollen und Nachsicht des Königs rechnen.

Die guten Vorsätze des neuen Königs Friedrich Wilhelm III.

Insbesondere die Staatsfinanzen beunruhigten den neuen König, denn die Gerüchteküche bauschte die Misswirtschaft seines Vaters und deren finanzielle Folgen erheblich auf. Unsummen soll der „Vielgeliebte" an seine Mätressen und seine Prunkbauten verschwendet haben. Aber selbst Adolph Friedrich Riedel, der sich ausgiebig mit dem Finanzwesen der preußischen Könige befasste, konnte keine Verschwendung feststellen. Die Mätressen erhielten nur Schatullgüter und Gelder aus der Dispositionskasse. Der Bau des Marmorpalais in Potsdam war im Vergleich mit dem Neuen Palais, das Friedrich II. nach dem verheerenden Siebenjährigen Krieg errichten ließ, erheblich billiger.[83] Die Schulden Friedrich Wilhelms II. resultierten nicht aus der zügellosen Verschwendungssucht, die ihm angedichtet wurde, sondern aus den zahlreichen Kriegen, wie schon mehrmals betont wurde. So hinterließ er seinem Sohn 48 Millionen Taler Schulden, von denen noch 12 Millionen von Friedrich II. stammten.[84]

Wie es im Hause Hohenzollern üblich war, so ging auch dieser König mit vielen guten Vorsätzen ans Werk. Er versuchte sich einen Überblick über sein Erbe zu verschaffen, um dann die nötigen Veränderungen anzugehen. Doch im Gegensatz zu den Erwartungen einiger Zeitgenossen setzte auch Friedrich Wilhelm III. – wie die Könige vor ihm – auf Kontinuität der Herrschaftsauffassungen und der Herrschaftspraxis. Trotz aller zuvor geäußerten Kritik an der Regierungsweise seines Vaters übernahm er die Grundlinien von dessen Innen- und Außenpolitik einschließlich der dort tätigen Beamten mit wenigen Ausnahmen. Bischoffwerder, der seit dem polnischen Feldzug gesundheitliche Probleme hatte, reichte seinen Abschied ein. Natürlich wurde dieser vom König am 3. Januar 1798 gewährt. Zuvor hatte er noch den Schwarzen Adlerorden erhalten.[85] In einer Kabinettsorder vom 11. Januar 1798 übte der König Kritik an Wöllners Arbeit. Seine beiden Protegés Hillmer und Hermes, die ihn in ihrem Eifer um den rechten Glauben längst überholt hatten, wurden mit einer Pension von 500 Talern entlassen. Wöllner, der im Jahr 1794 den Unmut Friedrich Wilhelms II. erregt hatte und sozusagen in Ungnade gefallen war, verlor in jenem Jahr auch seine Stelle als Direktor des Oberbaudepartements und damit einen Teil seiner Einkünfte. Es gelang ihm in den folgenden Jahren nicht mehr, das Vertrauen des Königs wieder zu gewinnen und so blieb auch die finanzielle Anerkennung seiner Leistungen aus. Die materiellen Folgen zeigten sich, als ihn Friedrich Wilhelm III. auf Grund der Intrigen seiner zahlreichen Gegner am 11. März 1798 ohne Pensionsanspruch entließ. Alles Bitten und Betteln half ihm nichts. Niemand wollte die Leistungen dieses alten Mannes mit einer Pension würdigen. Sein Ruf als karrieresüchtiger und intriganter Aufsteiger wurde noch gefestigt, als man die beschlagnahmten Papiere der Lichtenau auswertete. Bischoffwerder schrieb diesbezüglich an Wöllner Folgendes: „Was Ihnen, teuerster Freund, am meisten soll geschadet haben, ist: daß man unter den Papieren des verstorbenen Königs Briefe von Ihnen gefunden hat, worinnen Sie die Ehre einiger Männer, welche man für Stützen des Staates hält, angegriffen haben, dieses ist dem Könige vorgelegt worden und hinc illae lacrimae."[86] Ohne Frage hatte sich Wöllner während seiner Amtszeit viele Feinde gemacht und diese Personenbeschreibungen hatte er dem König schon vor Jahren angefertigt. Im von Intrigen durchsetzten Hofstaat waren diese Informationen nicht unwichtig, doch sie sollten eben nicht in die falschen Hände gelangen. Für Wöllner persönlich war dies tragisch, weil er nun ohne Einkommen dastand. Als er am 10. September 1800 auf seinem Gut Groß-Rietz starb, hinterließ er seiner Gattin erhebliche Schulden.[87]

Friedrich Wilhelm III. plante zur Konsolidierung seines Staatshaushaltes eine Reduzierung des Hofstaates. Nur wer wirklich gebraucht würde, sollte weiter beschäftigt werden. Die anderen sollten woanders eingesetzt oder pensioniert werden. Die Überprüfung der Hof-Chargen sollte der Hofmarschall Valentin von Massow-Steinhöfel übernehmen. Er gehörte zum Hof des Kronprinzen seit dessen Verheiratung.[88] Der König suchte nach Möglichkeiten, die Ausgaben des Staates zu reduzieren und anderseits neue Einnahmen zu erschließen, um die Verschuldung zu verringern. Die Finanzkommission von 1798/99 sollte ebenfalls nach Möglichkeiten suchen, durch Reformen die Finanzen des Staates zu sanieren. Da sich die einzelnen Minister nicht auf einen Weg einigen konnten, überließen sie dem König die Entscheidung. Doch dieser konnte und wollte sich nicht entscheiden, so dass die notwendigen Reformen ausblieben.[89] Seinem Image hat das vorerst nicht geschadet, noch gab es ja das Bild des willensschwachen und verschwenderischen Vaters, das die Öffentlichkeit beschäftigte.

Epilog

Friedrich Wilhelm II. – ein »neuständischer Monarch«?

Am Todestag des Königs, am 16. November 1797, schrieb die Gräfin Lichtenau folgende Zeilen: „So starb ein König, den ein sanftes, liebevolles Herz zierte, das nur Wohltaten gegen alle Menschen atmete. Millionen Menschen wird das Andenken heilig sein, das dieser große und gütige Monarch sich selbst in den Herzen seiner Untertanen setzte." Hier war ohne Frage der Wunsch der Vater des Gedankens. Die Gräfin schien oft mit Erfolg die Realität der höfischen Intrigenwelt ausgeblendet zu haben. Friedrich Wilhelm und auch Johann Friedrich Ritz warnten sie immer wieder, nicht so vertrauensselig und leichtgläubig zu sein. Sie sollte vorsichtiger und zurückhaltender agieren. So hatte sie auch nicht mit dem Zorn des neuen Königs gerechnet und war sowohl von der Verhaftung wie von dem Einzug ihres Vermögens überrascht worden. Schließlich hatte sie sich ja nichts zuschulden kommen lassen. Nun durfte sie weder am Totenbett noch während der Begräbnisfeier am 11. Dezember im Berliner Dom Abschied nehmen von ihrem geliebten König.

Das Leichenbegräbnis wurde vom neuen König in seiner bewährten pedantischen Art detailliert vorbereitet. Das „Reglement zu dem Leichenbegräbnis Sr. Hochseeligen Majestät Friedrich Wilhelm II. Königs von Preußen so zu Berlin gehalten werden soll vom 3. Dezember 1797[1] legte genau fest, was wie wann stattfinden würde und wer was zu tragen hatte. Sechs Tage wurde der König im Paradesarg mit Reichsinsignien aufgebahrt und seine Untertanen konnten zwischen 9 und 12 Uhr vormittags und 3 und 7 Uhr nachmittags von ihm Abschied nehmen. Nur der Gräfin wurde dies verwehrt. Immerhin erhielt der später ebenso geschmähte Wöllner am 11. Dezember noch gemeinsam mit den anderen sieben Etatsministern, die die Reichsinsignien tragen durften, im Leichenzug einen Platz zugewiesen. Wöllner wurde die Preußische Ordenskette anvertraut.[2] Um Kosten zu sparen, hatte Friedrich Wilhelm II. das sonst übliche Zeremoniell für eine königliche Beerdigung erheblich reduziert und so gab es denn auch keine kirchliche Trauerfeier mit einer Grabrede und auch keine Totenfeier.

„Der König ist tot, es lebe der König.“ Der Pfarrer Dressel aus Charlottenburg berichtete Folgendes: „Im Frühjahr hatte ganz Berlin über die Krankheit des Königs geweint, so dass dieser unwillig wurde.“ Jetzt am Todestag stellte er fest: „Alles im Jubel über den Tod des Königs.“[3] So schnell schlug die Stimmung in jenen „stürmischen Zeiten“ um und man huldigte natürlich voller Freude dem neuen König. Doch das taten nicht alle.

Der Zeitzeuge von der Marwitz beschrieb aus der Erinnerung der Jahre 1832 bis 1837 die letzten Tage Friedrich Wilhelms II. und den Regierungswechsel 1797 nicht ohne Ironie. „Man wollte ihn (Friedrich Wilhelm II. – B. M.) durch die stärksten Erregungsmittel erhalten, schadete ihm aber noch mehr. Bischoffwerder war auch ein Goldmacher und Verfertiger von Unsterblichkeits- oder wenigstens Lebensmedizinen, die einen starken Körper und hohes Alter hervorbringen sollten; auch scheint es, daß der König selbst daran glaubte. Man verfertigte ihm (ich weiß nicht, mit wessen chemischer Hilfe) aus wirklichem Golde das von altersher berühmte Aurum potabile (trinkbares Gold), und er hat es gebraucht. Aber die Brustwassersucht und, wie es scheint, gänzliche Erschöpfung der Kräfte oder Abspannung der Nerven verursachten ihm ein lange währendes und qualvolles Ende. Endlich war er am 16. November 1797 von seinen langen Leiden erlöset. In Berlin harrte man mit einer Art von sträflicher Ungeduld darauf, und alles hoffte törichterweise auf eine goldene Zeit unter der neuen Regierung.“[4] Der König war am 16. November 1797 nach langem Leiden in einem Krampfanfall gestorben. „Er war erstickt.“ Neumann kommentierte das Krankheitsbild des Königs, der schon seit 1793 an Kurzatmigkeit und angeblicher Kreislaufschwäche litt, wie folgt: „Die Wassersucht war lediglich ein Symptom eines erworbenen chronischen Herzleidens. Dieser Zustand führte zu der hochgradigen Atemnot, am Ende führte er zum Tode. Nach der geschilderten Beschreibung ist es nicht ausgeschlossen, daß der König an einer Bronchopneumonie (umschriebene Lungenentzündung) verstarb, denn er ist regelrecht erstickt.“[5]

Bekanntlich hielt von der Marwitz nicht viel von Friedrich Wilhelm III. und seiner Regierungsweise. So beschrieb er natürlich auch dessen Versuch, sich an der Lichtenau zu rächen, und bemerkte dann: „Es scheint auch, daß der König an dem gänzlichen Fehlschlagen der Maßregeln gegen die Lichtenau einen Schreck bekam und sich eine Regel für die Zukunft daraus abstrahierte; denn dies war der einzige rasche Entschluss, den er in seinem ganzen Leben gefasst hat.“[6]

Noch während der Regierung Friedrich Wilhelms III. warnte Marwitz vor den Fehleinschätzungen des „Vielgeliebten“, der schon unmittelbar nach dem Regierungswechsel 1786 so genannt wurde. Doch „ungeachtet seiner wirklichen Verdienste“ wurde er am Ende seiner Herrschaft kaum noch geliebt. Seinem Nachfolger war, als er die Lichtenau festnehmen ließ, der Beiname „der Gerechte“ gegeben worden[7] und Marwitz überlässt es dem Leser, sich anhand seiner Ausführungen dazu eine eigene Meinung zu bilden. Lediglich dem Gerücht der Verschwendungssucht des „Vielgeliebten“ trat er argumentativ entgegen. Wörtlich schrieb er: „Friedrich Wilhelm II. war aber nichts weniger gewesen als ein Verschwender; er gab weit weniger aus als der sparsame Sohn in der zweiten Periode seiner Regierung! Dies kann jetzt sogar mit Zahlen bewiesen werden, nach dem gedruckten Bericht der Hauptverwaltung der Staatsschulden von 1820–1833. – Man sieht hieraus, daß unter Friedrich Wilhelm III. in fünf Friedensjahren bei großem Gewinn an Land und Leuten von 1815 bis 1820 beinahe halb soviel gemacht worden sind als von Friedrich Wilhelm II. in einer elfjährigen stürmischen, kriegserfüllten Regierung; so höre man endlich auf, das Andenken des gütigen und nichts weniger als verschwenderischen Königs Friedrich Wilhelm II. zu schmähen!“[8] Dieser Appell verhallte vorerst ungehört. Noch gefiel sich die Nachwelt in der Verachtung eines aufrechten Königs, dessen langjährige Beziehung zu einer Bürgerlichen ebenso unverstanden blieb, wie seine Bemühungen, den Anforderungen seiner „stürmischen“ Zeit gerecht zu werden. Nicht einmal seine offensichtlichen kulturellen und künstlerischen Leistungen wurden gewürdigt. Die öffentliche Meinung pflegte in den nächsten Jahrzehnten das Klischee vom unwürdigen Nachfolger Friedrich II. und die borussische Geschichtsschreibung lieferte dazu die vermeintlichen Fakten.

1930 veröffentlichte Johannes Schultze einen Brief des Generals von Rüchel an den Oberstleutnant Friedrich Wilhelm von Zastrow, der sowohl Bischoffwerder als auch den König Friedrich Wilhelm II. in einem anderen Licht erscheinen ließen. Rüchel war nicht auf Aussagen anderer angewiesen, sondern er urteilte über beide Personen auf Grund seiner eigenen Erlebnisse und intimen Kenntnisse im Umgang mit diesen. So schrieb er über Friedrich Wilhelm II.:

„Der König ist ein Mensch, und von diesem Grundsatze muß man jedes Mal bei ihm ausgehen, einer der fürtrefflichsten, edelsten Menschen, die die Erde trägt. Er liebt sein Vaterland und alle Menschen. Er würde die ganze Welt glücklich machen, wenn er könnte. Er will durchaus das Gute und haßt das Böse von Natur. Er ist gnädig, höflich, bescheiden. Gerecht im äußersten Grade, wenn ihm die Dinge nicht entstellt werden, von der Natur mit einem fürtrefflichen Verstande begabt, die zu beschauen, und in vielen Partien gründlich frappante Kenntnisse, General, wie Sie wissen, und brav als sein Degen. Haben wir einen Monarchen, der ihm gleicht, ohne daß wir niedrige Schmeichler sein dürfen. Der erste Monarch der Erde aber bleibt Mensch, und also auch der König. Er braucht die Details nicht zu beurteilen, das kann er auch nicht, dafür hat er seine Leute. Wäre doch nur à la tête eines jeden Faches, ein ehrlicher, sein Handwerk verstehender Mann. Der König hat Leidenschaft für das schöne Geschlecht. Diese aber hat an sich dem Staate noch nicht geschadet, ich wünschte, weil ein jeder Mensch Passionen haben muß, daß er sie bei der Abnahme der Naturkräfte in die Landwirtschaft anwendet, weil er als Liebhaber von Gärten so ein Liebhaber ist von der Natur. Er ist hitzig im Augenblick und, wenn Sie wollen, jähzornig, hat aber noch nie einen Mann von Verdiensten maltraitiert. Er kann Zutrauen zu jemanden fassen, und ein arglistiger Betrüger unter der Larve von Rechtschaffenheit kann als ein Scheinheiliger ihn eine zeitlang betrügen, und diese corde ist gefährlich, sie ist aber nicht von Dauer, und wehe ihm, wenn sie es nicht mehr ist. Der König ist stolz als seine Würde, aber nur dann, wenn er glaubt, man manquire an der schuldigen Ehrerbietung. Er hat über gewisse Punkte eine außerordentliche Ambition, sie kann ihn verleiten und man muß sie mit großer Delicatesse behandeln. Er will aber das Wohl seines Staates und dies hebt die Sache, sobald er es mit Wärme beherzigt. Er verabscheut den Schurken und hat eine große Achtung für ehrliche Leute. Er hat Caprice für den Augenblick, sie weicht aber der Festigkeit und der unwiderstehlichen Kraft der Wahrheit. Er liebt die Wahrheit, wenn man ihm solche in ihrer wahren, klaren, nackten Natur, nur ja nie in künstlichem Gewande vorträgt. – Und o! Dies ist das Unglück der Könige; möchte sie ihm doch ein jeder sagen – bei allen wichtigen Gelegenheiten sagen mit ihrer ganzen Kraft. – Hierum, mein bester Zastrow, beschwöre ich Sie bei Gott – lassen Sie auch Momente kommen, wo Ihnen ein ungnädiger Blick oder eine Laune auf einen Moment den besten guten Willen versalzt – sein Sie standhaft und unerschüttert, wenn andere schmeicheln, und ich bürge Ihnen nach aller meiner Beobachtung über den König mit meinem Wort – er wird Sie vertrauen, Sie *dauerhaft* schätzen, Sie lieben, selbst in Ihrer Caprice lieben, sobald er nur die beste Überzeugung Ihrer redlichen Absicht hat – und hier scheitern die meisten, selbst die besten Menschen oft. Wenn sich dann ein jeder scheut die Wahrheit zu sagen, wie soll ein König Wahrheit hören? Ich bedaure nie den, der die Wahrheit sagt, sondern nur den, der sie nicht hören kann."[9]

Doch auch diese Veröffentlichung veränderte die Sichtweise auf das Leben und Wirken Friedrich Wilhelms II. nicht nachhaltig, obwohl es nicht an Stimmen fehlte, die mehr Objektivität im Urteil über diesen König forderten. Fontane wurde oben schon erwähnt. Und auch der von der borussischen Geschichtsschreibung nicht geschätzte Werner Hegemann relativierte das bis dahin gängige Geschichtsbild dieses Königs. In seinem Dialog über „Iphigenie in der Schule" – also wie man Goethes Werk unterrichten sollte – heißt es: „Der Unfug, den man dort mit Goethes und Frau v. Steins Mystik trieb, erinnerte mich heute beinahe an den Unfug, den preußische Historiker mit den Verdiensten von Friedrich II. und seinem großen Nachfolger, Friedrich Wilhelm II., um dieselbe Mystik des heiligen „Rosenkreuzes" getrieben haben. Diese preußischen Professoren haben zwar oft die von Klopstock und Schiller bestrittenen Zusammenhänge zwischen Friedrich II. und der Blüte der deutschen Literatur aufzudecken versucht, sie haben aber stets versäumt, darauf hinzuweisen, daß ein ähnlich naheliegender

Zusammenhang zwischen Friedrich des Großen und seines Nachfolgers sexueller Moral und jener Vorliebe für das heilige „Rosenkreuz" besteht, der Friedrich Wilhelm II. dauernd und Goethe vorübergehend (im Dienst Frau v. Steins) gehuldiget haben."[10]

All diese Beispiele sollen lediglich nochmals darauf hinweisen, dass es zu allen Zeiten auch Menschen gab, die diesen vierten preußischen König durchaus nicht nur als dick, faul und dumm beschrieben, sondern versuchten, ihm Gerechtigkeit widerfahren zu lassen. Doch aus der Retrospektive kommen selbst wohlwollende Autoren wie Bissing zu folgendem Urteil: „Friedrich Wilhelm II. war ein König seiner Zeit ohne geistige und seelische Größe, ohne Genialität und harten Willen, aber ehrlich bestrebt, das Beste zu leisten, gerecht zu sein und sein Volk glücklich zu machen."[11] Für diesen Historiker war Friedrich Wilhelm ein Mensch des Rokoko, da sein „Verhältnis zu den Frauen" für diese Zeit typisch war.[12] Was auch immer dieser kunsthistorische Begriff des Rokoko inhaltlich und zeitlich umfassen sollte, Friedrich Wilhelm war zwar aufgewachsen in dieser Zeit, aber er war alles andere als ein „Mensch des Rokokos". Denn ästhetisch-kulturell betrat Friedrich Wilhelm bewusst und zielstrebig Neuland. Seine künstlerischen Interessen und seine Reformbereitschaft ermöglichten die Entwicklung des Klassizismus in Preußen und das sehr erfolgreich, wie der Ausstellungskatalog „Friedrich Wilhelm II. und die Künste. Preußens Weg zum Klassizismus" von 1997 sehr anschaulich belegt.

Wenn er nun kein Fürst des Rokoko mehr war, und noch kein Monarch des Klassizismus, was war er dann? Wolf Jobst Siedler bezeichnete ihn als „Herrscher des Nicht-mehr und des Noch-nicht"[13] und betont so den Übergangscharakter der Regierungszeit dieses Königs. Reinhard Blänkner dagegen führt aus: „Gegen die lange vorherrschende Auffassung, diese historische Phase lediglich als ‚Übergangsgesellschaft' zu bezeichnen, ist von der Proto-Industrialisierungsforschung ebenso wie von der Aufklärungs- und Bürgertumsforschung der Versuch unternommen worden, sie als eigenständige Periode zu begreifen. Rudolf Vierhaus hat von einer ‚Epoche sui generis' für die Zeit des späten 18. und beginnenden 19. Jahrhunderts gesprochen, und ähnlich spricht Lothar Gall von einem ‚eigenständigen Typus' von Gesellschaft, den er, im Unterschied zur industriellen Klassengesellschaft seit der Mitte des 19. Jahrhunderts, als ‚frühe bürgerliche Gesellschaft' bezeichnet. Zuvor hatte Gall die soziale und politische Einbettung des frühen deutschen Liberalismus in die nicht mehr altständische, sondern nunmehr ‚berufsständische' Welt hervorgehoben und diese als ‚neuständische Ordnung' bezeichnet. Präziser als durch den späteren missverständlichen Begriff der ‚frühen bürgerlichen Gesellschaft' wird mit diesem Begriff die typologische Eigenständigkeit der Epoche zwischen der altständischen und der fabrik-industriellen Gesellschaft beschrieben."[14] Diese von Blänkner betonte Eigenständigkeit dieser Epoche bzw. der „neuständischen Gesellschaft" wurde in der bisherigen Forschung kaum beachtet. Wenn man jedoch dieser besonderen Epoche keine Eigenständigkeit zubilligt, führt das auch bei der Beurteilung von Herrscherpersönlichkeiten und deren Leistungen zu Fehlurteilen oder Verzeichnungen, da alles, was sie in dieser historischen Periode taten, an den Leistungen der altständischen Herrscher oder denen des bürgerlichen Zeitalters gemessen wurde. Daher wurde hier der Versuch unternommen, Friedrich Wilhelm II. als einen „neuständischen" Monarchen zu beschreiben, der in dieser besonderen Epoche seinen Handlungsspielraum durchaus ausschöpfte und in der Erkenntnis seiner Grenzen Größe bewies.

Aufgewachsen im Geist der Aufklärung und in einer vom Zynismus Friedrichs II. geprägten höfischen Gesellschaft lernte Friedrich Wilhelm schon als Kind die Widersprüchlichkeit und Komplexität des höfischen Mikrokosmos kennen. Auf der einen Seite stand rein theoretisch seiner umfassenden Bildung fast nichts im Wege und auf der anderen Seite sorgte Friedrich II. mit seinem Verhalten und seinen Wertmaßstäben für eine bewusste Selektion. Die Kindheitserlebnisse Friedrich Wilhelms im höfischen Alltag des Rokoko prägten seine weitere Entwicklung nachhaltig. Der übermächtige Onkel, der die ersten Jahre seines Neffen mit großem Interesse und guten pädagogischen Vorsätzen begleitete, wurde in der Zeit der Pubertät des Prinzen zum gefürchteten Übermenschen, dem er nichts mehr recht machen konnte. Der frühe Tod des Vaters, an dem Friedrich II. nicht ganz schuldlos war, verbesserte die angespannte Beziehung zwischen dem König und seinem Thronfolger nicht gerade. Friedrich, der leidgeprüft nach dem Siebenjährigen Krieg noch menschenverachtender agierte, behandelte seinen Nachfolger eben nicht wie es von einem aufgeklärten Monarchen zu erwarten war. Statt ihn systematisch auf die Regierungsübernahme vorzubereiten, ihm die Regierungspraxis nahezubringen, verbot er seinen Ministern, seinen Nachfolger zu unterrichten und ihn in die Staatsgeschäfte einzuweihen. Nur selektiv wurden dem Thronfolger Kenntnisse des Verwaltung und der Wirtschaft des Landes vermittelt. Wenn es dem König gefiel, erhielt Friedrich Wilhelm auch kleine Einblicke in die außenpolitischen Prämissen des Staates. Eine systematische und umfassende Vorbereitung auf seine Regentschaft erfolgte nicht. Im Gegenteil, Friedrich II., enttäuscht vom Verhalten und von den Fähigkeiten seines Nachfolgers, diffamierte diesen öffentlich und vernichtete so dessen symbolisches Kapital. Der Thronfolger reagierte auf diese Verunglimpfungen und auf die zunehmende Ausgrenzung aus dem unmittelbaren Umfeld des Königs mit einem Rückzug ins Private. Da er in die Regierungsgeschäfte nicht einbezogen wurde, stürzte er sich in Liebesabenteuer und beschäftigte sich sehr intensiv mit der Kunst und Kultur seiner Zeit.

Als Friedrich Wilhelm im Jahr 1786 die Nachfolge Friedrichs II. antrat, wurden seine ersten Regierungsjahre von seiner schlechten Reputation, die er seinem Vorgänger verdankte, und seinem zu einseitig geprägten kulturellen Kapital überschattet. Seine mangelnden Kenntnisse der Verwaltungsstrukturen, der wirtschaftlichen Lage und der Funktionsmechanismen der Bürokratie reduzierten seinen Handlungsspielraum erheblich. Dennoch beweisen seine ersten Reformbemühungen, dass sich Friedrich Wilhelm sehr intensiv und eigenständig auf seine Aufgaben als König vorbereitet hatte. Auf dem Gebiet der Verwaltung, der Wirtschaft, der Wissenschaft und der Außenpolitik hatte er sich so viel Wissen angeeignet, dass er sehr wohl wusste, welche Reformen dringend erforderlich waren, um die Entwicklung voranzubringen. Allein bei der Durchsetzung seiner Ideen und Vorstellungen war er auf die „Makler der Macht" angewiesen. Anfänglich stützte er sich auf die gut ausgebildeten Minister, die schon unter Friedrich II. gedient hatten. Ein dominierender Einfluss der Rosenkreuzer auf die Politik Friedrich Wilhelms II. lässt sich nicht feststellen. Vielmehr vertraute der König anfänglich dem Sachverstand seiner Beamten und da erhielten Wöllner und Bischoffwerder sicherlich kurzzeitig eine besondere Rolle. Doch je stärker sich der König in die einzelnen Bereiche einarbeitete, umso unabhängiger machte er sich von dem Einfluss der Bürokratie. Die Rücktritte und Entlassungen von Ministern besonders Mitte der 90er-Jahre deuten dies an. Die Nachteile seiner mangelhaften Ausbildung auf dem Gebiet der Regierungspraxis werden besonders augenfällig, wenn man die Wirtschafts-, Rechts-, Verwaltungs- und Wissenschaftsreformen mit seinen Aktivitäten auf kulturellem Gebiet vergleicht.

Wie sehr das Bildungsniveau des Königs dessen Handeln beeinflusste, zeigt sich besonders auf künstlerischem Gebiet. Hier besaß er ohne Frage die fundiertesten Kenntnisse, und hier setzte er seine Vorstellungen zielstrebig um. Der Neue Garten mit dem Marmorpalais und den zahlreichen Zweckbauten, die Pfaueninsel und natürlich das berühmte Brandenburger Tor zeugen u. a. von dem Neuen der Architektur – dem Klassizismus. Berlin verdankt diesem König den Ausbau zur Hauptstadt mit einer bedeutenden Kulturszene, die europaweit Beachtung fand. Glaubt man Mozart, so musizierten im großen Orchester Friedrich Wilhelms, der ja selber hervorragend Cello spielte, die besten Virtuosen seiner Zeit. Ihm verdankt die Berlin-Potsdamer Residenzlandschaft die Neuorientierung hin zur deutschen Oper, zum deutschen Theater und zur deutschen Literatur. Der künstlerische Blick des Königs wanderte von Frankreich nach England oder vom Potsdam seines Onkels zum Wörlitzer Park des Fürsten Franz von Anhalt-Dessau. Friedrich Wilhelm hatte ein Gespür für Innovationen und konnte sich gerade hier auch auf hervorragende Architekten, Landschaftsgärtner und Künstler stützen bzw. diesen die erforderlichen Entfaltungsmöglichkeiten bieten.

Für grundlegende Reformen in der Verwaltung, im Rechtswesen und in der Wirtschaft fehlten ihm hingegen fortschrittlich gesinnte, mit den neuesten

Fachkenntnissen vertraute Beamte, die mutig gegen den Strom schwimmen wollten. Da der König hier selbst zu unsicher agierte, verliefen gute Reformansätze nicht selten im Sande. Dennoch konnte er einige wichtige Akzente setzen. Die Einführung des Allgemeinen Landrechts bot seinen Untertanen nun endlich Rechtssicherheit und vereinheitlichte das Recht dieses sehr heterogenen Staatsgebildes. Mit Hardenberg und Stein holte er zum Beispiel auch jene Beamten in die preußische Verwaltung, die als couragierte Minister die Durchführung der preußischen Reformen erst ermöglichten. Der vielseitige Minister Heinitz erhielt erst während seiner Regentschaft den Handlungsspielraum, der es ihm ermöglichte, die Akademie der Künste und mechanischen Wissenschaften so zu reformieren, dass sie für die zukünftige künstlerische und wirtschaftliche Entwicklung des Landes wegweisend wurde. Ähnliche Beispiele ließen sich noch ergänzen.

Außenpolitisch agierte der König ebenfalls eigenständig, da er sich die erforderlichen Kenntnisse am Hof (Korrespondenzen und Gesprächen mit den Gesandten) und durch seine praktischen Erfahrungen (Russlandreise und Verhandlungen zum Fürstenbund) erwarb. Folgte er anfänglich den friderizianischen Traditionen mit seiner antiösterreichischen Ausrichtung, so passte er sich sehr bald flexibel den Veränderungen im europäischen Staatenkonkurrenzkampf an. Immerhin gelang es ihm, Preußen aus der außenpolitischen Isolierung zu lösen, die ihm sein Vorgänger Friedrich II. hinterlassen hatte. Am Ende seiner Regierung verfügte er über ein flächenmäßig erheblich erweitertes Staatsgebiet, das sich im europäischen Machtkampf nicht nur behauptete, sondern auch anerkannt wurde. Zwar leerten die Kriege zwischen 1792 und 1795 die staatlichen Kassen, und die Reformen führten nicht immer zu einem finanziellen Erfolg für den Staat, aber dennoch hinterließ Friedrich Wilhelm II. seinem Nachfolger ein wohlgeordnetes Preußen, das im Ausland durchaus Achtung und Anerkennung genoss.

Das, was Friedrich Wilhelm II. auf Grund seiner Erziehung, seiner Ausbildung und seiner Sozialisation leisten konnte, realisierte er als „neuständischer“ Monarch mit diplomatischem Geschick, wenn er selbst unsicher war, und mit Durchsetzungswillen, wenn er sich fachlich kompetent fühlte. Dabei dominierte die „Staatsräson“ alle seine Aktivitäten. Auch seine tiefe Religiosität und sein Bemühen, seine protestantischen Untertanen zum wahren Glauben zurückzuführen, und gleichzeitig den anderen Konfessionen einschließlich der Juden Religionsfreiheit zuzugestehen, zeugen von einem Herrschaftsverständnis, das sich am Wohlergehen aller seiner Untertanen und somit am Staat orientierte.

Anhang

Zeittafel

1744 *25. September*: Geburt Friedrich Wilhelms als ältester Sohn des Prinzen August Wilhelm, Bruder Friedrichs II., und der Prinzessin Luise Amalie von Braunschweig-Wolfenbüttel

1747 Berufung von Nicolaus de Beguelin zum Prinzenerzieher; Umzug vom Kronprinzenpalais ins Berliner Schloss; Trennung von Eltern und Geschwistern

1751 Instruktion Friedrichs II. zur Erziehung seines Neffen und Berufung von Heinrich Adrian Graf von Borcke zum Gouverneur

1753 *19. Dezember*: Geburt von Wilhelmine Encke als Tochter von Johann Elias Encke und Marie Susanne Schnetzer in Dessau

1756–1763 Siebenjähriger Krieg

1756 Feldmarschall Friedrich Adolf Graf von Kalckreuth soll die Erziehung Friedrich Wilhelms überwachen

1757 Niederlage bei Kolin; Übersiedlung des Hofes nach Magdeburg; Entlassung des Vaters aus dem Militärdienst

1758 Tod des Vaters; Friedrich Wilhelm wird am *14. Dezember* der Titel „Der Prinz von Preußen" verliehen. Damit wird öffentlich die dynastische Nachfolge bekannt gegeben

1760 Der Prinz reist ins Winterquartier nach Leipzig und bleibt bis Januar 1761

1762 Der Prinz fährt ins Winterquartier nach Breslau und resümiert seine Erfahrungen über diesen Aufenthalt in einem Brief an seinen Lehrer Beguelin

1763 Ende des Siebenjährigen Krieges; Friedrich Wilhelm wird zum Chef eines Potsdamer Infanterieregiments ernannt. Er erhält das Kabinettshaus am Neuen Markt als Wohnung. Familie Encke zieht von Dessau nach Berlin

1764 Erste Begegnung Friedrich Wilhelms mit Wilhelmine Encke

1765 *14. Juli*: Hochzeit Friedrich Wilhelms mit Elisabeth von Braunschweig-Wolfenbüttel

1766 Die Familie Encke zieht von Berlin nach Potsdam

1767 Tod des Bruders Heinrich am *9. September*

1768 Wilhelmine Encke reist für drei Monate nach Paris. Anschließend wohnt sie u. a. in Falkenhagen

1769 Geburt der ältesten Tochter Friederike am *7. Mai*

1769 *18. April:* Scheidung der 1. Ehe Friedrich Wilhelms und Verbannung Elisabeths auf die Festung Küstrin. Sie lebt dann bis 1840 in Stettin, wo sie im Alter von 95 Jahren stirbt. *14. Juli*: Friedrich Wilhelm muss Friederike Luise von Hessen-Darmstadt heiraten

Friedrich Wilhelm begleitet Friedrich II. zu einem Treffen mit Kaiser Joseph II. in Neiße

1770 Geburt des Thronfolgers Friedrich Wilhelm (III.) am *3. August*. Erste Fehlgeburt Wilhelmine Enckes, Treuegelöbnis zwischen dem Kronprinzen und Wilhelmine. Der Prinz begleitet den König zum zweiten Gespräch mit dem Kaiser in Mährisch-Ostrau

1772 Erste Polnische Teilung

Geburt der Prinzessin Friederike Christine Amalie Wilhelmine, die nach wenigen Wochen stirbt. Der Kronprinz begleitet den König zur Huldigung nach Westpreußen. Friedrich Wilhelm wird Mitglied der Freimaurerloge zu den Drei Degen in Halle und Ehrenmitglied der Berliner Loge zu den Drei Goldenen Schlüsseln

1773 Geburt des Prinzen Ludwig am *5. November*

1774 Geburt und Tod der Sophie Wilhelmine von Berckholz, des 2. Kindes Wilhelmine Enckes. Geburt der Prinzessin Wilhelmine am *18. November*

1777 Geburt und Tod der Christiane Sophie Friederike von Lützenburg, des 3. Kindes Wilhelmine Enckes. Totgeburt eines Prinzen am *29. November*, des 3. ehelichen Sohnes Friedrich Wilhelms

1778 Teilnahme Friedrich Wilhelms am Bayerischen Erbfolgekrieg; Vision von Schatzlar

Geburt des Grafen Alexander von der Mark am 4. November, des 3. Kindes Wilhelmine Enckes. Friedrich II. billigt Wilhelmine als Mätresse des Kronprinzen und unterstützt ihre Niederlassung in Charlottenburg

1779 Ende des Bayerischen Erbfolgekrieges; Friedrich II. lobt den militärischen Einsatz seines Neffen und befördert ihn zum Generalleutnant

1780 Diplomatische Mission Friedrich Wilhelms in Petersburg

Geburt der Gräfin Marianne von der Mark am *29. Januar*, der einzig überlebenden Tochter Wilhelmine Enckes. Tod von Friedrich Wilhelms Mutter Luise Amalie am *30. Januar*. Geburt der Prinzessin Auguste am *1. Mai*

1781 Aufnahme Friedrich Wilhelms in den Rosenkreuzerorden in Dresden. Geburt des Prinzen Heinrich, der später Großmeister des Johanniterordens wird

1782 Scheinehe zwischen Wilhelmine Encke und Johann Friedrich Ritz

1783 Geburt des Prinzen Wilhelm am *3. Juli*, des letzten Kindes von Friederike Luise. Verbannung von Wilhelmine Ritz nach Dessau, doch schon nach 5 Monaten darf sie nach Charlottenburg zurückkehren. Reise Friedrich Wilhelms zum Fürsten Leopold Friedrich Franz von Anhalt-Dessau

1785 Der Fürstenbund auf Initiative Friedrichs II. und unter Mitwirkung des Kronprinzen ins Leben gerufen. Besuch beim Fürsten von Anhalt-Dessau

1786 *17. August:* Tod Friedrichs II., Inthronisation Friedrich Wilhelms II. und Huldigungsreise durch Preußen. Johann Friedrich Ritz wird Kämmerer. Reorganisation der Akademie der Wissenschaften; aus dem französischen Komödienhaus wird das deutsche Nationaltheater; erste Reformen werden in Angriff genommen. Umbau der Sterberäume Friedrichs II. und erste Planungen zur Gestaltung des Neuen Gartens und Bau des Marmorpalais

1787 *26. Mai:* morganatische Ehe Friedrich Wilhelms mit Julie von Voß (Gräfin Ingenheim)

Haydn widmet Friedrich Wilhelm sechs Streichquartette (Op. 50); Baubeginn des Marmorpalais (1790); Beginn der Einrichtung der Königskammern im Berliner Schloss; Baubeginn des Kutschstalls am Neuen Markt in Potsdam; Einrichtung des Oberschulkollegiums; Erwerb des Palais Unter den Linden in Berlin für Alexander von der Mark sowie der Güter Lichtenau, Breitwerder und Rosswiese in der Neumark für Alexander und Marianne; Tod des Grafen von der Mark

Ein verheerendes Feuer vernichtet große Teile der Stadt Neuruppin am *28. August*; der König skizziert das erweiterte Retablissement Neuruppins

1788 Im *Januar* Kabinettsordre für den modernisierten Wiederaufbau Neuruppins = Grundlage für den Bau der modernsten Stadt der Monarchie. Erlass des Religions- und des Zensurediktes; Einführung des Abiturientenexamens; Reise nach Holland; Gründung des Friedrich-Wilhelm-Gestüts in Neustadt/Dosse; Baubeginn der Brandenburger Tores (1791); Neuordnung der Bildergalerie im Berliner Schloss; Einrichtung einer Sommerwohnung im Schloss Charlottenburg; Ausbau des Landhauses der Wilhelmine Ritz in Charlottenburg zum Palais

1789 Französische Revolution und die Verkündung der Menschenrechte; Intervention preußischer Truppen im Fürstentum Lüttich auf Grund des Reichsbeschlusses

Geburt des Grafen Gustav Adolf Wilhelm von Ingenheim am *2. Januar*; Tod der Gräfin Ingenheim am *25. März*; am *28. April* weilt Mozart in Potsdam; am *19. Mai* in Berlin. Eingangsbauten des Schlosses Monbijou entstehen; Einrichtung der Königinkammern im Berliner Schloss; Bau des Belvedere im Schlossgarten Charlottenburg; Bau des Anatomischen Theaters der Tierarzneischule; Baubeginn des Turmhelmes der Marienkirche

1790 Konvention von Reichenbach (Annäherung von Preußen und Österreich)

Zweite morganatische Ehe Friedrich Wilhelms mit der Gräfin Sophie Friederike von Dönhoff; Schadows Grabmal des Alexander Graf von der Mark wird in der Dorotheenstädtischen Kirche aufgestellt; Baubeginn der Chaussee von Berlin nach Potsdam (1795); Akademie der Künste erhält neues Statut; Gründung der architektonischen Lehranstalt; Grundstückerwerbungen für den südlichen Teil des Neuen Gartens; Wettbewerb für ein Denkmal für Friedrich II.; Baubeginn der Orangerie und der Pyramide im Neuen Garten

1791 Anschluss von Ansbach und Bayreuth an Preußen; Zusammenkunft mit Kaiser Leopold II. in Pillnitz und Kurswechsel in der Außenpolitik

1791 Fertigstellung des Brandenburger Tores; Fertigstellung des Marmorpalais in

Potsdam und Innenausstattung durch Wilhelmine Encke; Einrichtung der Immediat-Examinations-Kommission

1792 Militärbündnis mit Österreich gegen Frankreich; *20. April* Krieg gegen Frankreich; *20. September* Kanonade von Valmy; *2. Dezember* Rückeroberung von Frankfurt am Main; Huldigungsreise durch die fränkischen Markgrafschaften

Geburt des Grafen Friedrich Wilhelm von Brandenburg am *24. Januar*; Trennung Friedrich Wilhelms von der Gräfin Dönhoff; Baubeginn der Gotischen Bibliothek und des Maurischen Tempels im Neuen Palais

1793 Zweite Teilung Polens; Kapitulation von Mainz

Heirat des Kronprinzen mit Luise von Mecklenburg-Strelitz am *24. Dezember* und des Prinzen Ludwig mit Friederike von Mecklenburg-Strelitz am *26. Dezember*; Einweihung des Denkmals Friedrich des Großen von Schadow in Stettin; Baubeginn des Schauspielhauses Am Kanal in Potsdam; Planung für ein Schloss auf dem Judenberg (Pfingstberg) in Potsdam und Ankauf Kaninchenwerders (seit 1795 Pfaueninsel); Friedrich Wilhelm verliebt sich in Sophie von Bethmann-Metzler aus Frankfurt am Main

1794 Haager Subsidienvertrag mit den Seemächten; Einführung des Allgemeinen Landrechts (ALR); Reise Friedrich Wilhelms II. nach Posen, Südpreußen und Schlesien; Feldzug gegen die polnischen Aufständischen und Belagerung von Warschau; im September Rückkehr nach Berlin

Bau des „römischen Landhauses" auf der Pfaueninsel; Aufstellung der Quadriga auf dem Brandenburger Tor und des Zietendenkmals von Schadow im Lustgarten

1795 Abschluss des Baseler Frieden; Dritte Teilung Polens

Wilhelmine Ritz reist am *13. Mai* nach Italien; Geburt des Enkels Friedrich Wilhelm (IV.) am *15. Oktober*; Baubeginn der Alten Wache in Potsdam

1796 Wilhelmine bittet um Erhebung in den Adelsstand; sie erhält den Titel der Gräfin Lichtenau am *28. April;* Rückkehr der Gräfin Lichtenau aus Italien nach Berlin; Verschlechterung des Gesundheitszustandes des Königs, Kuraufenthalt in Pyrmont im Juli und August. Beethoven in Berlin, widmet dem König zwei Sonaten (op. 5); Benefizkonzert im Operhaus für die Witwe Mozarts; Iffland wird Direktor des Nationaltheaters; Einrichtung der Winterkammern im Schloss Charlottenburg

1797 Tod der Königinwitwe Elisabeth Christine am *13. Januar* (Frau Friedrichs II.); Vermählung der Prinzessin Auguste mit Erbprinz Wilhelm II. von Hessen-Kassel; Geburt des Enkels Wilhelm (I.) am *22. März*; Erweiterung des Marmorpalais durch zwei Flügel, Kuraufenthalt Friedrich Wilhelms II. in Pyrmont im Sommer; Wilhelmine Ritz zieht im Oktober ins Kavalierhaus im Neuen Garten; Bischoffwerder informiert den Kronprinzen täglich per Brief über den Gesundheitszustand des Königs; am *16. November* stirbt der König und die Gräfin Lichtenau wird verhaftet

Stammtafel

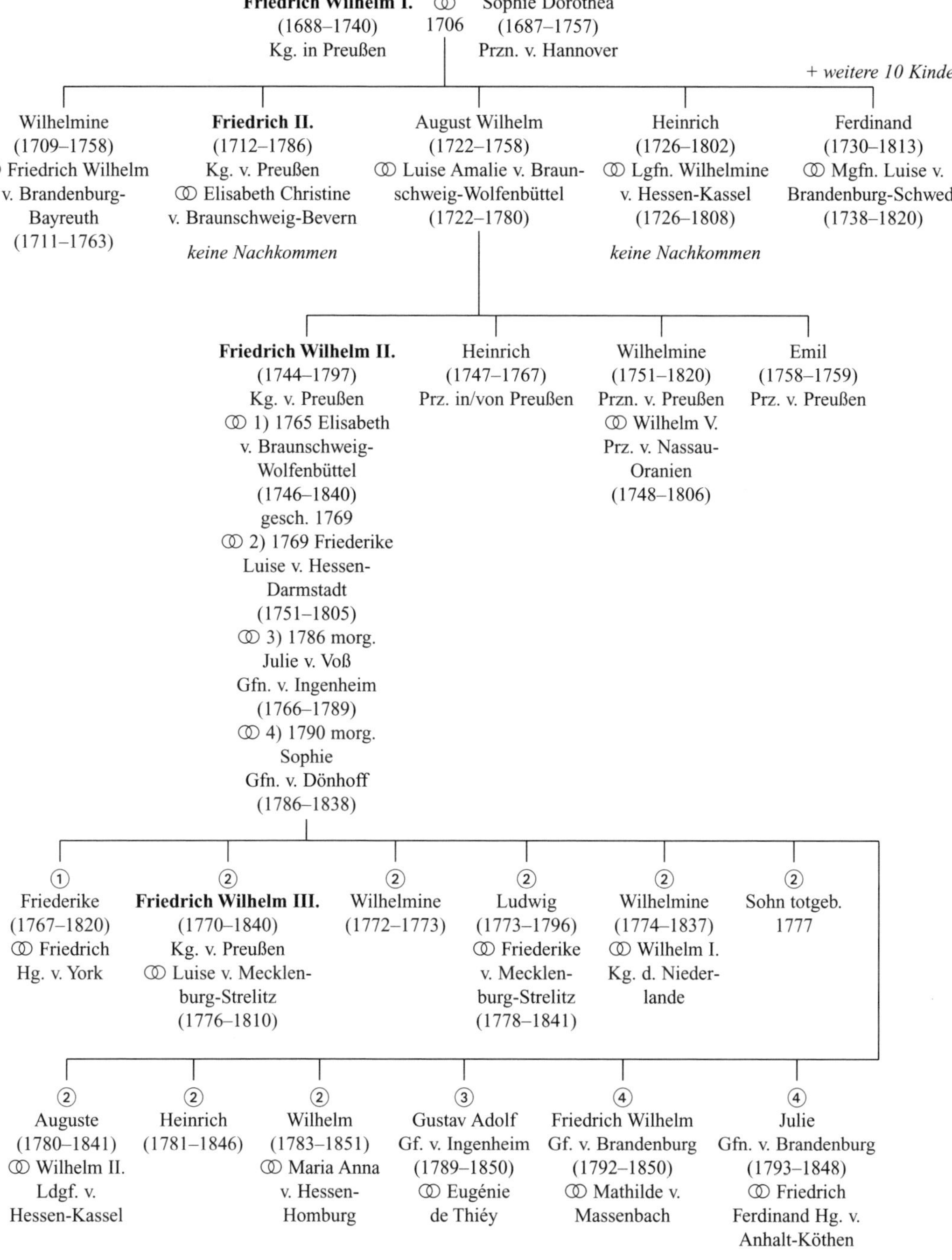
Friedrich Wilhelm I. (1688–1740) Kg. in Preußen
⚭ 1706
Sophie Dorothea (1687–1757) Przn. v. Hannover
+ weitere 10 Kinder
Wilhelmine (1709–1758) ⚭ Friedrich Wilhelm v. Brandenburg-Bayreuth (1711–1763)
Friedrich II. (1712–1786) Kg. v. Preußen ⚭ Elisabeth Christine v. Braunschweig-Bevern
keine Nachkommen
August Wilhelm (1722–1758) ⚭ Luise Amalie v. Braunschweig-Wolfenbüttel (1722–1780)
Heinrich (1726–1802) ⚭ Lgfn. Wilhelmine v. Hessen-Kassel (1726–1808)
keine Nachkommen
Ferdinand (1730–1813) ⚭ Mgfn. Luise v. Brandenburg-Schwedt (1738–1820)
Friedrich Wilhelm II. (1744–1797) Kg. v. Preußen ⚭ 1) 1765 Elisabeth v. Braunschweig-Wolfenbüttel (1746–1840) gesch. 1769 ⚭ 2) 1769 Friederike Luise v. Hessen-Darmstadt (1751–1805) ⚭ 3) 1786 morg. Julie v. Voß Gfn. v. Ingenheim (1766–1789) ⚭ 4) 1790 morg. Sophie Gfn. v. Dönhoff (1786–1838)
Heinrich (1747–1767) Prz. in/von Preußen
Wilhelmine (1751–1820) Przn. v. Preußen ⚭ Wilhelm V. Prz. v. Nassau-Oranien (1748–1806)
Emil (1758–1759) Prz. v. Preußen
① Friederike (1767–1820) ⚭ Friedrich Hg. v. York
② Friedrich Wilhelm III. (1770–1840) Kg. v. Preußen ⚭ Luise v. Mecklenburg-Strelitz (1776–1810)
② Wilhelmine (1772–1773)
② Ludwig (1773–1796) ⚭ Friederike v. Mecklenburg-Strelitz (1778–1841)
② Wilhelmine (1774–1837) ⚭ Wilhelm I. Kg. d. Niederlande
② Sohn totgeb. 1777
② Auguste (1780–1841) ⚭ Wilhelm II. Ldgf. v. Hessen-Kassel
② Heinrich (1781–1846)
② Wilhelm (1783–1851) ⚭ Maria Anna v. Hessen-Homburg
③ Gustav Adolf Gf. v. Ingenheim (1789–1850) ⚭ Eugénie de Thiéy
④ Friedrich Wilhelm Gf. v. Brandenburg (1792–1850) ⚭ Mathilde v. Massenbach
④ Julie Gfn. v. Brandenburg (1793–1848) ⚭ Friedrich Ferdinand Hg. v. Anhalt-Köthen

Anmerkungen

Einleitung (S. 8–12)

1 Siehe Ruppel-Kuhfuss, Generaldirektorium, S. 7; Volz, Testamente, S. 7.
2 Zitiert nach Welschinger, Mirabeau, S. 458.
3 Bissing, Friedrich Wilhelm, S. 47.
4 Siehe Müller, Rolle, S. 47 ff.
5 Hüffer, Kabinettsregierung, S. 364.
6 Fontane, Wanderungen, S. 316 (Anmerkung).
7 Fontane, Wanderungen, S. 304/05.
8 Schultze, Rosenkreuzer 1, S. 51.
9 Brunschwig, Gesellschaft, S. 269.
10 Goethe, Dichtung, S. 11.
11 Bourdieu, Mechanismen, S. 49.
12 Bourdieu, Unterschiede, Bourdieu, Mechanismen, Bourdieu, Vernunft.

Die preußische Monarchie in der 2. Hälfte des 18. Jahrhunderts (S. 13–87)

1 Schoeps, Preußen, S. 397.
2 Siehe unter anderem Knoll, Friedrich.
3 Brunschwig, Gesellschaft, S. 289 ff.
4 Möller, Gold- und Rosenkreuzer, S. 171 ff.
5 Vierhaus, Urteile, S. 2.
6 Zitiert nach Vierhaus, Urteile, S. 4.
7 Blänkner, Tugend, S. 346/347.
8 Weinland, Friedrich Wilhelm I., S. 53 ff.
9 Diese Doppelfunktion ist mit Recht von Volker Bauer für die deutschen Höfe hinterfragt worden. Siehe Bauer, Gesellschaft.
10 GStA PK, I. HA Rep. 9 QQ, Nr. 42, Vol. 2.
11 Neugebauer, Hof, S. 145.
12 Neugebauer, Hof, S. 147.
13 Neugebauer, Hof, S. 149.
14 Neugebauer, Hof, S. 148 ff.
15 Siehe Im Dienste Preußens, Wer erzog die Prinzen.
16 Schmoller, Städtewesen, S. 297 ff.
17 Das Schloss befand sich im Schlosspark Monbijou, der zwischen Oranienburger Straße und Spree lag, also gegenüber der Museumsinsel. Das Schloss war 1703 von Eosander von Göthe für den königlichen Minister Wartenberg gebaut worden und wurde 1943 zerstört. Heute befindet sich dort ein Erholungspark.
18 Zu den Finkensteins siehe de Bruyn, Finkensteins. Albrecht Karl war auch schon der Prinzenerzieher Friedrich Wilhelms I. und wurde zu dessen Berater und Vertrautem.
19 GStA PK, I. HA Rep. 36, Hofverwaltung Nr. 246. Zu den beiden hier genannten Erziehern kam dann noch der Franzose Duhan.
20 GStA PK, I. HA Rep. 36, Nr. 246 Bl. 26.
21 GStA PK, I. HA Rep. 36, Nr. 246 Bl. 19 ff.
22 GStA PK, I. HA Rep. 36, Nr. 246 Bl. 40.
23 GStA PK, I. HA Rep. 36, Nr. 245.
24 Schieder, Friedrich, S. 24/25.
25 Mittenzwei, Friedrich, S. 21/22; Hinrichs, Kronprinzenprozeß.
26 Krieger, Lebensgeschichte, S. 148/149.
27 Siehe Koser, August Wilhelm, S. 14 ff.
28 Seidlitz, Friedrich, S. 486.
29 Krieger, Lebensgeschichte, S. 152.
30 Kunisch, Friedrich, S. 7/8.
31 Dietrich, Testamente, S. 168/169.
32 Er meint, dass er in die Schlacht ziehen muss.
33 Seidlitz, Friedrich, S. 530.
34 Der Arzt Johann Georg Ritter von Zimmermann berichtete von einem chirurgischen Eingriff beim Kronprinzen kurz vor seiner Verheiratung, die zu einer „eingebildeten Eunuchheit" geführt hatte. Siehe Schieder, Friedrich, S. 56. Wer sich für die unterschiedlichen Sichtweisen auf die Zeugungsfähigkeit Friedrichs II. und jenen oben schon erwähnten „Schnitt" interessiert, dem sei das Buch von Kittsteiner, Komma, S. 34–46 empfohlen.
35 Krieger, August, S. 161.
36 Volz, Briefwechsel, S. 56.
37 Bielfeld, Lettres.
38 Volz, Briefwechsel, S. 74 f.
39 Kuenheim, Lehndorff, S. 67.
40 Schmidt-Lötzen, Lehnsdorf, S. 395 f.; Kuenheim, Lehndorff, S. 111.
41 Aretin, August Wilhelm, S. 447.
42 Seidlitz, Friedrich, S. 501.
43 Arnheim, Hofe, hier 1. Bd.
44 Pangels, Königskinder, S. 323.
45 Siehe Volz, Briefwechsel.
46 Volz, Briefwechsel, S. 293.
47 Volz, Briefwechsel, S. 293.
48 Seidlitz, Friedrich, S. 535.
49 Zitiert nach Pangels, Königskinder, S. 361.

50 GStA PK, BPH Rep. 56 I, T 8, Bl. 2.
51 Zitiert nach Pangels, Königskinder, S. 364.
52 Schmidt-Lötzen, Lehndorff, S. 397 f.
53 Brandenburg-Bayreuth, Brandenburg-Ansbach, Braunschweig-Wolfenbüttel, Brandenburg-Schwedt und Schweden.
54 Kittsteiner verweist darauf, dass die abrupte Trennung erst nach dem Ersten Schlesischen Krieg erfolgte. Siehe Kittsteiner, Komma, S. 43.
55 Siehe Mieck, Westeuropareisen, S. 1–26.
56 Kuenheim, Lehndorff, S. 17.
57 Bauer, Gesellschaft, S. 70 ff.
58 Zitiert nach Easum, Heinrich, S. 348, Anm. 12.
59 GStA PK, BPH, Rep. 48 A, Nr. 5.
60 Krieger, Kindheit, S. 74.
61 Siehe Velder, Gymnasium, S. 100 ff.
62 Krieger, Kindheit, S. 76.
63 Krieger, Kindheit, S. 76.
64 GStA PK, I HA Rep. 48 A, Nr. 7.
65 Krieger, Kindheit, S. 83.
66 Bleich, Hof, S. 21/22.
67 Bleich, Hof, S. 22.
68 Friedrich II. von Preußen. Schriften und Briefe, Leipzig 1985, S. 186. GStA PK, BPH, Urkunden III, 1 Nr. 21.
69 Kuenheim, Lehndorff, S. 19.
70 Koser, Hof, S. 18 f.
71 Siehe Richter, Briefe.
72 Siehe Pangels, Königskinder, oder Oster, Wilhelmine.
73 GStA PK, BPH, Urkunden III, 1 Nr. 21.
74 GStA PK, BPH, Urkunden III, 1 Nr. 21, S. 95.
75 Siehe GStA PK, BPH Rep. 48 A, Nr. 6 Bl. 24 ff.
76 Neumann, Erbkrankheiten, S. 95 ff.
77 Volz, Briefwechsel, S. 226 – Brief vom 21. 08. 1754.
78 Volz, Briefwechsel, S. 227.
79 GStA PK, BPH Rep. 48 J, Nr. 26.
80 GStA PK, BPH Rep. 56 I, Nr. T 8, Bl. 10.
81 GStA PK, BPH Rep. 48 F IV, Nr. 2.
82 GStA PK, BPH Rep. 48 A, Nr. 10–22.
83 Dorst, Friedrich Wilhelm, S. 84/85.
84 Dorst, Friedrich Wilhelm, S. 85.
85 Siehe Joepchen, Gemahlin, S. 10 ff.
86 Schmidt-Lötzen, Lehndorff, S. 406; Kuenheim, Lehndorff, S. 121.
87 Zitiert nach Pangels, Königskinder, S. 300.
88 GStA PK, BPH Rep. 48 A, 28–32, Bd. IV und V.
89 GStA PK, BPH Rep. 48 A, 28–32, Bd. IV.
90 GStA PK, BPH Rep. 48 A, 28–32, V.
91 GStA PK, BPH Rep. 48 A, 28–32, IV.
92 GStA PK, BPH Rep. 48 A, 28–32, IV.
93 Kunisch, Friedrich, S. 17.
94 Manten, Kirche, S. 127, F 563.
95 GStA PK, BPH Rep. 48 A, 28–32, Bd. V.
96 Schmidt-Lötzen, Lehndorff, S. 102.
97 Schmidt-Lötzen, Lehndorff, S. 136.
98 Bleich, Hof, S. 22.
99 Schmitz-Lötzen, Lehndorff, S. 449.
100 Berner, Teilnahme, S. 219 ff.
101 Zieten war ein sehr erfolgreicher preußischer General, der sich in den Schlesischen Kriegen besondere Verdienste erwarb und von Friedrich II. nicht nur wegen des „Zietenritts“, der durch die feindlichen Linien hindurch zum König führte, um diesen im Mai 1745 einen wichtigen Befehl zu überbringen, sehr geschätzt wurde.
102 Bleich, Hof, S. 26–27.
103 Zitiert nach Dorst, Friedrich Wilhelm, S. 85.
104 Siehe Kunisch, Mirakel.
105 Gröhler, Kriege, S. 153/154.
106 Schieder, Friedrich, S. 213.
107 Güntheroth, Friedrich Wilhelm, S. 91–101, hier S. 101.
108 Kuenheim, Lehndorff, S. 153.
109 Kuenheim, Lehndorff, S. 151 und 154.
110 Zitiert nach Oster, Wilhelmine, S. 221/222.
111 Kuenheim, Lehndorff, S. 156.
112 ABHZA, 3/I, S. 375 und siehe auch I. Mittenzwei, Wirtschaftspolitik, S. 201.
113 Ursinus wurde wegen Bestechlichkeit angeklagt, da er von Schickler, Schütze und anderen Kaufleuten Geschenke und Geld angenommen hatte. Siehe BGKL, 2, S. 517.
114 ABHZA, Bd. 3/I, S. 377 f. hier nur ein stark gekürzter Auszug, siehe den vollständigen Bericht in: GStA PK, II. HA, Gen. Dir., Fabriken-Departement, Tit. XC, Nr. 69 Bl. 4.
115 Beispielsweise kämpfte Fäsch seit den 50er-Jahren des 18. Jahrhunderts für einen freieren Handel der jüdischen Kaufleute auf den Frankfurter Messen. Siehe GStA PK, I. HA Rep. 96, Nr. 421 Bl. 29.
116 Philippi, Staat; siehe auch Tieck, Staatsräson, S. 45.
117 Zitiert nach Winter, Reorganisation, S. 571.
118 Stamm-Kuhlmann, König, S. 27.
119 Krieger, Zur Kindheits- und Erziehungsgeschichte, S. 84–87; GStA PK, HA Rep. 49 F 13, Bl. 9.

120 Carsten, Junker, S. 41 f., ABB, Bd. 5,2, S. 817, Göse, Struktur, S. 38/39.
121 Hinrichs, Fürsten, S. 171.
122 Friedrich der Große: Das Politische Testament von 1752. Aus dem Französischen übertragen von Friedrich von Oppeln-Bronikowski, Stuttgart 1974, S. 147.
123 Zitiert nach Sichelschmidt, Friedrich Wilhelm II., S. 9.
124 Zitiert nach Sichelschmidt, Friedrich Wilhelm II., S. 9.
125 Thiébault, Mes, hier Bd. 2, S. 106.
126 Bringmann, Preußen, S. 84.
127 Zu Friedrichs Vorstellungen siehe Kunisch, Friedrich, S. 17 ff.
128 Kuenheim, Lehndorff, S. 159.
129 Kuenheim, Lehndorff, S. 160.
130 Kuenheim, Lehndorff, S. 174.
131 Kittsteiner, Komma, S. 42/43.
132 Gervais, Frauen, S. 264.
133 Deus, Elisabeth Christine; Gervais, Frauen; Poseck, Kronprinzessin Elisabeth Christine.
134 König, Versuch, Teil 5, 2. Bd., S. 40 f.
135 Kuenheim, Lehndorff, S. 173/174.
136 GStA PK, BPH Rep. 48 E III, 7.
137 GStA PK, BPH Rep. 48 E III, 7.
138 Kuenheim, Lehndorff, S. 197/198.
139 Zitiert nach Gervais, Frauen, S. 321/322.
140 Gervais, Frauen, S. 419 ff.; Fellmann, Mätressen; Thoma, Madame; Süßenberger, Abenteurer; Leitner, Skandal; Hanken, König.
141 Geismeier, Le Denhoff, S. 22.
142 Winkle, Struensee; Leitner, Skandal, S. 197 ff.
143 Zitiert nach Oßwald-Bargende, Mätresse, S. 170.
144 Bissing, Friedrich Wilhelm, S. 27.
145 GStA PK, BPH Rep. 48 B, 23 Bl. 3.
146 Schneider, Geburtsstätten, S. 3/4.
147 Nach Friedrich Wilhelm wurden 1773 Ludwig, 1774 Wilhelmine, 1780 Auguste, 1781 Heinrich und 1783 Wilhelm geboren.
148 Wild, Mirabeau, S. 117.
149 Vom Leben, S. 24.
150 Stamm-Kuhlmann, König, S. 129 ff.; Aberstein, Mätresse, S. 174 ff.
151 Sichelschmidt, Friedrich Wilhelm, S. 64.
152 Bringmann gibt als Geburtsdatum den 29. 2. 1752 an (S. 112), Rudolf G. Scharmann den 19. 12. 1753 (S. 149).
153 Abenstein, Mätresse, S. 25.
154 Siehe Mieck, Westeuropareisen, S. 17 ff.
155 Schummel, Apologie, S. 18–20.
156 Sichelschmidt, Friedrich Wilhelm, S. 69/70.
157 Friedrich Wilhelm III. ließ Wilhelmine noch am Tag des Todes seines Vaters verhaften und wegen Hochverrats und Veruntreuung von Staatsvermögen anklagen. Doch schon in der Voruntersuchung zeigte sich, dass es dafür keine Beweise gab. Siehe auch im vorliegenden Buch S. 74 f.
158 GStA PK, BPH Rep. 48 M, Nr. 91.
159 Eine Zusammenstellung aller außerehelichen Kinder Friedrich Wilhelms II. siehe GStA PK, BPH Rep. 48 L, Nr. 1.
160 Zitiert nach Abenstein, Mätresse, S. 53.
161 Anonyme Schrift 1787 „Die preussischen Staaten vor und nach dem 16. November 1787“.
162 GStA PK, BPH Rep. 48 M, Nr. 91, Bl. 12–13; Abenstein datiert die Scheinehe bereits 1782. Siehe Abenstein, Mätresse, S. 65 u. 182.
163 GStA PK, I. HA Rep. 131 K 159, Nr. 2 fol. 85 ff.
164 GStA PK, BPH Rep. 192, Nachlass Ritz A, Nr. 161, 1275, 2234, 2145 usw.
165 GStA PK, I. HA Rep. 131 K, 159 Fasc. 5, Bl. 23 R.
166 GStA PK, BPH Rep. 48 M, Nr. 91 Bl. 6 f.
167 Buchholz, Recht, S. 384 ff.; ders., Erunt, S. 71 ff.; Oßwald-Bargende, Mätresse, S. 161 ff.
168 Bissing, Friedrich Wilhelm, S. 49/50.
169 Zitiert nach Bissing, Friedrich Wilhelm, S. 50.
170 Schultze, Rosenkreuzer 1; Bissing, Friedrich Wilhelm, S. 51.
171 Zitiert nach Abenstein, Mätresse, S. 126.
172 Zitiert nach Abenstein, Mätresse, S. 126/127.
173 Zitiert nach Abenstein, Mätresse, S. 129.
174 Bissing, Friedrich Wilhelm, S. 51, Haase-Faulenorth, Gräfin, S. 20; Greismeier, Le Denhoff, S. 26–29.
175 GStA PK, BPH Rep. 48 M, 71.
176 GStA PK, I. HA Rep. 131 K, 139 Fasz. 17.
177 GStA PK, BPH Rep. 48 M, Nr. 55.
178 GStA PK, I. HA Rep. 131 K, 159 fasc. 8, Brief Nr. 166.
179 Bleich, Hof, S. 29.
180 GStA PK, BPH Rep. 48, Nr. 47.
181 Kunisch, Friedrich, S. 19.
182 Leitner, Skandal; Süßenberger, Abenteurer.
183 Knoll, Friedrich, S. 31.
184 An dieser Stelle möchte ich mich bei Gerhard Knoll für einen E-Mail-Gedankenaustausch herzlich bedanken.
185 Cyran, Rokoko, S. 96 ff.
186 Dorst, Friedrich Wilhelm, S. 89.
187 Jüttemann, Seele.

188 Zitiert nach Dorst, Friedrich Wilhelm, S. 100 Anm. 25.
189 Zitiert nach Dorst, Friedrich Wilhelm, S. 100 Anm. 25.
190 Kunisch, Friedrich, S. 24/25.
191 Bissing, Friedrich Wilhelm, S. 26.
192 Ruppel-Kuhfuss, Generaldirektorium, S. 5–7.
193 Dietrich, Testamente, S. 168/169.
194 Bissing, Friedrich Wilhelm II., S. 30/31, Easum, Heinrich, S. 441.
195 Schippan, Heinrich, S. 169.
196 Ziebura, Heinrich, S. 251 ff.
197 Falcke, Studien, S. 183–201.
198 Bissing, Friedrich Wilhelm, S. 36.
199 Schieder, Friedrich, S. 278.
200 Bissing, Friedrich Wilhelm, S. 44.
201 Schieder, Friedrich, S. 279.
202 Schieder, Friedrich, S. 281.
203 Bissing, Friedrich Wilhelm, S. 28.
204 Easum, Heinrich, S. 462.
205 Ziebura, Heinrich, S. 238.
206 Ziebura, Heinrich, S. 291, 308.
207 Dorst, Friedrich Wilhelm, S. 101 Anm. 28.
208 Epstein, Ursprünge, S. 61.
209 Dorst, Friedrich Wilhelm, S. 89.
210 Zitiert nach Dorst, Friedrich Wilhelm, S. 89.
211 Bleich, Hof, S. 47–51.
212 Bleich, Hof, S. 51.
213 Schwartz, Kulturkampf. S, 36.
214 GStA PK, I. HA Rep. 96, Nr. 206 A.
215 GStA PK, I. HA Rep. 96, Nr. 206 D – Wöllner, Leibeigenschaft.
216 GStA PK, I. HA Rep. 96, Nr. 206 E.
217 GStA PK, I. HA Rep. 96, Nr. 206 C.
218 GStA PK, I. HA Rep. 96, Nr. 206 B Bd. 1.
219 GStA PK, I. HA Rep. 96, Nr. 206 F.
220 Sichelschmidt, Friedrich Wilhelm II., S. 12.
221 Thoma, Madame, Schraut, Frauen, Knoll, Friedrich, S. 35–42.
222 Hoffmann, Cosel.

Die elf Regierungsjahre Friedrich Wilhelms II. (S. 88–199)

1 Stamm-Kuhlmann, König, S. 33.
2 Ziebura, Heinrich, S. 315.
3 Bringmann, Preußen, S. 104.
4 Zitiert nach Ziebura, Heinrich, S. 318.
5 Zitiert nach Ziebura, Heinrich, S. 316.
6 GStA PK, BPH Rep. 47, K III 2, Bl. 2 und Rep. 49 F 15 Bl. 18.
7 Siehe den Bericht den Kronprinzen GStA PK, BPH Rep. 49 F 15, B. 18 ff.
8 Sichelschmidt, Friedrich Wilhelm, S. 18.
9 Knoll, Kritik, S. 40.
10 Bissing, Friedrich Wilhelm, S. 46.
11 Ziebura, Heinrich, S. 176.
12 Ziebura, Heinrich, S. 468.
13 Zu diesen Überlegungen Friedrich II. siehe Kunisch, Friedrich, S. 20 ff.; Volz, Plan, S. 175–189, Easum, Heinrich, S. 397 ff.
14 Zitiert nach Ziebura, Heinrich, S. 326.
15 Zitiert nach Ziebura, Heinrich, S. 324/325.
16 Zitiert nach Ziebura, Heinrich, S. 325.
17 Ziebura, Heinrich, S. 326.
18 Easum, Heinrich, S. 481 f.
19 Pangels, Königskinder, S. 469 ff.
20 Sichelschmidt, Friedrich Wilhelm, S. 105.
21 Dorst, Friedrich Wilhelm, S. 91, Bissing, Friedrich Wilhelm, S. 47.
22 Zitiert nach Welschinger, Henri (Hg.), Mirabeau in Berlin 1786–1787, Leipzig 1900, S. 458.
23 Hinrichs, Fürsten, S. 247.
24 Siehe Bringmann, Preußen, S. 89 ff.
25 Brief vom 6. 10. 1786 an Karl August von Sachsen-Weimar-Eisenach (1757–1828), siehe Tümmler, Politischer, Bd. 1, S. 256.
26 Siehe auch Hartung, Absolutismus, S. 15–42.
27 Kaufhold, Wissenschaftspolitik.
28 Nolte, Merkantilismus.
29 Friedrich II. von Preußen. Schriften und Briefe. Leipzig 1985, S. 361.
30 Zitiert nach Bauer, Gesellschaft, S. 104.
31 Kittsteiner, Komma.
32 Siehe unter anderem Bringmann, Preußen; Sichelschmidt, Friedrich Wilhelm.
33 Sichelschmidt, Friedrich Wilhelm, S. 10.
34 Brunner, Gottesgnadentum.
35 Kunisch, Kontinuität, S. 3–27.
36 Görres, Wohnungen, S. 213.
37 Neugebauer, Hof, S. 144.
38 Neugebauer, Staatsverwaltung, S. 256.
39 Neugebauer, Hof, S. 144.
40 Neugebauer, Hof, S. 151 ff.
41 Neugebauer, Hof, S. 146/147.
42 Koser, Hof, S. 3; Neugebauer, Hof, S. 153, GStA PK, I. HA Rep. 36 Nr. 112.
43 GStA PK, BPH Rep. 48 L, Nr. 1 (enthält auch ein Bild von Friedrich Wilhelm II. mit Wilhelmine).
44 Cyran, Rokoko, S. 162 ff.

45 Schieder, Friedrich, S. 57/58 und Neugebauer, Hof, S. 154.
46 Epstein, Ursprünge, S. 57 ff.
47 Heinemann, Hof, S. 22 ff.
48 Adressbuch 1786, 1787, 1788.
49 Marwitz, S. 15.
50 GStA PK, BPH Rep. 48 B, Nr. 23 Bl. 6.
51 Marwitz, S. 15.
52 Bissing, Friedrich Wilhelm, S. 38; Schultze, Bischoffwerder, S. 44 ff.
53 Siehe ausführlich dazu Bringmann, Preußen, S. 299 ff.
54 Bringmann, Preußen, S. 664.
55 Marwitz, Marwitz, S. 72.
56 Siehe Naudé, Staatsschatz, S. 204.
57 Naudé, Staatsschatz, S. 204/205 und 208.
58 GStA PK, BPH Rep. 48 B, 23 Bl. 42.
59 GStA PK, BPH Rep. 48 B, 23 Bl. 3.
60 GStA PK, BPH Rep. 48 B, 23 Bl. 7.
61 GStA PK, BPH Rep. 48 B, 23 Bl. 22.
62 GStA PK, BPH Rep. 48 B, 23 Bl. 26.
63 GStA PK, BPH Rep. 48 B, 23 Bl. 34/35.
64 GStA PK, BPH Rep. 48 B, 23 Bl. 36.
65 GStA PK, BPH Rep. 48 B, 23 Bl. 38.
66 GStA PK, BPH Rep. 48 B, 23 Bl. 39.
67 Naudé, Staatsschatz, S. 247–256.
68 Bringmann, Preußen, S. 86.
69 Philippson, Geschichte, Bd. 2, S. 298, Bd. 1, S. 34 und 143.
70 Philippson, Geschichte, Bd. 1, S. 100, Bd. 2, S. 298.
71 Bleich, Hof, S. 102.
72 Bissing, Friedrich Wilhelm, S. 173.
73 Bleich, Hof, S. 103 f.
74 Zitiert nach Ziebura, Heinrich, S. 344/345.
75 Ziebura, Heinrich, S. 382.
76 Marwitz, S. 69.
77 Das zweite Testament, S. 462.
78 Weis, Monarchie, S. 438.
79 Marks, Preussen, S. 145.
80 Möller, Primat, S. 68.
81 Marks, Preussen, S. 147–184.
82 Stamm-Kuhlmann, König, S. 65.
83 Siehe Altmann, Gleichgewicht.
84 Vierhaus, Urteile, S. 9.
85 Easum, Heinrich, S. 493 ff.
86 Dorst, Friedrich Wilhelm, S. 94; GStA PK, I. HA Rep. 96, Nr. 208 G fol. 2.
87 Darauf verweist Dorst, Friedrich Wilhelm, S. 102 Anm. 52, GStA PK, I. HA Rep. 36, Nr. 2774 fol. 1.
88 Dorst, Friedrich Wilhelm, S. 95 u. 102 Anm. 53.
89 Zitiert nach Schultz, Struktur, S. 381.
90 Schultz, Struktur, S. 383.
91 Zitiert nach Möller, Primat, S. 75.
92 Schwartz, Kulturkampf, S. 235.
93 Zitiert nach Dorst, Friedrich Wilhelm, S. 96.
94 Marks, Preussen. S. 155 f.; siehe auch Bringmann, Preußen, S. 266 ff.
95 Rob, Dalberg, S. 137–251.
96 Marks, Preussen, S. 160 ff.
97 Marks, Preussen, S. 169.
98 GStA PK, I HA Rep. 11, Nr. 54.
99 Marks, Preussen, S. 173.
100 Dambacher, Dohm, S. 280.
101 Marks, Preussen, S. 176 f.
102 Marks, Preussen, S. 179.
103 Möller, Primat, S. 71.
104 Marks, Preussen, S. 181, siehe auch GStA PK, I. HA Rep. I, Abt. 1, Nr. 172.1.
105 Zitiert nach Stamm-Kuhlmann, König, S. 69.
106 Stamm-Kuhlmann, König, S. 65–81.
107 Pangels, Königskinder, S. 471.
108 Möller, Primat, S. 69.
109 Zu den Teilungen Polens siehe die nach wie vor gute Studie von Müller, Teilungen.
110 GStA PK, BPH Rep. 48 M, 73.
111 GStA PK, BPH Rep. 48 M, 73.
112 Möller, Primat, S. 70.
113 Zitiert nach Möller, Primat, S. 71.
114 Bringmann, Preußen, S. 192.
115 Siehe die Gotische Bibliothek.
116 Bringmann, Preußen, S. 153.
117 Neugebauer, Staatsverfassung, S. 101.
118 Riedel, Haushalt, S. 188.
119 Göse, Struktur, S. 40/41.
120 Bissing, Friedrich Wilhelm, S. 165/166.
121 Bringmann, Preußen, S. 153.
122 Bissing, Friedrich Wilhelm, S. 166.
123 Bringmann, Preußen, S. 154.
124 Bringmann, Preußen, S. 154.
125 Bringmann, Preußen, S. 158.
126 Zitiert nach Bringmann, Preußen, S. 158.
127 Jany, Geschichte, Bd. 3, S. 317.
128 Riedel, Haushalt, S. 182 f.
129 Karst, Staatsrecht, S. 12, Neugebauer, Wandel, S. 91/92.
130 Siehe Neugebauer, Wandel, S. 92 Anm. 23.
131 Ruppel-Kuhfuss, Generaldirektorium, S. 6.
132 Neugebauer, Wandel, S. 95–97.
133 Neugebauer, Wandel, S. 100.
134 Schieder, Friedrich, S. 292; Mittenzwei, Friedrich, S. 208–211, Mainka, Zedlitz, S. 113 ff.
135 Bringmann, Preußen, S. 237.

136 Karst, Staatsrecht, S. 13, Stölzel, Svarez, S. 362 f.
137 Möller, Primat, S. 73.
138 Siehe unter anderem Birtsch, Furcht, S. 89 ff.
139 Bringmann, Preußen, S. 236/237.
140 Bringmann, Preußen, S. 245.
141 Stölzel, Svarez, S. 247 ff., Birtsch, Furcht, S. 94; GStA PK, I HA BPH Rep. 86, Tit. 227 A, fol. 10 ff., 32 ff.
142 Koselleck, Preußen, S. 24.
143 Koselleck, Preußen, S. 31; Karst, Staatsrecht, S. 16/17.
144 Koselleck, Preußen, S. 25.
145 Birtsch, Furcht, S. 94.
146 Koselleck, Preußen, S. 143.
147 Nutz, Geburt, S. 189.
148 Nutz, Geburt, S. 188/189.
149 Vierhaus, Krise, S. 14–21.
150 Nutz, Geburt, S. 190.
151 Nutz, Urteil, S. 203.
152 Heigel, Geschichte, Bd. 1, S. 70.
153 Sichelschmidt, Friedrich Wilhelm II., S. 22.
154 Ruppel-Kuhfuss, Generaldirektorium, Straubel, Struensee, S. 27 ff.
155 Philippson, Geschichte, 1. Bd., S. 87.
156 Ruppel-Kuhfuss, Generaldirektorium, S. 151.
157 GStA PK, II. HA Akzise- und Zolldepartement, A Tit. I Sect. 2, Nr. 2 Bl. 24.
158 Straubel, Struensee, S. 27 ff. und 309 ff.
159 Bissing, Friedrich Wilhelm II., S. 162.
160 Riedel, Haushalt, S. 163 f.
161 Straubel, Struensee, S. 440.
162 Siehe Straubel, Struensee, S. 425 ff.
163 Straubel, Struensee, S. 445.
164 Siehe GStA PK, BPH Rep. 48 C.
165 Blaich, Epoche, S. 178.
166 Philippi, Staat; siehe auch Tieck, Staatsräson, S. 45.
167 Holländer, Aufstieg, S. 249.
168 GStA PK, I. HA Rep. 96, Nr. 206 f.
169 GStA PK, I. HA Rep. 96, Nr. 206 F Bl. 3.
170 Blänkner, Tugend, S. 346.
171 GStA PK, VI. HA NL Wöllner I, Nr. 2 Bl.18.
172 GStA PK, I. HA Rep. 96, Nr. 206 F Bl. 182.
173 Siehe Holländer, Aufstieg, 247 ff.
174 Bringmann, Preußen, S. 160.
175 Siehe beispielsweise GStA PK, II. HA Rep. 96, Nr. 219 A Bl. 1 ff.; II. HA Gen. Akzise- u. Zolldepart. A Tit. XIV Sect. 1 Nr. 3.
176 Blänkner, Tugend, S. 346 ff.
177 GStAPK, II. HA Gen. Akzise- u. Zolldepart. A Tit. XIV Sect. 1, Nr. 3 Bl. 121 ff.
178 GStAPK, II. HA Gen. Akzise- u. Zolldepart. A Tit. XIV Sect. 1, Nr. 3 Bl. 133.
179 GStA PK, II. HA Generaldirektorium Fabrikendepartement Tit 90, Nr. 46, Bl. 10–12.
180 GStA PK, II. HA Generaldirektorium Fabrikendepartement Tit 90, Nr. 46, Bl. 17.
181 GStA PK, II. HA Generaldirektorium Fabrikendepartement Tit 90, Nr. 46, Bl. 86.
182 Radtke, Gewerbe, S. 51.
183 Krüger, Manufakturen, S. 95.
184 Röseler, Handel, S. 12.
185 Reinhold, Polen, S. 4.
186 Im 18. Jahrhundert kam es infolge der Kriege oder der Erhöhung von Abgaben immer mal wieder zu Fluktuationen der Messebesucher, insbesondere der polnischen und litauischen, die von Leipzig nach Frankfurt an der Oder wechselten oder umgekehrt. Siehe GStAPK, II. HA, Gen. Dir. Fabrik. Dep., Tit. XXXII, Nr. 3a, Bl. 27 und siehe auch Reinhold, Polen, S. 75 ff.
187 Blaschke, Kurfürsten, S. 60–73.
188 Röseler, Handel, S. 12–15.
189 Siehe Meier, Seidenunternehmer.
190 Mieck, Seidenbau, S. 491.
191 Spätere Erfahrungen zeigten, dass Maulbeerbäume sehr wohl sehr kalte Winter überlebten. Siehe Mieck, Seidenbau, S. 492.
192 ABS, 2, Nr. 2055 f.
193 Sprengel, Künste, S. 7/8.
194 Sprengel, Künste, S. 2.
195 Sprengel, Künste, S. 5/6.
196 ABS, 2, S. 349.
197 GStA PK, Pr. Br. Rep. 7, Nachtrag Nr. 45.
198 ABS, 3, S. 337.
199 Philippson, Geschichte, 1. Bd., S. 266.
200 Röseler, Handel, S. 19–20.
201 Röseler, Handel, S. 50, siehe zur Getreidehandelspolitik auch Atorf, König, S. 354–371.
202 Zitiert nach Bringmann, Preußen, S. 188/189.
203 Ruppel-Kuhfuss, Generaldirektorium.
204 Zitiert nach Bringmann, Preußen, S. 193.
205 GStA PK, II. HA Gen. Accise- u. Zolldep. A Tit. XLVII Sect. 4, Nr. 1 Bd. 1 Bl. 41.
206 GStA PK, I. HA Rep. 96, Nr. 219 A Bl. 1–3.
207 GStA PK, I. HA Rep. 96, Nr. 219 A Bl. 10.
208 GStA PK, I. HA Rep. 96, Nr. 219 A Bl. 45.
209 GStA PK, I. HA Rep. 96, Nr. 219 A Bl. 44.
210 Baumgart, Modernisierung, S. 85.
211 Baumgart, Modernisierung, S. 87.
212 Siehe Holländer, Aufstieg, S. 251 f.
213 Bissing, Friedrich Wilhelm, S. 140/141.
214 Siehe Fejtö, Joseph.

215 Neugebauer, Staatsbildung, S. 192/193.
216 In Auszügen siehe Ruppel-Kuhfuss, Generaldiektorium, S. 151 ff., GStA PK, BPH Rep. 96, 206 E.
217 Holländer, Aufstieg, S. 239.
218 Sichelschmidt, S. 106.
219 GStA PK, XX. HA Staatsarchiv Königsberg, Etats-Min., Tit. 87 D, Nr. 80 und XX, HA, Ostpreußische Folianten, Nr. 775; siehe auch Voigt, Darstellung.
220 Neugebauer, Politischer, Wandel, S. 90.
221 Zitiert nach Neugebauer, Wandel, S. 97.
222 Neugebauer, Wandel, S. 97.
223 Neugebauer, Wandel, S. 99.
224 Straubel, Struensee, S. 22.
225 Straubel, Struensee, S. 21.
226 Pfeifer, Friedrich Wilhelm, S. 118; Epstein, Ursprünge, S. 59.
227 Straubel, Struensee, S. 21.
228 Zitiert nach Schwemann, Heinitz, S. 428/29.
229 Siehe Straubel, Beamte, S. 35 ff.
230 Siehe Straubel, Struensee, S. 31 ff.
231 GStA PK, I. HA Rep. 96, Tit. 208 C 4, siehe auch Ruppel-Kuhfuss, Straubel, Struensee, S. 27 f.
232 GStA PK, I. HA Rep. 96, Tit. 213 B, Vol. I.
233 GStA PK, I. HA Rep. 96, Tit. 213 B, Vol. I.
234 Ruppel-Kuhfuss, Generaldirektorium, S. 72 ff.; GStA PK, II. HA Generaldepartement Tit. III, Nr. 42, fol. 6.
235 Straubel, Struensee, S. 32.
236 Ruppel-Kuhfuss, S. 22.
237 Ruppel-Kuhfuss, Generaldirektorium, S. 152.
238 GStA PK, II. HA Generaldirektorium Tit. III, Nr. 42, fol. 123.
239 GStA PK, II. HA Generaldirektorium Tit. III, Nr. 42, fol. 123 RS, Straubel, Struensee, S. 33.
240 Straubel, Struensee, S. 34.
241 Neugebauer, Kabinett, S. 93.
242 Neugebauer, Kabinett, S. 93.
243 Neugebauer, Kabinett, S. 74 ff.
244 GStA PK, I. HA Rep. 96, Nr. 208 C Bl. 5.
245 Hüffer, Beamte, S. 171.
246 GStA PK, BPH Rep. 48, B 23 Bl. 8.
247 Hüffer, Beamte, S. 168.
248 GStA PK, BPH Rep. 48, B 23 Bl. 8.
249 GStA PK, BPH Rep. 48, B 23 Bl. 8.
250 Hüffer, Beamte, S. 173.
251 Hüffer, Beamte, S. 178 f
252 GStA PK, I. HA Rep. 96, Nr. 208 C Bl. 8 ff.
253 Hüffer, Beamte, S. 176 und 180.
254 Hüffer, Beamte, S. 182.
255 Neugebauer, Kabinett, S. 94.
256 Zitiert nach Neugebauer, Kabinett, S. 109/110.
257 GStA PK, BPH Rep. 96, Nr. 208 C.
258 GStA PK, BPH Rep. 96, Nr. 208 C Bl. 8 f.
259 Neugebauer, Kabinett, S. 95.
260 Die umfangreiche Literatur dazu siehe Neugebauer, Kabinett, S. 95 ff.
261 Hüffer, Beamte, S. 182.
262 GStA PK, BPH Rep. 48, M 80.
263 Hüffer, Beamte, S. 184.
264 Hüffer, Beamte, S. 185.
265 Neugebauer, Kabinett, S. 98.
266 Hüffer, Beamte, S. 186/187.
267 Zitiert nach Neugebauer, Kabinett, S. 99/100 Anm. 173.
268 Neugebauer, Kabinett, S. 115.
269 Neugebauer, Kabinett, S. 108.
270 Straubel, Beamte, S. 35 ff.
271 Straubel, Struensee, S. 34 ff.
272 GStA PK, BPH, Rep. 48, B 23 Bl. 9.
273 GStA PK, BPH, Rep. 192 Nachlass Ritz, Nr. 1275.
274 Hüffer, Beamte, S. 157–190; GStA PK, I. HA Rep. 96 Nr. 402 B.
275 Hüffer, Beamte, S. 165.
276 Hüffer, Beamte, S. 177.
277 Neugebauer, Kabinett, S. 111.
278 Zitiert nach Wimmer, Ritz, S. 35.
279 Zitiert nach Wimmer, Ritz, S. 35/36.
280 GStA PK, BPH Rep. 48, M 76 Bl. 26.
281 GStA PK, BPH Rep. 48, M 76 Bl. 26.
282 GStA PK, BPH Rep. 48, M 73, 15.05.1794.
283 GStA PK, BPH Rep. 48, M 73.
284 GStA PK, BPH Rep. 48, M 73, 24.03.1796.
285 Wimmer, Ritz, S. 38
286 GStA PK, BPH Rep. 48, M 73, 23.04.1797.
287 Ruppel-Kuhfuss, Generaldirektorium, S. 148–150.
288 Zitiert nach Straubel, Struensee, S. 39; siehe auch GStA PK, I. HA Rep. 96, Tit. 206 F Bl. 40.
289 Ruppel-Kuhfuss, Generaldirektorium, S. 149/150.
290 Straubel, Struensee, S. 38 und 43.
291 Straubel, Struensee, S. 44/45.
292 Straubel, Struensee, S. 56 ff.
293 Straubel, Struensee, S. 61/62.
294 GStA PK, I. HA Rep. 96, Nr. 206 B 2. Bd. S. 184.
295 Allgemeine Deutsche Bibliothek, Anhang der Bde. 25 bis 30, IV. Abt., S. 2279.
296 Kemper, Wöllner, S. 193–220.
297 Siehe Philippson, Bd. I, S. 169 f. u. 182 f.,

Preuß, Wöllner, S. 577 ff., Kemper, Wöllner, S. 19 ff., Straubel, Struensee, S. 56 ff., Bringmann, Preußen, S. 196 ff.

298 Berliner Adressbuch 1787.

299 Bringmann, Preußen, S. 199.

300 Für Ulrich Reinisch war gerade die Direktion des Oberbauamtes einer der wichtigsten Posten, die 1786 zu vergeben waren, weil dort die Fäden des neuen Bauprogramms zusammenliefen und die königlichen Bauten jener Zeit immer einen starken symbolischen Charakter hatten. Siehe Reinisch, Tor, S. 25.

301 Abri, Gilly, S. 21.

302 Hüffer, Kabinettsregierung, S. 64; Heigel, Bd. I, S. 74.

303 Er hatte eine Funktion im Fabriken-, Kommerz-, Akzise- und Zolldepartement inne und wurde am 22. 2. 1787 Rat im neu errichteten Oberschulkollegium. Siehe Bailleu, Wöllner, S. 146.

304 Wöllner referierte über die Bevölkerungsentwicklung Preußens, die Leibeigenschaft, das Finanzwesen, die Oberrechnungskammer, die Bildung eines neuen Kabinetts, die Religion und über die Verpflegung der Soldatenkinder. Siehe Preuß, Wöllner, S. 596 ff. und GStA PK, I. HA Rep. 92 Woellner I, Nr. 1–11 und Rep. 96 Nr. 206 A–H.

305 Siehe dazu ausführlich Mainka, Zedlitz, S. 608 ff.

306 Siehe Bringmann, Preußen, S. 201.

307 Holländer, Aufstieg, S. 255.

308 Brakensiek, Amtsträger, S. 49–67, hier S. 50.

309 Klueting, Hertzberg, S. 135–152, Wüller, Dohm, S. 74 ff.

310 Zitiert nach Wüller, Dohm, S. 76.

311 GStA PK, BPH Rep. 48, E III Nr. 5 Bl. 3.

312 Siehe Sieg, Staatsdienst, S. 251.

313 Sieg, Staatsdienst, S. 252.

314 Bringmann, Preußen, S. 236.

315 Stölzel, Svarez, S. 360.

316 Zitiert nach Sieg, Staatsdienst, S. 253/254.

317 Zitiert nach Sieg, Staatsdienst, S. 254 Anm. 95.

318 Thielen, Hardenberg, S. 63.

319 Zitiert nach Heike, Südpreußen, S. 9.

320 Zitiert nach Prümers, Urkunden, S. 167.

321 Siehe Prümers, Urkunden, S. 234–272.

322 Siehe ausführlich zu dieser Entwicklung Bringmann, Preußen, S. 612 ff.

323 GStA PK, BPH Rep. 48, M Nr. 56 Bl. 25.

324 Bringmann, Preußen, S. 637 ff.

325 Bringmann, Preußen, S. 649 ff.

326 Ruppel-Kuhfuss, Generaldirektorium, S. 97, 147 u. Reinisch, Neuruppin, S. 22 ff. und 214 ff.

327 Grünhagen, Zerboni, S. 125.

328 GStA PK, BPH Rep. 48, M 76 Bl. 55.

329 Thielen, Hardenberg, S. 63, 78.

330 Sieg, Staatsdienst, S. 379.

331 Neugebauer, Staatsbildung, S. 193.

332 Schoeps, Preußen, S. 391.

333 Neugebauer, Staatsbildung, S. 189, Neugebauer, Wandel.

Das geistig-kulturelle Leben eines »neuständischen« Monarchen (S. 200–249)

1 Varnhagen, Tagebücher, Bd. 1, S. 334.

2 Hüneke, Bildhauerkunst, S. 131.

3 Schulze, Toleranz, S. 223–239, hier S. 225; siehe auch Grell and Scribner, Tolerance.

4 Nipperday, Religion, S. 155.

5 Schlögl, Alchimie, S. 121.

6 Müller, Die kranke Seele.

7 Schwartz, Vom Nutzen.

8 Schlögl, Alchimie, S. 128.

9 J. L. d'Alembert, D. Diderot, Enzyklopädie. Eine Auswahl, hrsg. u. eingel. v. Günter Berger, Frankfurt am Main 1989, S. 177 u. 282.

10 Albrecht, Gegenaufklärung, S. 15.

11 Albrecht, Gegenaufklärung, S. 22/23.

12 Dotzauer, Quellen, S. 100.

13 Schlögl, Die patriotisch-gemeinnützigen Gesellschaften; Dülmen, Die Gesellschaft; Reinalter, Freimaurer.

14 Schlögl, Alchimie, S. 129 f.; Neugebauer-Wölk, Esoterische Bünde.

15 Simonetti, Sendschreiben.

16 Etzel, Geschichte.

17 Schüttler, Zum Verhältnis, S. 143.

18 Biographisches Lexikon aller Helden und Militärpersonen, welche sich in Preußischen Diensten berühmt gemacht haben, Berlin 1788, ND Sternberg 1989, Bd. 1, S. 247–249.

19 Schwartz, Geisterspuk, S. 45–60, hier S. 46.

20 Schlögl, Alchimie, S. 133/134.

21 Gerlach, Freimaurer, S. 455–477.

22 Schultze, Die Rosenkreuzer.

23 Schlögl, Alchimie, S. 120.

24 Schlögl, Alchimie, S. 124.

25 Schlögl, Alchimie, S. 134.
26 Schlögl, Alchimie, S. 136/137.
27 Honegger, Die Ordnung, S. 41 ff.
28 Schultze, Quellen, S. 61 ff.
29 Möller, Bruderschaft, S. 204.
30 Immerhin wurde der Briefwechsel danach noch fortgesetzt und an Ormesus Magnus geschrieben. Siehe GStA PK, BPH Rep. 48, F II, 7a Vol. II Bl. 1–59.
31 Möller, Bruderschaft, S. 219.
32 Etzin, Freiheit, S. 96 ff.; Plachta, Damnatur, S. 84 ff.; Jost, Staatsschutzgesetzgebung, S. 86 ff.
33 Weber, Monatsschrift, S. 379.
34 Weber, Monatsschrift, S. 380.
35 Weber, Monatsschrift, S. 381/382, siehe Mainka, Zedlitz, S. 608 ff.; Manten, Kirche, S. 342 ff. betont, dass der König der Initiator des Edikts war und nicht Wöllner.
36 Schwartz, Kulturkampf, S. 114 f.
37 Zitiert nach Bringmann, Preußen, S. 231.
38 Siehe Epstein, Ursprung, S. 421.
39 Tradt, Zopfschulze.
40 Weber, Monatsschrift, Nr. 47 und Nr. 52.
41 Boyen, Erinnerungen, 1, S. 24 f.
42 Siehe Sieg, Staatsdienst, S. 316 ff.
43 Zitiert nach Sieg, Staatsdienst, S. 320.
44 Weber, Monatsschrift, S. 434 ff.
45 Sieg, Staatsdienst, S. 293.
46 Zitiert nach Sieg, Staatsdienst, S. 293.
47 ALR, Teil 2, Titel 13 § 1.
48 Geier, Kant, S. 264.
49 Geier, Kant, S. 265.
50 Zitiert nach Geier, Kant, S. 265.
51 Geier, Kant, S. 267.
52 Bruer, Juden, S. 70.
53 I. Freund, Emanzipation, 2, S. 22–60.
54 Schultz, Berlin, S. 262.
55 Freund, Emanzipation, 2, S. 22–60.
56 GStA PK, I. HA Rep. 21, Tit. 207 b 2 a, Facz. 19, Bl. 84.
57 ABS, 1, S. 256.
58 ABS, 1, S. 50/51.
59 Meier, Mendelssohn, S. 136 ff.
60 Bleich, Hof, S. 33.
61 GStA PK, II HA Gen. Dir. Kurmark Tit 232, Spez. Nr. 3, Bl. 1.
62 Lewin, Judengesetzgebung, S. 76.
63 Zitiert nach Bringmann, Preußen, S. 224.
64 GStA PK, I. HA Rep. 21, 207 B 2 a Fasz. 35 a, Bl. 2.
65 Freund, Emanzipation, S. 50, Lewin, Judengesetzgebung, S. 213 f.
66 GStA PK, I. HA Rep. 21, 207 B 2 a Fasz. 35 a, Bl. 30.
67 GStA PK, I. HA Rep. 21, 207 B 2 a Fasz. 35 a, Bl. 29 RS.
68 GStA PK, I. HA Rep. 21, 207 B 2 a Fasz. 35 a, Bl. 31.
69 Lewin, Judengesetzgebung, S. 47 ff.
70 GStA PK, I. HA Rep. 21, Nr. 207 b 2 a Fasz. 36, Bl. 1.
71 Lewin, Judengesetzgebung, S. 466 ff.
72 Herzig, Geschichte, S. 151.
73 Siehe Meier, Mendelssohn.
74 Herzig, Geschichte, S. 152.
75 Freund, Emanzipation, S. 74,
76 Abenstein, Mätresse, S. 135 ff.
77 Pfeifer, Friedrich Wilhelm, S. 118/119.
78 Pfeifer, Friedrich Wilhelm, S. 119.
79 Pfeifer, Friedrich Wilhelm, S. 120; Bringmann, Preußen, S. 104.
80 Zitiert nach Pfeifer, Friedrich Wilhelm, S. 120.
81 Pfeifer, Friedrich Wilhelm, S. 121/122; Abenstein, Mätresse, S. 148.
82 Zitiert nach Vogtherr, Hauptstadtausbau, S. 123.
83 Dorst, Friedrich Wilhelm, S. 91.
84 Dorst, Friedrich Wilhelm, S. 91 ff.
85 GStA PK, BPH Rep. 48, F II Nr. 1 Bl. 1–2.
86 Vogtherr, Hauptstadtausbau, S. 124.
87 Vogtherr, Hauptstadtausbau, S. 124.
88 Vogtherr, Hauptstadtausbau, S. 125.
89 Vogtherr, Hauptstadtausbau, S. 125.
90 Reinisch, Tor, S. 28.
91 Abenstein, Mätresse, S. 149.
92 GStA PK, BPH Rep. 48, M Nr. 76 Bl. 90 ff.
93 Siehe Dorst, Friedrich Wilhelm.
94 GStA PK I. HA Rep. 131, K 159 Fasz. 7 S. 37 f.
95 GStA PK, I. HA Rep. 131, K 159 Fasz. 17; den Dank brachte sie in einem Brief an Ritz zum Ausdruck. Siehe GStA PK, BPH Rep. 48, M 71.
96 Zimmermann, Ritz, S. 351/352, siehe auch GStA PK, I. HA Rep. 131, K 159 Nr. 8.
97 Zimmermann, Ritz, S. 352.
98 GStA PK, BPH Rep. 48, M 58 Nr. 1796, GStA PK, I. HA Rep. 131, K 159 Fasz. 8, Bl. 18.
99 Vogtherr, Hauptstadtausbau, S. 125.
100 Zitert nach Vogtherr, Hauptstadtausbau, S. 125.
101 Vogtherr, Hauptstadtausbau, S. 125; GStA PK, I. HA Rep. 76 alt /Ministerium der Geist-

lichen, Unterrichts- und Medicinal-Angelegenheiten III Nr. 71, fol. 16.
102 Vogtherr, Hausstadtausbau, S. 126.
103 Die Gotische Bibliothek, S. 7 ff.
104 Gehlen, Marmorpalais, S. 357.
105 Gehlen, Marmorpalais, S. 357/358.
106 Gehlen, Marmorpalais, S. 360–361.
107 Evers, Die Ausstattung, S. 392–393.
108 Schendel, Die Pfaueninsel, S. 448.
109 Ulrich Reinisch betont den Einfluss Wöllners auf das Bauprogramm nach 1786 und die besonderen Leistungen gerade von Langhans bei der Gestaltung des Brandenburger Tores. Siehe Reinisch, Tor, S. 23 ff.
110 Vogtherr, Hauptstadtausbau, S. 128.
111 Reinisch, Tor, S. 30.
112 Zur Stadtgeschichte siehe Meier, Neuruppin.
113 Reinisch, Brand, S. 14 Anm. 35.
114 Reinisch, Brand, S. 14/15.
115 GStA PK, II. HA Generaldirektorium Kurmark Tit. CLXIV Stadt Ruppin Nr. 9 Vol. 1 Bl. 1 ff.
116 Reinisch, Brand, S. 14/15.
117 GStA PK, II. HA Generaldirektorium Kurmark Tit. CLXIV Stadt Ruppin Nr. 9 Vol. 1 Bl. 13 R; siehe Reinisch, Brand, S. 14.
118 Reinisch, Brand, S. 17.
119 Ulrich Reinisch kommt durch die Auswertung der Akten, die das Bemühen von Voß um die Bewilligung der erforderlichen Gelder für das Retablissement betreffen, zu einer anderen Bewertung der Rolle Friedrich Wilhelms bei diesem Bauvorhaben. Ohne Frage kann man aus den Akten, die die Schwierigkeiten der Geldbeschaffung gerade in den durch die Kriege erschütterten Jahre dokumentieren, schlussfolgern, dass der König kein großes Interesse an dem Retablissement hatte. Auch ich sah das bis vor Kurzem so. Siehe Meier, Neuruppin, S. 57/58.
120 Zitiert nach Reinisch, Brand, S. 23.
121 Ich danke Ulrich Reinisch für einen sehr aufschlussreichen E-Mail-Austausch mit wichtigen Hinweisen zur Rolle von Brasch u. a. beim Wiederaufbau Neuruppins.
122 Reinisch, Brand, S. 36 Abb. 10.
123 Zur Definition der „neuständischen Gesellschaft“ in historisch-gesellschaftstheoretischer Absicht siehe Blänkner, Tugend, S. 345 ff.
124 Reinisch, Brand, S. 108/109.
125 GStA PK,II. HA Generaldirektorium Kurmark Tit. CLXIV Stadt Ruppin Nr. 9 Vol. 1 Bl. 325.
126 Meier, Neuruppin, S. 115 ff.
127 Meier, Neuruppin, S. 119.
128 Reinisch, Brand, S. 140.
129 Kreisarchiv Ostprignitz-Ruppin, I-1-211.
130 Kreisarchiv Ostprignitz-Ruppin, I-1-211.
131 Kreisarchiv Ostprignitz-Ruppin, I-1-211.
132 Kreisarchiv Ostprignitz-Ruppin, I-1-211.
133 Kreisarchiv Ostprignitz-Ruppin, I-1-211 und I-2-117.
134 Siehe Gotische Bibliothek.
135 Berlinische privilegierte Zeitung vom 12. 09. 1786.
136 Freydank, Theater, S. 198.
137 Siehe Brachvogel, Theater, 2. Bd., S. 159–267.
138 Brachvogel, Theater, 2. Bd., S. 248.
139 Freydank, Theater, S. 198.
140 Siehe Nicht, Musik, S. 186 ff. und GStA PK, I. HA Rep. 36, Nr. 2407 M fol. 9–13; Nr. 2406 M; Nr. 2409, Nr. 2411 M; Nr. 2411 M oder Rep. 96 Nr. 208 F.
141 Nicht, Musik, S. 186.
142 Bissing, Friedrich Wilhelm, S. 168/169.
143 Nicht, Musik, S. 186.
144 Zitiert nach Nicht, Musik, S. 186, siehe auch GStA PK, I. HA Rep. 36, Nr. 2405 M.
145 Abenstein, Mätresse, S. 84 und 95.
146 Nicht, Musik, S. 188.
147 GStA PK, BPH Rep. 48, M 73.
148 Nicht, Musik, S. 188/189.
149 GStA PK, BPH Rep. 48, M 73.
150 Harnack, Geschichte, 1,2, S. 495 ff.
151 Siehe Neugebauer, Staat, S. 511 ff. und ders., Einführung.
152 Winnige, Alphabetisierung, S. 63.
153 Neugebauer, Staat, S. 627.
154 Siehe Mainka, Zedlitz, S. 516 ff.
155 Mainka, Zedlitz, S. 503.
156 Mainka, Zedlitz, S. 507.
157 Mainka, Zedlitz, S. 513/514.
158 Modrow, Frankfurt, S. 125/126.

Die letzten Lebensjahre zwischen Hoffnung und Resignation (S. 250–276)

1 GStA PK, I. HA Rep. 96, Nr. 219 A Bl. 92 ff.
2 Schoeps, Preußen, S. 397/398.
3 Bissing, Friedrich Wilhelm, S. 173.
4 Bleich, Hof, S. 118.
5 GStA PK, I. HA Rep. 131, K 159 Fasz. 8 Bl. 14 ff.
6 GStA PK, I. HA Rep. 131, K 159 Fasz. 8 Bl. 5
7 GStA PK, I. HA Rep. 131, K 159 Fasz. 8 Bl. 7.
8 Hüffer, Friede, S. XCIII.
9 GStA PK, I. HA Rep. 131, K 159 Fasz. 8 Bl. 8.
10 GStA PK, I. HA Rep. 131, K 159 Fasz. 8 Bl. 13.
11 GStA PK, I. HA Rep. 131, K 159 Fasz. 8 Bl. 14.
12 GStA PK, I. HA Rep. 131, K 159 Fasz. 8 Bl. 18
13 GStA PK, I. HA Rep. 131, K 159 Fasz. 8 Bl. 28.
14 Zitiert nach Abenstein, Mätresse, S. 164.
15 Zitiert nach Abenstein, Mätresse, S. 164.
16 Bringmann, Preußen, S. 693.
17 Bleich, Hof, S. 121.
18 Bleich, Hof, S. 121.
19 Bissing, Friedrich Wilhelm, S. 175.
20 GStA PK, BPH Rep. 49, A 12, Bl. 9.
21 Stamm-Kuhlmann, König, S. 19.
22 Rimpau, Behnisch, S. 223.
23 Rimpau, Behnisch, S. 224.
24 Rimpau, Behnisch, S. 225, 229.
25 Siehe Stamm-Kuhlmann, König, S. 20–27.
26 Zitiert nach Stamm-Kuhlmann, König, S. 29.
27 Stamm-Kuhlmann, König, S. 30 f.
28 Stamm-Kuhlmann, König, S. 31.
29 Stamm-Kuhlmann, König, S. 32.
30 Rimpau, Behnisch, S. 237 f.
31 Stamm-Kuhlmann, König, S. 24.
32 Zitiert nach Winter, Reorganisation, S. 571.
33 GStA PK, BPH Rep. 49, F 13 Bl. 9.
34 Gervais, Frauen, S. 331.
35 Stamm-Kuhlmann, König, S. 38/39.
36 Stamm-Kuhlmann, König, S. 39 u. Anm. 150.
37 Stamm-Kuhlmann, König, S. 41 und siehe GStA PK, BPH Rep. 49, A II b 12.
38 GStA PK, BPH Rep. 49, A II b, Bl. 9.
39 Siehe Stamm-Kuhlmann, König, S. 50–59.
40 Stamm-Kuhlmann, König, S. 77.
41 GStA PK, BPH Rep. 49, A II a 7 Bl. 27.
42 Stamm-Kuhlmann, König, S. 49.
43 Stamm-Kuhlmann, König, S. 77.
44 GStA PK, BPH Rep. 49, J 213 Bl. 6.
45 Stamm-Kuhlmann, König, S. 69.
46 Stamm-Kuhlmann, König, S. 69–81.
47 Stamm-Kuhlmann, König, S. 78.
48 Stamm-Kuhlmann, König, S. 81.
49 Meisner, Luise, S. 55.
50 Stamm-Kuhlmann, König, S. 83.
51 Stamm-Kuhlmann, König, S. 84/85.
52 Griewank, Briefwechsel, S. 9 f.
53 Stamm-Kuhlmann, König, S. 88.
54 Griewank, Briefwechsel, S. 131.
55 Griewank, Briefwechsel, S. 145.
56 Griewank, Briefwechsel, S. 144, siehe auch GStA PK, BPH Rep. 49, J Nr. 213 Bl. 13.
57 Zitiert nach Stamm-Kuhlmann, König, S. 95.
58 GStA PK, BPH Rep. 49, J 222 Bl. 22.
59 GStA PK, BPH Rep. 48, D 23 Bl. 25.
60 Griewank, Briefwechsel, S. 192 f.
61 Griewank, Briefwechsel, S. 200.
62 Stamm-Kuhlmann, König, S. 104.
63 Zitiert nach Stamm-Kuhlmann, König, S. 104. Später ließ Friedrich Wilhelm III. von Hoym ein Verzeichnis der Gratialgüter anfertigen, um zu sehen, was da geschehen war.
64 Bringmann, Preußen, S. 664.
65 Zitiert nach Bringmann, Preußen, S. 664/665.
66 Bringmann, Preußen, S. 665.
67 Grünhagen, Zerboni, S. 229 ff.
68 Zur ausgewogenen Wertung dieser Güterübertragungen siehe Bringmann, Preußen, S. 667 ff.
69 Stamm-Kuhlmann, König, S. 113.
70 Stamm-Kuhlmann, König, S. 103.
71 GStA PK, BPH Rep. 92, Friedrich Wilhelm III. B VII a Bl. 39.
72 GStA PK, BPH Rep. 49, E III Nr. 3 Bl. 6.
73 Siehe dazu Stamm-Kuhlmann, König, S. 126.
74 Neumann, Rosenkreuzer, S. 190.
75 GStA PK, BPH Rep. 48, K 3 Bl. 46.
76 GStA PK, BPH Rep. 48, K 3 Bl. 46.
77 Siehe Neumann, Rosenkreuzer, S. 186–199.
78 Stamm-Kuhlmann, König, S. 127.
79 GStA PK, I. HA Rep. 92, (Nachlass S. v. Voß) Nr. 24 Bl. 36.
80 GStA PK, I. HA Rep. 96, B Nr. 95 Bl. 249.
81 Stamm-Kuhlmann, König, S. 131.
82 GStA PK, BPH Rep. 92, Albrecht 2.
83 Riedel, Haushalt, S. 141.
84 Riedel, Haushalt, S. 193.
85 Schwartz, Kulturkampf, S. 459 f.
86 Zitiert nach Ruppel-Kuhfuss, Generaldirektorium, S. 140.
87 Ruppel-Kuhfuss, Generaldirektorium, S. 140.
88 GStA PK, BPH Rep. 49, E III Nr. 3 Bl. 4.
89 Petzold, Verhandlungen.

Epilog: Friedrich Wilhelm II. – ein »neuständischer« Monarch? (S. 277–284)

1 GStA PK, BPH Rep. 48, K Nr. 9 Bl. 3 ff.
2 GStA PK, BPH Rep. 48, K Nr. 9 Bl. 5.
3 D'Alton-Rauch, Sturz, S. 137.
4 Marwitz, S. 69/70.
5 Neumann, Rosekreuzer, S. 199.
6 Marwitz, S. 72.
7 Marwitz, S. 71.
8 Marwitz, S. 73.
9 Zitiert nach Johannes Schultze, Hans Rudolf v. Bischoffwerder und Friedrich Wilhelm II. im Urteil des Generals v. Rüchel, in: FBPG 43, 1930, S. 167–171, hier S. 170/171.
10 Hegemann, Fridericus, S. 39/40.
11 Bissing, Friedrich Wilhelm, S. 184.
12 Bissing, Friedrich Wilhelm, S. 183.
13 Siedler, Rokoko, S. 15.
14 Blänkner, Tugend, S. 346/347.

Bildnachweis

akg-images, Berlin: S. 161 oben, 162 unten, 175
Autorin: S. 174 unten, 176
Bildarchiv Preußischer Kulturbesitz, Berlin: S. 164, 165, 166, 167, 169 (Foto unten: Jörg P. Anders), 170, 171, 172, 173 (Foto: Dietmar Katz), 174 oben
INTERFOTO, München / Hermann Historica GmbH: S. 163
Niedersächsisches Landesamt für Denkmalpflege, Hannover: S. 161 unten
Sächsische Landesbibliothek – Staats- und Universitätsbibliothek Dresden / Abt. Deutsche Fotothek: S. 162 oben (Foto: Margot Schaal)
Stiftung Preußische Schlösser und Gärten Berlin-Brandenburg: S. 168

Quellen- und Literaturverzeichnis

Quellen

Geheimes Staatsarchiv Preußischer Kulturbesitz Bestand Berlin-Dahlem (GStA PK)

Akten des
GStA PK, BPH Rep. 47, 48, 49 und 56
GStA PK, BPH Rep. 192 Nachlass Ritz
GStA PK, BPH Urkunden III
GStA PK, I. HA Rep. 1, 9, 11, 21, 36, 92, 96, 121 und 131
GStA PK, II. HA Generaldirektorium Fabrikendepartement Tit. 90
GStA PK, II. HA Generaldepartement Tit. III
GStA PK, II. HA Akzise- und Zolldepartement A Tit. I
GStA PK, VI. HA Nachlass Wöllner
GStA PK, XX. HA Staatsarchiv Königsberg, Etatsministerium Tit. 87
GStA PK, Pr. Br. Rep. 7, Nachtrag Nr. 45

Kreisarchiv Neuruppin

Akten der Stadtverordnetenversammlung

Literatur

Abenstein, Edelgard, Die Mätresse des Königs. Gräfin Lichtenau alias Wilhelmine Encke, Berlin 2006. (Mätresse)

Abri, Martina, David Gilly und die Gründung der Oberbaudeputation, in: Vom Schönen zum Nützlichen. David Gilly (1748–1808), Berlin 1998, S. 20–23. (Gilly)

Acta Borussica, Behördenorganisation, Bd. 5.2, Berlin 1912. (ABB)

Adlerfeld-Ballestrem, Eufemia von, Elisabeth Christine – Königin von Preußen – Herzogin von Braunschweig-Lüneburg. Das Lebensbild einer Verkannten, Berlin 1908. (Elisabeth)

Agramonte, Y Cortijo, Franzisco (Hg.), Friedrich der Große. Die letzten Lebensjahre, Berlin 1928. (Friedrich)

Albrecht, Wolfgang und Weiß, Christoph, Einleitende Bemerkungen zur Beantwortung der Frage: Was heißt Gegenaufklärung?, in: ders. in Zusammenarbeit mit Albrecht, Wolfgang (Hg.), Von ‚Obscuranten' und ‚Eudämonisten'. Gegenaufklärerische, konservative und antirevolutionäre Publizisten im späten 18. Jahrhundert, St. Ingbert 1997, S. 7–34 (Literatur im historischen Kontext. Studien und Quellen zur deutschen Literatur- und Kulturgeschichte vom 18. Jahrhundert bis zur Gegenwart, 1). (Gegenaufklärung)

Altmann, Wilhelm, Ausgewählte Urkunden zur Brandenburg-Preussischen Verfassungs- und Verwaltungsgeschichte, 2 Bde., 2. Aufl., Berlin 1914/1925. (Urkunden)

Andreae, Friedrich, Preussische und Russische Politik in Polen von der Taurischen Reise Katharinas II. bis zur Abwendung Friedrich Wilhelms II. von den Hertzbergischen Plänen, Diss. Berlin 1905. (Politik)

Aretin, Karl Ottmar Freiherr von, August Wilhelm Prinz von Preußen, in: NDB, 1, 1953, S. 447. (August Wilhelm)

Arnheim, Fritz, Am Hofe Friedrich des Großen, 2 Bände, Berlin 1912. (Hofe)
Atorf, Lars, Der König und das Korn. Die Getreidehandelspolitik als Fundament des brandenburg-preußischen Aufstiegs zur europäischen Großmacht, Berlin 1999 (Quellen und Forschungen zur Brandenburgischen und Preußischen Geschichte, 17). (König)
Atzenbeck, Carl, Die deutsche Pompadour. Leben und Briefe der Gräfin von Lichtenau, Leipzig 1925. (Lichtenau)
Baeumer, P. J., Erinnerungen an Friedrich Wilhelm III. Den Standhaften, den Frommen, den Gerechten. Eine kurze Lebensbeschreibung des großen Heldenkönigs für Preußens Volk, Wesel 1840. (Erinnerungen)
Bailleu, Paul, Der preußische Hof im Jahre 1798, in: Schriften des Vereins für die Geschichte Berlins, 34, 1897, S. 23 ff. (Hof)
Bailleu, Paul, Graf Hertzberg, in: Historische Zeitschrift, 4, 1880, S. 442 ff. (Hertzberg)
Bailleu, Paul, Johann Christoph von Wöllner, in: ADB, Bd. 44, 1898, S. 148–158. (Wöllner)
Bailleu, Paul, König Friedrich Wilhelm II. und die Genesis des Friedens von Basel, in: Historische Zeitschrift, 75, 1895, S. 237 ff. (Friedrich Wilhelm)
Bailleu, Paul, Königin Luise. Ein Lebensbild, Berlin–Leipzig 1908. (Luise)
Bailleu, Paul, Lucchesini, in: ADB, Bd. 19, 1884, S. 345 ff. (Lucchesini)
Bailleu, Paul, Preußen und Frankreich von 1795 bis 1806. I. Teil: 1795–1800, Leipzig 1881 (Publikationen aus den Königlich-Preussischen Staatsarchiven, 8). (Preußen)
Bailleu, Paul, Wilhelmine Encke, in: ADB, Bd. 6, S. 534 ff. (Encke)
Bailleu, Paul, Zur Vorgeschichte der Revolutionskriege, in: Historische Zeitschrift, 74, 1895, S. 259 ff. (Kriege)
Barmeyer, Heide (Hg.), Die preußische Rangerhöhung und Königskrönung 1701 in deutscher und europäischer Sicht, Frankfurt am Main 2002. (Rang)
Bassewitz, Magnus Friedrich von, Die Kurmark Brandenburg, ihr Zustand und ihre Verwaltung unmittelbar vor dem Ausbruche des französischen Krieges im Oktober 1806, Leipzig 1847. (Kurmark)
Bauer, Volker, Die höfische Gesellschaft in Deutschland von der Mitte des 17. bis zum Ausgang des 18. Jahrhunderts. Versuch einer Typologie, Tübingen 1993 (Frühe Neuzeit, 12). (Gesellschaft)
Baumann, Margarete, Die Stellung der Geistlichen zur morganatischen Ehe Friedrich Wilhelm II. mit Fräulein von Voß, in. Mitteilungen des Vereins für die Geschichte Berlins, 50, 1933, S. 21 ff. (Voß)
Baumgart, Peter, Zur Rolle des preußischen Staates bei der Modernisierung der oberschlesischen Montanindustrie am Ausgang des 18. Jahrhunderts, in: Neugebauer, Wolfgang und Pröve, Ralf (Hg.), Agrarische Verfassung und politische Struktur. Studien zur Gesellschaftsgeschichte Preußens 1700–1918, Berlin 1998, S. 65–87 (Innovationen, 7). (Modernisierung)
Becker, Hans-Jürgen, Preußischer Staat und katholische Kirche (1786–1806), in: Hattenhauer, Hans und Landwehr, Götz (Hg.), Das nachfriderizianische Preußen 1786–1806, Heidelberg 1988, S. 383 ff. (Staat)
Beer, Adolf, Die erste Teilung Polens, 2 Bde., Wien 1873. (Polen)
Beer, Adolf, Joseph II., Leopold II. und Kaunitz, Wien 1873. (Joseph)
Beguelin, Heinrich von, Historisch kritische Darstellung der Accise- und Zollverfassung in den Preußischen Staaten, Berlin 1797. (Akzise)
Beguelin, Heinrich von, Freier Überblick der Veränderungen in der Finanz-Verwaltung während Friedrich Wilhelms II. Regierung, in: Jahrbücher der Preußischen Monarchie unter der Regierung Friedrich Wilhelm III., Bd. 1, 1798, S. 31 ff. (Finanzen)
Behre, Otto, Geschichte der Statistik in Brandenburg-Preussen, Berlin 1905, ND Vaduz 1979. (Statistik)

Benzenberg, J. F., Das Anleihen in Frankreich, England und Nordamerika vom Jahre 1792 bis zum Jahr 1836, Düsseldorf 1836. (Anleihen)
Berliner Adresskalender der Königlich-Preußischen Haupt- und Residenzstadt Berlin besonders der daselbst befindlichen hohen und niederen Collegien, Instanzen und Expeditionen auf Jahr 1786 ff. mit Approbation der Königl. Preuß. Akademie der Wissenschaften. (Adresskalender)
Berner, Ernst, Die Teilnahme Friedrich Wilhelm II. von Preußen am Siebenjährigen Krieg, in: Hohenzollern-Jahrbuch 12, 1908, S. 234–240 (VI, 1902, S. 219). (Krieg)
Bielfeld, Jakob Friedrich, Lettres familiéres et autres, 2 Bände, Den Haag 1763. (Lettres)
Biographisches Lexikon aller Helden und Militärpersonen, welche sich in Preußischen Diensten berühmt gemacht haben, Berlin 1788, ND Sternberg 1989. (Biographisches Lexikon)
Birtsch, Günter, Religions- und Gewissensfreiheit in Preußen von 1780 bis 1817, in: Zeitschrift für historische Forschung, 11, 1984, S. 177 ff. (Religion)
Birtsch, Günter, Revolutionsfurcht in Preußen 1789 bis 1794, in: Büsch, Otto und Neugebauer-Wölk, Monika (Hg.), Preussen und die revolutionäre Herausforderung seit 1789, Berlin 1991, S. 87–101. (Furcht)
Bissing, Wilhelm M. Freiherr von, Friedrich Wilhelm II. König von Preussen. Ein Lebensbild, Berlin 1967. (Friedrich Wilhelm)
Blaich, Fritz, Die Epoche des Merkantilismus, Wiesbaden 1973. (Epoche)
Blänkner, Reinhard, Tugend, Verfassung, Zivilreligion. Normative Integration im aufgeklärten Liberalismus, in: Buchstein, Hubertus, Schmals-Bruns, Rainer (Hg.), Politik der Integration. Symbole, Repräsentation, Institution. Festschrift für Gerhard Göhler zum 65. Geburtstag, Baden-Baden 2006, S. 339–367 (Schriftenreihe der Sektion Politische Theorie und Ideengeschichte in der Deutschen Vereinigung für Politische Wissenschaft). (Tugend)
Blaschke, Karlheinz, Die Kurfürsten von Sachsen als Förderer der Leipziger Messe. Von der landesgeschichtlichen Grundlegung zur kontinentalen Wirkung, in: Zwahr, Hartmut, Topfstedt, Thomas und Bentele, Günter (Hg.), Leipzigs Messen 1749–1997. Teilband 1: 1497–1914, Köln–Weimar–Wien 1999, S. 60–73. (Kurfürsten)
Bleek, Wilhelm, Von der Kameralausbildung zum Juristenprivileg. Studium, Prüfung und Ausbildung höherer Beamter des allgemeinen Verwaltungsdienstes in Deutschland im 18. und 19. Jahrhundert, Berlin 1972. (Kameralausbildung)
Bleich, Erich, Der Hof des Königs Friedrich Wilhelm II. und des Königs Friedrich Wilhelm III. (Geschichte des Preußischen Hofes), Bd. III, Berlin 1914. (Hof)
Blitz, Hans-Martin, Aus Liebe zum Vaterland. Die Deutsche Nation im 18. Jahrhundert, Hamburg 2000. (Nation)
Boelcke, Willi A., „Sanftmütige Accise." Zur Bedeutung und Problematik der indirekten Verbrauchssteuern in der Finanzwirtschaft der deutschen Territorialstaaten während der frühen Neuzeit, in: Jahrbuch für die Geschichte Mittel- und Ostdeutschlands, 21, 1972, S. 93 ff. (Akzise)
Bollacher, Martin, Wilhelm Abraham Teller. Ein Aufklärer der Theologie, in: Bödecker, Hans Erich u. Herrmann, Ulrich (Hg.), Über den Prozeß der Aufklärung in Deutschland im 18. Jahrhundert, Göttingen 1987, S. 39 ff. (Teller)
Borchard, Karl, Staatsverbrauch und öffentliche Investitionen in Deutschland 1780–1850, Diss. Göttingen 1968. (Staatsverbrauch)
Borchardt, Georg, Die Randbemerkungen Friedrichs des Großen, 2 Bde., Potsdam 1937. (Friedrich)
Borcke, Adrian Heinrich Graf von, Geheime Briefe über die Staatsverfassung seit der Thronbesteigung Friedrich Wilhelms des Zweyten, Utrecht 1787. (Briefe)
Böthlingk, Artur, Die Holländische Revolution 1787 und der Deutsche Fürstenbund, Bonn 1874. (1787)

Bourdieu, Pierre, Die feinen Unterschiede. Kritik der gesellschaftlichen Urteilskraft. 8. Aufl., Frankfurt am Main 1996. (Unterschiede)

Bourdieu, Pierre, Die verborgenen Mechanismen der Macht. Schriften zur Politik und Kultur, Hamburg 1992. (Mechanismen)

Bourdieu, Pierre, Praktische Vernunft. Zur Theorie des Handelns, Frankfurt am Main 1998. (Vernunft)

Boyen, Hermann von, Erinnerungen aus dem Leben des General-Feldmarschalls, 1. Teil, Leipzig 1889. (Erinnerungen)

Brachtvogel, A. E., Geschichte des Königlichen Theaters zu Berlin, 2 Bde., Berlin 1877. (Theater)

Brakensiek, Stefan, Fürstendiener – Staatsbeamte – Bürger. Amtsführung und Lebenswelten der Ortsbeamten in niederhessischen Kleinstädten (1750–1830), Göttingen 1999. (Fürstendiener)

Brakensiek, Stefan, Lokale Amtsträger in deutschen Territorien der Frühen Neuzeit. Institutionelle Grundlagen, akzeptanzorientierte Herrschaftspraxis und obrigkeitliche Identität, in: Asch, Ronald G. und Freist, Dagmar (Hg.), Staatsbildung als kultureller Prozess. Strukturwandel und Legitimation von Herrschaft in der Frühen Neuzeit. Köln–Weimar–Wien 2005, S. 49–67. (Amtsträger)

Bringmann, Wilhelm, Louis XVIII. von Frankreich im Exil. Blankenburg 1796–1798, Frankfurt am Main 1995. (Louis)

Bringmann, Wilhelm, Preußen unter Friedrich Wilhelm II. (1786–1797), Frankfurt am Main–Berlin–Bern–Bruxelles–New York–Oxford–Wien 2001. (Preußen)

Broszat, Martin, Zweihundert Jahre deutsche Polenpolitik, München 1963. (Polen)

Brückner, Jutta, Staatswissenschaften, Kameralismus und Naturrecht. Ein Beitrag zur Geschichte der Politischen Wissenschaft in Deutschland des späten 17. und des frühen 18. Jahrhunderts, München 1977. (Kameralismus)

Bruer, Albert A., Geschichte der Juden in Preußen 1750–1820, Frankfurt am Main 1991. (Juden)

Brunner, Otto, Vom Gottesgnadentum zum monarchischen Prinzip. Der Weg der europäischen Monarchie seit dem hohen Mittelalter, in: Hofmann, Hans Hubert (Hg.), Die Entstehung des modernen souveränen Staates, Köln 1967, S. 115–136. (Gottesgnadentum)

Brunschwig, Henri, Gesellschaft und Romantik in Preußen im 18. Jahrhundert. Die Krise des preußischen Staates am Ende des 18. Jahrhunderts und die Entstehung der romantischen Mentalität, Frankfurt am Main–Berlin 1975. (Gesellschaft)

Buchholz, Stephan, Erunt tres aut quattuor in arne una. Aspekte der neuzeitlichen Polygamiediskussion, in: Monhaupt, Heinz (Hg.), Zur Geschichte des Familien- und Erbrechts. Politische Implikationen und Perspektiven, Frankfurt am Main 1987, S. 71–91. (Erunt)

Buchholz, Stephan, Recht, Religion und Ehe. Orientierungswandel und gelehrte Kontroversen im Übergang vom 17. zum 18. Jahrhundert, Frankfurt am Main 1988. (Recht)

Büsch, Otto und Neugebauer-Wölk, Monika (Hg.), Preussen und die revolutionäre Herausforderung seit 1789, Berlin 1991 (Veröffentlichungen der Historischen Kommission zu Berlin, 78). (Preussen)

Bussenius, Ingeburg Charlotte, Die preußische Verwaltung in Süd- und Neuostpreußen 1793–1806, Heidelberg 1960. (Verwaltung)

Bußmann, Walter, Zwischen Preußen und Deutschland. Friedrich Wilhelm IV. Eine Biographie, Berlin 1990. (Preußen)

Carsten, Francis Ludwig, Geschichte der preußischen Junker, Frankfurt am Main 1988. (Junker)

Conrad, Sebastian, Jürgen Osterhammel (Hg.): Das Kaiserreich transnational. Deutschland in der Welt 1871–1914. Göttingen 2004. (Kaiserreich)

Conze, Eckart, Wienfort, Monika (Hg.), Adel und Moderne. Deutschland im europäischen Vergleich im 19. und 20. Jahrhundert, Köln 2004. (Adel)

Crouzet, François, Kriege, Kontinentalsperre und wirtschaftliche Veränderungen in Europa 1792–1815, in: Sieburg, Heinz-Otto (Hg.), Napoleon und Europa, Köln 1971. (Kriege)

Cyran, Eberhard, Preußisches Rokoko. Ein König und seine Zeit, Berlin 1993. (Rokoko)

D'Alton-Rauch, Helene, Der Sturz der Gräfin Lichtenau, in: Mitteilungen des Vereins für die Geschichte Berlins, 46, 1929, S. 136–141. (Sturz)

Dambacher, Ilsegret, Christian Wilhelm von Dohm. Ein Beitrag zur Geschichte des preußischen aufgeklärten Beamtentums und seiner Reformbestrebungen am Ausgang des 18. Jahrhunderts, Bern–Frankfurt am Main 1974. (Dohm)

Daniel, Ute, Höfe und Aufklärung in Deutschland – Plädoyer für eine Begegnung der dritten Art, in: Ventzke, Marcus (Hg.), Hofkultur und aufklärerische Reformen in Thüringen. Die Bedeutung des Hofes im späten 18. Jahrhundert, Weimar–Wien 2002, S. 11–31. (Höfe)

Danneil, Johann Friedrich, Das Geschlecht der von der Schulenburg, Bd. 2, Salzwedel 1847. Schulenburg)

Das erste Testament König Friedrich des Großen, abgedr. bei Hermann von Caemmerer (Hg.), Die Testamente der Kurfürsten von Brandenburg und der beiden ersten Könige von Preußen, München–Leipzig 1915, S. 447–452. (Erstes Testament)

Das zweite Testament König Friedrich des Großen, abgedr. bei Hermann von Caemmerer (Hg.), Die Testamente der Kurfürsten von Brandenburg und der beiden ersten Könige von Preußen, München–Leipzig 1915, S. 461–465. (Zweites Testament)

de Bruyn, Günter, Die Finkensteins. Eine Familie im Dienste Preußens, Berlin 2000. (Finkensteins)

Deus, Ruthild, Elisabeth Christine. Königin von Preußen, Berlin 1996. (Elisabeth Christine)

Die Gotische Bibliothek Friedrich Wilhelms II. im Neuen Garten zu Potsdam, Stiftung Preußischer Schlösser und Gärten Berlin-Brandenburg, Potsdam 1998 (Generaldirektion SPSG, 3. Heft der Wissenschaftlichen Reihe). (Gotische Bibliothek)

Dietrich, Richard (Hg.), Politische Testamente der Hohenzollern, München 1981. (Testamente)

Ditsche, Uta, „Jeder will sie haben". Friederike von Mecklenburg-Strelitz (1778–1841), Regensburg 2004. (Jeder)

Doetzer, Oliver, Aus Menschen werden Briefe. Die Korrespondenz einer jüdischen Familie zwischen Verfolgung und Emigration 1933–1947, Köln–Weimar–Wien 2002. (Briefe)

Dorst, Klaus, Friedrich Wilhelm II. als Leser, in: Die Gotische Bibliothek Friedrich Wilhelms II. im Neuen Garten zu Potsdam, Stiftung Preußischer Schlösser und Gärten Berlin-Brandenburg, Potsdam 1998, S. 81–102. (Friedrich Wilhelm)

Dotzauer, Winfried (Hg.), Quellen zur Geschichte der deutschen Freymaurerei im 18. Jahrhundert unter besonderer Berücksichtigung des Systems der Strikten Observanz, Frankfurt am Main u. a. 1991 (Schriftenreihe der Internationalen Forschungsstelle „Demokratische Bewegungen in Mitteleuropa 1770–1850, 3). (Quellen)

Dülmen, Richard von, Die Gesellschaft der Aufklärer. Zur bürgerlichen Emanzipation und aufklärerischen Kultur in Deutschland, durchges. Neuauflage, Frankfurt am Main 1996. (Gesellschaft)

Easum, Chester V., Prinz Heinrich von Preußen. Bruder Friedrich des Großen, Göttingen 1958. (Heinrich)

Elias, Norbert, Die höfische Gesellschaft. Untersuchungen zur Soziologie des Königtums und der höfischen Aristokratie, Frankfurt a. M. 1969. (Gesellschaft)

Epstein, Klaus, Die Ursprünge des Konservativismus in Deutschland. Der Ausgangspunkt: Die Herausforderung durch die Französische Revolution 1770–1806. Aus dem Englischen v. Johann Zischler, Frankfurt am Main–Berlin–Wien 1973. (Ursprünge)

Etzel, Franz August, Geschichte der Großen National-Mutterloge in den Preußischen Staaten genannt zu den drei Weltkugeln, 6. Ausgabe, Berlin 1903. (Geschichte)

Etzin, Franz, Die Freiheit der öffentlichen Meinung unter der Regierung Friedrich des Großen,

in: Forschungen zur brandenburgischen und preußischen Geschichte, 33, 1921, S. 89–129 und S. 293–326. (Freiheit)
Evers, Susanne, Das Marmorpalais. Die Ausstattung, in: Friedrich Wilhelm II. und die Künste. Preußens Weg zum Klassizismus. Ausstellungskatalog der SPSG, Potsdam 1997, S. 392–393. (Ausstattung)
Falcke, Jeannette, Studien zum diplomatischen Geschenkwesen am brandenburg-preußischen Hof im 17. und 18. Jahrhundert, Berlin 2006 (Quellen und Forschungen zur Brandenburgischen und Preußischen Geschichte, 31). (Studien)
Fejtö, François, Joseph II. Portrait eines aufgeklärten Despoten, Frankfurt am Main 1987. (Joseph)
Fellmann, Walter, Mätressen, Leipzig 1994. (Mätressen)
Foerster, Friedrich, Neuere und neueste Preußische Geschichte, seit dem Tode Friedrich II. bis auf unsere Tage, Berlin 1849. (Geschichte)
Fontane, Theodor, Wanderungen durch die Mark Brandenburg. Dritter Teil: Havelland, Berlin 1977. (Wanderungen)
Fontius, Martin, Friedrich II. und die europäische Aufklärung, Berlin 1999. (Friedrich)
Freidank, Ruth, Theater und Theaterbauten, in: Friedrich Wilhelm II. und die Künste. Preußens Weg zum Klassizismus. Ausstellungskatalog der SPSG, Potsdam 1997, S. 197–200. (Theater)
Freund, Ismar, Die Emanzipation der Juden in Preußen unter besonderer Berücksichtigung des Gesetzes vom 11. März 1812, Bd. 1–2: Darstellung und Urkunden, Berlin 1912. (Emanzipation)
Friedrich der Große: Das Politische Testament von 1752. Aus dem Französischen übertragen von Friedrich von Oppeln-Bronikowski, Stuttgart 1974. (Testamente)
Friedrich II. von Preußen. Schriften und Briefe, Leipzig 1985. (Schriften)
Friedrich Wilhelm II. und die Künste. Preußens Weg zum Klassizismus. Ausstellungskatalog der SPSG, Potsdam 1997. (Ausstellungskatalog)
Gehlen, Stefan, Das Marmorpalais. Die Architektur, in: Friedrich Wilhelm II. und die Künste. Preußens Weg zum Klassizismus. Ausstellungskatalog der SPSG, Potsdam 1997, S. 357–361. (Marmorpalais)
Geier, Manfred, Kants Welt. Eine Biographie, 5. Aufl., Reinbek bei Hamburg 2004. (Kant)
Geismeier, Gregor, Le Denhoff – Für eine Mätresse zu klug, in: Die Mark Brandenburg, S. 20–29. (Le Denhoff)
Gerlach, Karlheinz, Freimaurer und Rosenkreuzer in Frankfurt an der Oder (1776–1806), in: Donnert, Erich (Hg.), Europa in der Frühen Neuzeit. Festschrift für Günther Mühlpfordt zum 75. Geburtstag, Bd. 4: Deutsche Aufklärung, Weimar–Köln–Wien 1997, S. 455–477. (Freimaurer)
Gervais, Otto R, Die Frauen um Friedrich den Großen. Versuch einer Deutung des Liebeslebens Friedrich II., Berlin 1933, ND Salzburg 1996. (Frauen)
Goethe, Johann Wolfgang von, Aus meinem Leben. Dichtung und Wahrheit. Sämtliche Werke nach Epochen seines Schaffens. Münchener Ausgabe, Band 16, München 1985. (Dichtung)
Gollwitzer, Heinz, Ludwig I. von Bayern. Königtum im Vormärz. Eine politische Biographie, München 1986. (Ludwig)
Göres, Burkhardt u. Schendel, Adelheid, Die Königskammern im Berliner Schloss, in: Friedrich Wilhelm II. und die Künste. Ausstellungskatalog der SPSG, Potsdam 1997, S. 220–232. (Königskammern)
Göres, Burkhardt, Die Wohnungen, in: Friedrich Wilhelm II. und die Künste. Ausstellungskatalog der SPSG, Potsdam 1997, S. 213–214. (Wohnungen)
Göse, Frank, Die Struktur des kur- und neumärkischen Adels im Spiegel der Vasallentabellen des 18. Jahrhunderts, in: FBPG, NF 57, 1992, 2, S. 25–46. (Struktur)
Grell, Ole Peter and Scribner, Bob, Tolerance and intolerance in the European Reformation, Cambridge 1996. (Tolerance)

Griewank, Karl (Hg.), Briefwechsel der Königin Luise mit ihrem Gemahl Friedrich Wilhelm III. 1793–1810, Leipzig 1929. (Briefwechsel)

Gröhler, Olaf, Die Kriege Friedrichs II., Berlin 1981. (Kriege)

Grünhagen, Colmar von, Zerboni und Held in ihren Konflikten mit der Staatsgewalt 1796–1802. Nach archivalischen Quellen, Berlin 1897. (Zerboni)

Güntheroth, Nele, Friedrich Wilhelm II. „... damit er in seiner Jugend nur Eindrücke in sich aufnimmt, die er empfangen soll ...". Der Mensch als Maschine, in: Im Dienste Preußens. Wer erzog Prinzen zu Königen?, Stiftung Stadtmuseum Berlin (Hg.), Berlin 2001, S. 91–101. (Friedrich Wilhelm)

Haase-Faulenorth, Bertold Adolf, Gräfin Lichtenau. Ein Schicksal zwischen den Zeiten, Berlin 1934. (Gräfin)

Hanken, Caroline, Vom König geküsst. Das Leben der großen Mätressen, Berlin 1996. (König)

Harnack, Adolf, Geschichte der Königlich-preußischen Akademie der Wissenschaften zu Berlin, 3 Bde., Berlin 1900. (Geschichte)

Hartung, Fritz, Der aufgeklärte Absolutismus, in: HZ 180, 1955, S. 15–42. (Absolutismus)

Hegemann, Werner, Fridericus oder das Königsopfer, Hellerau 1926. (Fridericus)

Heidrich, Kurt, Preußen im Kampfe gegen die französische Revolution bis zur zweiten Teilung Polens, Stuttgart–Berlin 1908. (Preußen)

Heigel, Karl Theodor, Deutsche Geschichte vom Tode Friedrichs des Großen bis zur Auflösung des alten Reichs, 2 Bde., Stuttgart 1899 und 1911. (Geschichte)

Heike, Otto, Die Provinz Südpreußen, Marburg 1953. (Südpreußen)

Heinemann, Gerd und Winkler, Uwe, Hinter den Kulissen von Preußens Glanz und Gloria – Brandenburgisch-preußische Hofgeschichte(n), in: Im Dienste Preußens. Wer erzog Prinzen zu Königen?, Berlin 2001, S. 11–36. (Hof)

Heinrich, Gerd, Geschichte Preußens, Frankfurt am Main–Berlin–Wien 1984. (Preußen)

Heinrich, Gerd, Religionstoleranz in Brandenburg-Preußen. Idee und Wirklichkeit, in: Schlenke, Manfred (Hg.), Preussen. Politik, Kultur, Gesellschaft, Bd. 1, Hamburg 1986, S. 83 ff. (Religionstoleranz)

Hellmuth, Eckart, Meenken, Immo und Trauth, Michael (Hg.), Zeitenwende. Preußen um 1800. Festgabe für Günter Birtsch zum 70. Geburtstag, Stuttgart-Bad Cannstatt 1999. (Zeitenwende)

Hellwig, Leo, Schulenburg-Kehnert unter Friedrich Wilhelm III. (1798–1806), Berlin 1936. (Schulenburg-Kehnert)

Henke, Heinrich Philipp Conrad, Beurteilung aller Schriften, welche durch das Königlich Preußische Religionsedikt und durch andere damit zusammenhängende Religionsverfügungen veranlasst sind, Kiel 1793, ND Königstein/Ts. 1978. (Edikt)

Herzig, Arno, Jüdische Geschichte in Deutschland. Von den Anfängen bis zur Gegenwart, 2. durchges. Aufl., München 2002. (Geschichte)

Hetzer, Theodor, Das Marmorpalais in Potsdam, Berlin 1921. (Marmorpalais)

Hinrichs, Carl, Der Kronprinzenprozeß. Friedrich und Katte, Hamburg 1936. (Kronprinzenprozeß)

Hinrichs, Carl, Friedrich Wilhelm I. König in Preußen. Eine Biographie. Jugend und Aufstieg, Hamburg 1941. (Friedrich Wilhelm I.)

Hinrichs, Carl, König Friedrich I. von Preußen. Die geistige und politische Bedeutung seiner Regierung, in: ders., Preußen als historisches Problem. Gesammelte Abhandlungen, hrsg. v. Gerhard Oestreich, Berlin 1964, S. 253–271. (Friedrich I.)

Hinrichs, Ernst, Fürsten und Mächte. Zum Problem des europäischen Absolutismus, Göttingen 2000. (Fürsten)

Hof, Ulrich im, Das gesellige Jahrhundert – Gesellschaft und Gesellschaften im Zeitalter der Aufklärung, München 1982. (Gesellschaft)

Hoffmann, Gabriele, „Die vollkommene Frau von Welt“. Die Gräfin von Cosel und andere Mätressen, in: dies., Frauen machen Geschichte. Von Kaiserin Theophanu bis Rosa Luxemburg, Bergisch Gladbach 1991, S. 184–208. (Cosel)

Höhm, Willy, Der Einfluss des Marquis de Lucchesini auf die preussische Politik 1787–1792, Diss. Kiel 1925. (Einfluss)

Holländer, Kay-Uwe, „Und das kann doch schließlich nicht all und jeder.“ Der Aufstieg Johann Christoph Woellners zum preußischen Staatsminister unter Friedrich Wilhelm II., in: Neugebauer, Wolfgang und Pröve, Ralf (Hg.), Agrarische Verfassung und politische Struktur. Studien zur Gesellschaftsgeschichte Preußen 1700–1918, Berlin 1998, S. 225–256 (Innovationen, 7). (Aufstieg)

Honegger, Claudia, Die Ordnung der Geschlechter. Die Wissenschaft vom Menschen und das Weib 1750–1850, Frankfurt am Main–New York 1991. (Ordnung)

Hubatsch, Walter, Friedrich der Große und die preußische Verwaltung, Köln–Berlin 1973. (Friedrich)

Hüffer, Hermann u. Luckwaldt, Friedrich, Der Friede von Campoformio, Innsbruck 1907. (Friede)

Hüffer, Hermann, Die Beamten des älteren preußischen Kabinetts von 1713–1808, in: FBPG 5, 1892, S. 157–190. (Kabinett)

Hüffer, Hermann, Die Kabinettsregierung in Preußen und Johann Wilhelm Lombard, Leipzig 1891. (Kabinettsregierung)

Hüneke, Saskia, Bildhauskunst, in: Friedrich Wilhelm II. und die Künste. Preußens Weg zum Klassizismus. Ausstellungskatalog der SPSG, Potsdam 1997, S. 129–134. (Bildhauerkunst)

Hüttl, Ludwig, Friedrich Wilhelm von Brandenburg, der Große Kurfürst 1620–1688. Eine politische Biographie, München 1981. (Kurfürst)

Im Dienste Preußens. Wer erzog Prinzen zu Königen? Hg. v. d. Stiftung Stadtmuseum Berlin. Katalog der Ausstellung vom 12. Oktober 2001 bis 6. Januar 2002, Berlin 2001. (Wer erzog die Prinzen)

Jany, Curt, Geschichte der preußischen Armee vom 15. Jahrhundert bis 1914, Bd. 3 (1763–1807), ND Osnabrück 1967, Bd. 4 (1807–1914) Berlin 1933. (Geschichte)

Joepchen, Paula, Die Gemahlin Friedrichs des Großen Elisabeth Christine als Schriftstellerin, Diss. Köln 1940. (Gemahlin)

Jost, Ekkehard, Staatsgesetzgebung im Zeitalter des Absolutimus dargestellt am Beispiel Brandenburg-Preußens in der Zeit von 1640–1786, Berlin 1998 (Schriften zur Rechtsgeschichte, Heft 73). (Staatsgesetzgebung)

Jüttemann, G. u. a. (Hg.), Die Seele, ihre Geschichte im Abendland, Weinheim 1991. (Seele)

Karst, Thomas, Das Allgemeine Staatsrecht im Rahmen der Kronprinzenvorträge des Carl Gottlieb Svarez unter besonderer Berücksichtigung des Strebens nach Glückseligkeit, Hamburg 2000. (Studien zur Rechtswissenschaft, 62). (Staatsrecht)

Kaufhold, Karl Heinrich u. Sösemann, Bernd (Hg.), Wirtschaft, Wissenschaft und Bildung in Preußen. Zur Wirtschafts- und Sozialgeschichte Preussens vom 18. bis zum 20. Jahrhundert, Stuttgart 1998 (Vierteljahresschriften für Sozial- und Wirtschaftsgeschichte, Beihefte 148). (Wirtschaft)

Kaufhold, Karl Heinrich, „Wirtschaftswissenschaften“ und Wirtschaftspolitik in Preußen von um 1650 bis um 1800, in: Kaufhold, Karl Heinrich u. Sösemann, Bernd (Hg.), Wirtschaft, Wissenschaft und Bildung in Preußen. Zur Wirtschafts- und Sozialgeschichte Preussens vom 18. bis zum 20. Jahrhundert, Stuttgart 1998, S. 51–72 (Vierteljahresschriften für Sozial- und Wirtschaftsgeschichte, Beihefte 148). (Wirtschaftswissenschaften)

Kemper, Dirk, Obskurantismus als Mittel der Politik. Johann Christoph von Wöllners Politik der Gegenaufklärung am Vorabend der Französischen Revolution, in: Weiß, Christoph in Zusammenarbeit mit Albrecht, Wolfgang (Hg.), Von ‚Obscuranten‘ und ‚Eudämonisten‘. Gegenaufklärerische, konservative und antirevolutionäre Publizisten im späten 18. Jahrhundert, St. Ingbert 1997, S. 193–220. (Wöllner)

Kittsteiner, Heinz Dieter, Das Komma von SANC, SOUCI. Ein Forschungsbericht mit Fußnoten, Heidelberg 2001. (Komma)
Kloosterhuis, Jürgen (Hg.), Legendäre „lange Kerls“. Quellen zur Regimentskultur der Königsgrenadiere Friedrich Wilhelms I., 1713–1740, Berlin 2003. (Kerls)
Klueting, Harm, Ewald Friedrich von Hertzberg – preußischer Kabinettsminister unter Friedrich dem Großen und Friedrich Wilhelm II., in: Kunisch, Johannes (Hg.), Persönlichkeiten im Umfeld Friedrich des Großen, Köln–Wien u. a. 1988, S. 135–152 (Neue Forschungen zur Brandenburgischen und Preussischen Geschichte, 9) (Hertzberg)
Knabe, Lotte, Die Messen zu Frankfurt an der Oder und ihre Bedeutung für den Ost-West-Handel, in: Heimatkunde und Landesgeschichte, Weimar 1958. (Messen)
Knesebeck, Carl Friedrich von dem, Betrachtungen über den jetzigen Krieg und die Ursachen seiner falschen Beurtheilung, 1794. (Krieg)
Knesebeck, Carl Friedrich von dem, Europa in Bezug auf den Frieden, London 1795. (Europa)
Knoll, Gerhard (Hg.), Friedrich II. König von Preußen, Totengespräch zwischen Madame de Pompadour und der Jungfrau Maria, 2. erw. Aufl., Berlin 2000. (Friedrich)
Knoll, Gerhard, Öffentliche Kritik der Zeit an Friedrich Wilhelm II., in: Friedrich Wilhelm II. und die Künste. Preußens Weg zum Klassizismus. Ausstellungskatalog der SPSG, Potsdam 1997, S. 40–44. (Kritik)
König, Anton Balthasar, Biographisches Lexikon aller Helden und Militärpersonen, welche sich in Preußischen Diensten berühmt gemacht haben, 4 Bde., Berlin 1788–91. (Helden)
König, Anton Balthasar, Versuch einer Historischen Schilderung … der Residenzstadt Berlin …, 5 Teile, 2 Bd., Berlin 1799, ND Berlin 1991. (Versuch)
Koselleck, Reinhart, Preußen zwischen Reform und Revolution. Allgemeines Landrecht, Verwaltung und soziale Bewegung von 1791 bis 1848, 3. Aufl., München 1989. (Preußen)
Koser, Reinhold, Aus dem ersten Regierungsjahre Friedrich Wilhelm II. Berichte des kurbrandenburgischen Gesandten von Beulewitz, in: FBPG, 4, 1891, S. 593–605. (217–283) (Regierungsjahre)
Koser, Reinhold, Die preußischen Finanzen von 1763 bis 1786, in: FBPG, 16, 1903, S. 101 ff. (Finanzen)
Koser, Reinhold, Prinz August Wilhelm von Preußen und Luise Ulrike von Schweden. Mitteilungen aus den Briefen Luise Ulrikens an August Wilhelm 1740–1758, in: Zeitschrift für Preußische Geschichte, 1881, S. 14 ff. (August Wilhelm)
Koser, Reinhold, Vom Berliner Hofe um 1750, in: Hohenzollern-Jahrbuch 7, 1903, S. 1–37. (Hof)
Koser, Reinhold, Zur preußischen und deutschen Geschichte, Stuttgart, Berlin 1921. (Geschichte)
Krauel, Richard, Graf Hertzberg als Minister Friedrich Wilhelms II., Berlin 1899. (Hertzberg)
Krause, Peter, Öffentlicher Akkusationsprozeß vor einem Judicium Pariu. Carl Gottlieb Svarez: Vorschläge für eine Kriminalprozessordnung 1786–1796, in: Hellmuth, Eckart, Meenken, Immo und Trauth, Michael (Hg.), Zeitenwende. Preußen um 1800. Festgabe für Günter Birtsch zum 70. Geburtstag, Stuttgart-Bad Cannstatt 1999, S. 97–138. (Svarez)
Krieger, Bogdan, Zur Kindheits- und Erziehungsgeschichte Friedrich Wilhelms II, in: Hohenzollern-Jahrbuch, Bd. 12, Berlin 1908, S. 70–102. (Kindheit)
Krieger, Bogdan, Zur Lebensgeschichte des Prinzen August Wilhelm von Preußen (1722–1758), in: Hohenzollern-Jahrbuch, Bd. 3, Berlin 1899, S. 146–162. (August)
Kroll, Lothar (Hg.), Preußens Herrscher – Von den ersten Hohenzollern bis Wilhelm II., München 2000. (Herrscher)
Krüger, Horst, Zur Geschichte der Manufakturen und der Manufakturarbeiter in Preussen. Die mittleren Provinzen in der zweiten Hälfte des 18. Jahrhunderts, Berlin 1958 (= Schriftenreihe des Instituts für allgemeine Geschichte an der Humboldt-Universität Berlin, 3). (Manufakturen)

Krüger, Peter u. Schoeps, Julius in Verbindung mit Irene Dieckmann (Hg.), Der verkannte Monarch. Friedrich Wilhelm IV. in seiner Zeit, Potsdam 1997. (Monarch)

Krünitz, Johann Georg, Anekdoten Seine Königliche Majestät, Friedrich Wilhelm den Vielgeliebten, als vierzehnjährigen Prinzen von Preußen, den Major von Kleist und den Herzog von Braunschweig betreffend, in: Berlinische Monatsschrift, 13, 1789, S. 81–94. (Vielgeliebter)

Kuenheim, Haug von (Hg.), Aus den Tagebüchern des Grafen Lehndorff, Berlin 1982. (Lehndorff)

Kühn, Joachim, B. V. Ephraims Geheimsendung nach Paris 1790–1791, Gießen 1916. (Geheimsendung)

Kunisch, Johannes (Hg.), Dreihundert Jahre Preußische Königskrönung. Berlin 2002. (Krönung)

Kunisch, Johannes (Hg.), Persönlichkeiten im Umkreis Friedrichs des Großen, Köln–Wien 1988 (Neue Forschungen zur Brandenburg-Preußischen Geschichte, 9). (Persönlichkeiten)

Kunisch, Johannes, Das Mirakel des Hauses Brandenburg, München–Wien 1978. (Mirakel)

Kunisch, Johannes, Friedrich der Große, Friedrich Wilhelm II. und das Problem der dynastischen Kontinuität im Hause Hohenzollern, in: ders. (Hg.), Persönlichkeiten im Umkreis Friedrichs des Großen, Köln–Wien 1988, S. 1–27. (Kontinuität)

Kunisch, Johannes, Friedrich der Große. Der König und seine Zeit, 3. Aufl., München 2005. (Friedrich)

Küntzel, Georg und Hass, Martin, Die Politischen Testamente der Hohenzollern, Bd. 2., 2. Aufl., Leipzig–Berlin 1920. (Testamente)

Laukhard, Friedrich Christian, Leben und Schicksale. Von ihm selbst beschrieben, 2 Bde., Stuttgart 1908. (Leben)

Leben des am 12. Juni 1758 verstorbenen Prinzen von Preußen, worinnen zugleich viel Merkwürdiges von der des vorigen und jetzigen Königs von Preußen erhalten ist, Frankfurt und Leipzig 1759. (Leben)

Lehmann, Max, Wöllner und die auswärtige Politik Friedrich Wilhelms II., in: Historische Zeitschrift, 62, 1899, S. 285 ff. (Wöllner)

Leitner, Thea, Skandal am Hof. Frauenschicksale an europäischen Königshöfen, München 1995. (Skandal)

Lewin, Reinhold, Die Judengesetzgebung Friedrich Wilhelms II., in: Monatsschrift für Geschichte und Wissenschaft des Judentums, 57, 1913, S. 74 ff., 211 ff., 363 ff., 461 ff., 567 ff. (Judengesetzgebung)

Lüdtke, Wilhelm, Friedrich Wilhelm II. und die revolutionäre Propaganda (1789–1791), in: FBPG, 44, 1931, S. 70 ff. (Propaganda)

Mainka, Peter, Karl Abraham von Zedlitz und Leipe (1731–1793). Ein schlesischer Adliger in Diensten Friedrichs II. und Friedrich Wilhelms II. von Preußen, Berlin 1995 (Quellen und Forschungen zur Brandenburgischen und Preußischen Geschichte, 8). (Zedlitz).

Malinowski, Stephan, Vom König zum Führer. Sozialer Niedergang und politische Radikalisierung im deutschen Adel zwischen Kaiserreich und NS-Staat, Berlin 2003. (König)

Manten, Georg, Das Notbischofsrecht der preußischen Könige und die preußische Landeskirche zwischen staatlicher Aufsicht und staatlicher Verwaltung. Unter besonderer Berücksichtigung der Kirchen- und Religionspolitik Friedrich Wilhelms II., Berlin 2007. (Kirche)

Marks, Herbert, Preussen im Konzert der Mächte. Möglichkeiten einer nachfriderizianischen Außenpolitik, in: FBPG, NF, 9, 1999, 145–184. (Preussen)

Marwitz, Friedrich August Ludwig von der, Nachrichten aus meinem Leben 1777–1808, hg. v. Bruyn, Günter de, Berlin 1989. (Marwitz)

Materna, Ingo und Ribbe, Wolfgang (Hg.), Brandenburgische Geschichte, Berlin 1995. (Geschichte)

Mauvillon, Jakob von (Hg.), Von der Preußischen Monarchie unter Friedrich dem Großen. Unter der

Leitung des Grafen von Mirabeau abgefasst, 2. u. 3. Bd., Braunschweig, Leipzig 1793, ND Wiesbaden 1981. (Monarchie)

Meier, Brigitte, Fontane-Stadt Neuruppin 1256 bis 2006. Kulturgeschichte einer märkischen Mittelstadt, Berlin–Karwe 2004. (Neuruppin)

Meier, Brigitte, Jüdische Seidenunternehmer und die soziale Ordnung zurzeit Friedrich II. Moses Mendelssohn und Isaak Bernhard. Interaktion und Kommunikation als Basis einer erfolgreichen Unternehmensentwicklung, Berlin 2007. (Mendelssohn)

Meisner, Heinrich Otto (Hg.), Vom Leben und Sterben der Königin Luise. Eigenhändige Auszeichnungen ihres Gemahls König Friedrich Wilhelm III., Berlin–Leipzig 1926. (Luise)

Meisner, Heinrich Otto, Zur neueren Geschichte des preußischen Kabinetts, in: FBPG, 36, 1924, S. 39 ff. (Kabinett)

Meumann, Markus und Pröve, Ralf, Faszination des Staates und historische Praxis. Zur Beschreibung von Herrschaftsbeziehungen jenseits teleologischer und dualistischer Begriffsbildungen, in: dies. (Hgg.), Herrschaft in der Frühen Neuzeit. Umrisse eines dynamisch-kommunikativen Prozesses, Münster 2004, S. 11–50. (Faszination)

Michalsky, Jerzy, Polen und Preußen in der Epoche der Teilung, in: Jahrbuch für die Geschichte Ost- und Mitteldeutschlands, 30, 1981, S. 35 ff. (Polen)

Mieck, Ilja, Preußischer Seidenbau im 18. Jahrhundert, in: Vierteljahresschrift der Sozial- und Wirtschaftsgeschichte, 56, 1969, S. 478–498. (Seidenbau)

Mieck, Ilja, Westeuropareisen der Hohenzollernherrscher im 17. und 18. Jahrhundert, in: Forschungen zur Brandenburgischen und Preußischen Geschichte, NF, 15, 2005, 1, S. 1–26. (Westeuropareisen)

Mittenzwei, Ingrid, Friedrich II. von Preußen. Eine Biographie, Berlin 1987. (Friedrich)

Modrow, Irina, Wonach in Frankfurt „jeder, der nur wollte, gute Studien machen konnte …“ Eine kleine Geschichte der Viadrina anlässlich ihres 500. Jubiläums. Sonderband des Jahresberichts des Fördervereins zur Erforschung der Geschichte der Viadrina und der Forschungsstelle für vergleichende Universitätsgeschichte zum 500. Jahrestags der Gründung der Viadrina, red. bearb. u. hg. v. Knefelkamp, Ulrich, Berlin 2006. (Frankfurt)

Möller, Horst, Die Bruderschaft der Gold- und Rosenkreuzer. Struktur, Zielsetzung und Wirkung einer anti-aufklärerischen Geheimgesellschaft, in: Reinalter, Helmut (Hg.), Freimaurer und Geheimbünde im 18. Jahrhundert in Mitteleuropa, 4. Aufl. Frankfurt am Main 1993, S. 199–239. (Bruderschaft)

Möller, Horst, Die Gold- und Rosenkreuzer. Struktur, Zielsetzung und Wirkung einer antiaufklärerischen Geheimgesellschaft, in: Ludz, Peter Christian (Hg.), Geheime Gesellschaften, Heidelberg 1979, S. 153–202 (Wolfenbütteler Studien zur Aufklärung,V/1). (Gold- und Rosenkreuzer)

Möller, Horst, Primat der Außenpolitik? Preußen und die Französische Revolution 1789–1795, in: Voss, Jürgen (Hg.), Deutschland und die Französische Revolution, München 1983, S. 65–81 (Beihefte der Francia, 12). (Primat)

Möller, Horst, Vernunft und Kritik. Deutsche Aufklärung im 17. und 18. Jahrhundert, Frankfurt am Main 1986. (Vernunft)

Müller Hans-Gerhard, Die Rolle Friedrich von Cölln in der patriotischen Bewegung 1807/08, in: Das Jahr 1813, Berlin 1963, S. 47 ff. (Rolle)

Müller, Lothar, Die kranke Seele und das Licht der Erkenntnis. Karl Philipp Moritz' ‚Anton Reiser‘, Frankfurt am Main 1987. (Seele)

Müller, Michael G., Die Teilungen Polens 1772 – 1793 – 1795, München 1984. (Teilungen)

Müller, Rainer A., Der Fürstenhof in der frühen Neuzeit, München 1995. (Fürstenhof)

Naudé, Albert, Der preußische Staatsschatz unter König Friedrich Wilhelm II. und seine Erschöpfung. Beiträge zur preußischen Finanzgeschichte im 18. Jahrhundert. Teil I, in: Forschungen zur Brandenburgischen und preußischen Geschichte, NF, 5, 1892, S. 203–256. (Staatsschatz)

Nettelbladt, Christian Carl Friedrich Wilhelm von, Geschichte Freimaurerischer Systeme in England, Frankreich und Deutschland, Berlin 1879 (Reprint Wiesbaden 1972). (Geschichte)
Neugebauer, Wolfgang, Absolutistischer Staat und Schulwirklichkeit in Brandenburg-Preußen, Berlin–New York 1985 (= Veröffentlichungen der Historischen Kommission zu Berlin, 62). (Staat)
Neugebauer, Wolfgang, Das Preußische Kabinett in Potsdam. Eine verfassungsgeschichtliche Studie zur fürstlichen Zentralsphäre in der Zeit des Absolutismus, in: Jahrbuch für Brandenburgische Geschichte 44, 1993, S. 69–115. (Kabinett)
Neugebauer, Wolfgang, Die Hohenzollern. Bd. 2: Dynastie im säkularen Wandel. Von 1740 bis in das 20. Jahrhundert, Stuttgart 2003 (Reihe: Urban Taschenbücher 574). (Hohenzollern)
Neugebauer, Wolfgang, Einführung, in: ders. (Bearbeiter u. Hg.), Schule und Absolutismus in Preußen. Akten zum preußischen Elementarschulwesen bis 1806, Berlin–New York 1992, S. 1–112 (= Veröffentlichungen der Historischen Kommission zu Berlin, 83, Quellenwerke, 8). (Einführung)
Neugebauer, Wolfgang, Hof und politisches System in Brandenburg-Preußen: Das 18. Jahrhundert, in Jahrbuch für die Geschichte Mittel- und Ostdeutschland 46, 2000, S. 139–169. (Hof)
Neugebauer, Wolfgang, Politischer Wandel im Osten: Ost- und Westpreussen von den alten Ständen zum Konstitutionalismus, Stuttgart 1992 (Quellen und Studien zur Geschichte des östlichen Europas, 36). (Wandel)
Neugebauer, Wolfgang, Staatsverfassung und Heeresverfassung in Preussen während des 18. Jahrhunderts, in: Forschungen zur Brandenburgischen und Preussischen Geschichte, NF, 13, 2003, 68, S. 83–102. (Staatsverfassung)
Neugebauer, Wolfgang, Staatsverwaltung, Manufaktur und Garnison. Die polyfunktionale Residenzlandschaft von Berlin-Potsdam-Wusterhausen zur Zeit Friedrich Wilhelms I., in: FBPG, NF, 7, 1997, S. 233–257. (Staatsverwaltung)
Neugebauer, Wolfgang, Zentralprovinz im Absolutismus. Brandenburg im 17. und 18. Jahrhundert, Berlin 2001 (Bibliothek der brandenburgischen und preußischen Geschichte 5; Brandenburgische Geschichte in Einzeldarstellungen 4). (Zentralprovinz)
Neugebauer, Wolfgang, Zur Staatsbildung Brandenburg-Preußens. Thesen zu einem historischen Typus, in: Jahrbuch für Brandenburgische Landesgeschichte, 49, 1998, S. 183–194. (Staatsbildung)
Neugebauer-Wölk, Monika, Esoterische Bünde und Bürgerliche Gesellschaft. Entwicklungslinien zur modernen Welt im Geheimbundwesen des 18. Jahrhunderts, Göttingen 1995 (Kleine Reihe zur Aufklärung, 5). (Bünde)
Neumann, Hans-Joachim, Erbkrankheiten in europäischen Fürstenhäusern, Berlin 1993. (Erbkrankheiten)
Neumann, Hans-Joachim, Friedrich Wilhelm I. Leben und Leiden des Soldatenkönigs, Berlin 1993. (Friedrich Wilhelm)
Neumann, Hans-Joachim, Friedrich Wilhelm II. Preußen unter den Rosenkreuzern, Berlin 1997. (Rosenkreuzer)
Nicht, Jutta, Musik und Musikinstrumentenbau, in: Friedrich Wilhelm II. und die Künste. Preußens Weg zum Klassizismus. Ausstellungskatalog der SPSG, Potsdam 1997, S. 186–191. (Musik)
Nipperdey, Thomas, Religion im Umbruch: Deutschland 1870–1918, München 1988. (Religion)
Noack, Paul, Elisabeth Christine und Friedrich der Grosse. Ein Frauenleben in Preussen, Stuttgart 2001. (Elisabeth Christine)
Nolte, Burkhard, Merkantilismus und Staatsräson in Preußen. Absicht, Praxis und Wirkung der Zollpolitik Friedrichs II. in Schlesien und in westfälischen Provinzen (1740–1786), Marburg 2004 (Materialien und Studien zur Ostmitteleuropa-Forschung, 10). (Merkantilismus)
Nutz, Thomas, Die Geburt der Gefängniskunde aus dem Geiste der Bürokratie. Albrecht Heinrich von Arnim und dic kriminalpolitischen Reformen in Preußen vor 1806, in: Hellmuth, Eckart,

Meenken, Immo und Trauth, Michael (Hg.), Zeitenwende. Preußen um 1800. Festgabe für Günter Birtsch zum 70. Geburtstag, Stuttgart-Bad Cannstatt 1999, S. 183–206. (Geburt)

Oestreich, Gerhard, Der Große Kurfürst, Göttingen usw. 1971. (Kurfürst)

Oestreich, Gerhard, Friedrich Wilhelm I. Preußischer Absolutismus, Merkantilismus, Militarismus, Göttingen 1977. (Friedrich Wilhelm)

Opgenoorth, Ernst, Friedrich Wilhelm. Der Große Kurfürst von Brandenburg. Eine politische Biographie, Bd. 1, Göttingen usw. 1972, Bd. 2, Göttingen usw. 1978. (Friedrich Wilhelm)

Oßwald-Bargende, Sybille, Die Mätresse, der Fürst und die Macht. Christina Wilhelmina von Grävenitz und die höfische Gesellschaft, Frankfurt am Main 2000 (Geschichte und Geschlecht, 32). (Mätresse)

Oster, Uwe A., Wilhelmine von Bayreuth. Das Leben der Schwester Friedrich des Großen, München–Zürich 2005. (Wilhelmine)

Pangels, Charlotte, Königskinder im Rokoko. Die Geschwister Friedrich des Großen, München 1976. (Königskinder)

Petzold, Horst, Die Verhandlungen der 1798 von König Friedrich Wilhelm III. eingesetzten Finanzkommission, phil. Diss. Göttingen 1911. (1798)

Pfeifer, Ingo, Friedrich Wilhelm II. und Wörlitz, in: Friedrich Wilhelm II. und die Künste. Preußens Weg zum Klassizismus. Ausstellungskatalog der SPSG, Potsdam 1997, S. 118–122. (Friedrich Wilhelm)

Philippi, Johann Albrecht, Der vergrößerte Staat, Frankfurt–Leipzig 1759. (Staat)

Philippson, Martin, Geschichte des Preußischen Staatswesens vom Tode Friedrich des Großen bis zu den Befreiungskriegen, 2 Bde., Leipzig 1880 u. 1882. (Geschichte)

Plachta, Bodo, Damnatur – Poleratur – Admittitur. Studien und Dokumente zur literarischen Zensur im 18. Jahrhundert, Tübingen 1994. (Damnatur)

Plato, Alexander von, Erfahrungsgeschichte – von der Etablierung der Oral History, in: Jüttermann, Gerd u. Thomae, Hans (Hg.), Biographische Methoden in den Humanwissenschaften, Weinheim 1998, S. 60–74. (History)

Plato, Alexander von, Zeitzeugen und historische Zunft. Erinnerung, kommunikative Tradierung und kollektives Gedächtnis in der qualitativen Geschichtswissenschaft – ein Problemaufriss, BIOS – Zeitschrift für Biographieforschung und Oral History, 13, 2000, S. 5–29. (Zeitzeugen)

Poseck, Ernst, Die Kronprinzessin Elisabeth Christine, Gemahlin Friedrich des Großen, Berlin 1940. (Kronprinzessin)

Preuß, Andreas Theodor, Ewald Friedrich Graf von Hertzberg, Berlin 1909. (Hertzberg)

Preuß, Johann David Erdmann, Zur Beurtheilung des Staatsministers von Wöllner, in: Zeitschrift für Preußische Geschichte und Landeskunde, 2, 1865, S. 577–604 und 3, 1866, S. 746–774 (Reprint Osnabrück 1972, S. 65–95). (Wöllner)

Prümers, Rodgero (Hg.), Das Jahr 1793. Urkunden und Aktenstücke zur Geschichte der Organisation Südpreußens, Posen 1895. (Urkunden)

Radtke, Wolfgang, Gewerbe und Handel in der Kurmark Brandenburg 1740–1806. Zur Interdependenz von kameralistischer Staatswirtschaft und Privatwirtschaft, Berlin 2003 (Veröffentlichungen des Brandenburgischen Landeshauptarchivs, 46). (Gewerbe)

Rees, Joachim, Siebers, Winfried, Tilgner, Hilmar (Hg.) unter Mitwirkung von Frank, Christoph, Europareisen politisch-sozialer Eliten im 18. Jahrhundert. Theoretische Neuorientierung – kommunikative Praxis – Kultur- und Wissenstransfer, Berlin 2002 (Aufklärung und Europa, 6). (Europareisen)

Reinalter, Helmut (Hg.), Freimaurer und Geheimbünde im 18. Jahrhundert in Mitteleuropa, 4. Aufl., Frankfurt am Main 1993. (Freimaurer)

Reinalter, Helmut (Hg.), Der aufgeklärte Absolutismus im europäischen Vergleich, Wien 2002. (Absolutismus)

Reinhold, Josef, Polen/Litauen auf den Leipziger Messen des 18. Jahrhunderts, Weimar 1971. (Polen)

Reinisch, Ulrich, Der Wiederaufbau der Stadt Neuruppin nach dem grossen Brand von 1787 oder: Wie die preussische Bürokratie eine Stadt baute, Worms 2001. (Brand)

Reinisch, Ulrich, Revision des Rousseau. Die Gegenaufklärung in Preußen unter Friedrich Wilhelm II. und die Berliner Architektur, in: Das Brandenburger Tor. Weg in die Geschichte. Tor in die Zukunft, hg. von der Stiftung Denkmalschutz Berlin, Berlin 2003, S. 23–33. (Tor)

Richter, Josef (Hg.), Die Briefe Friedrichs des Grossen an seinen vormaligen Kammerdiener Fredersdorf, Berlin 1926. (Briefe)

Riedel, Adolph Friedrich, Der Brandenburg-Preußische Staatshaushalt in den beiden letzten Jahrhunderten, Berlin 1866. (Haushalt)

Rimpau, Wilhelm, Behnisch – der erste Erzieher Friedrich Wilhelms III., in: HzJb, 5, 1901, S. 220–251. (Behnisch)

Rob, Klaus, Karl Theodor von Dalberg (1744–1817). Eine politische Biographie für die Jahre 1744–1806, Frankfurt am Main 1984 (Geschichte und ihre Hilfswissenschaften, 231). (Dalberg)

Röseler, Rudolf, Handels- und Gewerbepolitik Preußens zur Zeit Friedrich Wilhelm II. (1786–1797), Diss. Phil. Marburg 1935. (Handel)

Ruppel-Kuhfuss, Edith, Das Generaldirektorium unter der Regierung Friedrich Wilhelm II. mit Berücksichtigung der interimistischen Instruktion von 1798, phil. Diss. Würzburg 1937 (Berliner Studien zur neueren Geschichte, 2). (Generaldirektorium)

Sack, Friedrich Samuel (Hg.), August Friedrich Wilhelm Sack's Lebensbeschreibung nebst einiger von ihm hinterlassenen Briefe und Schriften, 2 Bde., Berlin 1789. (Sack)

Samerski, Stefan (Hg.), Wilhelm II. und die Religion. Facetten einer Persönlichkeit und ihres Umfelds, Berlin 2001 (Reihe: Forsch. zur brandenburgischen und preussischen Geschichte NF. Beih. 5). (Wilhelm)

Sauer, Paul, Der schwäbische Zar. Friedrich, Württembergs erster König, Stuttgart 1984. (Zar)

Schendel, Adelheid, Die Pfaueninsel, in: Friedrich Wilhelm II. und die Künste. Preußens Weg zum Klassizismus. Ausstellungskatalog der SPSG, Potsdam 1997, S. 448. (Pfaueninsel)

Schieder, Theodor, Friedrich der Große. Ein Königtum der Widersprüche, Frankfurt am Main 1996. (Friedrich)

Schippan, Michael, Die Reise des Prinzen Heinrich von Preußen nach Sankt Petersburg 1770/71, in: Rees, Joachim, Siebers, Winfried, Tilgner, Hilmar (Hg.) unter Mitwirkung von Frank, Christoph, Europareisen politisch-sozialer Eliten im 18. Jahrhundert. Theoretische Neuorientierung – kommunikative Praxis – Kultur- und Wissenstransfer, Berlin 2002, S. 159–181 (Aufklärung und Europa, 6). (Heinrich)

Schlögl, Rudolf, Alchimie und Avantgarde. Das Praktischwerden der Utopie bei Rosenkreuzern und Freimaurern, in: Neugebauer-Wölk, Monika und Saage, Richard (Hg.), Die Politisierung des Utopischen im 18. Jahrhundert. Vom utopischen Systementwurf zum Zeitalter der Revolution, Tübingen 1996, S. 117–142 (Hallesche Beiträge zur Europäischen Aufklärung, Schriftenreihe des Interdisziplinären Zentrums für die Erforschung der Europäischen Aufklärung Martin-Luther-Universität Halle-Wittenberg, 4). (Alchimie)

Schlögl, Rudolf, Die patriotisch-gemeinnützigen Gesellschaften: Organisation, Sozialstruktur, Tätigkeitsfelder, in: Reinalter, Helmut (Hg.), Aufklärungsgesellschaften, Frankfurt am Main u. a. 1993, S. 61–81 (Schriftenreihe der Internationalen Forschungsstelle „Demokratische Bewegungen in Mitteleuropa 1770–1850, 10). (Gesellschaften)

Schmidt-Lötzen, Karl Eduard (Hg.), Dreißig Jahre am Hofe Friedrich des Großen. Aus den Tagebüchern des Reichsgrafen Ernst Ahasverus Heinrich von Lehnsdorff, Kammerherrn der Königin Elisabeth Christine von Preußen, Gotha 1907. (Lehndorf)

Schmitz-Lötzen, Karl Eduard (Hg.), Des Reichgrafen Ernst Ahasverus Heinrich Lehndorff Tagebücher nach seiner Kammerherrnzeit, 3 Bde., Gotha 1910–1921. (Reichsgraf)

Schmoller, Gustav, Deutsches Städtewesen in älterer Zeit, Bonn, Leipzig 1922, ND Aalen 1964. (Städtewesen)

Schnitzler, Sonja, Friedrich Wilhelm II. und die Frauen, in: Mitteilungen des Vereins für die Geschichte Berlins, 94, 1998, 1, S. 310 ff. (Frauen)

Schoeps, Hans-Joachim, Preussen. Geschichte eines Staates. Bilder und Zeugnisse, ND Frankfurt am Main–Berlin 1992. (Preußen)

Schraut, Sylvia, Frauen und Macht. Auf der Suche nach dem Verhältnis des „schwachen Geschlechts" zum Bewegungsfaktor „Macht" in Geschichte und Gegenwart, in: Geschlecht. Macht. Arbeit. Kategorien in der historischen Frauenforschung, Tübingen 1995, S. 23–39. (Frauen)

Schultz, Helga, Berlin 1650–1800. Sozialgeschichte einer Residenz. Mit einem Beitrag von Jürgen Wilke, durchgesehene Aufl., Berlin 1992. (Berlin)

Schultz, Helga, Gesellschaftliche Strukturen und geistig-politisches Klima in Berlin 1789–1799, in: Timmermann, Heiner (Hg.), Die Französische Revolution und Europa 1789–1799, Saarbrücken-Scheidt 1989, S. 381–392. (Strukturen)

Schultze, Johannes, Die Rosenkreuzer und Friedrich Wilhelm II., in: ders., Forschungen zur brandenburgischen und preußischen Geschichte. Ausgewählte Aufsätze, Berlin 1964, S. 240–265 (Veröffentlichungen der Historischen Kommission zu Berlin, 13). (Rosenkreuzer 2)

Schultze, Johannes, Die Rosenkreuzer und Friedrich Wilhelm II., in: Mitteilungen des Verein für die Geschichte Berlins, 46, 1929, 2, S. 41–51. (Rosenkreuzer 1)

Schultze, Johannes, Hans Rudolf v. Bischoffwerder und Friedrich Wilhelm II. im Urteil des Generals v. Rüchel, in: FBPG, 43, 1930, S. 167–171. (Bischoffwerder)

Schultze, Johannes, Hans Rudolf von Bischoffwerder, in: Mitteldeutsche Lebensbilder, 3, 1928, S. 134 ff. (Lebensbilder)

Schultze, Johannes, Quellen zur Geschichte der Rosenkreuzer des 18. Jahrhunderts. Die Berichte Hans Rudolf von Bischoffwerder an seine Ordensvorgesetzten 1779–1781, in: Deutsche Gesellschaft zur Förderung freimaurerischer Forschung (Hg.), Quellen zur Geschichte der Freimaurerei, Bd. 3, Leipzig 1929, S. 51–73. (Quellen)

Schulz, Günther und Denzel, Markus A. (Hg.), Deutscher Adel im 19. und 20. Jahrhundert. Büdinger Forschungen zur Sozialgeschichte 2002 und 2003, St. Katharinen 2004 (Reihe: Deutsche Führungsschichten in der Neuzeit, 26). (Adel)

Schulz, Hans-Hermann, Glanz und Elend der Friedrich Wilhelms. Hofberichte, Berlin 1996. (Glanz)

Schulze, Winfried, „Ex dictamine rationis sapere". Zum Problem der Toleranz im heiligen Römischen Reich nach dem Augsburger Religionsfrieden, in: Michael Erbe u. a. (Hg.), Querdenken. Dissens und Toleranz im Wandel der Geschichte, Festschrift zum 65. Geburtstag von Hans R. Guggisberg, Mannheim 1996, S. 223–239. (Toleranz)

Schummel, Johann Gottlieb (Hg.), Apologie der Gräfin Lichtenau, Leipzig–Gera 1808. (Apologie)

Schüttler, Hermann, Zum Verhältnis von Ideologie, Organisation und Auswanderungsplänen im System der Strikten Observanz, in: Neugebauer-Wölk, Monika und Saage, Richard (Hg.), Die Politisierung des Utopischen im 18. Jahrhundert. Vom utopischen Systementwurf zum Zeitalter der Revolution, Tübingen 1996, S. 142–168. (Hallesche Beiträge zur Europäischen Aufklärung, Schriftenreihe des Interdisziplinären Zentrums für die Erforschung der Europäischen Aufklärung Martin-Luther-Universität Halle-Wittenberg, 4). (Verhältnis)

Schwartz, Paul, Der erste Kulturkampf in Preußen in Kirche und Schule 1788–1798, Berlin 1925 (Monumenta Paedagogica, Bd. 58). (Kulturkampf)

Schwartz, Paul, Der Geisterspuk um Friedrich Wilhelm II., in: Mitteilungen des Vereins für die Geschichte Berlins, 47, 1930, S. 45–60. (Geisterspuk)

Schwarz, Karl, Vom Nutzen einer christlichen Toleranz für den Staat. Bemerkungen zum Stellenwert der Religion bei den Spätkameralisten Justi und Sonnenfels, in: Barton, Peter (Hg.), Im Zeichen der Toleranz. Aufsätze zur Toleranzgesetzgebung des 18. Jahrhunderts in den Reichen Joseph II., ihren Voraussetzungen und ihren Folgen. Eine Festschrift, Wien 1981, S. 76–93. (Nutzen)

Schwemann, August, Freiherr von Heinitz als Chef des Salzdepartments (1786–1796), in: Forschungen zur Brandenburgischen und Preußischen Geschichte 7, 1894, S. 409–457. (Heinitz)

Schwemer, Richard (Hg.), Der Liebesroman eines preußischen Königs. Der Briefwechsel König Friedrich Wilhelms II. mit Sophie von Bethmann-Metzler 1793–1796, Frankfurt am Main 1930. (Briefwechsel)

Seidlitz, Woldemar von (Hg.), Friedrich der Grosse. Gedanken und Erinnerungen. Werke, Briefe, Gespräche, Gedichte, Erlasse, Berichte und Anekdoten, Essen o. J. (Friedrich)

Siebmann, Christian, Handbuch über den Königlich Preußischen Hof und Staat für das Jahr 1796, 1798. (Berlin)

Siedler, Wolf Jobst, Zwischen Rokoko und Klassizismus – Friedrich Wilhelm II., ein Herrscher des Nicht-mehr und des Noch-nicht, in: Friedrich Wilhelm II. und die Künste. Preußens Weg zum Klassizismus. Ausstellungskatalog der SPSG, Potsdam 1997, S. 15–22. (Rokoko)

Sieg, Hans Martin, Staatsdienst, Staatsdenken und Dienstgesinnung in Brandenburg-Preußen im 18. Jahrhundert (1713–1806). Studien zum Verständnis des Absolutismus, Berlin–New York 2003 (Veröffentlichungen der Historischen Kommission zu Berlin, 103). (Staatsdienst)

Simon, Christian (Hg.), Baseler Frieden 1795. Revolution und Krieg in Europa, Basel 1995. (Basel)

Simonetti, Christian Ernst, Sendschreiben an die Ehrwürdige Loge der Freymäurer in Berlin, Berlin–Göttingen 1744. (Sendschreiben)

Simsch, Adelheid, Die Wirtschaftspolitik des preußischen Staates in der Provinz Südpreußen 1793–1806/07, Berlin 1983. (Wirtschaftspolitik)

Skalweit, Stephan, Das Herrscherbild des 17. Jahrhunderts, in: ders., Gestalten und Probleme der frühen Neuzeit. Ausgewählte Aufsätze, Berlin 1987, S. 77–91 (Historische Forschungen, 32). (Herrscherbild)

Skalweit, Stephan, Heinrich Christian Graf von Haugwitz (1752–1832), in: NDB, 8, 1969, S. 94 ff. (Haugwitz)

Sprengel, Pater Nathanael, Handwerke und Künste in Tabellen. Mit Kupfer. Enthält den Seidenbau und die Bienenzucht. 16. Sammlung, Berlin 1794. (Künste)

Stamm-Kuhlmann, Thomas, König in Preußens großer Zeit. Friedrich Wilhelm III., der Melancholiker auf dem Thron, Berlin 1992. (König)

Stanhope, G., A Mystik on the Prussian Throne, Frederic William II., 1912. (Mystik)

Steinecke, Otto, Friedrich Anton von Heynitz, in: FBPG, 15, 102, S. 109 ff. (Heinitz)

Stölzel, Adolf, Carl Gottlieb Svarez. Ein Zeitbild aus der zweiten Hälfte des 18. Jahrhunderts, Berlin 1885. (Svarez)

Straubel, Rolf, Beamte und Personalpolitik im altpreußischen Staat. Soziale Rekrutierung, Karriereverläufe, Entscheidungsprozesse (1763/86–1896), Potsdam 1998 (Bibliothek der Brandenburgischen und Preußischen Geschichte, 2). (Beamte)

Straubel, Rolf, Carl August von Struensee. Preußische Wirtschafts- und Finanzpolitik im ministeriellen Kräftespiel (1786–1804/06), Potsdam 1999 (Bibliothek der Brandenburgischen und Preußischen Geschichte, 4). (Struensee)

Süßenberger, Claus, Abenteurer, Glücksritter und Maitressen. Virtuosen der Lebenskunst an europäischen Höfen, Frankfurt am Main 1996. (Abenteurer)

Thiébault, Dieudonné, Friedrich der Große, seine Familie und sein Hof oder zwanzig Jahre meines Aufenthalts in Berlin, Bd. 1–2, Leipzig 1828. (Friedrich)

Thiébault, Dieudonné, Mes souvenirs de vingt ans de sélour à Berlin, 2 Bdc., Paris 1804. (Mcs)

Thielen, Peter Gerrit, Karl August von Hardenberg 1750–1822. Eine Biographie, Köln–Berlin 1967. (Hardenberg)

Thoma, Helga, „Madam, meine teure Geliebte“. Die Mätressen der französischen Könige, Wien 1996. (Madam)

Tieck, Klaus-Peter, Staatsräson und Eigennutz. Drei Studien zur Geschichte des 18. Jahrhunderts, Berlin 1998 (Schriften des Italienisch-Deutschen Historischen Instituts in Trient, 13). (Staatsräson)

Tradt, Johannes, Der Religionsprozesse gegen den Zopfschulzen (1791–1799). Ein Beitrag zur protestantischen Lehrpflicht und Lehrzucht in Brandenburg-Preußen gegen Ende des 18. Jahrhunderts, Frankfurt am Main 1997 (Rechtshistorische Reihe, 158). (Zopfschulze)

Tschirch, Otto, Friedrich Buchholz, Friedrich von Cölln und Julius von Voß, drei preußische Publizisten in der Zeit der Fremdherrschaft 1806.1812, in: FBPG, 48, 1936, S. 163 ff. (Cölln)

Tschirch, Otto, Geschichte der öffentlichen Meinung in Preußen vom Baseler Frieden bis zum Zusammenbruch des Staates (1795–1806), Weimar 1933. (Meinung)

Tümmler, Hans (Bearb.), Politischer Briefwechsel des Herzogs und Großherzogs Carl August von Weimar, Bd. 1, Stuttgart 1954, Bd. 2, Stuttgart 1958. (Politischer)

Varnhagen von Ense, Karl August, Tagebücher, Bd. 1, 2. Aufl., Leipzig 1863. (Tagebücher)

Velder, Christian, 300 Jahre Französisches Gymnasium, Berlin 1989. (Gymnasium)

Ventzke, Marcus (Hg.), Hofkultur und aufklärerische Reformen in Thüringen. Die Bedeutung des Hofes im späten 18. Jahrhundert, Weimar–Wien 2002. (Hof)

Ventzke, Marcus, Hofkultur und aufklärerische Reformen – ein neuer Blick auf die Höfe des späten 18. Jahrhunderts, in: Ventzke, Marcus (Hg.), Hofkultur und aufklärerische Reformen in Thüringen. Die Bedeutung des Hofes im späten 18. Jahrhundert, Weimar–Wien 2002, S. 1–10. (Hofkultur)

Vierhaus, Rudolf, „Sie und nicht wir.“ Deutsche Urteile über den Ausbruch der Französischen Revolution, in: Voss, Jürgen, Deutschland und die Französische Revolution, München 1983, S. 1–15 (Beihefte der Francia, 12). (Urteile)

Vierhaus, Rudolf, Heinrich von Kleist und die Krise des preussischen Staates um 1800, in: Kleist-Jahrbuch 1980, S. 9–33. (Krise)

Vogtherr, Christoph Martin, Hauptstadtausbau und Reforminstitutionen unter Friedrich Wilhelm II., in: Friedrich Wilhelm II. und die Künste. Preußens Weg zum Klassizismus. Ausstellungskatalog der SPSG, Potsdam 1997, S. 123–129. (Hauptstadtausbau)

Voigt, Johannes, Darstellung der ständischen Verhältnisse Ost-Preussens, vorzüglich der neuesten Zeit, Königsberg 1822. (Darstellung)

Volz, Gustav Berthold (Hg.), Friedrich der Große. Die politischen Testamente, Berlin 1922. (Testamente)

Volz, Gustav Berthold und Oppeln-Bronikowski, Friedrich von (Hg.), Briefwechsel Friedrich des Großen mit seinem Bruder August Wilhelm, Leipzig 1927. (Briefwechsel)

Volz, Gustav Berthold, Der Plan einer Mitregentschaft des Prinzen Heinrich und Friedrichs des Großen „Espo's du gouvernement prussien“ 1776, in: Hohenzollern-Jahrbuch, 20, 1919, S. 175–189. (Plan)

Vom Leben am preußischen Hof 1815–1852. Aufzeichnungen von Caroline von Rochow, beg. v. d. Marwitz und Marie de la Motte-Fouqué, bearbeitet von Luise von der Marwitz, Berlin 1908. (Vom Leben)

Voß, Sophie Marie Gräfin von, Neunundsechzig Jahre am Preußischen Hofe. Aus den Erinnerungen der Oberhofmeisterin Sophie Marie Gräfin von Voß, Leipzig 1876. (Hof)

Vötsch, Jochen, Kursachsen, das Reich und der mitteldeutsche Raum zu Beginn des 18. Jahrhunderts, Frankfurt am Main 2003. (Kursachsen)

Weber, Peter (Hg.), Berlinische Monatsschrift (1783–1796). Auswahl, Leipzig 1986. (Monatsschrift)

Weber, Wolfhard, Friedrich Anton von Heynitz und die Reform des preußischen Berg- und Hüttenwesens, in: Kunisch, Johannes (Hg.), Persönlichkeiten im Umfeld Friedrich des Großen, Köln–Wien u. a. 1988, S. 120–134 (Neue Forschungen zur Brandenburgischen und Preussischen Geschichte, 9). (Heynitz)

Wehinger, Brunhilde (Hg.), Geist und Macht. Friedrich der Große im Kontext der europäischen Kulturgeschichte, Berlin 2005. (Geist)

Weinland, Marina, Friedrich Wilhelm I. Vom Kurprinzen zum Kronprinzen, in: Im Dienste Reußens. Wer erzog Prinzen zu Königen?, Berlin 2001, S. 53–72. (Friedrich Wilhelm I.)

Weis, Eberhard, Absolute Monarchie und Reform im Deutschland des späten 18. und des frühen 19. Jahrhunderts, in: Prinz, Friedrich, Schmale, Franz-Josef u. Seibt, Ferdinand (Hg.), Geschichte in der Gesellschaft. Festschrift für Karl Bosl zum 65. Geburtstag, Stuttgart 1974, S. 436–461. (Monarchie)

Welschinger, Henri (Hg.), Mirabeau in Berlin 1786–1787, Leipzig 1900. (Mirabeau)

Wild, Erich, Mirabeaus geheime diplomatische Sendung nach Berlin, Heidelberg 1901. (Mirabeau)

Wilhelmine, Markgräfin von Bayreuth, Memoiren, hg. v. Ingeborg Weber-Kellermann, Frankfurt am Main 1981. (Memoiren)

Wimmer, Clemens Alexander, Johann Friedrich Ritz. Faktotum Friedrich Wilhelms II., in: Friedrich Wilhelm II. und die Künste. Ausstellungskatalog der SPSG, Potsdam 1997, S. 34–39. (Ritz)

Winkle, Stefan, Johann Friedrich Struensee. Arzt, Aufklärer, Staatsmann, 2. Aufl., Stuttgart 1989. (Struensee)

Winnige, Norbert, Alphabetisierung in Brandenburg-Preußen 1600–1850. Zu den Grundlagen von Kommunikation und Rezeption, in: Pröve, Ralf u. Winnige, Norbert (Hg.), Wissen ist Macht. Herrschaft und Kommunikation in Brandenburg-Preußen 1600–1850, Berlin 2001, S. 49–67. (Alphabetisierung)

Winter, Georg (Hg.), Die Reorganisation des Preußischen Staates unter Stein und Hardenberg. I. Teil: Allgemeine Verwaltungs- und Behördenreform. Bd. 1, Leipzig 1931. (Reorganisation)

Wüller, Heike, Systemkrise als Handlungschance. Christian Wilhelm von Dohm und die Lütticher Revolution von 1789, Berlin 2004 (Quellen und Forschungen zur Brandenburgischen und Preußischen Geschichte, 26). (Dohm)

Zernack, Klaus (Hg.), Polen und die polnische Frage in der Geschichte der Hohenzollernmonarchie 1701–1871, Berlin 1982. (Polen)

Ziebura, Eva, Prinz Heinrich von Preußen, Berlin 1999. (Heinrich)

Zimmermann, Evelyn, Madame Ritz in Italien, in: Friedrich Wilhelm II. und die Künste. Preußens Weg zum Klassizismus. Ausstellungskatalog der SPSG, Potsdam 1997, S. 347–354. (Ritz)

Ortsregister

Personenregister

Abkürzungen: Adj. = Adjutant; AdW. = Akademie d. Wissenschaften; Br. = Bruder; Depart. = Departement; Dir. = Direktor; Fm. = Feldmarschall; Frh. = Freiherr; Gem(n). = Gemahl/in; Gen. = General; Ges. = Gesandter; Gf(n). = Graf/Gräfin; Gouv. = Gouverneur; Hzg(n). = Herzog/in; Kanz. = Kanzler; Kf(n). = Kurfürst/in; Kg(n). = König/in; Ks(n). = Kaiser/in; Mgf(n). = Markgraf/Markgräfin; Min. = Minister; Mitgl. = Mitglied; Präs. = Präsident; Prz(n). = Prinz/Prinzessin; Schw. = Schwester; S. = Sohn; T. = Tochter

Preußen bei Pustet

Die ereignisreichen Lebenswege der sechs Schwestern Friedrichs des Großen, kurzweilig erzählt von der Kennerin der „weiblichen Hohenzollerngeschichte".

Wilhelmine, *Markgräfin von Brandenburg-Bayreuth;* Friederike, *Markgräfin von Brandenburg-Ansbach;* Charlotte, *Herzogin von Braunschweig-Wolfenbüttel;* Sophie, *Markgräfin von Brandenburg-Schwedt;* Ulrike, *Königin von Schweden;* Amalie, *Äbtissin von Quedlinburg*

Karin Feuerstein-Praßer
Friedrich der Große und seine Schwestern
264 Seiten, 16 Bildseiten, Geb. mit Schutzumschlag
ISBN 978-3-7917-2016-6

Das Leben der Königinnen Preußens, die an der Seite der Mächtigen lebten und litten – unterhaltsam, anschaulich und mit vielen Anekdoten versehen erzählt.

„Eine Menge spannender Einsichten, und alles ist so flott erzählt, dass reines Lesevergnügen hinzukommt!" (G/Geschichte)

Karin Feuerstein-Praßer
Die preußischen Königinnen
2. Auflage, 324 Seiten, 4 farbige und 16 s/w-Bildseiten, 15 Textabb., Geb. mit Schutzumschlag
ISBN 978-3-7917-1681-7

Verlag Friedrich Pustet  www.pustet.de